KB167732

한국학술진흥재단 학술명저번역총서

● 서양편 ●

한국학술진흥재단 학술명저번역총서

서양편 ● 3 ●

실증주의 서설

오귀스트 콩트 지음 | 김점석 옮김

한길사

Discours Préliminaire
sur l'Ensemble du Positivisme
by Auguste Comte

Published by Hangilsa Publishing Co., Ltd.,
Seoul, Korea, 2001

소르본 대학 앞에 있는 오귀스트 콩트(1798~1857)의 동상
사색에 잠긴 사람과 인류의 상징. 즉 아이를 안은 여성과 함께 있다.

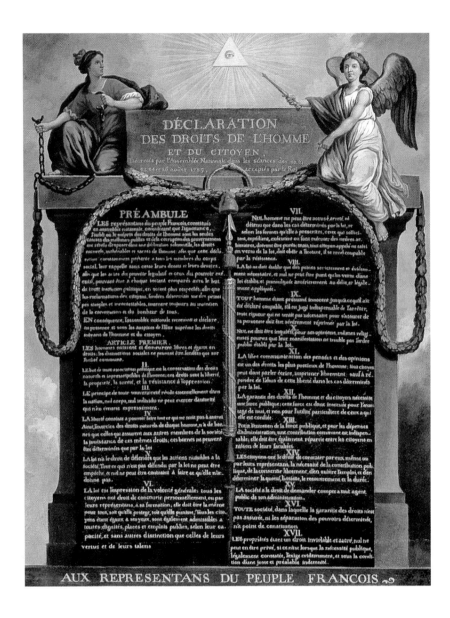

「인간과 시민의 인권선언문」

나폴레옹의 등장으로 프랑스 대혁명의 이상이 변질되기 시작할 무렵 태어난 콩트는
실증주의라는 새로운 학설을 통하여 대혁명 이후의 어수선한 사회를 쇄신시키고자 했다.
대혁명은 프랑스로 하여금 결정적으로 완전한 쇄신을 추구하도록 했으며,
콩트는 대혁명의 이상을 실증주의를 통해서 완성하고자 했다.

오노레 도미에의 「공화국」

콩트는 대혁명을 거친 프랑스를 중심으로 하여 서유럽 5개국을 포함하는 서구 공화국을 꿈꾼다. 그는 이 공화국의 국기에 인류의 상징으로 "흰색 바탕의 한쪽 면에는 아들을 팔에 안고 있는 30세 여성"을 그릴 것을 제안한다. 프랑스 대혁명의 한 상징인 여성상의 튼튼한 팔에 아들을 안겨줌으로써 공화국의 미래에 생명을 부여하려 했을 것이다.

쿠르베의 「돌 깨는 사람들」

실증주의에서 노동자계급은 "자유와 질서에 대한 최선의 보증"이다.
이들은 온갖 신학적인 영향에서 벗어나 있으며, 어떠한 형이상학적인 요소도 받아들이지 않는다.
그러므로 철학자는 노동자에게서 자신의 임무수행에 필요한 자유의 보강과 확장을 기대할 수 있다.
다른 어떤 것도 노동자만큼 확실한 보장을 제공하지 못한다.

실증주의 서설

오귀스트 콩트 지음 | 김점석 옮김

실증주의 서설

일러두기

- 콩트는 원래 이 책을 1848년 『실증주의론』(Discours sur l'Ensemble du Positivisme)이라는 제목의 단행본으로 출간했다. 그후 저자는 이 책의 제목을 『실증주의 서설』(Discours Préliminaire sur l'Ensemble du Positivisme)로 바꾸어, 1851년부터 1854년 사이에 네 권으로 간행한 『실증정치체계』(Système de Politique Positive)의 전체적인 서론으로 삼았다. 이 책의 번역 텍스트로 삼은 것은 후자이다.

- 이 책에 나오는 각주의 경우 저자가 붙인 원주는 *로 표시하고, 옮긴이가 붙인 주는 1), 2), 3)···으로 표시했다.

- 내용의 전체적인 이해를 돕기 위해 붙인 본문의 소제목은 J H 브리지스가 번역하여 1880년 런던에서 간행한 영문판의 소제목을 우리말로 옮긴 것이다.

삶의 기술로서의 실증주의

콩트의 사상과 '실증주의 서설'

김점석 서울대 강사 · 불어불문학

콩트의 생애와 두 대작

콩트는 철학과 사회학 사이에 묘하게 자리하고 있다. 즉 콩트는 처음부터 끝까지 자신의 사유방식의 목표가 사회의 재조직화에 있다고 밝히고 있다. 그럼에도 불구하고 이 책에서 자주 보게 되겠지만, 그는 또한 자신의 사유를 줄곧 하나의 '철학'으로 부르고 있다. 그런데 우리가 그를 철학자로 부르건 아니면 사회학자로 부르건 콩트라는 이름은 항상 실증주의(實證主義)라는 하나의 거대한 사상적 흐름과 연결되어 있다. 그러므로 실증주의에 대한 모든 논의에는 우선 콩트가 어떤 사람인가 하는 문제를 검토할 필요가 있다.

나폴레옹의 등장으로 프랑스 대혁명의 성격이 변질되어가던 1798년 몽펠리에에서 하위공무원의 아들로 태어난 오귀스트 콩트는 1814년 몽펠리에를 떠나 파리 이공과대학(École Politechnique)[1]에 입학한다. 그러나 그는 1816년 학생 시위에 적극적으로 가담했다가 다른 학생들과 함께 퇴학 처분을 당한다. 이듬해 재입학이 허용되지만 그는 학교로

---

1) 이 학교는 혁명이 한창이던 1794년 엘리트 교육의 필요성에 의해 파리 고등사범학교(École Normale Supérieure)와 함께 설립되었으며, 지금까지도 프랑스 엘리트 교육의 중요한 축이 되고 있다.

돌아가지 않았다. 짧은 기간이었지만, 파리 이공과대학에서 지낸 시절은 콩트의 생애에서 아주 중요한 의미를 지닌다. 즉 콩트는 이 시기에, 프랑스 혁명으로 말미암아 구체제를 떠받치던 온갖 제도들과 확신들이 사라져버린 무질서상태에 처해 있던 당시 사회에서는 찾아볼 수 없었던 사회질서를 회복하고, 더 나아가 사회를 재조직하려는 꿈을 키웠던 것이다.

학교로 돌아가기를 포기한 그는 1817년, 당시의 유명한 사회학자로서 지금 우리에게는 푸리에(Fourrier)와 함께 초기 공상적 사회주의자로 알려져 있는 생시몽(Saint-Simon)을 만나 그의 제자 겸 조수가 된다. 이 대가와의 만남은 그의 실증주의 사상 형성에 많은 영향을 미친다. 1824년 생시몽과의 관계를 단절하기까지 약 7년간의 세월은 콩트의 실증주의 사상이 형성되어 점점 무르익는 기간이었다. 그는 1822년 「사회의 재조직화에 필요한 과학적 작업계획」(Plan des travaux scientifiques nécessaires pour réorganiser la société)이라는 논문을 발표한 것을 계기로 생시몽의 그늘에서 벗어나 자신만의 독자적인 영역을 구축하게 된다. 그동안에 나온 몇 편의 논문은 나중에 『실증정치체계』[2]의 일부를 이룬다.

직선적인 성격의 소유자로 당시의 학자들에게 가차없는 비판을 가했던 그는 몇몇 초라한 자리를 제외하고는 사회에서 어떠한 공식적인 자리도 얻지 못했다. 그는 1826년 4월에 사강좌(私講座)를 개설하여 많은 관심을 불러일으키지만, 신경쇠약으로 말미암아 세 차례의 강의로

---

2) 지금 번역하고 있는 『실증주의 서설』(이하 『서설』로 표기함)이 그 서문을 이루는 『실증정치체계』(Système de Politique Positive, 이하 『체계』로 표기함)는 모두 네 권으로 이루어졌으며, 각 권의 제목은 다음과 같다.
제1권(1851) : '예비적 담론과 기초적 입문'(『서설』은 제1권의 중요한 일부를 이룬다), 제2권(1852) : '사회정학 또는 인간 질서의 추상적인 개론', 제3권(1853) : '사회동학 또는 인간 진보의 일반적 개론'(역사철학), 제4권(1854) : '인간 미래에 대한 종합적 조망'.

중단되고 만다. 1829년에 강의를 재개하는데, 이 강의 내용을 중심으로 1830년부터 1842년에 걸쳐 『실증철학강의』[3]라는 자신의 대표적인 저서를 모두 여섯 권으로 출간한다. 여기서 그는 자신의 실증철학의 핵심을 체계적으로 논하고 있으며, 실증철학의 구체적인 모습으로서의 사회학을 제창한다.

『강의』의 마지막 권이 나온 지 2년 뒤인 1844년, 그는 클로틸드 드보[4]라는 여성을 만나는데, 이 만남은 그의 삶과 사상에 일대 전기를 가져왔다. 즉 이 시기에 그는 자신이 그때까지 강조해왔던 사회에 대한 과학적 분석방법을 극복하고 인간생활에서 가장 중요한 것은 감정적인 요인이라는 생각을 갖게 된다. 그가 이성과 그것을 기초로 한 과학을 통해 인간사회를 재조직하고자 했던 지금까지의 생각에서 벗어나는 것도 그녀와의 만남을 통해서라고 할 수 있다. 그는 1844년부터 구상하여, 1851년부터 1854년 사이에 간행한 『체계』를 1846년에 폐결핵으로 사망한 드 보에게 바친다.

이 책에서 읽게 되겠지만, 이 시기의 그는 종래의 입장과는 사뭇 달라 보이는 '정신'에 대한 '마음'의 우위를 주장한다. 그리하여 리트레(Émile Littré)와 밀(John Stuart Mill) 같은 당시의 많은 학자들이 이

---

3) 『실증철학강의』(Cours de Philosophie Positive, 이하 『강의』로 표기함)는 모두 여섯 권으로 이루어져 있는데, 각 권의 제목은 다음과 같다. 제1권 (1830): '일반적 예비 고찰과 수학', 제2권(1835): '천문학과 물리학', 제3권(1838): '화학과 생물학', 제4권(1839): '사회철학의 교의적 분야', 제5권(1841): '사회철학의 역사적 분야, 특히 신학적 단계와 형이상학적 단계에 대하여', 제6권(1842): '사회철학의 역사적 분야의 보충 및 일반적 결론'. 『서설』에서 콩트는 각주 형식을 빌려서 이 책의 제목을 차라리 『실증철학체계』로 바꾸었으면 하는 욕망을 드러내고 있다.(『서설』, 29쪽 참조)

4) 콩트는 1825년 마생(Caroline Massin)과 결혼하지만, 그들의 관계는 원만하지 못하여 결국 1842년 이혼하고 만다. 콩트가 드 보(Clotilde de Vaux, 1815~46)를 만났을 때, 그녀 역시 도박 빚 때문에 정부의 공금을 횡령하고 벨기에로 도망간 전직 공무원인 전 남편과 이혼한 상태였다.

시기에 실증주의 사도를 자처하던 콩트의 곁을 떠난다. 즉 이들은 보편적인 사랑이 인류의 문제를 해결해줄 것이라고 믿었던 콩트의 견해에 동의하지 않았으며, 그가 제창한 인류교를 받아들일 수 없었기 때문이다. 특히 그가 주장했던 다양한 의식(儀式), 특수한 역법(曆法) 등은 당시의 학자들 사이에서 거의 아무런 관심도 불러일으키지 못했다. 만년의 콩트는 실증철학을 통하여 사회의 재조직화에 이르고자 했던 대학자와, '인류교'의 사제라는 서로 상반되어 보이는 2중적인 모습으로 나타난다. 그는 이런 모습으로 1857년에 죽었다.

콩트의 사상은 크게 두 단계로 나누어볼 수 있다. 생시몽과의 만남과 헤어짐으로 이어지는 시기를 그의 사상의 준비기간으로 본다면,[5] 첫번째는 『강의』(1830~42)의 단계이며, 두번째는 『체계』(1851~54)의 단계이다. 우선 첫번째 시기에 그는 철학을 과학적 작업의 조직화로 보고 있으며, 두번째 시기에 와서 마침내 철학에 대해 광범위하면서도 뚜렷한 개념을 갖게 된다. 이 책이 포함되어 있는 두번째 단계에서 그는 철학을 도덕적 삶의 모든 기능들에 대한 체계적 조직화로 본다. 콩트가 자신의 『방법서설』이라고까지 말하는 『강의』의 시기에, 그는 이른바 사회물리학을 구축하고 나아가서 실증철학을 조직화한다. 우선, 그는 추상적 논리로는 파악할 수 없는 인간 정신을 규제하는 법칙들에 대한 과학적 이론을 확립하고자 했다. 콩트가 지향하는 과학이란 오로지 사실들만을 고려하며, 사실들을 규제하고 있는 항구적인 법칙이나 관계들을 밝혀내는 것이었다.

---

5) 이 시기에 나온 작품들로는 「여론과 욕망 사이의 일반적 구분」(Séparation générale entre les opinions et les désirs, 1819), 「근대 전체에 관한 간략한 고찰」(Sommaire appréciation de l'ensemble du passé moderne, 1822), 「사회의 재조직화에 필요한 과학적인 작업계획」(1822), 「과학과 학자에 관한 철학적 고찰」(Considérations philosophiques sur les sciences et les savants, 1825), 「영적 권력에 관한 고찰」(Considérations sur le pouvoir spirituel, 1826), 「자극과 광기에 대한 브루새의 논문 검토」(Examen de traité de Broussais sur l'irritation et la folie, 1828) 등이 있다.

일반적으로 알려져 있는 콩트의 사상은 거의 대부분『강의』에 나타난 것, 다시 말해 이론체계로서의 실증철학이다. 하지만 콩트는 두번째 시기의 대작인『체계』에서 자신의 실증철학이 무엇보다도 서로 "분리될 수 없는 철학과 정치학으로 이루어져 있"[6]음을 밝힌다. 말하자면,『강의』는 실증주의의 '이론'적 측면을,『체계』는 그 '실천'적 측면을 밝히고 있는 셈이다. 콩트는『체계』에서 인간의 마음은 정신보다 우위에 있으며, 한 사회를 이끌어나가는 것은 어떤 체계나 구조라기보다는 차라리 구체적인 현상들과 그들 사이에 존재하는 관계라고 주장한다.『체계』의 서론을 이루는『서설』에서 콩트는 실증주의의 철학적 측면을 강조하는 것말고도 여성의 감정의 측면과 노동자의 행동의 측면을 강조하며, 나아가서 예술과 종교로 논의의 폭을 넓힌다. 그리하여 그는 이론 차원에서만 받아들여지고 있는 실증철학에 도덕적·정서적인 요소를 덧붙여 그것이 실천적인 측면 또한 지니고 있다는 사실을 밝히고자 했다.

실증주의의 기본 정신과 3단계론

실증정신은 주어진 현상의 관찰과 분류에 만족하고, 형이상학적 정신처럼 추상적인 이유나 원인을 캐려 하지 않으며, 신학적 정신처럼 초월 의지를 통해 드러나는 절대 진리를 추구하려 하지도 않는다. 과학의 유일하고도 진정한 과제는 검증할 수 있는 사상(事象)들 간의 관계를 밝히고 그것을 지배하는 법칙들을 규정하는 것이다. 그러므로 실증주의는 사물의 본질에 관한 논의를 지향하는 것이 아니라, 있는 그대로의 사물에 대한 관찰과 이러한 사실들 사이에 존재하는 법칙들에 대한 논의를 지향한다. 따라서 실증주의는 불확실하고 절대적인 어떤 것에 대한 추상적 탐구에 몰입하기보다는 확실하고 상대적인 사실을 관찰하고자 한다. 또한 실증주의는 과거의 신학적 허구와 형이상학적 추상을 받아들

---

6) 이 책, 29쪽.

이지 않는다. 실증주의는 하나의 체계를 찾아내고자 하지만, 그 체계는 신학체제에서 중시되었던 초월적인 것도 아니며, 형이상학에서 말하는 추상적인 것도 아니다. 실증주의가 구축하고자 하는 질서는 현실적이고 구체적인 이 세상의 질서이다.

실증철학의 이러한 일반 목표 속에서 콩트는 지금까지의 인류의 발전 과정을 설명하고, 동시에 앞으로의 진행과정도 예견할 수 있는 사회학을 확립하고자 했다. 콩트 사상의 궁극적인 목표는 항상 사회체계의 재조직화에 있었다. 그가 1822년에 발표한 「사회의 재조직화에 필요한 과학적 작업계획」이라는 논문은 대혁명 이후 무질서 상태에 처한 프랑스 사회를 어떻게 재조직할 것인가 하는 문제에 대한 나름대로의 해답이었으며, 이것은 나중에 『강의』와 『체계』의 기본 사상이 된다. 우리는 이러한 실증철학 속에서 이전 세기의 사상가들과 같은 계몽주의자로서의 면모를 발견하게 된다. 왜냐하면 실증철학의 궁극적인 목표는 결국 과거의 경험과 현재의 사실들에 입각하여, 이들 사이에 존재하는 필연 관계들을 통해 미래를 예견하는 것이기 때문이다. 혁명 이후의 무질서 상태에서 벗어나 다가올 사회에 합당한 조직화를 어떻게 해낼 수 있을까 하는 문제를 해결하고자 하는 콩트의 실증철학은, 어떻게 대립과 갈등을 해소하고 인간사회의 정신적 통합을 이룩할 수 있을까 하는 문제로 돌아간다.

콩트의 실증철학의 주요 개념들 가운데 가장 널리 알려져 있으며, 가장 많은 논의의 대상이 되었던 것은 아마도 인간 정신의 진보가 거쳐야 할 3단계 이론일 것이다.[7] 즉 인간 정신은 그 발전과정에서 세 가지 단

---

7) 콩트는 『서설』에서 이를 다음과 같이 요약하고 있다. "이 법칙은 연속적인 3단계를 통해 어떤 것이건 우리의 모든 사고의 필연적 전환을 요구하고 있다. 그 3단계는 이러하다. 처음은 신학의 단계로, 여기서는 공공연하게 어떠한 증거도 지니고 있지 못한 즉각적인 허구들만이 지배한다. 다음은 형이상학의 단계로, 무엇보다도 의인화된 추상이나 본체들의 통상적인 우위가 그 성격을 규정짓고 있다. 마지막 단계가 실증의 단계인데, 이는 항상 외부

계를 연속으로 거치면서 사물과 현상을 이해해왔는데, 그것은 각각 신학의 단계, 형이상학의 단계, 실증의 단계이다. 신학의 단계는 인간 지성의 출발점이고 실증의 단계는 인간 지성의 궁극적인 지향점이며, 형이상학의 단계는 이 둘 사이의 과도기이다. 콩트에 의하면, 인간 정신의 역사는 신학적이고 형이상학적인 정신의 자발적 축소(縮小)의 역사이자 실증정신의 점진적 부상(浮上)의 역사이다.

우선, 신학의 단계에서는 사람들이 모든 현상의 원인을 초자연적인 절대자의 의지와 섭리 속에서 찾고자 했다. 이 단계는 처음의 물신숭배의 시기에서 다신교의 시기를 거쳐 결국 일신교의 시기에 와서 완성된다. 이 단계에서 인간 정신은 자연적이고 사회적인 현상을 자신의 인식의 한계를 넘어서는 어떤 존재나 힘에 귀속시킨다. 그러나 신학의 단계가 끝나고 형이상학의 단계로 넘어감에 따라, 초자연적 절대자라는 관념은 어떤 추상적 본질이라는 관념으로 바뀌어 온갖 현상들을 지배하는 근원적 본질이 무엇인가에 대한 추상적 탐구가 등장한다. 여기서 문제는 초자연적 의지와 섭리가 아니라 본질 원리로서의 궁극적인 동기이다. 콩트에 의하면, 이 단계는 사실 초자연적 힘을 추상적 힘으로 바꿔놓은 것일 뿐, 본질적으로 신학의 단계의 변형에 지나지 않는다. 인간 정신 발달의 궁극적 지향점인 실증의 단계에 오면, 형이상학의 단계의 특징을 이루고 있던 추상적이고 관념적인 사고는 거부되며, 사람들은 구체적인 현상들에 대한 정확한 관찰을 통해 사실들 사이의 일반 법칙을 발견하고자 한다.

콩트는 사회체계의 유지와 발전을 위해서는 모든 부분이 필연적으로 협력해야 한다는 생각을 바탕으로 우선 사회유기체의 개념에 주목한다. 사회유기체에 대한 콩트의 연구는 크게 두 가지 방향에서 이루어지는데, 사회정학(社會靜學, Statique Sociale)과 사회동학(社會動學, Dynamique Sociale)이 그것이다. 사회정학은 사회 질서의 원리를 탐

현실에 대한 정확한 평가에 기초하고 있다."

구하는 것으로 각 부분들의 기능, 특징과 이들 간의 공존관계를 연구하며 사회의 존재조건들 사이의 조화와 질서의 문제를 다룬다. 그러므로 그것은 인간성과 사회의 구조를 연구하는 것이다. 이에 반해, 사회동학은 사회 진보의 원리를 규명하고 사회의 운동법칙을 탐구하는 것이다. 콩트는 사회를 연속성의 개념으로 바라보고자 하는데, 그 근본적인 설명 원칙은 우리가 위에서 살펴본 인간 정신의 진보를 설명하는 '3단계'의 법칙이다. 사회정학이 인간성과 사회성의 기본 질서를 보여준 것처럼, 사회동학은 이러한 기본 질서가 결국 실증주의의 최종 목표에 도달하는 과정을 검토하고자 한다. 그 각각의 연구 대상은 간단히 '질서'와 '진보'라고 할 수 있다.[8] 질서와 진보의 구분은 결국 균형과 운동의 구분으로, 사회의 재조직화에 없어서는 안 될 두 개의 중요한 개념이다.

'실증주의 서설'의 내용

『강의』와 『체계』 사이의 몇 년 동안, 콩트는 철학의 본질과 기능에 대한 아주 폭넓은 사유를 진행해나간다.[9] 이 책은 원래 콩트가 1848년 『실증주의론』(*Discours sur l'Ensemble du Positivisme*)이라는 제목의 단행본으로 간행했다가, 제목을 약간 고쳐 1851년부터 1854년 사이에 출간한 『체계』의 전체적인 서론으로 삼았던 책이다.[10] 이 책은 콩트의

---

8) 이 책에서 보게 되겠지만, 부정적이고 파괴적인 경향을 띠었던 대혁명의 최초의 신조는 '자유와 평등'이었지만, 긍정적이고 건설적인 단계로 접어들면 그것은 '질서와 진보'로 바뀐다. 콩트는 자신의 실증적인 재조직화를 일종의 혁명의 마감 단계로 보고 있다.

9) 앞서 지적한 것처럼, 콩트는 이 시기에 드 보를 만났으며, 전체적으로는 『체계』의 구상에 몰두한다. 이 시기에 그는 『실증정신론』(*Discours sur l'esprit positif*, 1844), 『실증주의론』(*Discours sur l'Ensemble du Positivisme*, 1848) 등을 발표한다.

10) 『체계』의 일반적 서문 역할을 하고 있는 이 책의 제목은 *Discours Préliminaire*

사상을 전체적으로 조망하기 위한 가장 기본적인 참고서적으로 알려져 있다. 콩트는 여기서 실증주의의 기능과 그것이 인간사회에 어떻게 봉사할 수 있으며, 이를 위해 어떠한 조건들이 충족되어야 하는지를 개괄적이고도 광범위하게 검토하고 있다. 이 책의 주된 내용은 실증주의의 기본 정신, 실증주의의 사회적 역할, 실증주의와 노동자의 관계, 실증주의와 여성의 관계, 실증주의와 예술의 관계, 인류교(人類敎)의 개념을 통한 실증주의와 종교의 관계 등으로 이루어져 있다. 콩트는 이 책에서 실증주의가 낙관론에 기초하고 있지 않다는 자신의 주장에도 불구하고,[11] 분명한 낙관론에 기초하여 실증철학이 궁극적으로 지향하는 '사회의 재조직화'를 위해 무엇을 해야 하는지를 보여준다.

실증주의의 궁극적 목표는 "현실적 학문을 일반화시키고 사회생활의 기술을 체계화시키는 것"[12]이다. 실증주의는 확실하고도 체계적인 사유를 통하여 인간 집단의 행동을 규제하는 방법이다. 외적인 행동은 감정이라는 내적인 원칙 없이는 합당하게 정리될 수 없다. 실증주의는 논리를 통해 '정신'을 규제하고, 도덕을 통해 '마음'을 규제하고, 정치를 통해 '행동'을 규제하고자 한다. 실증주의는 삶의 기술이다. 그렇다고 해서 실증주의가 인간생활에 대한 사변적 설명을 지향하는 것은 아니다. 다시 말해, 그것은 세계와 인간에 관한 이론에 대한 추상적인 탐구가 아니라, 정신, 마음, 행동이라는 인간 정신의 세 가지 요소에 대한 구체적인 탐구이다. 정신에 대한 마음의 우위는 이 책의 가장 중요한 메시지라고 할 수 있다. 감정 속에 확립해야 할 질서는 이기적 본능들에 대한 사회성(社會性)과 이타성(利他性)의 우위이다.[13]

---

sur l'Ensemble du Positivisme으로서, 처음 발표될 당시의 제목에 'préliminaire'가 덧붙었다. 번역의 원텍스트로 삼은 것은 1848년판이 아니라 1851년판이다.

11) 이 책, 87쪽 참조.

12) 이 책, 30쪽 참조.

13) 이것은 서구 공화국이 구현해야 할 두 개의 중요한 신조로서, 콩트는 그것

콩트가 자신의 작품을 기획하고 학설을 구축한 것은 무엇보다도 사회를 재조직하는 데 필요한 이론과 방법을 찾아내기 위해서이다. 콩트는 실증주의 학설의 기본 정신과 구성 요소들을 정의한 다음, 프랑스 대혁명과의 관련 속에서 그 사회적인 역할을 드러내고자 한다. 콩트는 실증주의 학설이 대혁명 이후에야 비로소 나타날 수 있었다고 말한다. 새로운 질서의 가능성과 필요성을 느끼기 위해서는 구제도를 파괴하기 위한 혁명이 필수적이었다. 하지만 실증주의 학설은 이제 혁명을 마감하고, 파괴라는 부정적 속성에서 벗어날 수 있게 해주는 실증적 구축이라는 보완을 혁명에 마련해준다. 반동 정당들이나 혁명의 와중에 생겨난 여러 다른 정치적 경향들 가운데 실증주의만이 현실성과 효용성을 지니고 있다. 실증주의의 사회적 가치는 더 진실하고 효율적인 도덕을 발견하고 그것을 실생활에 적용하는 데 있다. 사회는 차츰차츰 개인적 성향들에 대한 사회적 성향들의 우위를 확립하는데, 개인성에서 사회성으로의 이동은 가정적인 감정을 통해 이루어진다. 실증주의에서 말하는 도덕교육은 이론적인 가르침이 아니라 실천적인 영향력 속에서 이루어져야 한다. 시민들에 대한 도덕교육은 실증주의가 사회에 돌려줄 수 있는 가장 심오한 봉사이다. 여기에 필요한 원칙이 '질서'와 '진보'이다. 진보는 질서의 발전이다. 실증주의는 질서를 바탕으로 진보를 추구하는 사유와 실천의 방식이다.

이어서, 콩트는 실증주의 체제가 어떤 계급의 도움을 받아서 실현될 수 있는지를 검토하는데, 그들은 바로 노동자와 여성이다. 우선, 새로운 학설을 잘 받아들이고 사회의 재조직화를 담당하는 계급은, 이기적이고 야망에 차 있으며 형이상학적 편견에 젖어 있는 부르주아들이 아니라 노동자들이다. 하지만 이들에게 정치권력을 맡겨서는 안 된다. 민중이 정치에 참여할 수 있는 가능성이 전혀 없는 것은 아니지만, 그것은 사회적 위기상황이나 소요의 수단으로서만 가능하다. 정상적 상황에서 민중

을 각각 '질서와 진보' 및 '타인을 위한 삶'으로 요약하고 있다.

의 의견은 여론을 통하여 반영된다. 정치가들의 행동을 통제하고 완화시키는 것이 민중의 여론이다. 여론의 주된 관심은 정부의 형태에 관한 것이 아니라 사회의 내적인 재조직화, 다시 말해 각각의 계급들 사이의 관계와 부의 생산과 재분배의 문제에서 각자의 권리와 의무에 관한 것이다. 콩트에 의하면, 사회주의자들과 공산주의자들[14]의 학설의 발전과 성공의 배경을 여기서 찾을 수 있다. 하지만 공산주의와 사회주의의 학설은 정당하게 받아들여질 수도 없고 실질적으로 실현되지도 않는다. 왜냐하면 이들은 개인적이고 책임감 있는 방향을 통해서만 실현되고 발전할 수 있는 모든 산업활동의 기초가 되는 분명한 조건들을 무시하기 때문이다. 민중의 위엄은 그들이 사회에 돌려주는 봉사에서 생겨난다. 이들의 고귀함은 진정한 의미에서 노동자로 남아 있는 것이며, 이를 보장해주는 것은 규칙적 노동과 그에 합당한 만족할 만한 보수이다.

실증주의가 확산되고 그 기능을 완수하기 위해서는 여성의 도움이 필요하다. 왜냐하면 여성은 물질적이거나 정치적인 활동을 완화하거나 조절할 수 있는 도덕적 힘을 제공하기 때문이다. 사회생활은 여성의 고유한 임무인 감정적 영향력을 통해 이루어진다. 여성은 사랑할 줄 알고 사랑의 감정을 불러일으킬 수 있다. 철학자들은 여성에게서 감정의 가치와 우위를 배운다. 노동자들은 여성에게서 사회적 헌신의 매력을 배운다. 여성은 철학자들을 지성의 메마름에서부터 끌어내며, 노동자들로 하여금 철학자들이 말하는 이타주의를 받아들이게 한다. 여성은 살롱에서 사상가들과 정치가들에게 영향을 끼치는데, 이것이 바로 공공생활에 대한 여성의 영향력이다. 살롱을 자주 드나들 수 없는 노동자들 사이에서는 이들의 영향력이 가정에서 행사된다. 처음에는 아내로서 나중에는 어머니로서, 여성은 가정에서 중요한 역할을 한다. 평등이나 자유를 평

---

14) 콩트는 이들을 포괄적으로 유토피아주의자들이라고 지칭하는데, 여기에는 실증적인 해결을 무시하고 관념 속에서의 유토피아를 추구하는 다양한 경향의 사람들이 포함된다.

계 삼아 여성을 명령이나 활동적인 기능들에서 남성과 경쟁하게 만드는 것은 여성의 자연스런 목표에 반하는 일이다. 인류의 진정한 진보는 여성을 모든 종류의 권위와 노동으로부터 점점 더 배제시켜, 가정생활의 테두리 속에 집중시키는 것이다. 남성이 이들을 부양하게 되기 때문에 지참금도 유산도 필요하지 않다. 여성의 진정한 행복은 사랑하고 감정을 부추기는 자연스런 임무에 충실할 때에 비로소 생겨나는 것이다.

사회의 합리적 재조직화를 목표로 하는 실증주의는 예술에 호의적이지 않은 것처럼 보인다. 하지만 콩트에 의하면, 이러한 입장은 피상적인 관찰일 따름이다. 그는 오히려 실증주의만이 예술의 진정한 본질을 규정지을 수 있고, 예술에 합당한 규칙들을 제공할 수 있다고 본다. 예술은 우리에게 현실의 이상화를 제공함으로써 완성을 지향하는 본능을 부추긴다. 실증주의는 무엇보다도 감정을 부추기는 데 몰두한다. 감정이 예술의 원천이기 때문에 실증주의는 당연히 예술의 발전을 불러일으킨다. 이렇게 볼 때, 실증주의는 예술에 고귀한 사회적 목표를 제공해준다. 실증주의에서 예술은 더 이상 소수의 사람들에게만 한정된 어떤 직업이나 기능이 아니라, 사회의 모든 계급으로 파급되어가는 것이다. 콩트는 일반성의 감소와 강도의 증가에 따라 예술의 단계를 제시하는데, 그것은 현실을 모방하는 단계, 현실을 이상화하는 단계, 현실을 표현하는 단계이다. 구체적으로 그것은 시, 음악, 회화, 조각, 건축의 순서로 배열된다. 예술이란 최고 수준의 교육을 필요로 하지만, 전문적인 훈련을 요구하는 것은 아니다. 콩트는 예술적 재능과 과학적 재능이 동일한 것이며, 예술은 진정한 철학적 토대 위에서 인간사회의 미래를 그려내는 일이라고 했다.

만년의 콩트는 스스로를 사회학자일 뿐만 아니라 인류를 구원할 수 있는 새로운 종교의 예언자, 또는 그 창시자로 자처하였다. 그리하여 우리는 콩트 철학의 진전과정의 마지막 단계에서 자못 의아하게도 '인류교'라 불리는 종교의 개념을 만나게 된다. 하지만 실증주의적 영감에서 나온 종교는 이미 시대에 뒤떨어진 초월적 사고방식을 전제로 하는 과거의 종교가 아니다. 과학정신의 소유자는 계시, 교회의 교리문답, 전통적인 신성(神性)을 더 이상 믿을 수 없다. 실증주의 종교는 철학(지성의 영역), 도덕(감정의 영역), 기술(행동의 영역)이라고 하는 삶의 세 가지 요인들의 종합상태를 말한다. '인류교'의 숭배 대상은 초월적 속성을 지니는 과거의 신이 아니라 인류이다. 인류는 각각의 개인과 마찬가지로 시간과 공간 속에 존재하는 것이기는 하지만, 사라져버리게 되는 인간의 개인성을 넘어선다. 이것이 바로 '인류교'의 숭배 대상인 '대존재'(大存在)의 개념이다. '대존재'는 각각의 개인 속에 존재하며, 모든 개인을 초월하는 일종의 절대자이다. 하지만 콩트가 말하는 인류에 대한 사랑과 전통 종교에서 말하는 초월적 신에 대한 사랑 사이에는 근본적인 차이가 있다. 콩트가 우리에게 사랑하기를 원했던 것은 인간 스스로가 그 구성 요인이 되며, 또 모든 인간이 그것을 향해 나아가야 할 본질적인 인류이다.

사람들은 사고하는 데, 심지어 행동하는 데 싫증을 낸다.
하지만 사랑하는 데 싫증을 내는 법은 결코 없다.

●「헌사」에서

나는 실증주의에 대한 일련의 체계적인 개관을 목적으로 하는 이 책에서, 먼저 실증주의의 기본 요소들을 살펴보고, 다음으로 그에 필요한 근거들을 규명하고, 마지막으로 몇 가지 중요한 보완사항들을 검토해보고자 한다. 이러한 3중의 평가가 비록 개괄적인 수준에 머물겠지만, 나는 이러한 평가가 비난받을 만한 소지는 있지만 실제적인 경험에 근거한 몇 가지 선입견을 결정적으로 극복하는 역할을 했으면 한다. 그리하여 잘 준비된 능력 있는 독자라면 누구든지, 여전히 이성(理性)만을 만족시킬 수 있을 것처럼 보이는 이 새롭게 등장한 일반 학설(學說, doctrine)이, 사실은 이성 못지않게 감정과 심지어 상상력에도 이롭다는 것을 확인할 수 있을 것이다.

서론

　본래, 실증주의는 결코 분리될 수 없는 철학과 정치학으로 이루어져 있다. 이 중에서 철학은 지성과 사회성이 밀접하게 결합되어 있는 하나의 보편체계의 기초가 되고 있으며, 정치학은 그 체계의 목적을 이루고 있다. 한편으로, 사회과학은 다른 어떤 학문보다도 중요한 것일 뿐만 아니라, 무엇보다도 현실 전체에 대한 우리의 다양한 사유들을 연결해주는 논리적이면서도 과학적인 유일한 연결고리를 제시해준다.* 그런데 과거의 다른 어떤 예비학문들보다도 이 최근의 학문은 대응하는 기술과 맺고 있는 정확하고도 일반적인 조화를 설명하지 않고는 그 참된 성격을 규명할 수 없다. 하지만 결코 우연이라고 할 수 없는 일치에 의해, 사회과학의 이론적 토대는 머지않아 오늘날 서구의 전적인 쇄신을 담당하기 위한 엄청난 실제적인 적용 영역을 발견하게 될 것이다. 왜냐하면 다른 한편에서 볼 때, 사건의 자연스런 추이에 의해 현대의 커다란 위기의 성격이 규명됨에 따라, 먼저 사고방식과 생활태도를 재구축하지 않고서는 정치의 재조직화가 점점 더 불가능해질 것이 틀림없어 보이기

---

* 이 커다란 원칙을 확립하는 것이 나의 『실증철학체계』의 가장 중요한 결과이다. 여섯 권으로 된 이 책은 1830년부터 1842년 사이에 『실증철학강의』(이 기본 저술은 1826년과 1829년에 있었던 강의에서 이미 준비되었다)라는 이름으로 모두 출간되었지만, 그때 이후로 나는 항상 그 진정한 성격을 더 잘 나타내기 위해 이 책을 『실증철학체계』라고 불러왔다. 나는 제2판이 나와서 수정할 수 있을 때까지 이러한 예외적인 견해가 이 문제에 대한 온갖 오해를 불식시킬 수 있었으면 한다.

때문이다.

그러므로 모든 인간 사고의 실질적인 체계화는 질서와 진보와 관련해서 제일 중요한 사회적인 요청이다. 이러한 거대한 철학적 작업이 차츰 수행됨에 따라, 서구 사회 전반에 걸쳐 새로운 도덕적 권위가 자발적으로 생겨나게 될 것이다. 이러한 권위의 영향력이 증가함에 따라, 당연히 사회의 궁극적인 재조직화를 위한 직접적인 토대가 마련될 것이다. 그런데 이러한 현상은 공공생활이나 개인생활의 모든 측면에서 고정된 판단원칙과 행동원칙을 제공할 보편적인 교육제도의 일반화에 의해 발전하게 된 다양한 국민들을 서로 연결함으로써 가능해질 것이다. 이렇게 해서, 앞으로는 그 유대관계가 점점 깊어지게 될 지적인 움직임과 사회적인 동요를 통해, 인류의 엘리트 계급은 마침내 중세 사람들이 섣불리 그 고상한 밑그림을 그려보고자 했던 것보다도 더 일관되고 진보적인 성격을 띠는 진정한 의미에서의 영적 권력이 도래하는 것을 목격하게 될 것이다.

그러므로 실증주의의 기본적인 사명은 다음과 같다. 즉 현실적인 학문을 일반화시키고, 사회생활의 기술을 체계화시키는 것이다. 실증주의가 보여주는 이러한 두 가지 측면은 동일한 개념의 서로 분리할 수 없는 두 얼굴이라고 할 수 있다. 나는 이 책의 처음 두 장에서 연속적으로 그 성격을 규명할 것이다. 우선 새로운 철학의 일반정신을 지적한 다음, 체계적인 마무리를 주도해나갈 대혁명 전체와 이 철학이 어떤 필연적인 관계를 맺고 있는지를 보여주고자 한다.

이러한 2중의 평가는 자연스럽게 쇄신 기능을 가진 이 학설에 고유하게 나타나는 중요한 근거들에 대한 고찰로 이어질 것이다. 뛰어난 몇몇 개인을 제외한다면, 오늘날 우리는 결코 사회의 어떤 지배계급으로부터도 이러한 필수적인 지원을 기대할 수 없다. 이들은 모두 다소간 형이상학적인 경험론과 귀족적인 이기주의에 지배되고 있다. 그리하여 이들은 맹목적인 정치적 동요 속에서, 결코 진정한 혁신으로 이어지지 못한 채 고리타분한 신학과 군사 체제의 허황한 잔재들을 두고 싸움질이나 하는

데 정신이 팔린 나머지 혁명적인 상황을 무한히 연장시키기만 할 따름이다.

실증주의의 지적인 본질과 사회적인 목표의 진정한 의미에서의 결정적인 성공은 다음과 같은 환경에서만 가능하다. 즉 해로운 문화에 물들지 않은 양식(良識)을 통해 전체적인 조망이 최대한 우위를 차지하도록 해야 하며, 관대한 감정에 대한 억압이 최소화되어야 한다. 이러한 두 가지 이유 때문에, 노동자계급과 여성이 새롭게 태어날 일반학설의 가장 중요한 지지자로 등장하게 되는 것은 당연하다고 할 수 있다. 물론, 이 새로운 학설은 궁극적으로 모든 사회계급을 지향하고 있다. 하지만 그것이 상층 지배계급에 대해 진정한 영향력을 행사하는 것은, 이 두 계급의 강력한 후원을 받아 다시 나타나게 될 때라야 가능해진다. 정신의 재조직화 작업이 가능해지기 위해서는, 나중에 그 작업이 규칙적으로 발전하는 데 가장 많은 도움을 줄 수 있는 사회구성원들, 즉 노동자계급과 여성의 참여가 반드시 필요하다. 이들은 현실 정부에 거의 참여하고 있지 않다. 그렇기 때문에 이들은, 무엇보다도 세속권력의 억압으로부터 자신들을 보호해주는 것을 목표로 하는 정신적인 정부의 필요성과 조건을 느끼는 데 한층 더 적합한 위치에 서게 된다.

그러므로 이 책의 제3부에서는 철학자와 노동자계급 사이의 기본적인 융합관계를 개괄적으로나마 밝혀보고자 한다. 오늘날에는 현대사 전체를 통해 양쪽 모두가 준비해온 이러한 융합만이 진정한 의미에서 결정적인 추진력을 낳을 수 있게 했다. 이렇게 해서 사람들은 다음과 같은 사실을 깨달을 수 있게 된다. 즉 실증주의는 대중의 성향들을 수정하고 발전시키는 데 몰두하게 되며, 또 그렇게 함으로써 지적이기까지 한 자신의 고유한 본성을 더욱더 완성시키고 강화해나갈 것이다.

하지만 이 학설이 조직적인 힘을 보여주고 자신의 진정한 성격을 완전하게 드러내는 것은, 여성의 사회적인 조건을 조절하고 개선시켜나가는 데 꼭 필요한 태도에서 비롯되는 전혀 예기치 못했던 지지를 획득함으로써 가능해진다. 이 책의 제4부에서는 바로 이러한 조건에 대해 살

퍼보고자 한다. 여성의 관점만이 실증주의로 하여금 개인의 차원에서건 집단의 차원에서건 진정한 의미의 인간존재 전체를 고려할 수 있게 해준다. 왜냐하면 이러한 존재가 합당하게 체계화될 수 있는 것은 사회성에 대한 지성의 계속적인 종속을 토대로 할 때뿐이기 때문이다. 그런데 이러한 종속관계는 여성의 개인적이고 사회적인 진정한 본성에 의해 직접적으로 드러난다.

물론 이 책에서는 앞서 말했던 두 개의 커다란 문제에 대한 설명이 소묘 형식으로 간단하게 다루어질 것이다. 하지만 나로서는 이 책이, 영적 권력의 최종적인 구축 속에서 민중과 여성의 자발적인 성향들을 깊이 있게 이용하는 데에는 가톨릭보다 실증주의가 훨씬 더 나은 위치에 있다는 사실을 충분히 인식할 수 있게 해주기를 바란다. 그런데 이 새로운 학설이 민중과 여성으로부터 2중의 지지를 얻는 것은, 가정생활과 사회 생활 전체를 점점 더 위협하고 있는 다양한 무정부주의적 유토피아를 송두리째 제거하고자 하는 단호한 태도를 취할 때에만 가능하다. 이와 마찬가지로, 새로운 학설은 민중과 여성의 기본 성격을 더욱더 고양시켜줄 것이며, 이들 두 계급의 갖가지 정당한 갈망들을 적극적으로 뒷받침해줄 것이다.

이렇게 해서, 처음에는 아주 사변적인 성격을 띠고 있던 하나의 철학이 별다른 어려움 없이 실생활의 온갖 측면뿐만 아니라 감정생활 전체까지도 껴안을 수 있다는 사실이 드러난다. 하지만 나는 실증주의의 독특한 보편성을 완전히 드러내려면 그것이 갖는 또 다른 필수적인 보완 사항들을 덧붙여야 하리라고 본다. 결국 아주 그럴듯해 보이는 몇 가지 선입견에도 불구하고, 실증주의가 인간통합을 가장 잘 드러내는 탁월한 능력들을[1] 풍요롭게 해주는 힘까지도 지니고 있다는 사실을 지적하고자 한다. 그것은 본래 사유와 관련된 능력들이 중심영역에 의해서 감정

---

1) 여기서 콩트가 말하는 능력이란 인간의 미학적 욕구와 관련되어 있는 상상하는 능력이다.

과 연결되어 있고, 일반적인 영향력에 의해서 행동과 연결되어 있다는 점에서 특히 그러하다.[2] 실증주의에 대한 이러한 예술적 평가는 여성과 관련된 설명의 자연스런 연속이다. 이 책의 제5부에서 이 점을 직접 다루게 될 것이다.

새로운 학설은 실제로 인간관계 전체를 포괄하고 있다. 나는 바로 이 사실에 의해, 어떻게 해서 이 학설만이 예술에 대한 진정한 일반이론을 구축함으로써 사변의 커다란 틈을 메워나갈 수 있는지 엿볼 수 있기를 바란다. 여기서 예술의 원칙이란, 인류의 기본 기능들을 실증적으로 결합하여 시적인 이상화를 철학적인 개념화와 정치적인 현실화 사이에 위치시키는 것을 말한다. 실증주의의 미학적 효용성은 곧바로 드러나지는 않는다. 그것은 지적이고 도덕적인 쇄신이 충분히 진전된 다음, 거기에 합당하고 예술의 비약적인 발전을 위해 반드시 필요한 중요한 공감을 일깨울 수 있게 될 때에만 그 독특한 결과를 통해 드러난다. 진정한 예술이론이 그 이유를 설명해준다. 하지만 현대시는 최초의 정신적이고 사회적인 동요가 지나가고 난 다음에야 마침내 진정한 권위를 회복하게 될 것이다. 그리하여 현대시는 더 이상 모호하지도 환상적이지도 않은 미래를 향해 인류를 이끌어갈 뿐만 아니라, 우리로 하여금 과거의 다양한 상태를 정당하게 평가하도록 해줄 것이다.

개인적이고 사회적인 인간존재 전체의 기본 목표를 보편적인 완성에서 찾으려는 어떤 체계가, 무엇보다도 인간의 내부에서 온갖 종류의 완성을 향한 본능을 길러주는 능력을 특별히 중시하는 것은 당연한 일이다. 이 책의 범위가 제한된 것이기는 하지만, 나는 여기서 한 걸음 더 나아가 다음과 같은 사실을 보여주고자 한다. 즉 실증주의는 현대 예술에 엄청난 영역을 활짝 열어 보이면서 결코 그에 뒤지지 않을 새로운 일반적인 표현수단을 자발적으로 제공해줄 것이다.

---

2) 철학자의 사유, 여성의 감정, 민중의 행동은 콩트가 이 책에서 실증철학을 설명하는 세 가지 중요한 축이다.

이상에서 밝힌 것처럼, 나는 실증주의라는 쇄신의 학설이 지닌 진정한 성격에 대해 폭넓은 밑그림을 그려볼 작정이다. 다시 말해 실증주의 학설이 보여주는 갖가지 중요한 양상들을 연속적으로 검토해보고자 한다. 이를 위해서는 당연한 순서일 테지만, 우선 철학적인 토대에서 출발하여 정치적인 목적과 민중적인 효용성으로, 다음에는 여성에 대한 영향력으로, 마지막에는 예술적인 태도로 나아가게 될 것이다. 더 폭넓은 연구를 위한 단순한 서곡에 불과한 이 서론적 고찰[3]의 결론 부분에서, 어떻게 해서 하나의 결정적인 신조에 따라 자발적으로 요약된 모든 다양한 평가들이 훌륭하게 체계화되어 결국은 실증주의의 완전 통합을 이룩하게 될 인류라는 현실적인 개념 속에 적극적으로 응축될 것인가 하는 문제를 검토하고자 한다. 이러한 독특한 결론을 내리면서, 일반적으로 과거사 전체의 조망에 따라 인류의 쇄신을 가져다줄 미래를 향한 발걸음을 자연스럽게 부각시키고자 한다. 쇄신을 향한 이러한 발걸음은, 처음에는 프랑스의 주도 아래 서구의 몇몇 나라에서만 제한적으로 나타나겠지만, 나아가 한계를 정할 수 있을 법칙들에 따라 다른 지역의 백인종 전체까지 확장되어갈 것이며, 마침내 나머지 두 인종으로 범위를 넓혀갈 것이다.

---

3) 이 책은 원래 1848년 단독으로 간행되었지만, 나중에 『실증정치체계』(이하 『체계』로 표기)의 일반 서론으로 편입되면서 『체계』 제1권의 주요한 부분을 이룬다.

제1부
실증주의의 기본 정신[1]

철학의 목적은 삶의 미완성을 변화시키는 토대로서의
인간생활에 대한 체계적인 시각을 제시하는 것이다

진정한 철학은, 개인적이고 특히 집단적인 인간존재의 모든 차원을
가능한 한 체계화하는 것을 목표로 하고 있다. 그런데 인간생활은 이를
구성하고 있는 세 가지 차원의 현상, 즉 사고, 감정, 행동 속에서 동시
에 고찰해볼 수 있다. 이 모든 양상 아래서 인류의 기본적인 발전은 본
래 자연발생적이다. 그리고 그 자연스런 진행과정에 대한 정확한 평가
만이 우리가 현명하게 참여할 수 있는 일반적인 토대를 마련해줄 것이
다. 하지만 우리가 거기에 끌어들일 수 있는 체계적인 변화들은, 부분적
인 일탈(逸脫), 치명적인 결과를 초래하게 될지도 모르는 지연(遲延),
그리고 완전히 방기되어 혼자 남을 경우 그토록 복잡한 도약이 봉착하
게 될 중대한 모순(矛盾)을 상당 부분 감소시키는 데 아주 중요한 역할
을 담당하고 있다.

이러한 필연적인 참여를 계속해서 현실화시키는 것이 정치의 가장 중
요한 영역이다. 하지만 정치의 참된 개념은 끊임없이 그 일반적인 한계

---

1) 제1부에서 콩트는 실증주의가 지성의 측면에서 어떤 성격을 띠고 있는지를
규명하고자 한다.

설정을 완성시켜주는 철학에서만 나올 수 있다. 이러한 기본적인 공동목표를 달성하기 위한 철학의 고유한 임무는, 인간생활을 구성하는 모든 부분을 서로 긴밀하게 통합함으로써 거기서 하나의 완벽한 통합을 향한 이론적인 개념을 도출시키는 것이다. 그러한 종합은 자연적인 관계들을 정확하게 드러낼 경우에만 실현될 수 있을 것이다. 그러므로 이러한 구축작업을 가능하게 하기 위해서는 무엇보다도 그에 대한 적절한 연구가 필수적이다. 만약 철학이 이러한 체계화 작업과는 다른 방식으로 실생활에 직접적인 영향력을 행사하려 한다면, 그것은 모든 실질적인 발전들의 합당한 조정자인 정치의 당연한 임무를 송두리째 빼앗아버리는 해로운 결과를 초래하고 말 것이다. 체계적인 도덕에는 거대한 사회유기체를 구성하는 중요한 두 분야인 철학과 정치 사이의 계속적인 연결과 정상적인 분리가 동시에 자리하고 있다. 당연한 이야기겠지만, 이러한 체계적인 도덕은 철학의 독특한 적용뿐만 아니라 정치의 일반적인 행동원리를 이루고 있다. 더 나아가서 나는 기본 저술[2])에서 이미 보여준 것처럼 자발적인 도덕, 다시 말해 그것을 불러일으키는 모든 다양한 감정들이 어떻게 해서 항상 철학의 탐구와 정치의 시도를 지배하게 되는지를 설명하고자 한다.

사회에 대한 철학의 책임 한계를 정하고 있는 이러한 거대한 종합이 현실적이고 항구적인 것이 되기 위해서는, 반드시 철학의 3중의 영역,[3])

---

2) 『실증철학강의』(이하 『강의』로 표기함)를 의미한다. 콩트의 대표적인 저술은 전기의 『강의』와 후기의 『체계』이다. 이 책에서 콩트는 여러 번에 걸쳐 『실증철학체계』에 대해 언급하는데 이는 사실 『강의』를 지칭한다(29쪽의 저자 주 참조). 이 책에서 『강의』는 거의 항상 '나의 기본 저술'이라고 표현된다.

3) 여기서 사변의 영역이란 철학자들의 사유와 관련된 영역, 따라서 지성의 측면을 가리킨다. 감정의 측면은 여성에 대한 실증철학의 효용성을 의미하며 행동의 측면은 민중의 측면을 의미한다. 이 책에서 콩트는 이것을 실증철학의 세 가지 요소로 보고 있다. 우리는 이에 대한 언급을 앞으로 계속해서 만나게 되며, 이 책의 기본 구도는 이들 각각에 대한 설명으로 이루어져 있다고 해도 과언이 아니다. 여기에 예술과 종교에 대한 검토가 덧붙여진다.

즉 사변의 영역, 감정의 영역, 행동의 영역을 동시에 포괄할 수 있어야한다. 이러한 세 가지 차원의 현상을 밀접하게 통합시켜주고 있는 자연스런 반응에 따르면, 전체를 포괄하지 못하는 모든 부분적인 체계화는당연히 환상적이고 불충분할 수밖에 없다.[4] 그럼에도 불구하고, 오늘날에 와서 철학은 실증상태에 이르게 됨으로써 결국 기본 사명을 완전히깨달을 수 있게 되었다.

신학에 의한 종합은 인간 본성의 실제적인 측면을 포괄하는 데 실패했다

신학에 의한 체계화는 인간의 감정생활에서 자연발생적으로 생겨난것이며, 마찬가지로 그 최초의 우위와 최후의 몰락 또한 감정생활과 밀접하게 관련되어 있다. 신학에 의한 체계화는 오랫동안 특히 다신교(多神敎) 시대의 중요한 사변들을 지배해왔다. 이 시대에는 합리적인 추론의 힘이 상상력과 감정의 원시적인 지배를 거의 제한하지 않았다. 하지만 정신적으로 또한 사회적으로 신학에 의한 체계화가 아주 비약적으로발전했던 이 시기조차도, 내용보다는 형식과 더 많은 관련을 맺고 있는몇 가지 불가피한 반응들을 제외한다면, 실생활은 본래 신학에 의한 체계화에서 벗어나 있었다. 처음에는 감지할 수 없었던 이러한 자연스런균열은 지속적으로 증가하여 나중에는 최초의 구축물을 근본적으로 와해시켜버리는 결과로 이어지게 되었다.

순전히 주관적이기만 한 배열은, 완고한 현실성에 따라 실생활의 성격을 규정하고 있는 객관적인 목표와 화합할 수 없다. 주관적인 배열은모든 현상을 다소 자의적인 의지에 의해 지배되는 것으로 보았던 반면,

---

4) 콩트는 이 책에서 계속 이러한 세 가지 요소, 다시 말해 철학적 요소, 여성적 요소, 민중적 요소를 종합적으로 고려할 때에만 비로소 진정한 의미에서사회의 재조직화가 이루어질 수 있다고 말한다.

객관적인 목표는 이런 현상들이 점점 더 불변의 법칙에 의해 지배되는 것으로 보고자 했다. 왜냐하면 이러한 법칙이 없이는, 인간의 계속적인 활동들은 어떠한 규칙도 지니지 못하게 될 것이기 때문이다.

이처럼 신학에 의한 체계화는 근본적으로 실생활을 실제로 포용할 수 없기 때문에, 여전히 사유생활과 심지어 감정생활을 다루는 데서도 아주 불완전한 것으로 남아 있을 수밖에 없었다. 그런데 사유생활과 감정생활의 일반적인 발전은 반드시 실질적인 주된 욕구를 따르고 있다. 신학체제가 우세한 것으로 남아 있는 한, 인간은 충분하게 체계화될 수 없다. 왜냐하면 인간의 감정과 행위는 사고5)에 완전히 다른 두 가지 충동을 새겨놓고 있기 때문이다. 여기서 형이상학에 의한 조절이 필연적으로 실패할 수밖에 없었던 까닭을 검토한다는 것은 무의미한 일일 것이다. 왜냐하면 절대적인 요청에도 불구하고, 형이상학에 의한 조절은 신학으로부터 감정의 영역을 제거할 수 없었으며, 실생활을 포괄하는 데 있어서 항상 신학보다도 못한 위치에 있었기 때문이다. 형이상학이 학문적으로 가장 성공했던 시기조차도, 존재론의 체계화가 순전히 개인적이기만 한 발전에 대한 헛된 추상적인 관찰로 축소되어버린 사변의 영역에서 나왔던 것은 아니다. 형이상학 정신은 사회적인 관점과는 도저히 화합할 수 없었다. 나는 이미 기본 저술에서 이러한 과도적인 정신은 여전히 어떠한 것도 실제로 구축할 수 없다는 점을 분명히 밝힌 바 있다. 형이상학 정신이 일시적으로 지배하게 되는 경우가 있는데, 이러한 지배는 단지 그것이 혁명적인 경향을 지니고 있기 때문에 가능한 것이다. 이러한 예외적인 지배는 신학체제를 조금씩 와해시키면서 인류의 예비적인 발전을 돕게 되었다. 그런데 신학체제는 처음에는 유일하게 비약적인 발전을 이끌었지만, 결국에는 모든 측면에서 돌이킬 수 없을 정도로 반동화의 길을 걸을 수밖에 없었다.

---

5) 인간 지성. 결국, 콩트는 여기서 인간 사고가 지녀야 할 감정적 요인(여성)과 실천적 요인(노동자)을 강조하고자 한다.

실증정신은 실생활에 뿌리내리고 있다

무엇보다도 실생활에서 생겨난다는 사실 때문에, 모든 실증적인 사유는 항상 신학에 의한 조절로는 포괄할 수 없었던 실생활을 다소간 체계화하는 독특한 능력을 드러내준다. 실증적인 사유가 보여주는 일반성과 유대관계의 결핍이 여전히 이러한 속성을 많은 부분 방해하기는 하지만, 그것이 보편적으로 느껴지는 데에는 아무런 지장이 없다. 오늘날에는 현상의 법칙과 직접적으로 관련되어 있으며, 현실적인 예측능력을 제공하는 이론만이 유일하게 외부세계에 대한 자발적인 행동을 조절할 수 있는 것으로 평가받고 있다. 바로 이런 이유로 해서, 실증정신은 자신이 처음부터 지니고 있던 실천능력을 전혀 잃어버리지 않고도 점점 더 이론적인 것으로 변화되어 조금씩 사변의 영역 전체를 차지하게 된 것이다.

이런 경향은, 심지어 실증정신이 논리 훈련에만 허용될 수 있는 쓸데없는 탐구에 매달려 있었을 때도 마찬가지였다. 수학과 천문학 분야에서 처음으로 비약적인 발전을 거둔 이후, 실증정신은 그 기본 원칙이 지속적으로 확장되어 우리의 개념 전체를 체계화하기에 이르렀다. 오랫동안 신학 원칙과 형이상학 원칙에 점진적인 변화를 초래했던 새로운 철학 원칙이, 데카르트[6]와 베이컨[7] 이후에는 분명히 이전 단계[8]를 결정적으로 대신하려 하고 있다. 이와 같이, 차츰차츰 과거 체계를 뛰어넘은 모든 예비적인 연구를 거친 새로운 철학 원칙은 이제 사회현상에 대한

---

6) René Descartes(1596~1650) : 프랑스의 철학자. "나는 생각한다, 고로 나는 존재한다"라는 유명한 말을 남겼으며, 근대 프랑스의 합리철학의 기초를 닦았다. 『방법서설』, 『철학원리』 등의 저서가 있다.
7) Francis Bacon(1561~1626) : 영국의 철학자. 데카르트와 더불어 서구 근대 철학의 토대를 닦은 사람으로 데카르트와는 달리 경험론을 주장했다. 즉 그는 기술의 진보와 연결된 엄격한 실험과, 경험에 기초한 귀납적 인식방법을 주장했다.
8) 이전 단계의 철학이란 신학과 결부된 스콜라 철학을 의미한다.

연구로 범위를 넓힘으로써 스스로를 일반화시키는 일만이 남아 있다.[9] 형이상학의 단계에서는 불가능했던 사회현상에 대한 연구는, 신학의 단계에서는 통치조건으로서 간접적이고 경험적인 방식으로만 포착될 수 있었다. 감히 말하자면, 이러한 결정적인 보충 연구가 나의 기본 저술에서 이미 충분히 이루어졌다고 본다. 그렇기 때문에, 실증정신이 실생활을 조절하는 최초의 경향을 계속 발전시켜나가면서, 심지어 그러한 경향을 굳건히 하면서 온갖 사유생활을 조절할 능력을 지니고 있다는 사실에는 전혀 이의를 제기하지 않을 것이다.

이렇게 함으로써, 지성의 영역 전체의 실증적인 조직화가 그만큼 확실해졌다. 그리고 사회학의 창설은 우리의 현실적인 사유의 비약적 발전을 완성함으로써 얼마 지나지 않아 이러한 탐구들에는 아직 충분하지 못한 체계적 성격을 부여하게 되었다. 그런데 이러한 성격 부여는 필연적으로 사유의 유일한 보편적인 관계를 제공함으로써 이루어진다.

이미 모든 사상가들이 이러한 이해를 충분히 받아들였다. 그렇기 때문에 진정한 의미의 사상가라면 어느 누구도 실증정신이 필연적으로 지속적인 체계화를 향해 나아가려는 경향을 지니고 있다는 사실을 부인하지 못할 것이다. 물론, 이러한 체계화에는 사유생활뿐만 아니라 현실생활까지 포함된다. 하지만 이러한 조직화가 완전한 보편화의 경향으로 이어지기까지는 아직도 그 길이 멀어 보인다. 이러한 보편화가 없다면 실증주의는 신학주의를 완전히 대신하여 인류를 정신적으로 지도할 수는 없을 것이다. 왜냐하면 이러한 조직화는 인간생활 전반에서 가장 중요한 감정생활이라는 부분을 전혀 포괄하지 못할 것이기 때문이다. 이러한 감정생활만이 인간 본성의 다른 두 부분[10]에 지속적인 자극과 방향을 제시해준다. 감정생활이 없다면, 이 두 부분의 비약적인 발전은 머

---

9) 콩트에 의하면, 학문은 일반성과 전문성의 정도에 따라 여섯 가지 단계로 배열된다. 그것은 수학에서 출발하여 천문학, 물리학, 화학, 생물학 등을 거쳐 사회학으로 이어진다.

10) 철학의 영역과 민중의 영역, 혹은 사변의 영역과 행동의 영역.

지않아 불완전하거나 쓸데없는 탐구와, 소득이 전혀 없거나 심지어 혼란스럽기까지 한 동요 속으로 사라져버릴 것이다. 게다가 이처럼 엄청난 틈바구니의 완강함은 그것으로부터 현실적이고도 지속적인 견고함을 보장해주는 유일한 원칙을 박탈해버린다. 또 그렇게 함으로써 이론과 실천의 측면에서 일어나는 2중적인 조직화를 덧없는 환상으로 만들어버릴 것이다. 그러한 무능력은 신학체제가 실생활에 대해 필연적으로 가지게 되는 불충분함보다 훨씬 더 심각한 것이다. 왜냐하면 이성은 물론 행동마저도 진정한 인간통합을 구축할 수 없기 때문이다.

개인과 집단의 관계구조에서 조화라는 것은 감정의 차원에서만 이루어지는데, 우리는 이 점을 제4부에서 특별히 다루게 될 것이다. 신학의 본질적인 영향력은 언제나 신학의 감정적인 원천에서 생겨난다. 신학은 비록 명백한 노쇠현상을 보여주고 있기는 하지만, 적어도 원칙적으로는 몇 가지 합당한 사회적인 우위를 계속 주장할 수 있을 것이다. 그런 만큼, 새로운 철학은 결코 신학의 이러한 기본적인 특권을 빼앗지는 못할 것이다.

그러므로 현대의 중요한 발전이 반드시 충족시켜야 하는 마지막 조건은 다음과 같다. 즉 실증적인 조직화는 이론과 실천의 측면을 지닌 채 도덕적인 것이 되어야 하며, 심지어 감정 속에서도 진정한 보편성의 원칙을 찾아내야 한다. 그렇게 해야만 비로소 실증적인 조직화는 모든 일반학설의 결정적인 방향 설정을 과거의 체제보다 한층 더 잘 실현하여 온갖 신학적인 요청들로부터 결정적으로 멀어질 수 있을 것이다. 왜냐하면 이렇게 함으로써, 새로운 학설은 인간의 정신적인 도약이 있게 된 이후 처음으로 3중의 인간존재[11]가 갖는 모든 기본 양상들을 조직화할 수 있을 것이기 때문이다.

사실, 만약 실증주의가 이러한 불가피한 조건을 충족시킬 수 없다면, 어떠한 체계화도 가능하지 않을 것이다. 왜냐하면 한편으로 실증주

---

11) 사변의 영역, 감정의 영역, 행동의 영역에서 이루어지는 인간생활.

원칙은 신학 원칙을 약화시킬 만큼 충분히 발전했지만, 다른 한편에서는 아직도 신학 원칙이 누렸던 우위를 지니지 못하고 있기 때문이다. 바로 이러한 이유 때문에 오늘날 많은 성실한 관찰자들이 사회의 미래에 대해 절망하는 것이다. 왜냐하면 이들은 아직 현 상황이 보여주는 진정한 의미에서의 결정적인 경향을 드러낼 만큼 충분히 현실적이고 완전한 이론을 지니고 있지 않아서 새로운 정신적 토대가 점차 형성되고 있다는 사실을 깨닫지 못하기 때문이다. 이들은 다만 오래도록 인간을 통제해왔던 원칙들이 결국에는 아무런 힘을 발휘하지 못한다는 사실만을 깨닫고 있다. 현재 실증주의 원칙이 보여주는 성격이 이러한 견해를 정당화시키는 것 같다. 왜냐하면 실증주의 원칙이 앞으로 행동의 영역과 심지어 사변의 영역에서 보여주게 될 우위만큼이나 현재 감정의 영역을 다루는 데에서 그 원칙의 무능력 또한 확인되어야 하기 때문이다.

인간 본성과 실증주의 체계에서는 감정이 우위를 차지하고 있다

하지만 좀더 철저하게 검토하다 보면 이러한 처음의 견해는 당연히 수정될 것이다. 지금까지 실증적인 발상에 대해 당연히 가해졌던 메마르다는 비판은 원래 실증주의의 진정한 본질 속에서는 근거를 찾을 수 없다. 그러한 비판은 단지 실증적인 발상의 예비적인 분출에 대한 경험의 특수성에서 비롯된다는 사실이 드러날 것이다. 처음에는 물질적인 필요에서 생겨났으며 오랫동안 무기물(無機物)에 대한 연구에만 한정되어왔던 실증성(實證性)이 감정문제에 적대적으로 남아 있게 된 이유는, 아직 그것이 충분히 완전하고 체계적인 것이 되지 못했기 때문이다. 실증성이라는 것은 결국 자신의 주된 영역이 될 사회적인 사변으로 확장되어나갈 것이다. 그럴 경우, 실증성이 오랜 유아기에나 지니고 있었던 다양한 해악들을 사회적인 사유 속에서 보여주지 않게 되는 것은 지극히 당연한 일이다.

새로운 철학은 그 독특한 현실성으로 인해, 지적인 것이 되려 하기보다는 차라리 도덕적인 것이 되려 한다. 또한 그것은 정신과 마음[12]의 권리를 개인적이거나 집단적인 인간 본성의 진정한 구조 속에서 드러내기 위해 자신의 고유한 체계화 작업의 중심을 감정생활에 두고 있다. 오늘날, 사회문제에 대한 깊이 있는 연구는 새로운 철학[13]으로 하여금 이른바 지성의 우위라는 문제에서, 그 과학적인 준비단계에 내재해 있던 오만한 환상을 철저히 무너뜨리게 해준다. 실증주의는 가톨릭보다 훨씬 더 강력하게 인간의 보편적인 경험을 비준(批准)하면서, 개인의 행복과 공동선(共同善)이 왜 정신보다는 마음에 더 의지하게 되는지를 설명해 주고 있다. 하지만 이와는 별도로, 체계화의 문제에 대한 직접적인 검토는 실증주의로 하여금 인간통합이 이성과 심지어 행동에 대한 감정의 우위에서만 생겨날 수 있다고 주장하게 한다.

인간 본성은 지성과 사회성에 의해 동시에 성격이 규정된다. 그렇기 때문에, 우선권이 전자에 주어지느냐 후자에 주어지느냐에 따라, 인간통합은 두 개의 서로 다른 양식으로 확립될 수 있다. 하지만 사실은 단 하나의 체계화만이 존재하는데, 그것은 이 두 요소들이 결코 동일한 차원에서 우선권을 주장할 수 없기 때문이다. 두 요소들 각각의 고유한 본질들을 고려하건 또는 이들의 힘을 비교하건 간에, 사람들은 지성이란 실제로 사회성에 봉사하는 것 외에는 다른 지속적인 특성을 지니고 있지 않다는 사실을 분명하게 인식할 수 있다. 지성이 이러한 주된 임무에 만족하지 않고, 오히려 한 걸음 더 나아가 지배적인 요소가 되려

---

12) 우리는 l'esprit를 '정신'으로 le cœur를 '마음'으로 옮긴다. 여기서 '정신'이란 인간 활동 가운데 이성적이고 지적인 면을 가리키는 반면, '마음'은 감정의 측면을 가리킨다.

13) 여기서 '새로운 철학'이란 당연히 '실증철학'을 가리킨다. 문맥에 의해 어느 정도 분명히 파악할 수 있기는 하지만, 이 책에서 '새로운 철학'은 '새로운 학설' 혹은 '새로운 교의'라는 말로 표현되기도 한다. 또한 매우 자주 인간 인식의 최종 단계라는 의미에서 '최종적인 철학'이라고 표현되기도 한다. 그러므로 '최종적인 체제'는 당연히 '실증주의 체제'를 의미한다(옮긴이 해제 '삶의 기술로서의 실증주의'에서 설명한 3단계론 참조).

해서는 안 된다. 그렇게 하다가는 지성은 자신의 오만한 주장을 결코 실현시키지 못할 것이며, 오히려 이러한 주장 때문에 무질서 상태가 되고 말 것이다.

개인생활에서조차도 우리의 다양한 경향들 사이의 지속적인 조화는 인간에게 선을 행하고자 하는 성실하고도 일상적인 의지를 갖도록 부추기는 감정의 보편적인 우위를 확보함으로써 가능하게 된다. 분명히 말해, 이러한 경향은 다른 모든 것과 마찬가지로 본래 맹목적이며, 스스로를 만족시키기 위한 진정한 수단을 찾아내기 위해서는 이성의 도움이 필요하다. 이와 마찬가지로, 나중에 그것을 적용하기 위해서는 반드시 행동이 필요해진다. 하지만 일상적인 경험을 통해, 우리는 그러한 충동이 사실은 선(善)의 주된 조건이라는 사실을 알게 된다. 왜냐하면 인간 본성이 제시하는 일상적인 차원의 지성과 힘에 따라, 이러한 지속적인 자극은 지성의 탐구와 힘의 시도를 성과 있게 이끌어나가기에 충분하기 때문이다. 이러한 일상적인 원동력이 없다면, 이 둘은 필연적으로 아무런 쓸모도 조리도 없는 시도로 완전히 소진될 것이며, 얼마 지나지 않아 처음의 무감각 상태에 빠지고 말 것이다. 그러므로 우리의 도덕적인 삶이 진정한 의미에서 통일성을 지니게 되는 것은 감정이 사변과 행동을 동시에 지배할 경우에만 가능하다.

지성의 고유 기능은 사회성에 봉사하는 것이다

이러한 기본 원칙은 개인생활에 아주 적합한 것이기는 하지만, 그 필요성이 가장 잘 드러나는 것은 공공생활에서이다. 그것은 어려움의 본질이 실제로 달라졌기 때문도 아니고, 그 어려움이 새로운 해결책을 원하기 때문도 아니다. 그것은 다만 그 단점이 훨씬 더 잘 느껴질 수 있게 되어, 여러 가지 방법들에 대하여 어떠한 불확실함도 허용하지 않기 때문이다. 그러므로 서로 연결해야 할 다양한 존재들의 상호의존을 통하여, 그들 사이의 일상적인 경쟁의 제일 조건이 보편적인 사랑을 향한 고유한 경향 속에 존재한다는 사실이 분명하게 드러난다. 발상의 갑작스러움과 범위라는 측면에서 보든 해결책의 대담함과 견고함이라는 측면에서 보든, 이러한 사회적인 본능을 대신할 수 있는 개인적인 고려란 존재하지 않는다. 사실, 이러한 관대한 감정은 대부분 그 자체로는 이기적인 감정보다 큰 힘을 발휘하지 못한다. 하지만 이러한 관대한 감정은 필연적으로 사회생활의 거의 무한한 발전을 허락해주며 그것을 야기하는 찬양할 만한 속성을 지니고 있다.

그런데 이러한 사회생활은 끊임없이 관대한 감정의 적대요소를 억누른다. 또한 사람들이 인류의 주된 진보를 가늠할 수 있는 것은 무엇보다도 관대한 감정이 이기적인 감정보다 우위를 차지하게 만들려는 지속적인 경향에 의해서이다. 관대한 감정의 자발적 영향력은 지성에 의해 많은 도움을 받을 수 있다. 사실, 지성이란 자연스런 관계들을 더욱더 잘 깨닫게 함으로써 사회성을 강화하는 데 몰두하며, 미래에 대한 과거의 도움을 통하여 그 실제적인 실현을 규명함으로써 사회성을 개발하는 데 몰두한다. 새로운 철학은 바로 이러한 소중한 봉사를 정신의 주된 목표로 삼는다. 이렇게 해서, 새로운 철학은 어디에도 비길 데 없는 존립근거와 고갈되지 않는 영역을 정신에게 마련해주는데, 이는 쓸모없는 학구적인 승리와 현재의 유치한 탐구보다도 정신을 깊이 만족시켜줄 것이다.

사실, 위대한 신학적인 통일성이 돌이킬 수 없을 정도로 쇠퇴한 다음부터, 이 세상의 보편적인 지배요소가 되고자 하는 지성의 오만한 갈망은 결코 어떠한 결실도 맺지 못했다. 그것은 다만 반동적이 되어버린 체제에 대항하는 반항의 효용성만을 지닐 수 있었을 따름이다. 정신은 지배하도록 운명지어진 것이 아니라 봉사하도록 되어 있다. 즉 정신이 지배하고 있다고 믿을 때 그것은 사회성을 돕는 대신 개인성에 봉사하게 된다. 사실, 정신은 어떤 종류의 정열을 떠나서는 절대로 존재할 수 없다. 그러므로 실질적인 지배는 무엇보다도 힘을 필요로 하는데, 이성은 명철함만을 지니고 있다. 그 추진력은 다른 곳에서 와야 한다.

　현대의 학자들은, 앞으로 순전히 사색적인 삶이 완성될 것이라는 형이상학자들의 환상을 너무 잘 받아들이고 있다. 하지만 그러한 환상은 정직하지 못한 인위적인 조작을 포괄하지 못하게 되어 결국 오만한 환상으로만 그칠 것이다. 확실히, 진실의 발견에만 만족하려는 온갖 태도는 절대로 습관적인 행동을 이끌어갈 만큼 충분한 힘을 지니지 못할 것이다. 거의 모든 노력을 규정하고 지탱하려면, 우리의 허약한 이성에는 정열의 영향력이 반드시 필요하다. 만약 이러한 발상이 관대한 감정에서 나오는 것이라면, 사람들은 그것을 아주 드물고 한층 더 나은 평가를 받을 만한 가치가 있는 것으로 주목하게 될 것이다. 하지만 이러한 발상이 영광이나 야망, 탐욕 등과 같은 개인적인 동기에서 생겨날 경우, 그 저속함으로 말미암아 특별한 주목을 받지 못하게 될 것이다. 사실, 이것이 둘 사이의 유일한 차이점이다. 정신적인 충동이 어떠한 오만이나 허영도 개입되어 있지 않은 순수한 진리에 대한 예외적인 정열에서 생겨나는 경우라 하더라도, 사회적인 목표 전체와 어떠한 관련도 없는 관념적인 훈련은 여전히 아주 이기적인 것으로 남을 것이다. 나는 앞으로 실증주의가 어떻게 해서 필연적으로 형이상학적이거나 과학적인 유형에 대해 강력한 낙인을 찍는 데에서 가톨릭보다 훨씬 더 엄격한 태도를 취하게 되는지를 보여주고자 한다. 이러한 유형 속에서 진정한 의미의 철학적인 관점은, 완전히 다른 목적을 위해 문명이 사유생활에 보장해주는 기회를 남용하는 죄를 범하고 있다는 사실을 공공연히 인정하게 만든다.

　이렇게 해서, 처음에는 실생활에서 즉각적으로 생겨나서 계속하여 사변적인 부분의 모든 본질적 영역으로 파급되어나간 실증주의 원칙은, 이제 완숙기에 접어들어 그 독특한 현실의 자연적인 흐름에 따라 당연히 감정생활 전체를 포용하게 된다. 실증주의 원칙은 자신의 궁극적인 체계화 작업의 유일한 중심을 바로 여기에 두고 있다. 그러므로 이제부터는 정신에 대한 마음의 지속적인 우위가 실증주의에 힘입어 철학적인 동시에 정치적인 성격을 띠는 기본 교의(敎義, dogme)로 확립되는 것이다.

지성은 신학체제 아래서는 마음의 노예였지만,
실증체제 아래서는 마음의 봉사자이다

확실히 이러한 불가피한 종속은 인간통합을 가능하게 하는 토대로서, 내가 지금까지 언급한 대로, 비록 경험의 차원이기는 하지만 신학체제에 의해 조직화되었다. 하지만 초기 단계에 있게 마련인 숙명성에 따라, 이 최초의 조직화는 어떤 근본적인 해악으로 인해 잠정적인 운명만을 부여받았으며 마침내 손상되었다. 왜냐하면 얼마 지나지 않아 이러한 조직화는 지성 때문에 아주 억압적인 것으로 변질되었기 때문이다. 지성은 200년 동안이나 진행되어왔던 불가피한 저항의 일반적인 결과로서, 신학에 의한 조직화를 점점 더 변모시켜 결국에는 그것을 와해시킴으로써 나타날 수 있었다. 게다가 이러한 불가피한 저항은 당연히 형이상학적이고 과학적인 오만에서 생겨나는 무질서한 환상을 길러냈다.

사실, 항상 문제를 제기하는 것이 마음이라면, 그 문제를 푸는 것은 마음이 속해 있는 정신이다. 이것이 바로 실증주의가 개인적이거나 사회적인 모든 구조의 필연적인 원칙을 항구적으로 체계화함으로써 확립하게 되는 진정한 의미이다. 그런데 정신은 처음에는 무능력할 수밖에 없기 때문에 먼저 마음이 그 자리를 차지하게 된다. 정신은 오랫동안의 고된 준비작업을 거친 다음에야 비로소 자신의 임무를 수행할 수 있게 된다. 마음은 내가 『실증철학체계』[14]에서 언급한 대로, 주관적인 영감의 자발적인 발전을 통해 객관적인 개념의 결점을 보완해주고 있다. 주관적인 영감이 없이는 정신의 측면에서건 사회의 측면에서건 인간의 발

---

14) 콩트 자신이 앞에서 지적한 대로, 이 책은 『강의』를 가리킨다(29쪽의 저자 주 참조).

전은 불가능할 것이다. 하지만 오랫동안 필수적이었던 그 절대적인 지배가 이성의 합당한 발전에 적대적으로 변하는 것은 피할 길이 없었다. 왜냐하면 이성은 외부세계에 대한 다소 현실적인 평가에 기초한 몇 가지 개념들의 윤곽을 그려주기 때문이다.

일반적으로 말해, 이것이 바로 신학적인 믿음 전체에 지속적으로 개입하게 된 커다란 변화의 직접적이고 주된 원천이다. 이러한 체계가 그 기본 성질에 따른 수많은 수정 과정을 거친 다음부터, 그토록 대립적인 두 체제를 화해시키는 것은 갈수록 불가능한 일로 받아들여졌다. 그렇게 됨에 따라, 실증적인 지식의 결정적인 도약에 의해 한층 더 심화되고 가속화된 지적 갈등이 한편으로는 점점 더 반동적인 것으로 변질되어 갔으며, 다른 한편으로는 점점 더 혁명적인 성격을 띠게 되었다. 이것이 바로 실증주의가 현재 처해 있는 상황이다. 신학의 지배가 되살아날 경우, 그것은 외적인 진실에 대한 우리의 모든 견해를 욕망과 관습에 따라 해결하려 할 것이다. 그리하여 신학은 지성의 아주 심각한 타락으로, 심지어 도덕의 타락으로 이어지게 될 것이다. 또한 인류는 신학 원칙을 완전히 거부하지 않고서는 더 이상 어떠한 결정적인 발자국도 내디딜 수 없을 것이다. 왜냐하면 서구 사회의 경우, 신학 원칙은 이미 당연한 저항을 통해 주된 문제에 대한 입장을 유지하는 것말고는 다른 본질적인 유효함을 지니지 못하게 되었기 때문이다.

이처럼, 중세 말엽부터 진행되어온 거대한 혁명적인 변화와 관련된 선입견과 관습에도 불구하고, 새로운 체계화는 감정생활에 집중되었다. 하지만 실증주의는 어떠한 신학적인 태도보다도 모든 조직화의 기본 조건을 훨씬 더 잘 수행함으로써, 필연적으로 마음에 대한 정신의 오랜 반항을 마감하게 된다. 왜냐하면 실증주의는 자발적이고도 체계적인 결정에 의해, 인간생활 전반에서 자신에게 속한 자유롭고도 완전한 참여를 지성에 부여하고 있기 때문이다. 위대한 유기적인 원칙에 대한 실증적인 해석에 따르면, 인간의 다양한 욕망을 궁극적으로 정당하게 만족시키기 위해 정신은 본래 마음에 의해 제기된 문제만을 다루도록 되어 있다. 경험에 따르면 이러한 필수적인 규칙이 없을 경우, 정신은 어쩔 수 없이 거의 항상 따르는 사람들이 가장 많으면서 가장 쉬워 보이는 무익하거나 환상적인 사변을 향해 나아간다는 사실이 너무나 분명해졌다.

하지만 이렇게 제기된 주제들이 발전하는 데 있어서, 정신은 방법의 적합성이나 결과의 현실성을 평가할 수 있는 유일한 심판자로 남아 있어야 한다. 미래를 예견하기 위해 현재를 평가하고 개선 방법을 발견하는 것은 항상 정신의 몫이다. 한마디로 말해, 정신은 항상 마음의 봉사자가 되어야지 노예가 되어서는 안 된다. 이것이 바로 실증주의 원칙에 의해 확립된 궁극적인 조화와 관련된 조건이다. 사람들은 이러한 조건이 심각하게 위협받을지도 모른다고 두려워해서는 안 된다. 왜냐하면 위대한 균형을 이루고 있는 두 가지 요소 자체가 자신들에게 똑같이 유리한 것으로 보고 그것을 자연스럽게 유지하려 하기 때문이다. 현대사회에서 이성이 보여주는 반항적인 습관들은 일단 당연한 요구들이 폭넓게 충족될 경우, 이성이 계속 혁명적 성격을 지니는 것을 허용하지 않게 된다. 게다가 앞으로 지적하겠지만, 새로운 체제는 필요한 경우 혁신적인 요구를 억압할 만한 수단들을 충분히 지니고 있다. 다른 측면에서 보면, 마음의 새로운 지배는 이전처럼 정신에 대해 아주 완전히 적대적이지는 않을 것이다. 왜냐하면 진정한 사랑은 항상 자신이 추구하는 목표에 도달하기 위한 현실적인 방법을 확실히 보장할 것을 요구하기 때문이다. 진정한 감정의 지배는 통상적으로 지혜로운 행동뿐만 아니라 마찬가지로 건전한 이성에도 이로운 것이다.

마음에 대한 정신의 종속은 실증주의의 주관적인 원칙이다

이렇게 해서, 오늘날 억압적이지도 위선적이지도 않은 하나의 학설이, 근본적으로 무정부주의적인 상황 속에서 점점 더 훼손되어가는 공적이고 사적인 질서를 쇄신시키게 된다. 물론, 이것은 이전에 이룩했던 다양한 진전의 일반적인 결과라고 할 수 있다. 이 학설은 진정한 철학과 건전한 정치를 하나의 동일한 기본 원칙 아래에 영원히 재결합시킨다. 그런데 이 원칙은 증명될 수 있을 뿐만 아니라 느껴질 수도 있으며, 모든 것을 지배할 수 있을 뿐만 아니라 체계화시킬 수도 있다. 제5부에서는 정신에 대한 마음의 보편적인 우위라는 위대한 실증주의 교의가 철학적인 힘과 사회적인 효용성뿐만 아니라 예술적 능력 또한 지니고 있음이 드러날 것이다.

이렇게 해서 사람들은 마침내 도덕적이고 합리적인 동시에 시적이며, 인류의 가장 심오한 혁명을 현실적으로 완성하게 될 유일하고도 독특한 원칙 주위로 모든 것을 이끌어 갈 수 있다는 사실을 이해하게 될 것이다. 여기서 이미, 본질적으로 현대적이기는 하지만 아직은 여러 가지 측면에서 원칙에 부합하지 않는 것으로 남아 있는 증명의 힘이 완성 단계에 이르면 필연적으로 추인된다는 사실을 누구나 확인할 수 있을 것이다. 증명의 힘은 새로운 일반적인 영향으로 인해 당면한 미래에는 더욱더 발전하게 될 중요한 체계적인 목표를 결정적으로 받아들이게 될 것이다. 따라서 나는 아무런 과장 없이 앞에서 했던 몇 가지 지적에서 다음과 같은 결론을 끌어낼 수 있다. 즉 본래 순전히 이론적이기는 하지만, 실증주의는 앞으로 명상적인 정신과 정열적인 성격의 소유자들뿐만 아니라 다정다감한 영혼의 소유자들에게도 부합할 것이다.

체계의 객관적인 토대 : 과학으로 드러나는 외부세계의 질서

오늘날 진정한 의미의 철학자들이 구축해야 할 완전한 체계화의 본질과 원칙을 이렇게 규정지은 다음, 먼저 완전한 체계화에 도달하는 데 필요한 과정과 그 기본 핵심이 어떤 성격을 지니고 있는지를 살펴보고자 한다.

물론, 이러한 구축작업이 목표를 달성하는 것은 사변, 감정, 실천이라는 3중의 영역을 한꺼번에 포용함으로써만 가능하다. 하지만 세 가지 본질적인 부분이 동시에 충족되는 것은 아니다. 이들은 불가피하게 연속적으로 달성되는데, 그렇다고 해서 이들 사이의 자연스런 연대감이 변질되는 것은 아니다. 왜냐하면, 이러한 연속은 반대로 그들 사이의 상호의존성에 대한 정당한 평가에서 생겨나기 때문이다. 사실, 사유는 감정보다, 감정은 행동보다 먼저 체계화되어야 한다는 사실을 인식하는 것이 무엇보다도 중요하다. 철학자들이 지금까지 인간의 체계화가 이루어질 일반 영역을 오로지 사유생활로만 제한했던 것도 사실은 이러한 필연적인 질서를 어렴풋하게나마 짐작했기 때문이다.

　무엇보다도 먼저 사상(思想)들을 조합해야 한다는 불가피한 의무는 단지 사유들 사이의 결합이 한층 더 용이하며 더 많은 완성을 포함한다는 사실에서 생겨난다. 이는 위대한 종합[15]의 나머지 부분[16]에 대한 유용한 논리적 준비과정이다. 이러한 주제를 연구하는 데에서, 사람들은 덜 두드러져 보이기는 하지만 더욱더 결정적인 동기를 발견할 것이다. 그 동기가 충족되기만 한다면, 그것은 다른 모든 구축작업의 필연적인 토대가 될 것이다. 적어도 그것은 현명하게도 궁극적인 목표가 실제로 요구하는 정도의 조합으로만 만족하기 때문에 처음에 생겨났던 어려움을 더 이상 불러일으키지 않을 것이다.

　단순히 지적인 차원에서의 체계화가 지닌 엄청난 중요성은, 처음에는 진정한 인간 본성의 전체 구조 속에서 그에 대응하는 기능들의 미약한 힘에 대립되는 것처럼 보인다. 인간 본성 속에서 감정과 행동은 확실히 순수이성보다 개개의 일상적인 결과에 훨씬 더 많은 영향을 끼친다. 만약 이런 종류의 역설을 해결하려 한다면, 사람들은 마침내 인간통합이라는 거대한 문제의 기본 매듭이 무엇인지를 알아차리게 될 것이다.

　실제로, 위에서도 제기했던 것처럼, 인간통합이란 반드시 주관인 원칙을 요구하게 된다. 이러한 원칙은 정신에 대한 마음의 지속적인 우

---

15) 실증적인 종합.
16) 감정의 영역과 행동의 영역.

위 속에서 이미 제기되었던 것이다. 그런데 이러한 우위가 없다면, 집단 생활뿐만 아니라 단순한 개인생활마저도 어떤 지속적인 조화에 이르지 못하게 될 것이다. 왜냐하면 그토록 복잡한 유기체가 지니고 있는 이질적이고 때로는 대립적이기까지 한 다양한 경향들을 통상적으로 수렴시킬 수 있을 만큼 충분한 영향력을 찾을 수 없을 것이기 때문이다. 하지만 이와 동시에, 인류를 지배하는 다양한 현상들이 따르는 일반적인 질서 속에서, 외부세계가 우리와는 무관한 객관적인 토대를 즉각 마련해 주어야 한다. 그렇지 못할 경우, 이러한 불가피한 내적인 조건만으로는 결코 충분하지 못할 것이다. 지성이 우리에게 인간 운명의 전체 모습을 펼쳐 보일 경우, 이러한 객관적인 토대의 분명한 우위 속에서 사랑의 감정이 우리의 다양한 경향들을 통제하게 될 것이다. 이것이 바로 정신의 주된 사명인데, 지금부터 정신은 인간의 체계화에 대한 실증주의 이론에 의해 마음에 봉사하게 될 것이다.

나는 이 책의 첫머리에서, 부분적인 차원에만 머무를 경우 이러한 구축은 불충분할 수밖에 없으며 심지어는 환상에 가깝다는 사실을 지적했다. 이제 나는, 그 위대한 철학 프로그램을 완성하기 위해서는 무엇보다도 이러한 구축이 고립되어서는 안 된다는 사실과 아울러 객관적인 연관관계가 없이는 주관적인 조화가 불가능하다는 사실을 지적하고자 한다. 순전히 내적이기만 한 이러한 조합이 고립상태에서 이루어질 수 있는 것이라고 생각한다면, 그것은 분명히 사적이거나 공적인 차원을 막론하고 진정한 인간 행복에 거의 아무런 일상적인 효용성도 가져다주지 못할 것이다. 왜냐하면 인간 행복이란 각자가 현실적인 존재 전체와 맺고 있는 관계에 의존하기 때문이다. 게다가 인간 본성은 극단적인 미완성 상태에 있기 때문에, 근본적인 이기주의가 보여주는 다양한 경향들은 그 자체로 사회성이 지니는 공감적인 경향들보다 훨씬 뛰어나다. 그렇기 때문에, 필연적으로 자신들의 도약을 촉발시키는 외부구조 속에 존재하는 지지기반이 없다면, 사회성을 지향하는 이러한 경향들은 결코 우위를 차지할 수 없게 된다. 이러한 외부구조가 개인들의 다양한 경향들이 보여주는 대립의 영향을 억제해준다.

질서를 통해 이기적인 감정들은 통제되고
그렇지 않은 감정들은 강화된다

없어서는 안 될 이러한 반응을 면밀히 검토하기 위해, 우리는 이러한 외부 질서를 엄밀한 의미에서의 세계와 더불어 인간 현상 전체를 포괄하는 것으로 간주해야 한다. 아주 변화무쌍한 것이기는 하지만, 이러한 현상들은 우리의 실증적인 사유의 주요 대상인 불변의 자연법칙에 의해서도 지배를 받는다. 우리의 관대한 감정은 당연히 사회성을 직접적으로 지배하는 법칙에 대한 감정에 부합한다. 게다가 그것은 지성이 우리를 다시 지배하게 되자마자 다른 모든 것들을 존중하게 만든다. 그러므로 사적인 것까지를 포함하지만, 무엇보다도 공적인 성격을 띠는 감정 차원의 조화는, 이기적인 본능을 통제할 수 있는 외적인 힘에 인간생활을 종속시켜야 한다는 분명한 필요에 의해서만 가능해진다. 우리의 공감적인 충동들이 외부로부터 기본적인 지지를 얻지 못할 경우, 이기적인 본능들의 우위는 이들을 손쉽게 약화시켜버릴 것이다. 이성만이 유일하게 행동을 규제하기 위해 이러한 지지기반을 감정에 봉사하게 할 수 있다.

이렇게 해서, 위대한 자연스런 광경과 관련된 지적인 체계화 작업은 필연적으로, 심지어 아주 사색적인 사람들 사이에서도 보통은 아주 미약한 자신의 고유한 이론적인 요청보다 훨씬 더 많은 중요성을 획득하게 된다. 이렇게 볼 때, 사변의 종합은 곧바로 감정의 종합이 제시하는 주된 어려움을 해결해준다. 그런데 이는 우리의 가장 훌륭한 내적인 충동에 강력한 외적인 자극을 덧붙임으로써 가능해진다. 이러한 외적인 자극은, 내적인 충동으로 하여금 자신이 항상 추구하기는 하지만, 지속적인 도움 없이는 결코 실현될 수 없는 일상적인 조화를 확립하기 위해 우리의 다양한 성향들을 충분히 억누를 수 있도록 해준다. 게다가 사람들은 자연질서에 대한 이러한 일반적인 개념화가 직접적으로 인간 행동의 현실적인 체계화 전체의 필수적인 토대라는 사실을 잘 알고 있다. 그런데 인간 행동이 유효해지는 경우는 오로지 이러한 거역할 수 없는 구조 전체에 행동들이 잘 맞아떨어질 때에만 가능하다. 우리가 시도하는 위대한 증명의 이러한 측면은 오늘날 워낙 일반화되어 있기 때문에, 여기서 더 이상 그 점을 지적할 필요는 없으리라고 본다. 사변의 종합이 감정의 종합을 가능하게 해준다고 할 때, 행동의 종합이 더 이상 중대한 어려움을 새롭게 제기하지 않을 것이라는 사실은 분명하다. 충동의 통합[17]은 개념의 통합[18]에 의해 미리 준비되어 있는 행동의 통합[19]을 완수하게 되기 때문이다. 이상에서 본 것처럼 인간의 체계화 전체는 결국 그 자체로는 그다지 결정적인 것으로 보이지 않는 단순한 정신의 조합에 의존하고 있다.

그러므로 실증주의는 감정의 우위라는 주관적 원칙에 외적 필연성이라는 객관적 토대를 덧붙이게 된다. 그런데 실질적으로는 이러한 객관적 토대만이 인간생활 전체가 사회성에 의해 지배될 수 있도록 해준다. 과거의 체계화에 대한 새로운 체계화의 우위는 주관적 상황에서보다 객관적 상황일 때 훨씬 더 분명해진다. 왜냐하면 신학적인 태도에서 이러한 객관적인 관계는 오직 초자연적인 의지에 대한 자발적인 믿음에서만 생겨나기 때문이다. 이러한 허구[20]가 어떠한 현실성을 지니게 되는가에 상관없이, 그 원천은 사실 여전히 주관적인 것으로 남아 있게 된다. 바로 이 점이 그 일상적인 효용성을 아주 혼란스럽고 유동적인 것으로 만들어버린다. 그에 대응하는 원칙은 명백함에서나 힘에서나 안정성에서

---

17) 감정의 종합.

18) 사변의 종합.

19) 행동의 종합.

20) 콩트는 가령 종교적인 신앙 등 초자연적 의지를 가정하는 모든 인식체계를 하나의 허구라고 단정짓는데, 콩트의 이러한 태도는 어떠한 설명도 필요하지 않을 만큼 단정적이다.

나, 어쩔 수 없이 인간생활 전체에 의해 확립된 진정한 의미의 외부 질서라는 지속적인 개념이 포함하는 원칙에 비할 바가 못 된다.

외부 질서에 대한 우리의 개념은 먼 과거부터
점차 성장해왔으며 이제 막 완성되었다

실증주의의 기본 교의는 일반적인 영감의 즉각적인 산물이 아니라, 거대하고도 특수한 발전의 점진적인 결과로 인식되어야 한다. 이러한 발전은 인간 이성의 최초의 실행과 더불어 시작되었으나, 오늘날에 와서야 가장 진보된 기관 속에서 겨우 완성된 것이다. 이 교의는, 오랜 유년기를 거치면서 갈고 닦여, 결국 자신의 진정한 본성에 부합하는 유일한 체제를 준비함으로써 인류 전체의 가장 소중한 지적 수확이 되었다.

유추를 통한 확장을 제외한다면, 모든 기본적인 경우에 그것은 실제로 관찰을 통해서만 증명할 수 있다. 그것은 이미 확인된 것들로 이루어진 현상들에 대해서만 어떤 증거들을 지니게 된다. 비록 그 대부분의 법칙이 아직까지 무시되고 있으며 앞으로도 영원히 알려지지 않을 수도 있겠지만, 우리가 논리적으로 기상학의 법칙을 인정할 수 있게 된 것은 이렇게 해서이다. 왜냐하면 기상학에서 어떤 사건들은 확실히 각기 변함없는 질서의 지배를 받는 것으로 알려진 자연적이고 천문학적이고 물리적이고 화학적인 여러 영향들의 조합에서 생겨나기 때문이다.

하지만 도저히 다른 현상으로 환원시킬 수 없는 모든 현상들에 대해서는 전문적인 추리만이 우리의 확신을 결정할 수 있을 것이다. 어떻게 해서 현실적인 모든 연역의 토대를 필연적으로 제공할 하나의 원칙이 도출될 수 있을까? 이것이 바로 최초의 체제와는 전혀 무관한 교의가 그토록 오랜 준비기간을 거쳐야 했던 이유이다. 사실 아무리 훌륭한 사상가라고 하더라도 이러한 준비과정을 거치지 않으면 안 된다. 형이상학의 개념들은 이 문제에서 필수적인 검증과정을 미리 보여주고 있는 것 같다. 하지만 이들 개념의 효용성은 다소 혼란스러워 보이기는 하지만, 아주 단순한 현상들을 지배하는 자연법칙의 효과적인 발견을 통해 자연스럽게 생겨난 유추들을 일반화시키는 잠정적인 능력에서만 생겨난다.

이러한 독단적인 예견은 진정한 실증주의 이론의 전문적인 초안과는 전혀 무관하기까지 하다. 그렇기 때문에, 이들은 항상 아주 모호한 상태에 머물러 있을 수밖에 없으며, 무엇보다도 아주 메마른 상태로 남아 있게 된다. 또한 현대 이성에 아주 친숙한 그러한 논란들이 표면적으로는 어떤 힘을 지니고 있는 것처럼 보이지만, 외부 질서에 대한 진정한 감정은 뛰어난 학자들 사이에서도 여전히 아주 불충분한 상태로 남아 있게된다. 사회학의 주된 법칙에 대한 나의 기본 발견들을 결정적인 것으로 받아들이는 극소수 사상가들을 제외한다면, 이러한 사실은 아주 복잡하고도 중요한 현상들에 대한 마땅한 검증이 존재하지 않기 때문에 생겨난다.

게다가 이처럼 다른 모든 연구들과 밀접하게 관련되어 있는 연구의 불확실성이 다른 연구들에 부정적인 영향을 끼치게 된다. 그리하여 이러한 불확실성은 아주 단순한 문제들에서까지도 불변성의 개념에 심각한 변질을 초래한다. 예를 들어, 사실들이 어떠한 법칙도 따르고 있지 않다고 생각되는 확률 계산에서 거의 모든 기하학자가 행하게 되는 근본적인 착오가 이를 증명해준다. 그러므로 어떤 경우에든 이 위대한 교의는 전문적인 검증이 초보적 현상들의 모든 본질적인 범주로 확장되어갈 경우에만 굳건한 토대를 확립할 수 있다. 하지만 오늘날, 시대에 비해 뛰어난 사상가들 사이에서는 이러한 어려운 조건이 충족되었다고 할 수 있다. 그렇기 때문에, 마침내 우리는 앞으로 아무도 뒤흔들어버릴 수 없을 객관적인 토대 위에 인간통합을 직접적으로 구축할 수 있게 되었다. 우리의 개인생활과 집단생활을 모두 포함하는 온갖 현실적인 사건들은 항상, 본래 우리의 개입과는 아무런 관련이 없는 연속성과 유사성의 자연스런 관계들에 의해 지배된다.

변화시킬 수 없다고 하더라도 성격에 대한
외부 질서의 영향은 아주 중요한 가치를 지닌다

이것이 바로 불변의 질서와 지속적인 관련을 맺고 있는 순전히 사변
적이면서도 그만큼 감정적이고 활동적이기도 한 거대한 종합의 외적인
토대이다. 이 문제에 대한 실질적인 검토가 인간 사유의 중요한 대상을
이루며, 그 필연적인 우위가 인간 감정의 전반적인 도약을 조절하며, 그
점진적인 개선이 인간 행동의 계속적인 목표를 결정하게 될 것이다. 이
러한 질서가 얼마나 큰 영향력을 행사하고 있는지를 알아보려면, 잠깐
동안이라도 그 질서가 없어져버린다고 가정하는 것으로 충분할 것이다.
그렇게 되면, 우리의 지성은 미친 듯이 배회하다가 소진한 끝에 도저히
치유할 수 없는 무기력 상태에 빠져버리고 말 것이다. 또한 우리의 가장
훌륭한 성향들[21]조차 더 이상 보다 낮은 본능들의 영향을 억누를 수 없
을 것이다. 게다가 인간 행동은 오로지 원칙 없는 동요(動搖)로만 이어
질 것이다.

비록 이러한 질서가 오랫동안 무시되어왔지만, 그 불가피한 지배는
항상 우리 자신도 모르는 사이에 처음에는 행동적이고 나중에는 사변적
이거나 심지어 감정적이기까지 한 인간생활을 전반적으로 지배하게 되
었다.[22] 이 질서를 인정하게 됨에 따라, 우리의 개념들[23]은 한층 더 분
명해졌으며, 우리의 성향들[24]은 덜 변덕스러워졌고, 우리의 행동들[25]
은 덜 자의적이게 되었다. 우리가 이 질서의 전체 모습을 포착할 수 있

---

21) 인간의 감정. 이 책에서 계속 확인하겠지만, 후기의 콩트의 사유는 인간의
감정들에 대한 중요성 부여로 특징지어진다고 할 수 있다.
22) 결국 이러한 궁극적 질서가 앞서 언급했던 사변적·감정적 행동의 영역을
모두 지배하게 된다는 의미이다.
23) 사변의 영역. 다시 말해 어떤 것을 개념화시킬 수 있는 능력.
24) 감정의 영역.
25) 행동의 영역.

게 된 다음부터, 그것은 온갖 종류의 인간 지혜를 통제하게 되었다. 그것은 항상 우리의 인위적인 구조를, 그것을 개선시키기 위해서 우선 연구하고 존중해야 할 거역할 수 없는 자연적인 구조의 당연한 연장(延長)으로 제시하게 된다.

심지어 그것이 우리에게 제공하는 정말로 숙명적인 것, 다시 말해 변화시킬 수 없는 것에서조차도, 이러한 외부 질서는 그토록 많은 오만한 지성의 피상적인 불평에도 불구하고, 우리의 삶의 방향을 바로잡는 데 반드시 필요해진다. 예를 들어, 인간이 지구 위에서만 살아야 한다는 필연성을 벗어나서 아무 별에서나 자유롭게 살 수 있다고 가정해보자. 그럴 경우, 사회라는 개념 전체는 다양한 개인들을 좌우하게 될 변덕스럽고 화해할 수 없는 성향에 의해 즉각 파괴되어버릴 것이다. 바로 이러한 극복할 수 없는 요구로 인해, 다양하고 초라한 우리의 성향에 내재한 우유부단하고 일관되지 못한 태도가 모든 사람이 인정하는 일관된 행동을 우리에게 허락해주는 것이다. 그런데 이러한 요청이 없다면, 아무리 불평한다고 하더라도 우리의 나약한 이성은 결코 혼란스런 토론을 끝낼 수는 없을 것이다. 우리는 어떤 것도 창조할 수 없으며, 다만 본질적으로 우리의 영향을 넘어서는 질서를 우리의 이익에 맞게 변화시킬 수 있을 따름이다.

사람들은 형이상학의 오만이 그토록 간절히 꿈꾸어왔던 절대적인 독립을 가능하게 한다고 생각해왔다. 하지만 얼마 지나지 않아 그러한 절대적인 독립이 인간의 운명을 개선시켜주기는커녕 사적인 것까지를 포함해서 인간생활의 모든 실질적인 발전을 방해하게 된다는 사실을 깨달았다. 반대로, 인간의 완성을 위한 주된 기술은, 처음에는 순전히 내적인 원천에서만 생겨나는 지적이고 도덕적이며 실천적인 습관에서 나온 것을 외부의 원인과 관련짓는다. 그렇게 함으로써, 이러한 기술은 우리의 어떤 구도에서 드러나는 우유부단함과 일관성 부재, 잡다함을 감소시켜준다. 왜냐하면 우리가 자발적으로 변한다고 하더라도 도달할 수 없는 어떤 지지점이 외부에서 발견되고 나서야, 우리가 내보이는 다양한 성향들 간의 모든 상호관계들이 그 불변성을 확보할 수 있기 때문이다.

하지만 자연질서가 마련해주는 변하지 않는 것에서조차도, 실증주의 교의의 행복한 효용성과는 무관하게 우리는 이러한 기본적인 구축이 다양한 분야에서 초래할 수 있는 인위적인 변화들을 고려해야 한다. 이러한 변화들이 우리의 모든 행동의 주된 방향을 제공해주기 때문이다. 사실, 우리는 인간이 태양계에 살고 있다는 사실과 같은 아주 단순한 현상마저도 절대로 변화시킬 수 없다. 그 법칙을 알아낸 다음부터 우리는 다양한 개선책을 찾아내려 했다. 하지만 우리의 물리적인 능력이 아무리 커진다고 해도 결코 그것을 변화시키지 못한다. 삶을 잘 배치하여 거역할 수 없는 일반조건을 가능한 한 잘 경험할 수 있도록 하는 것 정도가 우리가 할 수 있는 일이다. 그런데 이러한 조건들의 더할 나위 없는 단순한 성격은 우리로 하여금 더 확실하고 더 멀리 예견하는 것을 가능하게 한다.

우리의 지성이 거쳐온 오랜 예비적인 진화과정은 무엇보다도 그에 대한 실증적인 검토에 의존한다. 이러한 검토는 항상 우리에게 부동성에 대한 진정한 감정의 가장 분명하고도 결정적인 원천을 제공해줄 것이다. 물론, 이들에 대해 지나치게 배타적인 연구를 진행시켜나가다 보면 숙명론으로 이어질 수밖에 없을 것이다. 그럼에도 불구하고, 앞으로는 철학교육에 의해 더욱 통제될 이러한 영향력은 도저히 극복할 수 없는 온갖 해악을 현명하게 뛰어넘어 손쉽게 우리 자신을 도덕적으로 개선할 수 있도록 도와줄 것이다.

대개의 경우 우리는 외부 질서를 변화시킬 수 있으며,
그럴 경우 외부 질서에 대한 지식은 인간 행동의 체계적인 토대이다

다른 모든 경우, 외부 질서의 기본적인 불변성은 항상 부차적인 변화들과 더불어 나타난다. 내가 『실증철학체계』에서 누누이 설명했던 대로,

현상들은 갈수록 복잡해지고 있다. 그렇기 때문에 우리가 조금만 개입해도 다양하고 접근하기 쉬운 여러 영향들의 경합에서 비롯되는 결과들은 한결 쉽사리 변질된다. 그에 따라, 이러한 변화들은 점점 더 심오해지고 다양해졌다. 『실증철학체계』에 나타난 정신에 따르면, 자연법칙이 개인적인 것이건 집단적인 것이건 우리의 개입은 자신의 삶과 연관되어 있는 만큼 더 많은 효용성을 획득하게 된다. 특히 인간생활의 문제에서는 이러한 변화가 워낙 광범위한 것이기 때문에, 이러한 현상들을 모든 불변의 규칙을 뛰어넘는 것으로 간주하는 평범한 오류를 가능하게 하는 데 기여하게 된다.

실증주의 교의에 대한 이러한 일반적인 검토를 완성하기 위해서, 나는 인간의 개입을 뛰어넘으려는 계속적으로 증가하는 외부 질서의 능력이 그보다 더한 미완성과 필연적으로 결합되어 있다는 사실을 덧붙이고자 한다. 이렇게 함으로써, 이러한 능력은 비록 충분하지 않지만 아주 귀중한 일종의 자연스런 보상이 된다. 왜냐하면 이러한 성격은 모두 자연적인 구성이 점진적으로 복잡해지면서 생겨나는 것이기 때문이다. 아주 단순하기는 하지만 천체 그 자체는 아주 불완전하다. 이러한 단순함은 그 다양한 결점들을 더욱더 반박할 여지가 없는 것으로 만들어주는데, 그에 대한 개괄적인 검토는 주목할 만한 가치가 충분하다. 우리는 거기에 어떠한 처방도 내리지 못할 것이다. 하지만 이러한 시각은 우리를 어리석은 찬미로부터 지켜주며, 자신의 진정한 운명을 규정지어주는 온갖 어려움에 직면해 있는 인류의 궁극적 태도를 고정시키는 데 유용하게 협력할 수 있다. 무엇보다도 이러한 시각은 현실을 개선하기 위한 많은 현명한 추구를 방해했던 절대선(絶對善)에 대한 헛된 탐구를 근본적으로 배제하게 될 것이다.

다른 모든 현상들에 대해, 자연적인 구조의 점증하는 미완성은 실천적일 뿐만 아니라 도덕적이고 정신적인 차원에서 인간의 모든 실증적인 삶의 적극적인 자극을 끊임없이 결정하고 있다. 그런데 이러한 미완성은 항상, 사실은 우리가 계속적인 노력을 기울여 정당하게 이바지함으로써 상당 부분 완화시킬 수 있는 해악들을 감소시켜준다. 특히, 이렇게 해서 인류는 오랫동안 지속되어온 신학의 시대에 해당하는 유년기에는 존재하지 않았던 단호함과 위엄을 발전시켜나갈 수 있다. 오늘날 미래 사회에 대한 참된 전망에 관심을 가진 모든 사람들 사이에서 전혀 거리낄 것도 거드름 피울 것도 없이, 어느 정도 한계는 있겠지만 자신의 운명 전체에 대한 유일한 심판자로서의 인간의 개념이 생겨나게 된다. 그런데 확실히 모든 점에서 이러한 개념은 과거에 우리를 항상 수동적이라고 간주하던 섭리와 관련된 허구에 대해 옛날 사람들이 지니고 있던 믿음보다 훨씬 더 만족스러운 개념이다.

그러한 통상적인 평가는 사회관계를 강화하는 데 직접적으로 기여한다. 이러한 사회관계 속에서 각자는 인간 조건의 전반적인 비참함에 대항할 수 있는 중요한 사적인 원천을 보게 된다. 그러한 평가는 가장 고귀한 감정을 촉발시킴으로써 진정한 목표를 향한 지적인 문화에 부여된 중요성을 더욱더 잘 깨달을 수 있게 해준다. 이러한 행복한 영향은 현대인들 사이에서 계속 증가해왔다. 하지만 그것은 하나의 건전한 역사이론에 따라 인간의 미래를 추측하는 것이 아니며, 그에 대한 정당한 개념을 도출시키기에는 너무 제한적이었으며, 너무 경험적인 차원에만 그치고 말았다. 그것은 체계화를 지향하는 우리의 기술이 아직 기본 구조의 이 부분을 포함하지 못하고 있기 때문이다. 이 부분은 그 중요성만큼이나 아주 가변적이고 불완전한 것이어서 모든 점에서 항구적인 배려의 주된 대상이 되어야 한다. 엄밀한 의미에서는 의술조차도 이제 겨우 처음의 타성적인 단계에서 빠져나오기 시작했다.

도덕적인 것이건 정치적인 것이건, 사회적인 기술의 문제에서 타성적인 상태에 너무 깊이 빠져 있는 대다수 정치가들이 거기에서 사회적인 기술을 이끌어낼 수 있을지는 의문이다. 하지만 사회적인 기술은 다른 어떤 현실적인 것보다도 우리의 실생활의 나머지 부분들을 합리화시켜줄 현실적인 체계화를 더 많이 포함하고 있다. 그러나 오늘날 이러한 제한적인 관점들은 탁월한 현상들에 대한 자연법칙의 현실성이라는 너무 불완전한 감정하고만 연관되어 있다. 기본 질서가 진정한 전체성 속에 합당한 자리를 차지할 경우, 기술에 대한 새로운 이해는 필연적으로 과학에 대한 이해만큼이나 광범위하고 동질적인 것이 될 것이다. 이렇게 해서, 진정한 의미의 학자라면 누구나 사회생활이 과학과 기술이라는 두 가지 영역 모두에 관련되어 있다는 사실을 부정하지 않을 것이다.

그러므로 사회성에 대한 지성의 전반적인 봉사는 지성이 불가피하게 그 지배권을 수용해야 할 자연적인 구조를 인식시키는 데에서 그치지 않는다. 이러한 이론적 규정이 행동을 이끌어갈 수 있게 하려면, 거기에 외부 질서에 부합하는 다양한 변화들이 드러내는 한계와 그 주된 미완성에 대한 정확한 평가가 덧붙여져야 할 것이다. 이러한 두 가지 일반적 여건들만이 우리의 지혜로운 개입이 어떻게 이루어져야 하는지, 그리고 그 개입 범위는 어느 정도인지를 결정할 수 있게 해준다.

그러므로 자연에 대한 실증적인 비판은, 비록 처음으로 그러한 비판을 초래했던 반(反)신학적 의도가 그 결정적인 효용성으로 인해 아무런 중요한 관심도 불러일으키지 못하게 되었지만, 여전히 건전한 철학의 중요한 속성이다. 이제부터 사람들은 어떤 투쟁에 몰입하지 않고서도 그러한 검토가 인간문제를 한층 더 명확하게 제기하는 것이라는 사실을 인식하게 될 것이다. 완성이란 처음에는 미완성을 가정하고 있기 때문에, 이러한 검토는 실증주의 체계 내에서 인간생활 전체의 지속적인 목표와 직접적으로 연관되어 있다. 특히, 이러한 전반적이고 밀접한 관련성은 우리 자신의 본성에 반드시 필요한 것이다. 진정한 의미의 도덕성은 통상적으로 자연발생적인 우리의 해악들을 깊이 깨닫기를 요구하기 때문이다.

실증주의에 의한 종합의 주된 난점은 외부 질서를 사회현상으로
확대 적용함으로써 외부 질서에 대한 우리의 개념을 완성하는 것이다

이상의 모든 지적은, 인간의 위대한 체계화가 주된 원칙에 의해 본질

적으로는 여전히 감정적으로 남아 있으면서도 결국 사변적인 조작에 의존하게 되는 기본 조건의 성격을 분명하게 규정지어주고 있다. 이러한 사변적인 조작만이 인류가 그 지배를 극복하고 변경시키게 되는 외적인 구성 전체에 인간의 체계화를 연결함으로써, 거기에 객관적인 토대를 부여할 수 있게 된다. 이런 설명에는 여러 가지 어려움이 따르겠지만, 그것만으로도 완전한 연구의 단순한 서곡에 불과한 이 책의 목표를 밝히는 데에는 충분하리라고 본다. 이러한 설명은 실증주의에 의한 종합의 본질적인 핵심, 즉 개인적인 것이건 집단적인 것이건 인간 발전에 관한 진정한 이론을 발견할 수 있게 해준다는 사실을 직접 깨닫게 한다. 왜냐하면 이러한 결정적인 주제에 대한 온갖 최종적인 밑그림은 곧바로 자연질서라는 일반 개념을 완성하며, 필연적으로 이 개념을 현대의 움직임 전체가 점진적으로 준비해온 보편적인 체계화의 기본 교의로 간주하기 때문이다.

이 문제에 대해 지난 3세기 동안 이루어진 과학적인 작업들의 자연스런 경쟁은 도덕적인, 그리고 특히 사회적인 현상에 대해서만 주된 공백으로 남아 있다. 현대에 들어와서 이성은 인류의 과거에 대한 최초의 완전한 조합을 통해 불변의 법칙이 존재한다는 사실을 보여주고 있다. 그렇게 함으로써, 현대 이성은 힘든 입문(入門)을 마치고 이제부터는 모든 것을 포용할 수 있는 유일한 관점까지 올라섬으로써 최종적인 체제를 구축하게 된다.

이것이 바로 내가 기본 작업[26]에서 추구했던 2중의 목표였다. 그런데 현재 몇몇 중요한 사상가들의 고백에 따르면, 이러한 기본 작업에 따라 내가 사회 차원에서뿐만 아니라 개인 차원에서 인간 발전에 관한 일반 법칙을 확립함으로써 자연철학 전체를 완성하고 조합했다는 것이다. 나는 이미 더 이상 반박할 수가 없게 되었으며, 이 책의 제3권에서 중요하게 다루어질 위대한 법칙에 대해서는 언급하지 않을 것이다. 주지하다

---

26) 『강의』.

시피, 이 법칙은 연속적인 3단계를 통해 반드시 우리의 모든 사고를 바꿀 것을 요구하고 있다. 그 3단계는 이러하다. 처음은 신학의 단계로서, 이 단계에서는 어떠한 증거도 지니고 있지 못한 즉각적인 허구들만이 공공연하게 지배한다. 다음은 형이상학의 단계로서, 의인화된 추상이나 본체들의 통상적인 우위가 그 성격을 규정짓고 있다. 마지막으로 실증의 단계가 있는데, 이는 항상 외부 현실에 대한 정확한 평가에 기초하고 있다. 잠정적인 것이기는 하지만 첫번째 체제는 도처에서 우리의 출발점 역할을 수행하고 있으며, 세번째 체제만이 유일하게 최종적인 것으로 우리의 정상생활을 나타내주고 있다. 두번째 단계는 변화시키거나 차라리 약화시키는 영향력만을 지닌다. 이러한 영향력으로 해서 이 단계는 하나의 제도에서 다른 제도로의 이동만을 주도해나갈 수 있다. 사실, 모든 것은 신학적인 발상에서 시작하여 형이상학적인 논의 과정을 거쳐 실증적인 증명에 이르게 된다. 이렇게 해서, 지금부터는 유일한 일반법칙이 우리로 하여금 인류의 과거, 현재, 미래를 동시에 포용할 수 있도록 해줄 것이다.

『실증철학체계』에서 나는 항상 이러한 계보의 법칙에 분류의 법칙을 연결했는데, 그 역동적인 적용은 나의 발전이론에 없어서는 안 될 제2의 요소를 제공하고 있다. 이 책에서 나는, 우리의 다양한 개념들이 각각의 연속적인 단계에 참여하게 되는 필연적인 순서를 규정하고자 한다. 사람들은 이러한 순서가 그에 대응하는 현상의 일반적인 감소에 의해, 혹은 결국 마찬가지가 되겠지만 복잡성이 증가하면서 조절된다는 사실을 알고 있다. 바로 이렇게 해서 더 복잡한 현상들이 더 단순하고 덜 전문적인 현상들에 자연스럽게 종속되는 것이다. 이제 우리의 실제적인 사변의 근본적인 단계는 여섯 개의 기본 범주로 자연스럽게 분류된다. 그 여섯 가지 범주란 수학, 천문학, 물리학, 화학, 생물학, 그리고 마지막으로 사회학이다. 그런데 각각은 다음 범주로 이어지기 전에 전체적인 발전의 서로 다른 세 단계를 거치게 된다. 이러한 발전이론은 여기서 제시한 분류 원칙을 지속적으로 사용하지 않을 경우 모호하고 혼란스런 성격만을 드러내게 될 것이다.

　정태적인 법칙과 역동적인 법칙 사이의 밀접한 결합에 의해 이루어진 이론은 우선 인류의 지적 움직임과만 관련된 것처럼 보인다. 하지만 위에서 했던 설명들은 우리에게 사회발전을 포용하는 데 필요한 능력을 미리 보장해준다. 왜냐하면 사회발전의 일반과정은 항상 자연적인 구성 전체에 대한 우리의 기본 개념들의 발전에 의존할 수밖에 없기 때문이다. 사실, 『강의』의 역사적인 부분은 행동 분야의 발전과 사유 분야의 발전 사이의 지속적인 일치를 보여주는데, 이들의 자연스런 협력이 감정 분야의 발전을 조절한다. 기본 이론의 이러한 결정적인 확장은 인류의 비약적인 발전과 직접 관련되어 있는 최후의 본질적인 보완사항을 덧붙일 것을 요구한다. 주지하다시피, 이러한 보완사항은 인간 활동의 여러 중요한 성격들의 필연적인 연속 속에 존재하게 된다. 인간 활동은 우선 정복전쟁을, 다음으로 방어전쟁을, 그리고 마지막으로 산업전쟁을 통과해오고 있다. 이 활동들이 각각 신학 정신, 형이상학 정신, 실증정신의 우위와 맺는 자연스런 관계는 공적인 이성에 의해 자연스럽게 추인된 유일한 역사적인 개념, 다시 말해 고대, 중세, 현대 사이의 일반적인 구분을 체계화시킴으로써 과거사 전체를 설명해준다.

　그러므로 진정한 사회과학의 토대를 마련하고자 한다면, 이러한 발전 이론을 결정적으로 확립하는 것으로 족하다. 이러한 이론의 확립은 그 성격을 규정지어주는 역동적인 법칙을, 처음에는 그 이론을 견고하게 해주는 정태적인 원칙과 결합시키고 나중에는 그 이론을 완성시켜주는 세속적인 확장과 결합시킴으로써 이루어진다. 이러한 결정적인 토대의 확립은, 아리스토텔레스와 플라톤 이후 그것을 도덕철학으로부터 완전히 분리시켜버렸던 잠정적인 구분을 영원히 제거함으로써 자연철학 전체의 구축을 완성한다. 이렇게 해서, 그토록 오랫동안 아주 단순한 비유기적 현상에만 적용되어왔던 실증정신은, 이제부터 신학 체제나 형이상학 체제를 모두 뛰어넘어 아주 복잡하고도 중요한 사변으로 확장됨으로써 그 어려운 입문을 통과하게 된다. 그리하여 우리의 모든 현실적 개념들은 동질적인 것이 된다. 따라서 얼마 지나지 않아 사변적인 통합이 자연스럽게 이루어져, 지금까지 충분한 요소들이 없어서 가능하지 않았던 전체적인 체계화, 즉 진정한 철학의 독특한 목표에 견고하고도 객관적인 토대를 마련해줄 것이다.

사회학 법칙의 발견을 통해 사회문제들이 부각되었다.
자유로운 사고의 위험에 빠지지 않고도 우리의 주관적인 원칙이 충족된다

인류 발전에 대한 나의 기본 이론은 이러한 객관적인 토대를 완성하고 조합할 뿐만 아니라, 항상 철학적인 구축 전체를 이끌어가야 할 주관적인 원칙에 객관적인 토대를 종속시키고자 한다. 감히 말하건대, 이 점을 고려한다면 사람들은 이러한 궁극적인 종합의 중대한 어려움이 어떻게 나의 인류 발전 이론 속에 자리하고 있는지를 깨달을 수 있을 것이다. 지성이 보편질서를 깨닫게 되는 것은 이렇게 해서이다. 그리하여 자신만이 담당할 수 있는 불가피한 임무를 너무나 자랑스럽게 여긴 나머지, 지성은 종종 지속적으로 사회성에 봉사하는 데 없어서는 안 될 목표를 등한시하는 경향이 있다. 오늘날 지성은 실증적인 전문분야들의 예비적인 분출에 고유한 습관적인 경험들에 의해 강화된 일탈적 사변들을 무작정 따르려는 경향이 있다.

그러므로 우리는 주체적인 발상을 통해 지성으로 하여금 끊임없이 자신의 진정한 임무에 봉사하도록 유도해야 한다. 이를 위해 지성적인 사유들이 절대적인 성격을 취하지 못하도록 해야 하며, 무한히 확장되지 않도록 해야 한다. 이러한 성격과 확장은 과학적인 것처럼 보이지만 사실은 신학 체제와 형이상학 체제가 보여주었던 중대한 결함들을 재생산할 뿐이기 때문이다. 우주는 그 자체를 위해서가 아니라 인간을 위해, 혹은 차라리 인류 전체를 위해 연구되어야 한다. 사실, 다른 모든 계획은 비도덕적일 뿐만 아니라 비합리적이기까지 하다. 우리의 현실적인 사유가 외부구조 속에서 다소 간접적으로 인간 운명에 영향을 미치는 법칙을 발견하는 데에서 만족할 경우, 그 사유가 정말로 만족스러운 것이 될 수 있는 이유는 주관적이기 때문이지 결코 완전히 객관적이기 때문은 아니다. 사회성에 의해 규정되는 이 영역을 떠난다면, 우리의 인식은 천문학에서와 마찬가지로 항상 아주 단순한 현상에 대해서도 무익할 뿐만 아니라 불완전한 상태에 머무를 수밖에 없을 것이다.

이처럼 감정이 지속적으로 우위를 차지하지 못한다면, 실증정신은 곧바로 쉽다는 이유로 인간과는 가장 동떨어진 사유들에 대한 유년기의 자발적인 편애로 돌아가버릴 것이다. 실증정신의 입문이 불완전한 것으로 남아 있었을 때에는, 모든 탐구들을 무조건 따라가려는 자연스런 경향은 과학적 유용성이라고는 전혀 찾아볼 수 없는 대부분의 탐구들이 지닌 논리적 효용성에 의해 정당화될 수 있었다. 하지만 실증적인 방법이 직접 자신의 진정한 목표를 향해 나아갈 수 있을 만큼 충분히 발전한 다음부터는 이러한 쓸모없는 훈련들이 잠정적인 체제를 해롭게 연장시키고 있다. 심지어 사변의 모호한 무정부상태는 점점 더 반동적인 성격을 보여주기까지 한다. 왜냐하면 세부의 정신이 진정 진보적으로 남아 있는 한, 이러한 모호한 무정부상태는 세부의 정신이 얻은 중요한 결과들을 파괴해버리는 경향을 띠기 때문이다.

그러므로 위대한 인간적인 종합에 반드시 필요한 객관적 토대를 구축하는 일은 아주 심각한 어려움을 낳는다. 왜냐하면 지성이 합당하게 행동하는 데 반드시 필요한 통상적인 자유를, 무한한 일탈을 향해 나아가려는 지성의 자발적인 경향을 필요로 하는 계속적인 원칙과 화해시키기란 아주 어려운 일이기 때문이다. 자연질서에 대한 연구가 사회학 법칙으로 확장되지 않았을 때에는 이러한 화해가 본질적으로 가능하지 않았다. 하지만 실증정신이 이러한 최종적인 성격을 실제로 포용하게 되자마자, 그러한 사유들의 필연적인 지배는 쉽사리 실증정신을 감정에 종속시킨다. 외부에서 내부로 향하는 일반과정 속에서 객관적인 평가는 그렇게도 오랫동안 기본적인 지배를 억눌러왔던 주관적인 충동과 자연스럽게 연결된다.

진정한 사상가라면 누구나 결정적인 증명들을 받아들이게 된다. 이러한 증명들은, 단순한 사유의 양상 아래에서이기는 하지만, 사회적인 관점의 논리적이고 과학적인 우위를 모든 현실적인 사유의 유일하게 가능한 고리로 간주한다. 사회적인 관점이 보여주는 당연한 능력은 항상, 방법에서나 학설에서나 이러한 최종적인 과학의 없어서는 안 될 서곡을 이루는 실증적 연구에 대해 결코 억압적이지 않을 것이다. 반대로, 최종적인 체제는 모든 과학을 인류 전체에 직접 연결함으로써 그것을 최대한 인정하고 그것에다 풍요로운 자극을 준다.

　이는 자연스런 양식으로서, 내가 앞에서 언급했던 대로, 오늘날 실증정신은 사회학의 확립을 통해 이러한 양식에 따라 마음의 정당한 지배 아래에 영원히 다시 놓이게 된다. 이리하여 객관적 토대가 계속해서 주관적인 원칙에 종속하게 된다. 이를 통하여 실증정신은 전체적인 체계화를 허락하게 될 것이다. 이러한 철학적인 조작은 중세 말엽부터 이성과 감정 사이에서 펼쳐질 수밖에 없었던 예외적인 적대감을 완전히 제거해버린다. 그렇게 함으로써, 이러한 조작은 직접적으로 인류를 자신의 본질에 부합하는 개인적이거나 집단적인 유일한 체제로 나아가게 한다.

　이러한 두 개의 고귀한 영향들이 대립적으로 남아 있는 한, 사회성은 개인성의 실질적인 지배를 심각하게 변질시키지는 못할 것이다. 불완전한 조직 속에서 이 영향들의 자발적인 힘은 아직 아주 미약한 수준에 머물러 있다. 하지만 무한하게 발전할 수 있는 이들 사이의 긴밀하고 지속적인 협력은, 이제부터 실생활이 갖는 본래의 이기적인 성격을 변질시키지 않고도 통상적인 도덕성을 실생활에 마련해줄 수 있을 것이다. 그런데 우리의 지배본능 전체에 필요한 두 개의 조절요소들이 지금까지는 충분히 조화를 이루지 못했기 때문에 과거에는 이러한 도덕성의 개념이 절대로 생겨날 수 없었다.

추상적인 법칙과 구체적인 법칙의 구분.
현재의 목적을 위해 우리에게 필요한 것은 추상적인 법칙밖에 없다

나는 여기서 객관적인 구축이 최종적인 체제의 직접적 발전을 가능하게 하기 위해 정말 필요한 것에 어떠한 일반적 제한을 가하게 되는지를 지적하고자 한다. 그렇게 하지 않는다면, 나는 인간의 체계화 전체가 기초해야 할 이론적 종합을 충분히 정의하지 못하게 될 것이다. 이 점을 깨닫지 못한다면 현재처럼 거만한 일탈의 습관에 의해 주도되는 지성은 자신의 당연한 임무를 과장할 것이다. 그리하여 지성은 이 책이 의도하고 있는 철학적인 서곡에 필요한 한계를 넘어 도덕적이고 정치적인 쇄신을 연기함으로써 사회성이 부과하는 지속적인 멍에를 피하려 할 것이다. 이러한 최후의 한계 설정은 나의 발전이론의 새로운 속성을 드러내줄 것이다. 이리하여 나의 발전이론은 이미 사유의 조합이 감정적이고 행동적인 체계화를 즉각 시작할 수 있는 위치에 도달한 것으로 간주한다. 그것은 적어도 가장 탁월하고 결정적인 부분, 다시 말해 엄밀한 의미에서 도덕의 경우가 그러하다.

우리에게 필요한 객관적인 토대의 구축을 적절하게 제한하기 위해서 우리는 외적인 차원에서 자연법칙의 두 개의 일반적인 부류를 구분해야 하는데, 그 중 하나는 단순하거나 추상적이고 다른 하나는 복합적이거나 구체적이다. 나는 『실증철학체계』에서 이러한 필수적인 구분을 잘 설정하고 적용했다고 생각하기 때문에, 여기서는 그 기원과 용법이 어떤 성격을 지니고 있는지를 지적하는 데에서 그치고자 한다.

이러한 구분은 원칙적으로 우리의 실증적 연구가 항상 실재하는 존재, 혹은 단지 그 존재의 다양한 현상들에 관한 것일 수 있다는 사실에서 생겨난다. 우리가 현실적인 실체를 깨닫게 되는 것은 그 실체가 우리에게 제공하는 현상들의 총체를 통해서만 가능하다. 하지만 우리는 그 각각의 현상을 우리에게 드러내주는 모든 존재들에 공통된 하나의 양상 아래서 이들을 추상적으로 바라보거나 그들 각각을 특징짓는 특수한 부

류의 현상들을 구체적으로 검토할 수 있다. 후자의 경우 우리는 서로 다른 존재체계를 연구하지만, 전자의 경우 다양한 행동양식을 결정한다. 위에서 지적한 바 있는 기상(氣象) 연구의 예는 이러한 일반적인 구분의 아주 탁월한 예라고 할 수 있다. 왜냐하면 사람들이 기상 연구에서 검토하는 사건들은 단지 천문학적, 물리학적, 화학적, 생물학적, 심지어 사회학적 현상들의 분명한 조합일 뿐이기 때문이다. 이러한 각각의 현상들을 지배하는 고유한 법칙들은 그만큼 많은 다른 이론들을 포함하고 있으며 또한 그러해야 한다. 이러한 모든 추상적 법칙들은 우리에게 꽤나 잘 알려져 있다. 그러나 구체적인 문제에 이르면 그것은 다음과 같은 중대한 어려움을 제기한다. 어려움은 추상적인 법칙을 조합함으로써 거기서 복합적인 효과들이 따르는 필연적인 질서를 도출해낼 만큼 그것들을 충분히 조합해야 한다는 데에서 생겨난다. 하지만 그러한 구축은 우리의 나약한 연역 능력을 넘어서는 것처럼 보이기 때문에, 우리는 아직도 이 점에 대해 순전히 귀납적인 행보를 포기할 수 없다.

그러한 구분에 따르면, 자연적인 구조에 대한 우리의 기본적인 연구는 확실히 무엇보다도 그에 대한 추상적인 평가와 관련되어 있다. 우리는 그러한 평가를 아주 기초적인, 다시 말해 다른 것으로 환원시킬 수 없는 현상들에 대해 존재하는 것만큼의 일반적인 경우로 분해한다. 그런데 이러한 현상들은 그들 사이의 필연적인 연관성에도 불구하고 그만큼 다양한 귀납적인 검토를 필요로 한다. 왜냐하면 그 현상들에 관한 이론은 연역적인 방식만으로는 결코 확립될 수 없기 때문이다. 사변의 체계화는 이러한 단순한 사유들만을 직접적으로 포용할 수 있는데, 이러한 사유들은 나중에 복합적인 사유들의 합리적인 토대가 된다.

비록 이러한 복합적인 사유들이 그 복잡성으로 말미암아 충분히 조절될 수 없기는 하지만, 최초의 사유에 한해서 이론의 통일성이 인간에 대한 위대한 종합의 객관적인 토대로서 생겨날 것이다. 이 통일성의 진정한 목표가 달성될 수 없는 것은 아니다. 왜냐하면 이러한 추상적인 토대가 이미 도처에서 어느 정도 연역적인 행보를 도입할 수 있도록 해주기 때문이다. 그렇게 함으로써, 추상적인 토대는 건전한 철학의 목적에 따라 우리의 감정과 행동을 통상적으로 체계화시킬 수 있을 만큼 모든 사고들을 충분히 연결해준다. 그러므로 외부 질서에 대한 추상적인 연구는 전체적인 통합의 직접적 발전에 없어서는 안 될 유일한 종합을 제공해준다. 이러한 연구는 그 자체로 우리의 지혜 전체의 충분한 토대라고 할 수 있다. 우리의 지혜는 추상적인 연구에서 이러한 '최초의 철학'을 발견하게 되는데, 이는 다소 초보적인 차원에서나마 베이컨이 이미 인류의 정상적인 체제의 필연적인 토대로서 예견했던 것이다.

우리가 현실적인 행동이 보여주는 다양하고도 일반적인 양식들이 드러나는 온갖 추상적인 법칙들을 조합하게 되었을 때, 대부분의 법칙이 우리에게는 여전히 알 수 없는 것으로 남아 있다 하더라도, 각각의 독특한 삶의 체계에 대한 실질적인 평가는 곧바로 경험적이기만 한 차원에서 벗어나게 된다. 이는 무엇보다도 아주 어렵고 중요한 경우에 더욱 쉽사리 드러난다. 왜냐하면 분명히 말해, 우리의 모든 공적이고 사적인 삶을 적합하게 체계화하여 우리의 운명 전체를 완성하기 위해서라면 사회성이 따르는 정태적이고 역동적인 중요한 법칙들을 아는 것으로 족하기 때문이다. 철학이 그러한 목적에 도달할 것이라는 점은 지금에 와서는 이미 의심스럽지 않다. 그럴 경우, 사람들은 철학이 시간과 공간 속에서 동시대인들에게 제시되는 모든 사회체제를 충분히 설명할 수 없다는 사실을 그다지 아쉬워할 필요는 없을 것이다.

진정한 감정에 의해 훈련된 현대 이성은 이제부터 무한한 호기심을 현명하게 조절할 수 있게 될 것이다. 이성의 도움이 없다면, 인류가 자연질서에 내포된 해악에 대한 너무나 힘겨운 싸움을 수행해나가는 과정에서 이러한 호기심은 자신의 가장 소중한 능력을 이끌어내는 알량한 사변의 힘을 쓸데없는 탐구에 모두 탕진해버리게 만들 것이다. 분명히 말해, 중요하고도 구체적인 법칙들의 발견은 우리의 외적이며 심지어 내적인 운명을 개선하는 데 많은 도움을 줄 것이다. 앞으로 과학이 폭넓은 수확을 거둬들이게 되는 것은 무엇보다도 이 분야에서이다. 하지만 오늘날 이들에 대한 인식은, 과거에 최초의 체제에 대해 신학적인 조합이 달성했던 것과 같은 기본 임무를 인류의 최종적인 체제에 대해 완수해야 하는 완전한 체계화에 절대로 불가피한 것은 아니다. 확실히 이러한 필수적인 조건은 단지 추상적인 철학만을 요청한다. 그리하여 구체적인 철학 자체가 결코 만족스러운 것이 되지 못한다고 하더라도 쇄신은 여전히 가능하다.

우리의 발전이론에 필요한 추상적인 개념들에 대한 종합은 이미 존재한다

이렇게 축소시켜놓고 볼 때, 서구 사회에서 사변적인 통합의 구축은 이미 아주 진전된 상태라고 할 수 있다. 그러므로 자신을 꽤나 공감적인 성격의 소유자라고 생각하는 모든 진정한 사상가들은 지체없이 진정한 의미에서 정치의 재조직화를 준비하고 이끌어나가야 할 정신의 재조직화를 시작할 수 있게 되었다. 다른 측면에서 보면 위에서 언급한 발전이론은 자연질서 전체에 대한 추상적인 개념 전체의 직접적인 체계화라고 할 수 있기 때문이다.

그것을 느끼려면 우리의 다양한 실질적인 지식은 사실 인류과학이라는 유일과학을 이루고 있다고 생각하는 것만으로도 충분하다. 우리의 다른 실증적인 사변은 사실 그 서곡이자 전개일 따름이다. 그런데 이 과학의 직접적인 발전은 분명히, 우리의 외부 조건에 대한 연구와 우리의 내적인 본질에 대한 연구라고 하는 2중의 기본적인 준비 과정을 요구한다. 왜냐하면 사회성이란 그것이 펼쳐지는 환경과 그것을 드러내주는 동인을 사전에 충분히 인식하지 않고서는 이해할 수 없는 것이기 때문이다. 그러므로 최종적인 과학에 접근하기 전에 그에 합당한 법칙들이 사회현상에 부응하는 법칙에 어떠한 영향을 지속적으로 끼치는지를 알아보기 위해서는 무엇보다도 먼저 외부 세계와 개인생활에 대한 추상적인 이론의 밑그림을 충분히 그려보아야 한다. 보잘것없는 우리의 지성이 아주 손쉬운 사변들에 충분히 익숙해지게 함으로써 아주 어려운 사변에 적응시키려면, 이러한 준비 과정은 단순히 과학적이기만 한 양상 아래에서만큼이나 논리적인 관계 아래에서도 꼭 필요한 것이어야 한다. 마지막으로, 반드시 2중으로 거치는 이러한 입문에 따라, 우리는 우선 유기적인 질서보다는 비유기적인 질서에 관심을 가져야 한다. 그것은 아주 전문적인 삶에 부응하는 현상들에 대한 아주 보편적인 삶에 부응하는 법칙들의 영향이 우세하기 때문이기도 하며, 무엇보다도 아주 단순하면서도 특징적인 적용을 통해 실증적인 방법을 연구하려는 분명한 의무 때문이기도 하다. 여기서 나의 기본 저술 속에서 수도 없이 언급했던 원칙들을 다시 떠올릴 필요는 없으리라고 본다.

그러므로 모든 측면에서 볼 때, 처음에는 비유기적이고 나중에는 유기적인, 엄밀한 의미의 자연철학이 사회철학을 준비해야 한다. 이렇게 해서, 우리 시대에 와서야 비로소 이루어지게 되는 구축의 필수 불가결한 준비가 고대 천문학의 확립으로 거슬러 올라간다. 현대인들이 천문학을 완성한 것은 고대인들로서는 그 정태적인 개념만을 알고 있었던 생물학의 탐구를 통해서이다. 이러한 두 학문이 서로 의존하고 있음에도 불구하고, 둘 사이의 다양성은 너무나 뚜렷하고 그 연관관계는 너무 간접적이다. 그리하여 만약 사람들이 지나친 응축을 통해 그것을 극단적으로 축소시키려 한다면, 기본적인 예고 전체를 인식하지 못하게 될 것이다.

중세에 들어와 이들 사이에 화학이 생겨나서 없어서는 안 될 연결고리를 이루었다. 그리하여 이러한 세 개의 예비학문들의 자연스런 연쇄에 따라, 화학은 점진적으로 최종적인 과학으로 나아가는 진정한 의미에서 사변적인 통합을 엿볼 수 있게 해주었다. 하지만 화학이 생물학의 한계에 충분히 접근해 있었다 해도 화학을 통한 매개는 충분한 것이 될 수 없었다. 왜냐하면 화학은, 그 직접적인 영향으로 인해 유일하게 일시적인 효용성을 지닐 수 있는 부자연스럽고 심지어 환상적인 개념들을 사용할 것을 요구하는 천문학으로부터 너무 멀리 떨어져 있었기 때문이다.

그리하여 진정한 의미에서 기초적인 사변 단계들은 17세기에 와서야 비로소 그 모습을 드러내기 시작했다. 이때에 이르러 엄밀한 의미의 물리학이 비유기적인 사유들을 드러내주게 되었는데, 물리학은 일반 분야로는 천문학과 연결되고 전문 분야로는 화학과 연결되어 있다. 그 목적에 합당한 방식으로 이러한 단계를 인식하기 위해서는, 우리는 단지 물리학의 단계를 그 필연적인 기원[27]에 결부시켜보는 것으로 충분할 것이다. 이렇게 해서, 너무나 단순하고 보편적이기 때문에 그 실증성이 직접적이고 자연스러울 수 있는 사변으로 거슬러 올라가게 된다.

이것이 바로 탁월한 수학적 이해 방식으로, 그것이 없이는 천문학 또한 생겨날 수 없었을 것이다. 순수하게 수학적인 이해 방식만이 우리의 전체적인 발전과 마찬가지로 개인의 교육에서도 입문의 진정한 출발점을 이룰 것이다. 수학적인 이해 방식은, 신학정신이 가장 완벽하게 지배하고 있는 동안에도 필연적으로 실증정신의 체계적인 도약을 불러일으켰으며, 나중에는 처음 단계에는 완전히 금지되어 있던 주제들까지 실증정신을 점진적으로 확장시켰다.

이러한 개괄적인 지적에 따라, 사람들이 여섯 개의 기본 항목들을 보편성이 덜한 순서에 따라, 그리고 복잡성이 더한 순서에 따라 차례로 정리해놓는다. 그럴 경우, 기본적인 사변들의 자연스런 배열이 저절로 생겨나는데, 이러한 배열은 곧바로 그들 사이의 상호관계를 드러내준다. 그런데 이러한 조작은 분명히 위에서 언급한 적이 있는 발전이론에 상응하는 분류와 일치하고 있다. 그러므로 이러한 이론은 정태적인 양상 아래서 추상적인 체계화에 직접적인 토대를 마련해주는 것으로 받아들여질 수 있는데, 우리는 앞에서 인간의 종합 전체가 이러한 추상적인 체계화에 달려 있다는 사실을 알았다.

이렇게 해서, 우리의 모든 현실적인 개념들을 이루는 필연적인 요소들 사이의 일상적인 조합이 확립된다. 그런데 이러한 조합은 이미 베이

---

27) 수학.

컨에 의해 '지성의 단계'의 구축에 토대를 둔 진정한 사변적인 통합을 이룩하게 된다. 이러한 조합은 우리의 통상적인 사고로 하여금 그들 사이에 존재하는 내밀한 자연적인 연관관계를 계속 느끼면서 아무런 어려움 없이 사소한 주제에서 중요한 주제로, 혹은 그 반대방향으로 나아갈 수 있도록 해준다. 추상적인 철학의 여섯 가지 기본 분야들은 각각 그 중심부에서는 이웃한 두 개의 분야들과 서로 뚜렷하게 구분되지만, 시작 지점에서는 앞선 분야와 그리고 끝나는 시점에서는 다음에 오는 분야와 아주 비슷한 양상을 보여준다. 한층 더 전문적으로 적용되는 똑같은 분류 원칙이 각각의 분야를 이루는 다양한 이론들의 내적인 배열을 결정하는 만큼, 그러한 구축물의 동질성과 연속성은 더욱 완전한 것이 된다. 가령 대수학적인 것에서 기하학적인 것을 거쳐 기계적인 것으로 나아가는 수학적인 사변의 세 가지 커다란 단계는, 기본 단계의 형성을 이끌어나가는 동일한 법칙에 따라 연속적으로 연결되고 조합된다. 나는 철학적인 저술에서 그러한 내적인 조화가 도처에 존재한다는 사실을 충분히 보여주었다.

이렇게 해서, 그 일반적인 배열은 거대한 추상적인 명상들을 아주 간략하게 요약하고 있으며, 역으로 모든 건전한 전문 연구들은 이러한 보편 단계의 아주 많은 부분적인 발전에 이르렀다. 비록 각각의 부분이 다른 것과는 분명히 구분되는 독자적인 귀납법을 요구하지만, 그것은 각각 앞선 단계로부터 연역적인 영향을 받는다. 이러한 영향은 역사적인 도약에도 필수적이지만 그 학설의 형성에도 없어서는 안 될 것이다. 이렇게 해서 모든 예비적인 연구들이 최종적인 과학을 준비하게 된다. 그런데 이 최종적인 과학은 앞으로 끊임없이 체계적인 배양에 영향을 끼칠 것이며, 결국 진정한 의미의 사회적인 감정과 관련된 진정한 전체 정신의 우위를 항상 보장해줄 것이다.

이렇게 불가피한 학문 분야가 결코 억압적인 성격을 띨 수는 없다. 왜냐하면 이 학문의 원칙이 현명한 항구적인 독립조건을 현실적인 협력조건에 연결해주기 때문이다. 게다가 이러한 분류 원칙은 자신의 고유한 조합을 통해 지성을 사회성에 종속시킨다. 그렇게 함으로써, 민중적인 것이 될 소지가 많은 이러한 원칙은 모든 사변체계를 민중의 감시와 보호 아래 둔다. 그런데 민중은 보통 철학자들이 자신들의 임무에 따른 지속적인 추상 상태의 다양한 남용을 할 수 있게 해준다.

그러므로 인류의 정신적인 진보를 설명해주는 동일한 이론이 궁극적으로 우리의 기초적인 사고들의 최종적인 조합을 확립하게 된다. 그렇게 함으로써, 지금까지 다소 대립적이던 조화와 운동의 조건들이 근본적으로 화합하게 될 것이다. 이 이론의 역사적인 능력과 교리상의 가치가 서로를 보강해준다. 개념들 사이의 진정한 관계는 무엇보다도 그것이 없이는 설명할 수 없는 연속적인 변형으로부터 역사와 철학을 두드러지게 해줄 것이기 때문이다. 그리하여 모든 양식 있는 사람들 사이에서 역사와 철학은 서로 떼어놓을 수 없는 것이 된다.

우리는 지금 당장이라도 사회의 쇄신에 착수할 수 있다

오늘날, 확실한 것은 그러한 조건들을 만족시켜주는 정태적이면서도 역동적인 하나의 이론이 이미 진정한 객관적 토대 위에서 사변적인 통합을 이룬 것으로 평가될 수 있다는 점이다. 이러한 사변적인 통합은 그 객관적 토대가 면밀히 검토될수록 한층 더 발전하고 견고해질 것이다. 하지만 이러한 2중의 발전은 사실 과학적인 완성을 지향하고자 하는 헛된 경향보다도 이러한 구축물의 사회적인 목표에 훨씬 더 많이 의존한다. 추상적인 철학이 새로운 확장이나 더 나은 관계가 필요하다고 느끼는 것은, 엘리트 주민들[28]의 정신의 재조직화를 이끌어나감으로써 이루어진다. 여기서 도덕적이고 정치적인 요청들이 새로이 등장한 자연

---

28) 콩트는 인류 정신의 재조직화가 문명의 발달 정도에 따라, 먼저 프랑스에서 시작되어 남유럽과 북유럽으로, 계속해서 전세계로 퍼져나간다고 본다. 그러므로 여기서 엘리트 주민은 우선적으로 프랑스인들을 의미한다.

스런 관계에 대한 연구를 불러일으킬 테지만, 그렇다고 해서 결코 개념이 실제적인 적용을 앞질러서는 안 된다. 그러기 위해서는 무엇보다도 이제 막 생겨난 우리의 모든 현실적인 사유들의 조합이 충분히 이루어져야 할 것이다. 그리하여 이러한 조합은 인류의 궁극적인 쇄신을 주도해야 할 실증도덕의 체계화에 착수함으로써 감정의 조합과 행동의 조합에 도달할 수 있도록 해주어야 할 것이다. 그런데 나는 기본 저술에서 감히 그러한 시도가 지금 당장이라도 가능하다는 사실을 분명하게 밝혔다고 생각한다. 그러한 시도의 시의적절함은 이 책에서 직접 드러날 것이다.

실증주의를 무신론, 유물론, 숙명론, 낙관론 등과 동일시하는 오류
신학과 마찬가지로 무신론은 해결할 수 없는 신비를 다루고 있다

실증주의의 일반정신이 어떤 성격을 지니고 있는지에 대해서는 이미 충분히 밝혔다고 생각하므로, 나는 이제 이 점에 대한 몇 가지 보충설명을 덧붙이고자 한다. 이러한 설명을 덧붙임으로써, 나는 너무나 빈번하게 일어나고 또 너무 위험해서 결코 무시할 수 없는 심각한 오해를 미리 알리고 또한 이를 바로잡고자 한다. 그렇지만 잘못된 믿음에서 나온 공격에는 결코 연연해하지 않을 것이다.

오늘날 완전한 실증의 단계로 넘어가기 위한 필수적인 준비단계에 앞서 신학의 단계에서 완전히 벗어나야 한다는 선결조건으로 인해, 피상적인 관찰자들은 자주 이러한 최종적인 체제를 완전히 부정적인 상황과 혼동한다. 이러한 부정적인 상황은 지난 세기까지만 하더라도 아주 진보적인 성격을 띠고 있었다. 하지만 앞으로는 불행하게도 이러한 상황은 여전히 동일한 상황에 처해 있는 사람들 사이에서 진정한 의미의 사회적이고 정신적인 온갖 조직에 본질적인 장애물로 변질될 것이다. 나는 오래 전부터 진정한 의미의 실증주의가 무신론이라고 부르는 것과 어떠한 교의적·역사적 관련도 없다는 점을 지적해왔다. 하지만 여기서

다시 한 번 이러한 잘못된 평가에 대해 개략적이기는 하지만, 직접적인 몇 가지 사항을 덧붙이고자 한다.

지성의 견지에서 보면 무신론의 해방은 아주 불충분했다. 왜냐하면 무신론은 도달할 수 없는 모든 탐구들을 근본적으로 헛된 것으로 치부해버리지 않고 끊임없이 신학의 문제에 대한 새로운 해결책을 추구함으로써 형이상학의 단계를 무한히 연장하려 하기 때문이다. 특히 진정한 의미에서 실증정신은, 처음 것이건 마지막 것이건 엄밀한 의미의 '원인들'(causes)에 대한 연구를 현상들에 대한 불변의 '법칙들'(lois)에 대한 연구로 바꾸는 것이다. 다시 말해, 그것은 '이유'(pourquoi)에 대한 탐구를 '방법'(comment)에 대한 탐구로 바꾸어놓는 것이다. 그러므로 실증정신은 우주의 형성이나 동물의 기원 등에 관한 무신론자들의 오만한 몽상과 양립할 수 없다. 우리의 다양한 사유 단계를 전체적으로 평가하는 데 있어서, 실증주의는 아무런 주저 없이 이러한 현학적인 환상들을 심지어 합리성의 측면에서조차 인류의 자발적인 영감보다 더 낮은 상태로 간주한다. 왜냐하면 '의지들'(volontés)을 가지고 모든 것을 설명하고자 하는 신학 원칙을 완전히 제거하기 위해서는 '원인들'에 대한 온갖 탐구를 도달할 수 없는 것으로 간주해버림으로써 '법칙들'을 아는 것으로 만족해야만 하기 때문이다.

유년상태의 성격을 규정짓고 있는 문제들을 해결하려고 고집하는 한, 사람들은 상상력에 의해 거기에 연결되었으며 사실 유일하게 그 문제들의 본질에 맞아떨어지는 순진한 양식을 거부할 근거를 상실하게 될 것이다. 이러한 자발적인 믿음들이 완전히 소멸되는 것은, 자신의 방법과 욕망을 더욱더 잘 깨닫게 된 인류가 계속적인 탐구의 일반적인 방향을 완전히 변화시켜버릴 때라야만 가능하다. 사람들이 현상들의 본질적인 결과들이 지닌 도달할 수 없는 신비를 간파하고자 할 경우, 그것들을 내적이거나 외적인 의지에 연결시켜버리는 것보다 더 만족스러운 해결책을 찾을 수는 없을 것이다. 왜냐하면 이렇게 함으로써, 인간을 활기차게 해주는 감정들의 일상적인 효과에 현상들을 동화시킬 수 있기 때문이다.

형이상학적이거나 과학적인 오만만이 고대나 현대의 무신론자들에게 어떠한 문제에 대한 자신들의 모호한 가정이 이러한 직접적인 동화보다 상위에 있다는 것을 정말로 믿게 할 수 있었다. 사람들이 온갖 절대적인 탐구가 본래 부질없으며 전혀 소용없는 일이라는 사실을 인정하게 될 때까지는, 오로지 이러한 직접적인 동화만이 우리의 지성을 만족시켜왔다. 모든 측면에서 자연질서가 아주 불완전하기는 하지만, 그 질서의 결과는 맹목적인 메커니즘을 앞세우는 것보다는 지성적인 의지를 가정하는 것과 훨씬 더 잘 맞아떨어진다. 그러므로 완강한 무신론자들은 가장 모순적인 신학자라고 할 수 있다. 왜냐하면 무신론자들은 동일한 문제들을 추적하면서도 거기에 맞는 유일한 방법을 거부하기 때문이다.

사실, 오늘날에도 순수한 무신론이란 아주 드물다. 사람들은 종종 범신론(汎神論)의 한 단계를 이렇게 규정하는데, 이것 또한 모호하고 추상적인 물신숭배(物神崇拜)를 향한 현학적인 반동화의 한 과정에 불과하다. 현대 상황 전체가 형이상학적인 일탈의 자유로운 발전을 계속 억압한다면 이러한 물질숭배로부터 신학의 온갖 단계들이 새로운 형태로 다시 생겨날 수 있다. 게다가 무신론을 결정적인 것으로 받아들이는 사람들 사이에서, 무신론에 기초한 체제는 지적인 욕구에 대한 아주 과장되고 심지어 해롭기까지 한 평가와 도덕적이거나 사회적인 욕구에 대한 너무 불완전한 감정을 드러내고 있다. 그러한 체제는, 이른바 정신의 지배의 경우에 사변적인 오만이 보여주는 위험한 유토피아들과 너무나 자주 결탁한다. 엄밀한 도덕의 견지에서 보면, 그러한 체제는 이기주의의 절대적인 지배에 대한 현대 형이상학의 비열한 궤변을 용납한다. 정치적으로 보면, 그것은 자신이 과거사 전체에 대해 불러일으키는 맹목적인 증오감을 통해 혁명적인 상황을 무한히 연장시키려는 직접적인 경향을 보여준다. 그것은 또한 우리에게 인간의 미래를 펼쳐 보이게 될 진정한 의미의 실증적인 설명을 가로막는다.

그러므로 오늘날에는 무신론을 형이상학의 마지막 단계이고, 가장 덜 지속적이며 아주 일시적인 상황으로 간주하고 있는 사람들만이 진정한 의미의 실증성을 받아들일 수 있다. 현재와 같은 과학정신의 확산은 이러한 극단적인 변화를 아주 용이하게 해준다. 그러므로 이러한 변화과정을 자발적으로 겪지 못한 채 성인(成人)이 된 사람들은, 종종 도덕의 불충분함과 연관되어 있으며 실증주의와는 잘 맞지 않는 일종의 정신적인 무능력을 보여준다. 순전히 부정적인 면만을 보여주는 유사성들은 항상 나약하거나 불안정한 것이다. 그리하여 진정한 의미에서 현대철학은 일신교(一神教)에 대한 불신보다는 아무도 공감적인 접근을 불러일으키기에 충분하다고 생각하지 않을 다신교나 물신숭배에 대한 불신에 더욱 만족한다.

사실, 이러한 준비과정은 근본적인 혁신으로 나아가려는 인류의 직접적인 경향 속에서 주도권을 잡았던 사람들 사이에서만 중요성을 지닌다. 그러한 준비는 이미 필수적으로 거쳐야 할 과정이 아니었는데, 그것은 구체제의 몰락에 의해 더 이상 쇄신의 시급함에 대한 어떠한 본질적인 의문도 남아 있지 않기 때문이다. 무엇보다도 무신론으로 특징지어지는 무정부주의적인 완강함은, 앞으로 과거 습관들의 연장보다 우세해져야 할 유기적인 정신에 더욱 대립적일 것이다. 과거 습관의 연장이라는 마지막 장애물은 더 이상 기본적인 질문들에 대한 직접적인 입장을 방해하지 않을 것이기 때문이다.

이러한 장애는 새로운 철학으로 하여금 도덕적이고 사회적인 필요성을 더욱더 만족시키는 일반적인 능력을 통해 시대에 뒤떨어진 신념들과 싸워나가도록 강요함으로써, 오히려 그러한 입장을 자극하게 된다. 실증주의는 이러한 유익한 경쟁심 대신 수많은 형이상학자들과 학자들 사이에서 오늘날 무신론이 보여주는 자발적인 대립의 메마른 반응만을 받아들일 수 있을 것이다. 어떤 측면에서 보면, 이들의 반(反)신학적 경향은 어떤 절대적인 거부감에 의해 자신들이 지난 세기에 준비했던 쇄신을 방해하기만 할 뿐이다. 그러므로 실증주의는 현재의 무신론자들로부터 어떤 지지를 기대할 수 있기는커녕 주로 적대자들만을 발견할 것이다. 물론, 무신론자들의 의견이 보여주는 일관성의 부재는 그 실수가 본래 탐욕에서 비롯되지 않은 사람들을 손쉽게 돌이킬 수 있기는 하다.

유물론은 낮은 수준의 과학이 높은 수준의 과학을 침식함으로써 생겨나는 것이다. 실증주의는 이런 침식을 수정한다

새로운 철학에 필수적인 예비 단계의 과학으로 인해 필연적으로 생겨나는 유물론이라는 중대한 혐의를 벗어버리는 일은 특히 중요하다. 규명할 수 없는 신비들에 대한 온갖 헛된 논란을 거부하면서, 인간 발전에 대한 나의 기본 이론은 너무나 혼란스런 토론의 밑바닥에 깔려 있는 현실의 성격을 분명히 규명할 수 있게 해준다.

오랫동안 아주 단순한 연구에만 한정되어 있던 실증정신은 일련의 중간 단계를 거치지 않고는 더 탁월한 연구로 확장될 수 없다. 그러므로 각각의 새로운 성과들은 이전의 영역에 합당한 방법과 학설의 과장된 영향 아래서 생겨난 것일 수밖에 없다. 내가 보기에는, 공공 본능에 의해 정당하게도 '유물론'이라는 수식이 붙은 과학적인 일탈은 그러한 과장(誇張) 속에 존재한다. 이 수식어가 합당해 보이는 것은, 그러한 일탈들이 항상 가장 고귀한 사변들을 가장 천박한 사변들에 동화시킴으로써 그것들을 타락시키기 때문이다. 이러한 사칭 또한 불가피한 현상이다. 그러한 사칭은 도처에서 덜 일반적인 현상이 더 일반적인 현상에 필연적으로 종속되어 있다는 사실에 입각해 있으므로, 그것을 통해 각각의 학문이 다음에 올 학문의 계속적인 진보에 참여하도록 영향을 끼치기 때문이다. 전문적인 귀납은 이러한 영향을 통하지 않고는 충분히 합리화될 수 없다.

여기서 보는 바와 같이, 모든 학문은 과거의 학문의 침해에 대항해서 싸워야만 했다. 이러한 갈등은 아주 오래 된 연구 주제에 대해서도 여전히 존재하고 있다. 이러한 갈등은 건전한 철학의 보편적인 원칙 아래서

만 완전히 해소될 수 있다. 건전한 철학은 도처에서 현재의 경험론에 의해서는 잘 느껴지지 않는 아주 광범위한 관계에 대한 정당한 감정이 우위를 차지하도록 해준다. 이런 측면에서 볼 때, 유물론은 지금까지 이루어져온 과학적인 입문에 본질적으로 내재한 위험 요소를 지니고 있다. 그리고 각각의 학문은 더 오래 되고 더 확고한 실증성을 지니고 있기 때문에 다음에 오는 것을 흡수하게 된다. 악은 그것을 매우 비탄해하는 대다수의 사람들이 생각하는 것보다 더 깊고 광범위하게 퍼져 있다.

오늘날, 사람들은 다른 모든 것들의 침해를 극복하면서 거기에 참여하는 높은 수준의 사변에 대해서만 이러한 해악을 지적한다. 그런데 해악은 다양한 차원에서 존재하는 것이기 때문에 과학적인 단계의 모든 요소에 대해서도 존재하고 있다. 언뜻 보기에는 당연히 이러한 해악들을 지니고 있을 것 같지 않은 수학조차도 예외가 아니다. 진정한 의미의 철학자는, 대수학적인 계산을 통해 기하학적인 것이나 기계적인 것을 흡수하고자 하는 현재의 평범한 수학자들의 성향 속에서 유물론의 경향을 알아차린다. 뿐만 아니라, 그는 수학 전체에 의한 물리학의, 혹은 물리학에 의한 화학의, 무엇보다도 화학에 의한 생물학의 더 분명한 사칭 속에도 유물론이 존재한다는 사실을 알아차린다. 더 나아가서, 그는 마침내 사회학을 생물학의 단순한 결과나 보완 정도로 보고자 하는 뛰어난 생물학자들의 지속적인 성향 속에서도 유물론의 존재를 알아차린다.

유물론은 어디서나 마찬가지로 본질적인 기본적인 해악으로 작용하며, 논리의 남용이다. 그리고 그것은 어디서든 똑같이 나타나는 필연적인 결과이다. 유물론 속에서는 더 낮은 연구 분야들이 맹목적으로 지배하게 됨에 따라 더 높은 연구 분야들이 곧바로 와해된다. 따라서 오늘날 엄밀한 의미에서 학자들은, 그에 대응하는 현상들의 명백한 단순성과 일반성에 의해 어느 정도 유물론적인 성향을 띠고 있다. 이와 같이, 기하학자들은 대수학적이거나 기하학적이거나 기계적인 아주 기초적인 사색들의 보편적인 영향에 의해 사변적인 통합을 이루고자 하는 어쩔 수 없는 경향 때문에 이러한 일탈에 가장 많이 노출되어 있다. 하지만 그러한 침해에 가장 잘 대항하고 있다고 자부하는 생물학자들마저도, 역사적인 연역들의 직접적인 조합으로만 드러날 수 있는 기본 법칙들을 몰라서 풍토나 종족 등과 같은 순전히 부차적인 영향들로 사회학의 모든 것을 설명할 수 있다고 주장한다면 똑같이 비난받을 것이다.

유물론에 대한 철학적인 검토는, 내가 여기서 결정적으로 수정하고자 하는 심각한 오해의 가장 자연스런 원천과 더불어 가장 중대한 불의를 설명해준다. 진정한 의미에서 실증주의는 이러한 위험한 일탈에 전혀 호의적이지 않다. 반대로, 사람들은 실증주의만이 이러한 일탈을 완전히 제거할 수 있다는 사실을 깨닫게 될 것이다. 왜냐하면 실증주의는 그러한 일탈이 단지 경험적으로 과장된 것일 따름인 합법적인 경향들을 정당하게 만족시켜줄 배타적인 능력을 지니고 있기 때문이다. 지금까지 악은 신학정신과 형이상학정신의 자발적인 저항을 통해서만 억제되어왔다. 또한 이러한 잠정적인 임무는 엄밀한 의미에서 정신주의가 지니게 되는 불충분하지만, 없어서는 안 될 목표를 이루고 있었다. 하지만 그러한 장애물도 유물론의 강력한 부상을 막을 수는 없었다. 현대 이성의 견지에서 보면, 유물론은 반동적으로 변해버린 체제에 대항하는 인류의 정당한 반항과 지속적으로 관계를 맺음으로써 진보적인 성격을 부여받기 때문이다.

또한 이러한 무력한 항의에도 불구하고, 오늘날 열등한 이론의 강압적인 지배는 높은 차원의 연구의 독립과 위엄을 위험에 빠뜨린다. 이전의 모든 가능성을 뛰어넘어, 실증주의는 유물론과 정신주의라는 상반된 주장들 속에 존재하는 합당한 것을 충족시키면서, 동시에 유물론은 무정부주의적인 것으로 정신주의는 반동적인 것으로 치부함으로써 이 둘을 완전히 거부한다. 이러한 2중의 봉사는 오로지 모든 영역을 포괄할 수 있는 진정한 단계의 확립으로부터 자발적으로 생겨난다. 이러한 단계는 각각의 기초적인 연구로 하여금 종속적인 성격을 변질시키지 않고도 자유로운 발전이 가능하도록 해준다. 하지만 이러한 기본적인 화해는 무엇보다도 새로운 철학만이 사회적인 관점에 확보해줄 수 있는 논리적이고 과학적이며 보편적인 우위에서 생겨나게 될 것이다.

이처럼, 유물론적인 경향이 가장 위험하고도 절박하게 되는 아주 고귀한 사변들이 뚜렷하게 드러남에 따라, 이제는 유물론적 경향이 정신주의만큼이나 시대에 뒤떨어진 것으로 드러나게 된다. 왜냐하면 이러한 사변들은 최종적인 학문의 발전을 억제하기 때문이다. 이러한 2중의 배제는, 도덕적이고 정치적인 현상에 부합하는 자연법칙에 대한 정확한 인식만이 주도해나갈 수 있는 사회적인 쇄신 전체와 관련되어 있다.

이제 나는 오늘날 사회학적 유물론이 진정한 사회적인 기술(art)에 얼마나 해로운 것인지를 드러내고자 한다. 왜냐하면 유물론이 정신적이고 세속적인 두 힘의 체계적 분리라고 하는 사회학의 가장 기본적인 원칙에 대해 잘못된 생각을 가지도록 하기 때문이다. 여기서 무엇보다도 중요한 것은, 중세의 찬양할 만한 구축물들을 더 나은 토대 위에서 다시 취함으로써 그것을 강화하는 것이다. 이렇게 해서, 사람들은 실증주의가 그 철학적인 성격 못지않게 정치적인 목적에서도 근본적으로 유물론과 대립한다는 것을 깨닫게 된다.

이러한 대략적인 평가를 한층 더 공정하고 결정적인 것으로 만들기 위해, 나는 일부러 보통 그러한 비난이 야기하는 무거운 도덕적 혐의를 배제했다. 경험상 너무나 자주 부인되는 이러한 혐의들은 비록 그것이 사실이라고 하더라도, 결국 인간 본성에 대한 진정한 이론에 반하는 것이다. 왜냐하면 건전한 것이건 사악한 것이건, 우리의 의견은 다행스럽게도 감정과 행동에 대해 사람들이 공통적으로 부여하는 절대적인 지배권을 행사할 수 없기 때문이다. 반대로, 해방을 향한 움직임 전체와의 일시적인 관계에 따라, 유물론적인 일탈은 현대인들 사이에서 종종 가장 관대한 발상들과 관련되어 있다. 하지만 이러한 일시적인 유대관계는 이미 사라져버렸다.

뿐만 아니라, 오늘날에는 다음과 같은 사실을 인정해야 한다. 즉 아무리 좋은 경우라 하더라도, 어떤 지적인 경향은 항상 이러한 거친 가정들로는 나타낼 수 없었던 감정적인 현상들을 배제하거나 도외시함으로써 우리의 가장 소중한 본능들의 자연스런 발전을 어느 정도 변질시켜버렸다. 우리는 찬양할 만한 중세의 기사제도에 반대하는 카바니스[29]의 유감스럽기 짝이 없는 포고문 속에서 그 결정적인 예를 본다. 이 철학자의 정신이 고결하고 폭넓었던 만큼, 그의 마음은 순수하고 심지어 부드럽기까지 했다. 하지만 당시에 팽배해 있던 유물론은 그로 하여금 우리의 아주 힘있는 조상들 사이에서 나타나는 통상적인 여성숭배의 행복한 조직화를 깨닫지 못하게 했다.

오늘날, 체계적인 실증주의에 필연적으로 가해지는 두 가지 주된 혐의에 대한 이러한 수정은, 그것이 경험적인 실증주의와 애초에 맺고 있던 유대관계를 통해 나로 하여금 숙명론과 낙관론에 빠져 있다는 너무나 빈번하게 제기되는 비난을 새삼스럽게 강조할 필요가 없게 해준다. 우리는 그러한 비난이 부당하다는 사실을 쉽게 증명할 수 있다.

실증주의는 외부 질서를 수정할 수 있는 것이라고 가정하기 때문에 숙명론도 아니다

숙명론에 빠져 있다는 처음의 비난에 대해 말하자면, 현실적인 이론들이 생겨난 다음부터 실증의 영역이 새로운 확장을 거듭할 때마다 그러한 비난이 항상 따라다녔다고 해도 놀랄 일은 아니다. 어떤 현상이건, 본체에 의해 변질되는 의지의 체제에서 법칙의 체제로 넘어갈 경우, 사실 그 현상들이 처음 단계에서 보여주었던 불안정성과 마지막 단계에서 보여주는 규칙성 사이의 대조는 숙명성을 드러내게 된다. 이러한 숙명성은 나중에 진정한 의미의 과학정신에 대한 아주 철저한 검토를 통해

---

29) Pierre Jean Georges Cabanis(1757~1808) : 프랑스의 의사, 철학자. 그는 『물리학과 도덕의 관계』라는 책에서 인간 본능 속에 나타난 유기적인 세계와 지적인 세계 사이의 관계를 규명하면서 물리학적인 사실에 대한 연구를 생리학적인 연구와 연결하게 되었다.

서만 제거될 수 있다. 우리가 자연법칙에 대해서 지니고 있던 최초의 유형은 우리로서는 변경시킬 수 없는 현상들과 관련되어 있기 때문에 이러한 오해는 더욱 불가피하다고 할 수 있다. 이러한 현상이란 이를테면 천체운동과 같은 것들이다. 천체현상은 항상, 실증적인 방법을 도입하게 됨에 따라 더 복잡한 사건들로 확장되는 것을 가로막을 수 없는 어떤 절대적인 필요성을 상기시켜준다.

더구나 실증주의 교의는 도처에서 기본 질서의 차원에서 엄격한 불변성을 가정해야 하는데, 그 자발적이거나 인위적인 변화들은 부차적이거나 일시적일 수밖에 없다. 이러한 변화들이 어떠한 한계도 지니고 있지 않다고 생각하는 것은 사실 자연법칙을 전적으로 부정하는 것과 마찬가지이다. 실증주의 이론들에 항상 가해졌던 숙명론이라는 불가피한 혐의를 이렇게 설명하면서, 오늘날 사람들은 그러한 비난의 맹목적인 완강함이 진정한 의미의 실증주의에 대해 아주 피상적인 평가를 내리고 있다는 사실을 깨닫는다. 왜냐하면 모든 현상에서 자연질서의 주된 성향을 변경할 수 없다면, 마찬가지로 천체현상을 제외한 다른 모든 현상의 경우 한층 더 복잡한 효과가 문제시되는 만큼 그 부수적인 성향들이 더 가변적일 것이기 때문이다.

수학과 천문학 연구만으로 한정한다면 실증정신은 숙명론적일 수밖에 없겠지만, 변화가 상당히 많아지는 물리학과 화학의 탐구와 무엇보다도 생물학의 탐구로 확장되면서 필연적으로 이러한 성격을 버리게 되었다. 마침내 사회학의 영역으로까지 확장되어나가면 실증정신은 더 이상 초기에나 가능했던 이러한 비난을 감수할 필요가 없게 된다. 왜냐하면 실증정신의 주된 활동은 이제부터 무엇보다도 인간의 개입에 의해 아주 가변적이 되는 현상들과 관계될 것이기 때문이다. 그러므로 실증주의 교의는 우리를 마비상태로 이끌어가는 것이 아니라 과거 신학의 교의가 지녔던 것 이상으로 사회적인 활동상태로 나아가게 한다. 실증주의 교의는 온갖 헛된 조심성과 환상적인 것에 대한 의뢰를 제거해버림으로써, 불가능하다는 것이 확실해진 경우를 제외하고는 우리의 개입을 가로막지 못한다.

낙관론은 실증주의가 아닌 신학에 적용된다.
실증주의자는 상대적으로 판단하지 무차별적으로 정당화시키지 않는다

실증정신이 낙관론에 빠져 있다는 비난은 숙명론에 빠져 있다는 비난보다 훨씬 더 근거가 희박하다. 숙명론에 빠져 있다는 비난과 마찬가지로 이러한 비난은 실증정신과 어떠한 관련도 없다. 이러한 비난의 원천은 순전히 신학적인 것이다. 그리하여 실증성이 발전할수록 그 영향력이 줄어들게 된다. 변화하지 않는 천체현상들이 당연하게도 필연성만큼이나 완성에 대한 관념을 우리에게 암시해준다. 하지만 천체현상들의 단순함은 현실적인 질서의 해악들을 너무나 잘 드러내주고 있다. 그렇기 때문에, 반드시 절대적인 지혜를 전제로 하는 일신교 체제 아래서 천체현상들과 관련된 이론들의 최초의 모습이 완성되지 않는다면, 낙관론은 결코 자신의 주된 논거를 찾아내지 못할 것이다.

오늘날 체계적인 실증주의가 기초하고 있는 진화론에 의해, 새로운 철학은 자연적인 구성의 변화들과 마찬가지로 그 불완전함마저도 잘 드러나는 더 복잡한 사변들을 포용하게 된다. 그에 따라 새로운 철학은 숙명론뿐만 아니라 낙관론에도 즉각적으로 대립하게 된다. 그러므로 숙명론이라는 비난과 마찬가지로, 이러한 혐의가 가장 부당해지는 것은 사회문제의 연구에 대해서이다. 사회학 연구에서 아직도 그러한 혐의에 근거가 있다면, 그것은 오늘날 그 본질과 조건들을 제대로 인식하고 있지 못한 사상가들이 진정한 의미의 과학정신을 충분하게 도입하지 못했기 때문에 생겨난 현상이다.

합당한 논리의 준비 부족으로 인해, 사람들은 종종 단지 복잡한 현상들이 보여주는 지혜보다 조금 더 나은 정도인 자발적인 지혜를 절대적인 것으로 간주함으로써 사회현상들에 합당한 성격을 남용해왔다. 이러한 현상들은 항상 그 집단적인 구성의 미완성을 수정하려는 지적인

존재에서 비롯된다. 그러므로 이 현상들은 똑같은 복잡성으로 말미암아 그 동인들이 맹목적이었을 때보다 더 완전한 질서를 제공한다. 선(善)에 대한 진정한 개념은 항상 그에 대응하는 사회상태와 관련되어 있다. 그러므로 각각의 상황과 변화는 어떤 경우에도 정당화될 수 있다. 그렇지 않고서는 이러한 상황과 변화들은 당장이라도 존재와 사건의 본질에 대립되어, 설명할 수 없는 것으로 변질될 것이다. 이것이 바로, 엄격한 과학교육을 통해 고귀한 사변들에 대해 신학적이고 형이상학적인 습관들을 뛰어넘는 방법을 배우지 못했던 사상가들, 심지어 뛰어난 사상가들마저도 정치적인 낙관주의에 빠지게 되는 위험의 자연스런 동인이다.

각각의 체제와 그에 대응하는 문명 사이의 자연스런 조화 속에서 그에 대한 모호한 평가는 현실성이 전혀 없는 완성을 가정한다. 하지만 지금까지 사회문제에 접근했던 사람들의 불충분한 논리와 지식에서 비롯되는 착오들, 진정한 의미의 실증정신과는 분명히 대립되는 착오들을 실증주의에 부여한다는 것은 부당하다고 할 수 있다. 모든 것을 설명해야 한다는 의무감은 사회학 분야에서 인간의 영향과 주위상황의 영향을 구분할 줄 모르는 사람들에게 모든 것을 정당화시키도록 강요한다.

'실증적인'이라는 단어는 최고의 지적 속성들을 모두 함축하며, 궁극적으로는 도덕적인 함의를 갖는다

실증주의의 기본 정신에 대한 이러한 개괄적인 평가를 전체적으로 고려한다면, 그것이 생겨날 때부터 내가 부여한 수식어를 통해 새로운 철학의 모든 본질적인 성격들을 자연스럽게 요약할 수 있다는 사실을 깨달을 수 있을 것이다. 사실, 모든 서구 언어에서 '실증적'(positif)이라는 단어와 그 파생어들은 '현실성'(réalité)과 '유용성'(utilité)이라는 두 가지 속성을 동시에 가리킨다. 사실 이 두 가지 속성의 결합만으로도, 일반화되고 체계화된 양식(良識)으로 드러나는 진정한 철학정신을 충분히 정의할 수 있을 것이다. 이 용어는 또한 서구 사회 전체에 걸쳐 '확실성'(certitude)과 '정확성'(précision)이라는 특징을 상기시켜주는데, 이러한 특징에 의해 현대 이성은 고대 이성과 근본적으로 구분된다. 마지막으로 지적해야 할 보편적인 말뜻은 실증정신이 갖는 직접적으로 '유기적인'(organique) 성격을 규정짓고 있다. 그렇게 함으로써, 예비적인 결합관계에도 불구하고 실증정신은 비판적일 수밖에 없는 단순한 형이상학정신과 구별된다. 이렇게 해서 실증주의의 사회적인 목표가 뚜렷하게 드러나게 되는데, 그것은 인류의 정신적인 지배에서 신학을 대신하게 될 것이다.

건전한 철학의 본질적인 명칭[30]의 다섯번째 의미[31]는 자연스럽게도 새로운 지적 체계가 갖는 항상 '상대적인'(relatif) 성격으로 이어진다. 그런데 현대 이성이 과거에 대해 갖게 되는 비판적인 태도를 버리는 것도 온갖 절대적인 원칙을 거부함으로써 가능하다. 서구 민중은 이러한 마지막 관계가 비록 더 감추어져 있기는 하지만, 이전 것들 못지않게 현실적이라는 사실을 깨닫게 될 것이다. 그리하여 '실증적'이라는 단어는, 오늘날 도처에서 '유기적', '정확한', '확실한', '유용한', '현실적'이라는 단어와 구분되지 않는 것과 마찬가지로 '상대적'이라는 단어와도 분리될 수 없다.

진정한 인간 지혜[32]의 주된 명칭들이 하나의 행복한 명칭 주위로 점진적으로 수렴되는 가운데, 이제 곧 지적인 성격과 도덕적인 속성의 재결합을 바라는 단순한 일만 남을 것이다. 이러한 재결합은 당연히 더 늦게 이루어질 것이다. 지금까지는 이러한 결정적인 양식에 의해 지적인 성격들만이 드러났지만, 현대적인 움직임의 자연스런 과정 속에서 결국 '실증적'이라는 단어가 정신보다는 훨씬 더 마음과 관련된 목표를 갖게

---

30) '실증주의'라는 명칭.
31) '유기적'(organique)이라는 명칭.
32) 건전한 철학, 새로운 철학, 실증철학.

된다는 사실이 밝혀질 것이다. 이러한 마지막 확장이 이루어지기 위해서는 한 가지 조건이 충족되어야 한다. 우선 유일하게 이러한 확장의 성격을 밝혀줄 수 있는 현실성에 따라, 사람들이 어떻게 해서 오늘날 실증적인 충동이 행동에 대해서와 마찬가지로 이성에 대한 감정의 체계적인 우위를 확립하게 되는지를 깨달을 수 있어야 한다. 그러한 변화를 통하여 '철학'이라는 단어는 최초의 고귀한 목표를 영원히 다시 취하기만 하면 될 것이다. 그 고귀한 목표는 어원이 항상 상기시켜주고 있으며,[33] 최근에 진정한 의미의 사회과학이 결정적으로 확립됨에 따라 이루어진 도덕적인 조건과 정신적인 조건이 화해한 후에야 비로소 완전히 실현될 수 있게 되었다.

---

33) 철학은 '지혜에 대한 사랑'을 의미한다.

제2부

실증주의의 사회적인 측면

서구의 대혁명 전체와의 필연적인 관련 아래서

실증철학은 무엇보다도 사회적인 관점의 보편적인 정신적 우위에 의해 그 성격이 규정되기 때문에, 이론의 구축에서 자연스럽게 실천능력이 나오게 된다. 이론의 구축은 헛된 사변적인 만족을 확보해주는 것이 아니라 아무런 어려움 없이 우리의 실생활을 체계화시키는 것으로 이해되어야 한다. 역으로, 이러한 자연스런 적용은 항상 자신들의 최종 목표를 향한 온갖 과학적인 노력의 필연적인 집중화를 초래함으로써, 진정한 사변적인 성격을 강화시키게 된다. 그렇게 함으로써, 이러한 적용은 추상적인 탐구가 갖는 쓸데없는 탈선으로 이어지려는 통상적인 경향을 가능한 한 억제하게 될 것이다.

하지만 오늘날 이러한 일반적인 관계가 새롭고도 어려운 정신체제가 우위를 차지하게 할 정도로 충분한 효과를 내기 위해서는 다음과 같은 조건이 충족되어야 한다. 즉 앞으로 현재의 모든 상황이 하나의 거대한 사회적인 필요성을 만족시켜야 한다는 아주 분명한 의무를 철학에 부과해야 한다. 이러한 사회적인 필요에 따라, 민중의 관심은 견고함뿐만 아니라 위엄까지도 보장되는 철학 발전의 지속적인 성공에 대한 공식적인 배려로 직접 나아가게 될 것이다. 나는 실증주의의 정치적 목표를 지적해보려 한다. 이것이 없다면 실증주의가 정당하게 평가되지 못할 터이기 때문이다.

실증주의와 프랑스 대혁명의 관계

정치적 목표가 어떤 성격을 지니고 있는지를 밝히기 위해, 이 책에서는 대혁명 전체와 새로운 철학이 맺고 있는 밀접한 관계를 올바르게 깨닫도록 하는 것으로 충분할 것이다. 프랑스 대혁명은 지난 5세기 동안 점진적으로 이루어져왔던 결정적인 변화의 최후의 결과로서 60여 년 전부터 인류의 엘리트 계급을 심각하게 흔들어놓았다.

이러한 근본적인 위기는 두 개의 중요한 단계로 이루어져 있다. 하나는 본래 부정적인 것으로 지금까지 이루어져왔던 것이며, 과거 체계를 결정적으로 소멸시키면서도 새로운 사회상태에 대한 고정적이고도 분명한 개념을 지시해주지 않는다. 다른 하나는 긍정적인 것으로 이제 막 시작된 것이며, 바로 여기서 출발하여 새로운 체계의 기본적인 발전이 이루어지게 된다. 건전한 철학은 첫번째 단계의 마지막 산물이었으며, 지금부터 두번째 단계를 주도하게 될 것이다. 바로 이 점이 여기서 규명해야 할 2중의 연결고리이다.

혁명의 부정적이거나 파괴적인 단계는 진보의 욕망을 자극했으며, 그 결과 사회현상에 대한 연구를 불러일으켰다

최초의 커다란 동요에 대한 지적 반응이 없었더라면, 현대 이성은 새로운 체제에 대한 직접적인 추구로까지 꾸준하고도 힘차게 나아가지 못했을 것이다. 왜냐하면 그 참된 본질이 18세기의 탁월한 사상가들 사이에서 과거체제의 허황한 단편들 뒤에 가려져 있었기 때문이다. 이러한 결정적인 충동은 무엇보다도 사회과학의 토대를 확립하는 데 없어서는 안 되는 것이었다. 그렇게 함으로써, 이 충동은 사회과학의 필수적인 토대 구실을 하며 다른 방식으로는 우위를 차지할 수 없었던 인간 진보라는 진정한 일반 개념을 규명하게 된다.

질서를 움직이지 않는 것으로 간주함으로써, 그에 대한 예비 이론이 그리스·로마 시대에 나타날 수 있었으며 위대한 아리스토텔레스가 이미 훌륭하게 그 초안을 그려 보였다. 마찬가지로, 생물학에서는 아무런 역동적인 개념이 없는 순전히 정태적인 사변들이 생겨났다. 하지만 역사적인 견지에서는 인류의 지속적인 움직임이 충분히 표명되지 않았기 때문에, 당연히 고대 철학자들 사이에서는 사회 진보에 대한 어떠한 생각도 실제로 떠오르지 않았다. 이러한 움직임이 인간의 개선 가능성에 대한 최초의 현실적 본능을 불러일으킬 만큼 충분히 표명되기 시작한 것은 중세에 들어와서이다. 이러한 현상은 다신교와 유대교에 대한 가톨릭의 우위를 전적으로 확신함으로써 생겨났다. 이 시기는 봉건체제가 로마체제를 대신함으로써 반드시 있어야 할 세속적 확인에 의한 정신적 평가가 채 완성되기도 전이었다.

인간 진보에 대한 최초의 감정은 비록 혼란스럽기는 했지만, 이미 수준 높은 힘과 대중성을 제시했다. 그런데 나중에는 신학적이고 형이상학적인 투쟁 속에서 이러한 힘과 대중성이 아주 약화되어버렸다. 위대한 서구 가족 전체를 두드러져 보이게 하는 진보적인 열정의 참된 기원을 이해하려면 중세까지 거슬러 올라가야 할 것이다. 이러한 진보적인 열정은, 무엇보다도 신교나 이신론의 성격을 띠는 형이상학이 중세의 소중한 영감을 가장 적게 변질시켰던 곳에서 현학적인 일탈들을 많은 부분 억제해주었다.

이러한 최초의 감정이 반드시 필요한 것이기는 했지만, 결코 인간 진보에 대한 기본 개념을 충분하게 구축하지는 못했다. 그러한 진보의 성격을 규명하기 위해서는 적어도 세 가지 사항이 필요하기 때문이다. 그런데 중세를 고대에 비교하면서, 사람들은 두 가지 사항밖에 생각할 수 없었다. 이러한 최초의 비교를 주도했던 신학의 절대적인 본질은 나중에 어떠한 다른 항목의 존재도 가정하지 못하게 했다. 왜냐하면 신학의 절대적인 본질은 가톨릭적이고 봉건적인 체제가 그것을 넘어서버리면 내세에 대한 기독교도들의 환상만이 남게 되는 궁극적인 완성을 지니는 것으로 간주했기 때문이다.

신학이 몰락하여 현대의 상상력을 더 이상 손상시키지 못할 정도가 되었을 때, 다음과 같은 일이 생겨났다. 즉 신학의 몰락은 중세에 대해 맹목적인 적의를 품게 함으로써 오랫동안 진보의 개념에 대한 최초의 밑그림에 호의적이지 못한 일종의 정신적인 반항을 초래했다. 중세 때 우위를 차지했던 신앙에 대한 반감 때문에, 거의 모든 사상가들은 중세의 사회적인 우위를 완전히 무시할 만큼 고대에 대한 비합리적인 찬양에 사로잡혔다. 그리하여 오로지 교육의 혜택을 입지 못한 민중만이, 특히 신교의 침해를 받지 않았던 사람들이, 중세사회의 우위에 대한 실질적인 감정을 어느 정도 지니고 있었다.

　진보의 개념이 현대인의 정신 속으로 들어오기 시작한 것은 18세기 중반부터이다. 과학 분야와 산업 분야, 심지어 예술 분야에서도 반박할 여지가 없이 인류의 엘리트 계급에 의해 이미 이루어진 기본적인 발전이 결정적으로 나타남에 따라 새로운 성격과 더불어 그 개념이 다시 나타난 것이 바로 이때였다. 사실, 이러한 부분적인 평가가 인간 진보에 대한 현대의 체계적인 개념들의 최초의 직접적인 원천을 제공해준다. 하지만 이러한 평가들은 온갖 전문적인 관점보다 더 중요한 사회적인 양상 아래서 중세 때보다 더 의심스러운 것으로 남아 있던 진보의 성격을 결코 규명할 수 없었다.

　그러므로 서구의 중심을 이루는 프랑스로 하여금 결정적으로 완전한 쇄신을 추구하도록 했던 혁명적인 동요는 이러한 진보를 구축하는 데 없어서는 안 되는 일이었다. 이러한 동요가, 막연하고도 혼란스런 전망 속에서나마 진정한 현대체제의 유형이라는 세번째 본질적인 사항을 프랑스에 마련해주었다. 중세체제와 비교해볼 때 현대체제는, 고대의 선구자들에 대한 자신들의 사회적인 우위라는 당연한 느낌을 중세의 조상들에게 불러일으켰던 체제만큼이나 분명한 일반적인 행보를 예고해주었던 것이다. 가톨릭적이고 봉건적인 체제가 공개적으로 파괴되지 않았더라면, 그 체제의 쓸데없는 잔해들은 사회성의 지속적인 진보에 대한 어떠한 감정도 허용해주지 않을 만큼 정치적인 장래를 은폐시켜버렸을 것이다.

사회현상들에 적합한 예외에 의해 관찰 대상은 관찰자와 동일한 발전 과정을 거치게 된다. 커다란 위기가 폭발하기 전까지만 하더라도, 진보 이론에 실험적인 토대를 마련해줄 수 있는 정치 발전은 여전히 정신이 느낄 수 없을 만큼 불완전한 것으로 남아 있었다고 말할 수 있다. 사실, 한 세기 전까지만 해도 아무리 뛰어난 사상가라고 해도 실제로 인류가 지속적으로 진보할 것이라고는 생각할 수 없었다. 그들은, 인류란 그저 순환운동과 진동운동을 따르기만 하면 되는 것으로 파악했다. 하지만 인간적인 움직임이 보여주는 진정한 본능은 혁명의 영향으로 처음에는 프랑스에서, 그리고 서구 전체에 걸쳐 아주 평범한 사람들 사이에서도 어느 정도 결정적으로 나타나게 되었다.

우리가 진정한 사회과학과 이 최후의 과학만이 전체적인 통합을 이룰 수 있는 모든 실증철학이 자리잡은 개념을 생각해낼 수 있는 힘과 대담 함을 지니게 된 것은 이러한 유익한 혼란 때문이었다. 진보이론이 없었 더라면, 질서이론이 가능하다고 하더라도, 진보와 질서 사이의 밀접한 관련 속에서만 생겨날 수 있는 사회학의 토대를 닦는 데에는 충분하지 않을 것이다. 모든 측면에서 진보는 질서의 발전된 모습이기 때문에 진 보만이 질서를 결정적인 것으로 만들어준다. 그러므로 어떻게 해서 실 증철학이 프랑스 혁명의 와중에 직접 생겨나게 되었는지를 알 수 있다. 그것은 현대에 들어와서 과학적인 서곡의 충분한 완성을 마련해주었던, 우연이라고 볼 수 없는 일치를 뛰어넘었다.

하지만 이러한 검토를 완성하기 위해서는 이제 다음과 같은 사실을 인정해야 한다. 즉 순전히 혁명적이기만 한 정신이 완전히 약화되어 미 래를 향해 던져진 빛이 더 이상 과거에 대한 전체적인 조망을 방해하지 않게 되었을 때에야 비로소 거대한 사회적인 동요에 대한 다행스러운 정신적인 반응이 실현되기 시작한다. 한편으로 이러한 강력한 영향력이 비록 막연하게나마 사회 발전의 세번째 단계를 우리에게 드러내기 시작 하겠지만, 다른 한편으로 그러한 영향력은 사회 발전의 두번째 단계에 대한 정당한 평가를 내리지 못하게 한다. 이러한 평가가 가능해지려면, 현대에 들어와 이룩된 해방이 우리에게 중세 전체에 대해 지니게 했던 맹목적인 증오와 더불어 그것이 없이는 우리가 고대체제에서 완전히 빠져나올 수 없게 되는 맹목적인 증오를 버려야 한다. 중간 단계의 소멸은, 직접적으로 비교하기에는 첫번째 단계와 너무 다른 마지막 단계의 부재 못지않게 전체적인 개념을 뒤흔들어버린다.[1]

그런데 이러한 정당한 평가가, 엄밀한 의미에서의 혁명정신의 최초의 우위와 양립할 수 없다는 것은 확실하다. 이런 점에서 보면, 금세기 초반에 유명한 메스트르[2]를 중심으로 일어났던 강력한 철학적인 반응은 진정한 진보이론을 준비하는 데 많은 기여를 했다. 이러한 잠정적인 움직임을 불러일으킨 것은 분명히 반동적인 의도였지만, 이러한 작업들은 항상 체계적인 실증주의의 필연적인 선례들로 나타나게 된다. 물론, 새로운 철학의 결정적인 발전이 그 작업의 본질적인 결과들을 더욱 완전하게 동화함으로써 나중에 가서 그것들을 영원히 배제시키게 될 것이다.

그러므로 진정한 의미의 사회과학과 철학이 출현할 수 있기 위해서는, 혁명적인 열정에 사로잡혀 있는 젊은 지성이 중세 전체에 대한 역사적인 평가를 토대로 그러한 발전이 포함하고 있는 모든 귀중한 것을 자발적으로 자기 것으로 만들 수 있어야 했다. 그때에야 비로소 진정한 의미의 역사정신이 출현했다. 이것이 바로 인간의 지속성에 대한 일반적인 본능으로서, 예전에는 나의 주된 선구자라고 할 수 있는 탁월하고도 불행한 콩도르세[3]조차도 이것을 몰랐던 것이다. 같은 시기에 갈[4]의 천

---

1) 그러므로 먼저 그것을 통하여 고대체제와 현대체제가 합쳐지고 분리되는 중세를 정당하게 평가하지 않고서는 인간 진보에 대한 진정한 이론을 도출하는 것은 불가능하다.

2) Joseph de Maistre(1753~1821) : 프랑스의 정치인, 작가, 철학자. 신앙과 직관을 이성에 대립시켰으며, 프랑스 대혁명에 공공연히 반대하면서 군주제와 교황권을 지지했다. 『프랑스론』, 『교황론』 등의 저서가 있다.

3) marquis de Condorcet(1743~94) : 프랑스의 정치가, 수학자, 철학자. 프랑스 과학 아카데미 회원으로 프랑스 혁명 당시 국민의회 부의장을 지냈으나,

재성이 생물학에 대한 최근의 체계적인 초안을 완성했다. 그는 적어도 순전히 개인적인 발전이 깨달을 수 있게 해주는 한도 내에서 뇌의 내적인 기능에 대한 과학적 탐구를 도입했다. 이렇게 해서, 사람들은 사회적이고 정신적인 조건 전체를 이해하게 된 것이다. 그런데 이러한 조건들은 모두 사회학 법칙들의 발견과 실증주의의 토대를, 내가 철학공부를 시작했던 바로 그 시점, 다시 말해 국민의회[5]의 점진적인 독재체제가 형성된 지 한 세대 정도가 지난 다음, 혹은 거의 나폴레옹 1세[6]의 반동적인 독재체제가 몰락한 직후에 위치시켰다.

이렇게 해서, 대혁명의 소용돌이에 뒤이어 나타났던 오랜 반동의 움직임은 새로운 일반학설의 체계적인 개념화를 미리 준비했던 것이다. 바로 실증주의의 철학적인 발전이 그러한 준비를 요구했다. 왜냐하면 실증주의가 충분한 설명과 토론의 자유를 누리도록 하기 위해서, 혹은 민중이 거기서 최종적인 해결책의 진정한 싹을 볼 수 있도록 하기 위해서, 이러한 조건은 실증주의의 사회적인 도래에 훨씬 더 필수 불가결한 것이었기 때문이다. 그러나 여기서 굳이 그 분명한 필요성을 강조할 필요는 없다고 본다.

어떻게 혁명의 첫번째 단계에서 실증주의가 생겨나게 되었는가 하는 문제를 파악하고 난 뒤, 우리는 이제 그것이 혁명의 두번째 단계를 주도하게 된다는 사실을 깨달아야 한다.

나중에 자코뱅파에 의해 투옥되어 자살했다. 『백과사전』의 경제항목을 집필했으며, 『인간 정신의 진보에 대한 역사적 고찰』이라는 책을 남겼다.

4) Franz Joseph Gall(1758~1828) : 독일의 의사. 두개골의 외적인 형태에 따라 뇌의 기능을 연구하는 골상학(骨相學)의 창시자로서, 『두뇌의 기능』이라는 책에서 뇌의 기능을 인간 정신에 대한 모든 철학의 기초로 삼았다.

5) Convention : 1792~95년에 걸쳐서 열린 프랑스의 혁명의회. 프랑스 제1공화국의 모태가 된다.

6) Napoléon Bonaparte(1769~1821) : 프랑스의 황제. 나폴레옹에 대한 콩트의 부정적인 평가는 이 책에 자주 나타난다. 그가 제국에 대한 야망을 통해 혁명의 이상을 무산시켜버렸기 때문이다.

혁명의 건설적인 단계. 구축을 위한 첫번째 시도들은
파괴적인 원칙들에 입각해 있었기 때문에 실패하고 말았다

혁명은 절대로 과거체제를 파괴하려 하지 않았다. 반대로 건전한 역사적인 평가에 따르면, 이러한 엄청난 위기가 처음에는 자연발생적이었지만 나중에는 체계적인 것으로 변해간 내적인 붕괴에서 생겨난다는 사실을 보여준다. 사실 중세의 정치체계는 14세기 이후 서구 전체에서, 특히 프랑스에서 점점 더 심각하게 붕괴되기 시작했다. 혁명은 과거 5세기 동안의 부정적인 움직임을 연장한 것이 아니라 그것에 필연적인 종지부를 찍었다.

혁명은 최후의 동요를 통해 과거의 질서를 완전히 포기하려는 단호한 결심을 분명히 드러냄으로써 전반적인 쇄신에 직접 도달하고자 했다. 이러한 필수 불가결한 드러남은, 특히 프랑스에서 과거 제도의 모든 정신적·세속적 잔재들과 관련되어 있던 왕정의 완전한 폐지에 의해 그 성격이 뚜렷해진다. 하지만 중요한 혁명의회의 초기에 나타났던 필연적인 준비단계를 제외한다면, 그 움직임 전체는 처음부터 유기적인 목표를 지니고 있었다. 이러한 목표는 공화정신이 우위를 차지하게 된 다음부터 한층 더 두드러지게 나타났다. 하지만 이러한 기본 경향에도 불구하고, 혁명의 첫번째 단계가 아주 부정적이라는 것은 분명한 사실이다. 초기의 이러한 실패는, 프랑스가 반동적 연합세력의 막강한 공격에 대항해서 필수 불가결한 독립을 유지하기 위한 수단으로 삼았던 투쟁의 강압적인 요구 속에서 그 원인을 찾을 수 있는 것이 아니다. 그러한 실패의 원인은 무엇보다도 형이상학적인 학설들이 지니고 있던 비판적이기만 한 성격에서 찾아야 한다. 당시에는 그것만이 유일하게 혁명정신을 이끌어나갈 수 있었던 것이다.

중세 말엽부터 부정적이고 긍정적인 두 개의 진보가 자연스런 관계를 맺고 있었지만, 당연히 첫번째 것이 두번째 것보다 더 두드러졌다. 그렇기 때문에 최종적인 체제에 대한 기본적인 준비가 전반적인 본질을 드

러낼 만큼 충분히 이루어지기도 전에, 과거체제의 쇠퇴가 완전한 혁신의 필요성을 불러일으켰던 것이다. 사람들은 심지어 쇄신에 대한 학설의 결정적 발전이 혁명적인 동요보다 먼저 이루어지는 것이 아니라, 오히려 혁명적 동요의 영향 아래서만 발전이 가능하게 되었다는 사실을 인정했다. 그러므로 초기의 투쟁을 주도해야 했던 순전히 비판적이기만한 학설을 유기적인 원칙으로 받아들이게 하는 극복하지 못할 숙명성을 생각해내기란 쉬운 일이다. 이러한 부정적인 형이상학은, 사람들이 과거체제를 공개적으로 거부하기 시작하자마자 아무런 대상을 갖지 못하게 되어버렸다. 하지만 그 교의들만은 친숙한 것이었으며, 사회적인 진보가 포함하고 있던 독특한 형식을 지니고 있었다. 그러므로 최초의 움직임은 이러한 새로운 목표를 충족시킬 수 없었던 시대에 뒤떨어진 학설의 영향으로 이루어질 수밖에 없었다.

당연히 어떤 것도 건설할 수 없는 그러한 철학은, 그것을 준비하기에 합당한 행보를 전혀 지적하지 못한 채, 정치적인 장래에 대한 비합리적이고 감정적인 프로그램을 모호하게 나타내는 것말고는 다른 유기적인 효용성을 지니지 못했다. 이처럼 유기적인 원칙으로 간주된 비판적 교의는, 그 절대적인 성격에 따라 곧바로 과거체제의 잔재들뿐만 아니라 새로운 질서의 모든 요소들에 대해서도 적대적인 태도를 취하는 아주 무정부적인 경향을 발전시켜왔다. 이렇게 해서 그에 대한 기억을 지울수 없으며, 또 그렇기 때문에 어떠한 중대한 변화도 불가능한 하나의 결정적인 경험이 생겨나서 혁명정신을 이끌었던 학설의 유기적인 무능력을 확실히 해주었다. 혁명정신은 그 본질이 어떤 것인지에 대한 지적 없이 전적인 혁신이 시급하다는 사실을 증명하는 것으로 만족할 수밖에 없었다.

1794년에서 1830년까지의 반혁명

이러한 철학적이고 정치적인 상황 속에서 질서에 대한 요구가 우세해진 것이 오랫동안 지속되어온 반동적인 반응이 지닌 성격을 규정짓는다. 이러한 반응은 로베스피에르[7]의 합법적인 이신론(理神論, Déisme)으로 시작해서, 나폴레옹의 전쟁체제 때 최고로 발전했으며, 평화체제가 구축되고 난 다음에도[8] 초라한 계승자들로 미약하게나마 계속 이어졌다. 그러한 반동적인 반응은 현대 형이상학의 사회적인 무용성에 대한 메스트르 학파의 역사적이고 교의적인 증명만을 유일한 직접적인 결과로 남겨놓았다. 당시 형이상학의 정신적인 불충분함은 카바니스와 갈의 다행스런 노력을 통해 실증정신이 더 높은 생물학 연구로 결정적으로 확장됨으로써 생겨났다. 게다가 인류의 궁극적인 해방에 대항하려는 노력이 정치적인 목적을 달성하기는커녕 오히려 진보의 본능만을 부추기는 결과로 이어졌다. 이런 현상은, 이미 너무나 쇠퇴해버렸기 때문에 그것을 재건하려 했던 사람들마저도 그 본질과 조건들을 이해하지 못하게 된 체제의 진정한 틀을 재건하기 위한 시도가 도처에서 불러일으키는 거역할 수 없는 거부감에서 생겨난 것이다.

반동체제의 주된 지지(支持)를 제거하자마자, 혁명정신의 불가피한 각성이 이루어졌다. 하지만 부정적인 형이상학의 득세는 더 이상 자신의 유기적 능력에 대한 어떠한 중대한 환상도 동반하지 않았다. 그 교의들은 본래 더 나은 것이 없었기 때문에 단지 반동적인 원칙들을 거부하기 위한 수단으로만 받아들였다. 마찬가지로, 이러한 반동적 원칙들은 오로지 무정부적인 경향을 억제할 필요 때문에 가치를 지녔다. 낡아빠진 주제들에 대한 새로운 논란 속에서, 민중은 얼마 지나지 않아 아직 최종적인 해결책의 진정한 싹이 어디에도 존재하지 않는다는 사실을 깨달았다. 이렇게 해서 민중은 물질적인 번영뿐만 아니라 철학적인 발전

---

7) Maximilien-François-Marie-Isadore de Robespierre(1758~94) : 프랑스의 혁명가. 변호사 출신으로 급진 부르주아 계급과 농민층을 대표했으며, 자코뱅당의 지도자로 활약하다 반대세력에 의해 체포되어 처형당한다.
8) 1815년의 나폴레옹 체제의 완전한 몰락.

에서도 똑같이 필요한 질서와 자유에만 실질적인 중요성을 부여하게 된 것이다. 그러한 상황은 최종적인 학설의 구축에 아주 호의적으로 작용했다. 그런데 사실 이 학설의 기본 원칙은 반동적인 움직임이 진행되고 있던 마지막 기간 동안에, 다시 말해 내가 1822년에[9] 이론적 발전의 2중적인 일반법칙을 발견했을 때 나타났던 것이다.

1830년에서 1848년까지의 정치적인 정체상태

마침내 맹목적인 권력은 어떠한 깃발 위에서도 사회의 장래에 대한 진정한 공식을 찾아내지 못한 민중의 명백한 무관심을 자신의 허황한 계획들에 대한 암묵적인 동의로 받아들였다. 진보에 대한 보장들이 심각하게 위협을 받자, 1830년에 일어났던 기억할 만한 소요[10]는 36년 전에 형성된 반동체제[11]에 결정적인 종지부를 찍었다. 그 반동체제가 불러일으켰던 확신들은 이미 그 깊이를 거의 상실해버렸다. 그리하여 그 체제를 지지했던 사람들마저도 나름대로 중요한 혁명적인 교의들을 발전시키기 위해 자발적으로 자신들의 학설을 부인하기에 이르렀다. 이러한 교의들은, 예전의 기관들이 권력을 장악하게 됨에 따라 공개적으로 거부되었다. 역사적으로 볼 때, 교육의 자유와 관련된 논란은 이러한 2중의 결정적인 전복이 어떤 성격을 지니고 있는지를 가장 잘 드러내준다. 교육의 자유는 20년의 간격을 두고 교대로 수용되었다가 거부되었는데, 그것은 사실 양측 모두의 이해관계와 관련된 문제였지만 이른바

---

9) 이 해에 콩트는 「사회의 재조직화에 필요한 과학적 작업계획」을 발표했다. 여기서 콩트는 장차 실증주의 사상의 핵심이 될 내용들의 개괄적인 초안을 다루고 있다.
10) 1830년 7월혁명.
11) 1794년 10월 5일에 일어났던 왕당파의 폭동. 이 폭동은 결국 나폴레옹에 의해 진압되지만, 이를 계기로 등장한 나폴레옹은 향후 20년간 유럽 역사의 중심에 서게 된다.

원칙의 문제로 포장되어 나타났다.

과거의 온갖 확신들이 완전히 붕괴됨에 따라 공공 본능이 직접적으로 출현할 수 있게 되었다. 그런데 그 본능은 무엇보다도 질서의 정신과 진보의 정신 사이의 근본적인 화해를 요구했다. 하지만 커다란 문제에 대한 최종적인 입장은, 이제 막 태어난 실증주의만이 그 원칙을 지니고 있는 현실적인 해결책의 완전한 부재를 한층 더 잘 드러내준다. 그에 반해, 모든 적극적인 의견들은 무정부적인 동시에 반동적인 것이 된다. 이 둘을 화해시키려는 의견의 경우, 그 유기적인 쓸모없음은 서로 이 둘을 약화시키기 위해 무정부상태와 반동상태를 동시에 부추기는 것말고는 다른 이론적인 쓸모를 허용해주지 않는다. 사실, 입헌군주제가 확립됨으로써 대혁명이 심각하게 궁핍화되었다는 사실을 아무도 깨닫지 못했다. 왜냐하면 입헌군주제란 프랑스의 과거 전통 전체에 반하는 것으로, 본래 영국의 실정에나 맞는 정치 모순을 부질없게도 경험으로만 모방하였기 때문이다.

그러므로 최근의 반(半)세대를 자연스런 휴식으로 간주해야 한다. 그 사이에 최초의 동요 뒤에 나왔던 반동적인 반응은 완전히 사라졌 지만, 지배적인 학설의 부재는 혁명이 유기적인 종말을 시작하지 못하게 했다. 사회과학이 결정적으로 확립됨으로써, 나의 중요한 선구자 콩도르세가 살아 있을 당시에는 알려지지 않았던 인간의 미래가 지니게 될 일반적인 성격을 마침내 어떠한 환상에도 사로잡히지 않고 규정할 수 있게 되었다. 그후부터 진정한 의미의 철학자들은 이미 새로운 혁명의 길로 접어들 수 있었다. 하지만 인간의 미래가 평화롭게 도래할 수 있도록 쇄신시키는 학설이 사회적인 측면에서 자유롭게 나아가기 위해서는, 헛된 의회제도의 도입으로 혁명이 막을 내렸다고 생각하는 공식적인 허위를 타파해야 한다. 그리고 이제부터 정신의 재조직화를 독립된 사상가들의 직접적인 경쟁에 맡겨야 한다. 이것이 바로 우리의 마지막 정치적 변화에 대한 당연한 2중의 철학적인 반응이 될 것이다.

현재(1848~50)의 상황 : 공화제는 정치를 도덕에 종속시키는
위대한 원칙을 포함하고 있다

활기찬 노동자들의 찬양할 만한 본능 덕분에, 최초의 목표를 완수하
지 못하게 된 권력의 반동적인 성향이 마침내 프랑스에서 왕정을 결정
적으로 폐지해버렸다. 사실 왕정은 이미 오래 전부터 어떠한 위엄도 지
니지 못한 채, 질서에 아무런 진정한 이익도 가져다주지 못하게 되었으
며, 이제는 진보에 대한 일반적인 장애물로만 받아들여지고 있다. 왕정
의 헛된 지배는 정신의 재조직화를 직접 훼손하였으며, 왕정의 실질적
인 영향력은 개인들 사이의 경쟁심으로만 지탱되는 하잘것없는 정치 소
요조차 막을 수 없었다.

부정적인 의미에서 보면, 공화제 원칙은 루이 14세의 통치 후반기부
터 모든 반동적인 경향들을 자연스럽게 재결합한 왕정복고를 완전히 금
지함으로써 혁명의 첫 단계를 결정적으로 요약하고 있다. 긍정적인 면
에서 보면, 공화제 원칙은 공동체에 봉사하는 모든 세력들의 항구적인
축성에 따라 정치를 근본적으로 도덕에 종속시킬 것을 요구함으로써 직
접적으로 최종적인 쇄신을 시작하고 있다. 분명히 말해, 아직은 이러한
원칙이 단지 느껴지고만 있는 정도이다. 하지만 이렇게 해서 그 원칙이
출현했으며, 또한 이 책의 제1부에서 지적했던 것처럼, 필수적인 체계
화에 뒤이어 그 원칙이 우위를 차지하게 된 것이다.

이런 점에서 보면, 위대한 서구 가족의 마땅한 전위부대로서의 프랑
스 국민은 이미 정상적인 시대의 문을 열었다고 할 수 있다. 왜냐하면
이들은 신학의 개입이 전혀 없이, 중세 때 가톨릭의 영향 아래서 처음으
로 출현했으면서도 더 나은 철학이 생겨난 다음에야, 그리고 준비가 더
잘 된 환경에서야 비로소 우위를 차지하게 되었던 진정한 의미의 사회
적인 원칙을 요구했기 때문이다. 그러므로 프랑스 공화국은 이성과 행
동에 대한 감정의 보편적인 우위라고 하는 실증주의의 기본 학설을 직
접적으로 인정하게 되었다. 그러한 출발점은 얼마 지나지 않아, 여론은

새로운 철학이 이러한 결정적인 체제를 진정으로 체계화시킬 수 있는 유일한 것으로 본다.

공화제는 질서와 진보를 화해시키는 문제를 앞세운다

이러한 상황 전체는 이전 단계에서 제기된 근본적인 문제, 즉 질서와 진보의 필연적인 화해를 더 잘 드러나게 한다. 동시에, 비난할 수 없는 이러한 프로그램에 대한 현재의 모든 학파들의 근본적인 무능력이 한층 더 분명하게 드러난다. 왜냐하면 왕정의 결정적인 폐지가 아직도 사회의 진보를 짓누르고 있는 유일한 근본적인 속박과 공공질서에 대해 남아 있는 유일한 합법적인 보장을 동시에 허물어버리기 때문이다.

그럼에도 불구하고, 이렇게 해서 2중적으로 건설적인 방향으로 나아가게 된 모든 의견들은, 불완전하게나마 상반되는 일탈을 억제함으로써 단순히 부정적인 효용성에만 한정된다. 진보는 보장되지만 질서가 위태로워진 상황에서는 당연히 질서가 더 많은 관심을 불러일으키겠지만, 아직 합당하고도 체계적인 대변기관을 지니고 있지 못하다. 하지만 한 가지 결정적인 경험에 의해, 감정도 확신도 없이 이해관계에만 근거를 둔 순전히 물질적이기만 한 모든 체제는 아주 허술할 수밖에 없다는 사실이 분명히 드러났다.

다른 측면에서 보면, 진정한 의미의 지배적인 학설이 없기 때문에 정신적인 질서는 불가능한 것으로 남아 있다. 심지어 사람들은 합당한 원칙이 없기 때문에 종종 혼란스러운 것이 되어버리는 사회적인 감정의 정치적인 효용성에 기대를 걸 수도 없다. 그리하여 비록 그 불충분함이 널리 퍼져 있기는 하지만, 물질적인 체제가 억지로 연장된 것이다. 하지만 공화제의 상황은, 무정부상태가 임박할 때마다 다소 일시적인 억압으로 대치되는 엄밀한 의미에서 타락이라고 하는 가장 지속적인 양식을 금한다. 그러나 이러한 일시적인 수단들은 자발적으로 그에 따르는 요구들이 있게 마련이다. 이렇게 해서, 질서가 더욱더 잘 드러나면서 질서 유지 또한 그만큼 더 강력한 수단들을 갖게 된다. 이 책의 초판이 나온 지 얼마 되지 않아서 받은 유례없는 충격으로 말미암아 우리는 공화제가 공공질서를 파괴하면서까지 과거에 군주제가 사용했던 것보다 더욱 강력한 힘의 과도한 사용을 허용했다는 사실을 확인할 수 있었다.[12] 이리하여 왕정은 성실하게도 몇 가지 사려 깊은 동의들을 유지시켜주고 있던 유일한 특권을 상실해버렸으며, 그때부터 왕정의 유일한 속성은 반동적인 태도를 드러내는 것으로만 한정되었다.

하지만 오늘날에는 동일한 모순상황이 보여주는 또 다른 반응에 따라, 그에 대응하는 당이 물질적인 질서를 유지하는 저항들을 대변하게 되었다. 그 학설들은 여전히 반동적이지만, 유기적인 성격을 제공하는 유일한 것이다. 따라서 본능적으로 보수적인 성향을 지니는 사람들은, 현재 자신들이 처한 불충분함을 어렴풋하게나마 느끼고 있는 진보적인 본능의 소유자들의 어떠한 강력한 저항도 없이 경험적으로 거기에 가담하고 있다. 하지만 그와 동시에 자신의 파당들 사이에서는 이러한 원칙들이 완전히 와해된 것으로 나타난다. 이들의 공식적인 우위는, 그렇게 함으로써 반동적인 진영에서 사라져버리게 될 운명에 처해 있는 혁명적인 교의들의 자유로운 채택에 기초하고 있다. 이것이 바로 지금 현재 질서에 대한 욕구가 지니고 있는 힘이다. 그렇기 때문에, 이 욕구들은 자신이 오래 전부터 지니고 있던 확신을 잃어버렸으며, 우리의 공화국이 도래하기 전에 사라져버린 것처럼 보이는 당이 일시적으로나마 우위를 차지하도록 해준다.

오로지 실증주의만이 "진보가 무정부상태에 있는 한 질서는 반동적인 것으로 남게 될 것이다"라는 명백한 법칙에 근거하는 모순을 설명하고 그것에 종지부를 찍을 수 있다. 하지만 사실 반동은 결코 현실화되지 않

---

12) 1848년 6월 23일에서 26일 사이의 짧은 기간에 벌어졌던 노동자들의 소요를 말하는 것으로, 공화주의자들인 집권세력은 가난으로 말미암아 촉발된 이 소요를 무자비하게 진압했다.

으며, 심지어 그 원칙마저도 항상 일관성 없는 양보에 의해 약화된다. 지도자들의 허풍이 공화제를 파괴하고 있는 동안에도, 그 체제는 자신만의 기회에 따라 자발적으로 지속된다. 그런데 이러한 기회는 거의 모든 공식적인 권력의 유치한 대립을 통해 더욱더 잘 느껴질 수 있다. 완성을 지향하는 본능이 체계화될 경우, 그 거역하지 못할 비약적인 발전은 즉시 현재 그것이 처해 있는 침체 상태가 어디에서 생겨났는지를 보여줄 것이다.

공화제는 형이상학적인 혁명의 훈련을 불신한다

신학의 명백한 지배는 자신도 모르는 사이에 이러한 정상적인 탈출구를 준비해왔다. 신학은 실증주의에 내가 10년 전에 바랐던 태도, 다시 말해 모든 비판적인 개입을 배제한 두 개의 유기적인 체제 사이의 직접적인 투쟁을 제공해준다. 오늘날, 여전히 일관성 없는 형이상학은 자신이 우위에 서기 위해 원했던 이러한 체제 속에서 결정적으로 와해되어버렸다. 건설해야 할 때 사람들은 곧바로 그 기본 원칙들을 인정하면서도 신학적인 제도들에 대해 끊임없이 항의하는 데서 그치는 모든 학파들이 보여주는 허망함을 심각하게 느끼게 되었던 것이다. 신학적인 제도들은 이미 완전히 폐지되어버렸기 때문에, 반동과 무정부상태에 대항하는 유일한 체계적인 보증이라는 이전에 자신이 지니고 있던 부정적인 임무를 더 이상 수행하지 못하게 되었다. 이제는 그 임무가 실증주의에 부수적인 것으로 전락해버린 것이다.

엄밀한 의미에서 심리론자들은 이미 신교와 더불어 도입된 두 개의 산물들 사이의 긴밀한 유대관계에 따라 입헌군주제와 함께 굴복해버렸다. 하지만 이들의 당연한 경쟁자로서 국가적인 차원에서 영향력을 다시 행사하게 된 관념론자들은, 이제는 완전히 낡아빠진 학설로부터 자신들이 이전에 가졌던 혁명의 신조를 회복할 수 없게 되었다. 그들 가운데 볼테르[13]와 당통[14] 학파의 무자격 상속자들인 아주 진보적인 사람들마저도 마음으로든 정신으로든 자신들이 첫 단계와 거의 구분하지 않는 혁명의 두번째 단계를 이끌어나가기에 합당하지 않다는 사실을 깨달았다.

나는 처음에는 그들 가운데 아주 예외적인 카렐[15]이라는 뛰어난 사람을 통해 이들을 판단했다. 그는 처음부터 공화제에 매료되어 있었다. 의회제도의 음모 속에서 성장하여 보나파르트를 복권시키기 위한 프랑스 언론의 오랜 음모를 지휘하거나 후원했던 사람들에게는 공화제에 대한 참된 확신은 불가능했다. 이들의 헛된 지배가 물질적인 차원을 유지할 수 있게 된 것은, 부끄럽게도 자신들의 철학적인 신념을 거부하고 난 후 스스로 그 단순한 보조자로 전락해버린 반동적인 정당에 의지해서였다. 이러한 기묘한 연합은 소용없는 것이었을 뿐만 아니라, 심지어 경멸스럽기까지 했던 원정[16] 속에 부수적이기는 하지만 뚜렷한 증거를 남겨놓는다. 그런데 그 모든 자유로운 협력자들은 얼마 지나지 않아 역사적으로 쇠퇴함으로써 당연한 세속적인 처벌을 받게 된다.

하지만 결정적인 징조들은 이미 루소[17]의 제자들과 로베스피에르의

---

13) Voltaire(1694~1778) : 본명은 프랑수아 마리에 아루에(François-Marie Arouet). 프랑스의 대표적인 계몽사상가. 자유와 이성을 기치로 전제정치와 봉건제를 비판했다. 『철학서한』 등 많은 저서가 있다.

14) Georges Jacques Danton(1759~94) : 프랑스의 정치가. 자코뱅파의 지도자로 혁명재판소를 설치하여 공포정치를 실행하였으나, 로베스피에르와의 대립으로 단두대에서 처형된다.

15) Armand Carrel(1800~36) : 프랑스의 언론인. 왕정복고 체제에 반대하였으며, 자유주의적 입헌제도를 지향하는 신문인 『나시오날』(National)을 창간했다. 나중에 지라르댕(Girardin)과의 결투에서 사망한다.

16) 1849년 4월, 우파인 우디노(Oudinot) 장군이 이끄는 프랑스군이 마치니(Mazzini)가 이끄는 로마 공화국을 전복하려는 오스트리아의 의도를 분쇄한다는 명목으로 이탈리아 원정에 나선다. 처음에는 가리발디 장군의 이탈리아 군대에 패배하지만, 결국 승리하여 로마로 입성하고 교황 피우스 9세를 로마로 불러들인다. 같은 해 6월, 프랑스에서는 이 원정에 반대하는 좌파의 시위가 벌어졌다.

모방자들인 다른 부류의 이신론자들 사이에서 반동적인 위선이라는 동일한 경향을 보여주었다. 현실 정부에 덜 참여함으로써 민중들 사이에서 권위의 손상을 덜 입었지만, 이들은 지금 모든 현실적인 견고함을 상실해버렸다. 그들의 야만적인 무정부상태는, 현대인의 삶에 합당한 산업활동, 과학정신, 미학 취미가 여전히 지니고 있는 보편적인 경향들과 양립할 수 없었다. 헛된 궤변으로 엄청난 분노들을 냉정하게 체계화했던 '단두대 박사들'은 얼마 지나지 않아 자신들의 인기를 유지하기 위해 잠정적으로나마 정치적인 단두대를 폐지할 수밖에 없었는데, 이것이 오히려 다행스런 일이었다.

오늘날 마찬가지의 필요에 의해, 이들은 다른 이름을 지니기에는 너무나 성격이 모호한 당을 가리키는 데 이용되는 붉은 깃발을 현실적으로 수용하지 않게 되었다. 이들은 형이상학적인 권리에 대한 맹목적인 관심에 빠져 노동자의 진정한 성향을 잘 이해하지 못했다. 그런데 질서라는 명분이 출현하여 그것을 요구하게 될 경우, 민중은 넋을 잃고 평화롭게 맹목적인 관심사를 따르게 된다. 또한 이들은 기계적으로 공화제의 해결책을 그러한 관심사에 위치시키기를 고집한다. 이들은, 항상 진보의 이름으로 억압하기를 갈망하면서 다시는 일어나지 않을 짧은 비정상 상태를 하나의 정치적인 유형으로 간주한다. 무정부주의적인 과장꾼들은 변함없는 평화의 한가운데서 현실적으로 전쟁을 지지하는 유일한 사람들로서, 노동의 규칙화를 중세 때 확립된 산업의 단계를 파괴하는 것으로만 제한한다.

이들은 모든 측면에서 자신들의 시대에 의해 완전히 밀려나버렸다. 노동자계급은 여전히 자격이 없거나 무능력한 지도자들에게 어느 정도 신뢰를 보내고 있기는 하다. 하지만 급속도로 쇠퇴해가는 이러한 신뢰

---

17) Jean-Jacques Rousseau(1712~78) : 프랑스의 계몽사상가, 문학가. 자연 상태에서는 인간이 자유롭고 평등했지만, 문명과 더불어 이러한 가치가 허물어졌다고 주장하면서 '자연으로 돌아갈 것'을 권고했다. 『사회계약론』, 『에밀』, 『고백록』 등 많은 저서가 있다.

는 정치적 열광이 결코 형이상학적 편견과 관련되어 있지 않은 시대에 진정한 의미의 위험은 되지 못할 것이다. 이러한 무정부적인 당의 실질적인 영향력은, 중산계층 사람들 사이에서 항상 자신들의 본성과 습관들에 대립되는 공식적인 동의를 보존하기 위해 인위적으로나마 반동적인 정당을 위한 허수아비 역할을 해주게 될 것이다. 진실처럼 보이는 온갖 것에 대항해서 이러한 헛된 평등주의자들이 합법적인 우위를 차지하게 될지도 모른다. 하지만 이들의 일시적인 지배는 민중에게 자신들이 서구의 쇄신을 이끌어나갈 능력을 거의 지니고 있지 못하다는 사실을 보여줌으로써 얼마 지나지 않아 완전히 소멸해버릴 것이다.

이렇게 해서, 공적인 이성은 어떤 명백한 상황의 지속적인 영향 아래서 점점 더 이전에 신학 전체에 대립적이었던 것처럼 형이상학 전체에도 대립적인 것으로 변해간다. 그러므로 과거의 모든 학파에 대한 최후의 불신은 실증주의의 보편적인 지배를 준비하고 있다. 실증주의만이 유일하게 19세기의 본질적인 욕구들에 대해서뿐만 아니라 이 시대의 진정한 경향들에도 부합한다.

공화제는 진정한 의미에서 영적 권력의 필요성을 증명한다.
정치행동에 참여하지 않고 원칙을 연구하고 가르치는 철학자들

프랑스가 처해 있는 새로운 상황에 걸맞는 경향에 대한 이상과 같은 지적을 완전한 것으로 만들기 위해서는, 다음과 같은 사실을 지적하는 것으로 충분할 것이다. 즉 토론과 무엇보다도 사건의 일반 과정이 탈선을 억제하고 혼란을 피하거나 수정하는 데 합당한 참된 보편학설의 필요성을 어느 때보다도 잘 드러나게 해야 할 것이다. 그렇게 함으로써, 그러한 과정은 유일하게 철학의 실질적인 효용성을 보장해줄 수 있는 정신적인 권위를 특별히 필요로 한다는 사실을 지적해야 할 것이다.

수많은 다양성의 한가운데서, 형이상학의 다양한 갈래들은 두 개의 기본 세력의 긴밀한 혼합 위에서 자발적으로 화해하고 있다. 그런데 14

세기 이후부터 이러한 긴밀한 혼합은 신교의 영향에 의한 중세체제에 대한 증오 속에서 점점 더 주된 혁명적 교의가 되었다. 그리스 시대의 선구자들과 마찬가지로, 심리론자건 관념론자건 현대 철학자들은 항상 다양한 인간 권력의 궁극적인 집중화를 갈망해왔다. 심지어 이들은 전문적인 학자들 사이에서도 이러한 착오를 유포시켜왔다.

오늘날에는 오로지 체계적인 실증주의만이, 중세의 모든 뛰어난 사람들로 하여금 도덕적인 세력과 정치적인 세력을 근본적으로 분리시키도록 했던 찬양할 만한 본능을 느낄 수 있게 해준다. 이러한 분리는 인간의 지혜가 보여준 사회적인 걸작품이었지만, 주도적인 원칙의 신학적인 본질 때문이건 실생활의 군사적인 성격 때문이건, 당시로서는 결정적인 성공을 거두기에는 시기상조였다. 최종적인 체제로 나아가기 위한 주된 토대인 이러한 필연적인 분리는, 오늘날 신교의 영향을 받지 않았던 사람들이 아무런 정해진 형식 없이 간직하고 있는 자발적인 공감을 제외하고는 새로운 철학을 신봉하는 사람들 사이에서만 이해되고 존중된다.

현학적인 오만함은 혁명 초부터 항상 정치적인 완성의 이상적인 유형으로 꿈꾸어왔던 사회적인 절대권력을 향해 직접 나아가고 있다. 민중적인 이성의 자연스런 발전이 이러한 반동적인 이상향을 향한 위험한 도약을 금지해왔다. 하지만 이러한 자연스런 진보들은 아직도 그다지 체계적이지 못하기 때문에 이 점에 대한 여러 가지 독특한 시도들을 막을 수 없다. 그러므로 모든 형이상학의 개혁자들은, 상황이 자신들의 야망을 더 이상 단순한 행정 기능들로만 제한하지 않게 된 지금 어느 때보다도 실천적이고 이론적인 지배권을 갈망한다. 그들 각자의 의견이 보여주는 심한 차이와 사회환경의 불일치로 인해, 우리는 언젠가는 그들이 어떤 학설을 합법적으로 인정할 것을 강요함으로써 토론의 자유를 심각하게 훼손할지도 모른다는 의구심을 품을 필요가 없다.

하지만 그들은 이미, 두 개의 기본 세력의 정상적인 분리라고 하는 현대 정치의 진정한 기본 원칙에 상반되는 사회이론 전체가 보여주는 억압적인 성격에 대해 민중을 계몽할 수 있을 만큼 충분히 그러한 시도를 해왔다. 그러므로 형이상학적 야망들의 혼란스런 발전은, 이러한 분리를 질서와 진보 모두에 필수적인 것으로 간주하는 새로운 철학의 결정적인 증명을 특별히 깨닫게 해준다. 만약 실증주의 사상가들이 자신들의 확신에 반하는 온갖 유혹을 계속 피해간다면, 이들의 평화로운 사유 태도는 헛된 정치적 소용돌이의 와중에도 그 위대한 관념이 역사상 최초로 어렴풋이 나타난 단계를 이끌었던 종교적인 믿음체계를 완전히 뛰어넘어, 불편부당한 민중을 그 위대한 개념과 화해시킬 수 있게 될 것이다.

의도적이지 않은 이러한 대조를 통해, 우리는 다음과 같은 사실을 점점 더 잘 깨닫게 될 것이다. 즉 진정한 의미의 자유는 현실적인 일치와 마찬가지로 오늘날 유일하게 진정한 증명에 기초하고 있기 때문에 완전한 토론을 가능하게 해주는 실증주의 학설에서만 나올 수 있다. 얼마 지나지 않아 결정적인 상황 속에서 성숙해진 통속적인 지혜는, 정신과 마음의 직접적인 지배를 향해 온갖 노력을 경주해야 한다는 지속적인 의무를 철학자들에게 거역할 수 없을 정도로 강력하게 부과할 것이다. 하지만 이 과정에서 세속적인 지배를 향한 어떠한 경향도 배제된다. 왜냐하면 그들에게 세속적인 지배의 추구는 정신적인 무능력과 도덕적인 불충분함의 부인할 수 없는 표시가 되기 때문이다.

게다가 군주제의 폐지는 참된 사상가들에게 질서의 조건들을 충분히 존중하는 한 사고와 표현의 충분한 자유를 누릴 수 있게 해주었다. 신학으로부터의 해방이 카스트 제도의 마지막 잔재로 볼 수 있는 군주제의 폐지로 완성되었기 때문이다. 카스트 제도는 중요한 사회문제에 대한 합법적인 결정권을 예외적인 한 가문에게만 집중시켰다. 공화제의 지배가 보여주는 억압적인 의향이 앞으로 어떤 식으로 나타나게 될지는 알 수 없다. 하지만 군주제의 속성은 거짓된 태도 없이 잠정적인 권력으로 이행하지는 않을 것이다. 왜냐하면 이러한 권력이란 항상, 비록 개인적인 것으로 변질되기는 하지만, 어떤 형태의 무능력한 동의에서 나오기 때문이다. 실증철학은, 수임자(受任者)들이 도덕적이고 사회적인 학설의 체계적인 발전이 요구하는 논리적이고 과학적인 조건을 위임자(委任者)들만큼이나 낯설어한다는 사실을 별다른 어려움 없이 증명할 수 있을 것이다.

정신적으로 인정된 것은 아니지만, 이러한 권위는 질서의 이름으로 복종을 요구할 수 있다. 하지만 이 권위는, 정신적인 우위를 추구하지 않고 자신의 세속적인 속성에 갇혀 있을 때에만 진정으로 존경받을 수 있을 것이다. 중앙권력[18]이 진정한 실질적인 집행기구를 만들어내기 전이라 하더라도, 공화제 상황은 이미 반동적이거나 무정부주의적인 광신주의에서 벗어나 있는 사람들 사이에서 이와 같은 당연한 결과를 충분히 드러내줄 것이다. 물질적인 질서와 관련된 배려가 증가함에 따라, 현실적인 권위들이 정신적인 질서에 대한 요구 전체에 등을 돌리게 되는 만큼 이러한 반응은 한층 더 활발하게 전개될 것이다. 이렇게 해서, 정신적인 질서의 재구축이 광범위하게 자유사상가들의 몫으로 남게 된다.

지금까지 나 자신이 수행해왔던 작업 가운데, 다양한 억압체제 아래서 처음에는 문자 표현의, 나중에는 구어 표현의 자유에 대해 내가 이미 적용했던 거대한 과정 속에는 우연적인 것도 개인적인 것도 전혀 존재하지 않는다. 이제부터 모든 진정한 철학자들은 동등한 능력을 얻게 될 것이다. 이를 위해, 철학자들은 나처럼 민중과 지배계급이 인류의 체계적인 기관들로부터 요구하는 지적이고 도덕적인 정당한 보장을 제공한다. 평등주의자들을 억압해야 한다는 경험적인 요구가 폭력을 불러일으킬지도 모른다. 하지만 나는 감히, 건설자들은 항상 존경받을 것이며, 얼마 지나지 않아 이들은 합리적인 비준이 없이는 결코 오래 유지될 수 없는 공공질서를 유지하라는 부름을 받을 것이라는 점을 확인하고자 한다.

---

18) 콩트는 권력을 '중앙권력'과 '지방권력'으로 나누는데, '중앙권력'은 행정부를, '지방권력'은 의회를 의미한다.

영적인 힘의 필요성은 서구 공화국 전체에 공통적이다

그러므로 프랑스에서 일어났던 중요한 정치 변화를 통해, 대혁명의 두번째 단계는 이전에 진정한 철학자들 사이에서 시작되었던 것처럼 민중들 사이에서 이미 시작되었다. 이 단계는 자신의 진정한 일반적인 성격을 더 직접적이고 신속하게 발전시켜나가게 되었다. 이를 위해 혁명의 두번째 단계는, 새로운 학설로 하여금 유일하게 사회제도의 점진적인 쇄신을 향한 굳건한 토대가 될 여론과 관습의 궁극적인 재조직화를 이끌어가도록 할 것이다. 나는 이미, 오늘날 실증주의가 최초의 소요한가운데서 자발적으로 이루어진 변화를 위한 이러한 중요한 임무를 어떻게 받아들이게 되었는지를 지적했다. 이어서 나는, 정신의 재조직화에 특징적인 범위를 부여함으로써 그러한 평가를 완성하고자 한다. 건전한 역사이론에 따르면, 그 범위는 확실히 서유럽 전체를 포괄하게 될 것이다.

우리를 중세로부터 분리시켜준 거대한 혁명적 변화는 기본적인 공동체를 너무 많이 잊어버리게 했다. 그러한 공동체는 로마인에 의한 통합 작업에 의해 준비되어, 어디에도 견줄 수 없는 샤를마뉴 대왕[19] 치하에서 이미 가톨릭적이고 봉건적인 상태에 도달해 있던 많은 국민들 사이에서 직접적으로 조직화되었다. 나중에 신학적인 입장 차이에 의해 심화된 국가 간의 다양성에도 불구하고, 이 거대한 공화국은 지난 5세기 동안 도처에서 긍정적이건 부정적이건, 지적이고 사회적인 발전을 제시했다. 하지만 아직은 그것이 인류의 나머지 부분, 심지어 유럽에서조차 진정한 등가물(等價物)을 만들어내지 못하고 있다.

우선은 가톨릭 관계의 파괴와 기사도 관습의 폐지가 그러한 공동체

---

19) Charlemagne le Grand(742~814) : 프랑크 왕국의 카롤링거 왕조의 왕. 거의 유럽 전체를 통합하여 800년 신성로마제국의 황제가 되는데, 콩트는 이 책에서 그를 자신이 지향하는 서구 공화국의 창시자로 보고 있다.

관계에 대한 일반적인 감정을 많은 부분 변질시켰다. 하지만 그러한 감정은 산업활동의 공통적인 우위와 유사한 예술적인 발전, 그리고 분명한 과학적인 유대관계에서 비롯되는 부분적인 연관관계에 따라 새로운 형태로 다시 확립되어가고 있다. 정치적인 와해가 도처에서 전적인 혁신을 예고할 정도로 자주 언급되었다. 그리하여 이러한 문명의 유사성이 지금까지는 하나의 특정한 가문에만 한정되어 있던 사회운동에 대한 집단적인 참여라는 보편적 본능을 더욱더 발전시킨다. 하지만 커다란 위기의 주도권은 필연적으로 프랑스 국민들에게 부여되어 있다. 그것은 프랑스 국민들이 구제도의 근본적인 소멸이라는 측면에서든 새로운 체제의 기초적인 발전이라는 측면에서든, 서구의 다른 어떤 국민들보다 더 준비가 잘 되어 있기 때문이다.

하지만 프랑스 혁명의 시작이 서구 전체에 불러일으켰던 적극적인 공감들은 다음과 같은 사실을 보여준다. 즉 서구 형제들은 우리에게 단지, 위대한 공화국 의회가 방어전쟁의 와중에도 주장했던 대로, 인류의 모든 엘리트 계급에 공통적인 쇄신을 시작한다는 까다로운 영예만을 부여했던 것이다. 나중에 우리들 사이에서 반동적인 반응이라는 중요한 단계의 성격을 요약해주었던 군사적인 일탈들은 확실히 필연적 유대관계라는 통상적인 감정을 연기시켰다. 하지만 현대의 모든 선구자들에 따르면, 그러한 감정은 도처에 뿌리내리고 있다. 그렇기 때문에, 이러한 예외적인 분할을 영속화시키려 했던 다양한 정당들의 지속적인 노력에도 불구하고, 평화는 그러한 감정에 곧바로 새로운 활동무대를 마련해주었다. 다양한 신학적인 지식들의 한결같은 몰락은 지금까지 견해 차이를 초래했던 주된 요인들을 제거해버림으로써 이러한 자연스런 경향을 한층 더 용이하게 해준다.

반동화의 마지막 단계가 진행되고 있는 동안, 그리고 무엇보다도 그 뒤를 이어 나타났던 오랜 휴지기 동안, 서구 여러 나라는 각각 프랑스의 그것과 어느 정도 동등한 혁명적 과정을 따르려고 했다. 우리가 최근에 겪었던 정치적인 변화는 이러한 공통적인 경향을 더욱 강화시켜주었다.

하지만 이러한 경향은 준비가 덜 된 다른 국민들 사이에서는 즉각 유사한 변화들을 초래하지 못했다. 게다가 각자는 그러한 한결같은 내적 소요가 그것이 용이하게 확산될 수 있도록 해주는 평화를 강화시킨다는 사실을 깨닫고 있다. 중세의 것과 마찬가지인 체계적 관계가 존재하지는 않았지만, 평화적인 동시에 합리적이며 진정한 현대적 성격을 지닌 관습의 공통적인 영향은 이미 모든 서구 국가들 사이에서, 지금까지는 불가능했으며 최종적인 쇄신을 순전히 국가적인 차원의 것으로만 생각할 수 없도록 하는 자발적인 동료관계를 실현했다.

그러한 관점은 다른 어떤 것보다도 혁명의 두번째 단계와 부합하는 일반적인 성격을 분명하게 지적해준다. 혁명의 첫번째 단계는, 비록 서구 전체에 이로운 것으로 판명되기는 했지만, 근본적으로 프랑스 차원에서 전개되어나갔다. 프랑스 국민들만이 최초의 소요를 감당할 정도로 충분히 성숙해 있었으며, 자신의 국민성을 고취시켜 반동적인 동맹에 저항할 수 있었기 때문이다. 반대로, 공동의 위기가 확장된 다음에야 비로소 시작되었던 유기적인 마감 단계는 앞으로 서구 전체의 것으로 받아들여져야 한다. 이 단계는 무엇보다도 정신의 재조직화로 이루어지게 되는데, 이것은 이미 위대한 서구 가족을 구성하고 있는 5개국의 국민들[20] 사이에서 다양한 형태이긴 하지만, 거의 마찬가지로 시급한 것으로 드러나고 있다.

반대로, 점점 더 분명해지고 있는 개혁운동의 서구성(西歐性)[21]은, 엄청난 국가적 다양성을 제시하게 될 세속적인 쇄신보다는 지적이고 도

---

20) 프랑스, 독일, 영국, 이탈리아, 스페인.

21) 앞으로 계속 언급되겠지만, 콩트는 서구의 범주 내에 있는 각각의 국가들을 그 국가적인 성격을 그대로 유지한 채 서구라는 전체로 통합하려는 생각을 지니고 있는데, 그것이 바로 서구공화국이다. 여기서 '서구성'이라는 개념은 이전의 '국민성', 혹은 '국가성'에 대립되는 것으로, 서구 전체를 하나의 집단으로 보기 때문에 가능한 것이다. 우리는 이 책의 결론의 마지막 부분에 가서 그 구체적인 모습을 만나게 된다.

덕적인 쇄신을 더 우위에 두려 할 것이다. 동일한 영적 권력에 의해 주도되고 적용되는 동일한 보통교육 체계에 따른 공동학설과 유사한 관습들, 이것이 바로 현재 서구 전체에 필요한 최우선의 사회적 요구이다. 이러한 요구가 충족되어감에 따라, 도처에서 각 나라의 고유한 관습에 따라 세속적인 재조직화가 이루어질 것이다. 하지만 그렇다고 해도 이러한 자연스런 다양성은 위대한 실증주의 공화국의 기본적인 통합을 전혀 변질시키지 못할 것이다. 왜냐하면 실증주의 공화국의 통합이 보여주는 체계적인 관계는 중세에 가톨릭이 보여주었던 것보다 더 완전하고 더 지속적일 것이기 때문이다.

그러므로 서구 상황 전체는, 이제부터는 도처에서 정치적인 소요보다 철학적인 움직임을 더 우위에 두려는 경향만 띠지는 않을 것이다. 게다가 그러한 상황은 무엇보다도 정신적인 권위가 결정적으로 도래하게 해준다. 이러한 권위만이 합당한 위대함과 균일함을 지닌 여론과 관습의 자유롭고도 체계적인 혁신을 이끌어나갈 수 있다. 이와 같이, 두 개의 힘들이 궁극적으로 혼합될 것이라는 혁명에 관한 이전의 편견은 오늘날에는 오래 전에 준비되었던 사회적인 쇄신으로 완전히 대치된다. 한편 그것은 서구성의 영감에 복종해야 할 국민성[22]의 습관을 두드러지게 해줄 것이다. 동시에, 그 위기의 실질적인 동질성이 도처에서 공동의 해결책을 요구하고 있다. 그렇기 때문에 이러한 편견은 비현실적일 뿐만 아니라 혼란스럽기까지 한 세속적인 동화작용에 의해 이 위기가 요구하는 동질성의 조건을 충족시킨다.

> 이 공화국은 프랑스를 중심으로 하여
> 이탈리아, 스페인, 영국, 독일 국민들로 이루어진다

나는 기본 저술에서 과거를 통틀어 이러한 거대한 가족[23]의 구성에

---

22) 국가적인 차원에만 머물러 있게 되는 혁명의 성격.

대해 세밀하게 살펴보았다. 하지만 오늘날에는 그러한 개념이 아주 중요해졌으므로, 여기서 그 본질적인 개념들을 체계적으로 열거해보고자 한다.

로마의 지배에서 벗어난 이래, 특히 샤를마뉴 대왕 이후 프랑스는 지리적인 측면에서뿐만 아니라 사회적인 측면에서도 인류의 핵 중에서도 당연한 중심이 되었다. 서구가 지금까지 일치 단결하여 이루어왔던 유일하게 중요한 조작은, 중세라는 중요한 단계가 지닌 성격을 규정하는 수많은 원정[24]이 진행되는 동안 분명히 프랑스의 영향 아래서 이루어졌다. 사실, 가톨릭적이고 봉건적인 체제의 와해가 체계적으로 이루어지기 시작했을 때, 두 세기에 걸쳐[25] 서구에서 일어났던 소요의 중심이 이동했다. 우선 부정적인 형이상학이 독일에서 일어났고, 나중에는 그 최초의 세속적인 적용이 두 가지 독특한 혁명을 통해 네덜란드와 영국에서 나타났다. 이러한 혁명은 정신적인 준비가 충분하지 못했던 탓으로 불충분한 것이기는 했지만, 위대한 최종적인 위기의 서곡 역할을 했다.

하지만 비판적 교의들의 진정한 사회적 방향을 드러내준 2중의 필연적인 서곡이 지나가고 난 다음, 이들의 완전한 조합과 결정적인 전파가 프랑스에서 이루어졌다. 프랑스가 공동의 정치적, 도덕적 발전의 중요한 본거지가 된 것이다. 이렇게 해서 프랑스의 주도로 이루어졌으며 이제부터 점점 더 견고해질 우위는, 사실 예외적인 욕구들에 의해 오랫동안 왜곡되어 있었던 서구의 정상상태로 되돌아간 것일 뿐이다. 사람들은 너무 멀리 떨어져 있어 우리의 관심을 끌기 어려운 장래에 가서야 사회운동의 중심이 새롭게 이동한다는 사실을 예견할 수 있을 것이다. 사실, 그러한 이동들은 유럽 문명이 자신의 지역적인 한계를 넘어 더욱더 광범위하게 확장됨으로써 생겨날 것이다. 나는 이 점에 대해 이 책의 마

---

23) 서구 공화국.
24) 십자군 원정.
25) 서구 전체에 걸쳐 십자군 원정이 한창 진행 중이던 11세기와 12세기.

지막 부분에서 다시 한 번 언급하고자 한다.

이러한 자연스런 중심의 북쪽과 남쪽에는 서구적인 요소의 두 쌍이 존재하고 있다. 지리적인 위치뿐만 아니라 관습과 언어에 의해서도 프랑스는 계속 이 두 쌍의 중심으로 남아 있을 것이다. 본질적으로 신교적인 성격을 지니는 첫번째 쌍 속에는, 우선 거대한 게르만 국민과 무엇보다도 중세 이후 모든 점에서 가장 발전된 민족이었던 네덜란드를 비롯한 다양한 부속국민을 포함시켜야 한다. 다음으로, 지금은 서로 경쟁관계에 놓여 있지만 미국 국민까지를 포함하는 영국 국민을 거기에 포함시켜야 한다.

본질적으로 가톨릭적인 성격을 띠고 있는 두번째 쌍은, 동쪽으로는 그 세속적인 와해에도 불구하고 항상 아주 분명한 성격을 지니고 있는 위대한 이탈리아 국민을, 서쪽으로는 사회학적 견지에서 볼 때 포르투갈을 포함하고 있으며 거대한 식민지 경영을 통해 서구 가족을 엄청나게 확대시켰던 스페인 국민 전체를 포함하고 있다. 엘리트 집단의 사회학적 정의를 완성하기 위해서는 여기에 두 가지 요소들을 덧붙여야 할 것이다. 이들은 역사적으로 보면 서구에 속하지만——하나는 고대에 다른 하나는 근대에—— 위치로 보면 동양에 속하는 민족으로, 이들이 처해 있는 현재 상태에 따라 모든 측면에서 동양과 서양의 자연스런 점이지대(漸移地帶)를 이루고 있다. 남으로는 그리스 국민이, 북으로는 폴란드 국민이 그들이다. 이러한 거대한 가족의 주된 지파(支派)들을 접근시키거나 분리시키는 여러 매개적인 국민들을 여기서 굳이 거론할 필요는 없으리라고 본다.

이것이 바로 새로운 철학이 지적이고 도덕적인 쇄신을 이끌어나가야 할 거대한 공화국이다. 이를 위해, 새로운 철학은 프랑스라는 중심이 지닌 주도권을 네 개의 다른 요소들에 의해 이러한 일반적인 영향이 성취되는 자연스런 반응들과 결합시킨다. 그러한 작업 이상으로, 단지 유사한 임무의 차원에서 실증주의의 사회적 역량이 어떤 성격을 지니고 있는지를 결정적으로 보여줄 수 있는 것은 아무것도 없다. 그런데 형이상학정신은 신학정신만큼이나 그러한 임무에 적합하지 않다. 비록 신학정신의 쇠퇴가 중세 특유의 통일 서구를 붕괴시켰지만, 형이상학정신의 와해가 그러한 붕괴의 직접적인 원인이 되었다. 그러므로 이들 가운데 어떤 것도, 과거의 분리 상태가 신학적이고 형이상학적인 영감들에 의해 유지되고 있는 요소들을 재결합한다고 주장할 수 없다.

중세 말부터 점진적으로 서구 관계의 재구축을 새롭게 준비해온 부분적인 관계들은, 오로지 산업적인 동시에 미학적이며 과학적인 성격을 지닌 자발적인 실증주의에서 유래한다. 그러므로 마침내 완전하고 체계적이 된 실증정신만이 그것을 주도할 수 있다. 오로지 실증주의만이 각자의 자연적인 특징들을 변화시키지 않고도 다양한 국민성들이 여전히 지니고 있는 반감을 근본적으로 제거하여, 그들의 현명한 조합을 통해 새로운 서구성이 지니게 될 공통적인 정수를 구축하게 될 것이다.

실증주의와 중세의 관계. 중세 때 처음으로 영적 권력과 세속권력을 분리시키려는 시도가 생겨났다

이렇게 해서 커다란 위기의 전반적인 확장은 중요한 본질에 대한 직접적인 검토를 통해 이미 드러나 있는 진정한 일반적 성격을 아주 분명하게 밝혀준다. 그러므로 내적인 것이건 외적인 것이건 모든 중요한 사회적 고려들은, 혁명의 후반기가 서구 전체에 걸쳐 무엇보다도 원칙과 관습을 재구축하는 것으로 이루어져 있다는 것을 증명하는 데 기여한다. 이와 같이, 혁명의 후반기는 하나의 여론을 형성하는데, 나중에는 이 여론의 거역할 수 없는 우위가 당연히 기본 학설을 반전시키게 될 영적 권력의 공통적인 지배 아래 각각의 국가에 합당한 정치제도의 점진적인 형성을 규정할 것이다. 혁명의 부정적인 부분으로 말미암아 비역사적인 정신이 우세하게 보이기는 하지만, 이 학설의 일반정신은 원칙적으로 역사적이다. 당시로서는 구체제로부터 뛰쳐나오기 위해서 과거에 대한 맹목적인 증오가 반드시 필요했다. 반대로, 이제부터 완전한 해방은 과거 역사 전체를 완전히 정당화시킬 것을 요구한다. 오늘날 그러한 정의는 항상 그 상대적인 본질에 따라 유일하게 그러한 능력을 지닐 수 있는 진정한 의미에서 실증정신의 가장 뚜렷한 도덕적인 의무가 될 것이다.

확실히, 진정한 의미에서 우위가 지닌 가장 훌륭한 표시는 사람들로 보나 학설로 보나 자신의 모든 적대자들을 잘 깨닫는 것이다. 이것이 바로 과거에 대한 체계적인 관찰 위에 미래의 토대를 세우고자 하는 진정한 사회과학이 보여주는 자연스런 경향이다. 이것은 또한 최종적인 쇄신이라는 동일한 개념이 도처에서 자연스럽게 우위를 차지하도록 해주는 유일한 과정으로서, 항상 정확하게 인간 전체와 관련을 맺고 있다. 또한 그러한 과정은 자의적인 영감들이 암시하는 혼란스럽고도 다양한 이미지들을 영원히 제거해버릴 것이다. 게다가 사회적인 감정의 우위가 증가함에 따라, 그것은 공적인 이성의 자연스런 진보와 협력하게 된다. 그렇게 함으로써 사회적인 감정의 우위는, 이미 그토록 많은 자발적인 선호가 보여주고 있는 것처럼, 혁명의 마지막 단계를 그 처음 단계와 완전히 구분해주는 역사정신을 부여한다.

이러한 일반적인 경향에 의해, 실증주의는 중세의 주된 특징을 이루고 있던 찬양할 만한 초안과 더불어 완수하게 될 정신적인 재조직화의 기본 관계를 결코 은폐하지 않을 것이다. 우리는 결코 인류에게 선례가 없는 쇄신을 제안하는 것이 아니다. 차라리 우리는 자랑스럽게도 정신적이고 사회적인 조건이 결정적인 성공을 허락해주기 전에, 그 성장기에 품었던 소중한 시도를 실현하는 것을 완전한 성숙이라고 부르고자 한다. 미래에 대한 생각으로 가득 차 있는 우리는 복고주의라는 비난에 전혀 개의치 말아야 한다. 이러한 혐의가 신권정치적인 것이건 군사적인 것이건, 두 개의 기본 세력의 원시적인 혼합 속에서 정치적 완성을 찾으려는 우리의 적대자들이 제기한 것일 경우에는 더욱 이상한 일이다.

중세 때 두 힘이 분리된 것은 사회질서에 대한 일반이론이 지금까지 내디딜 수 있었던 가장 훌륭한 발걸음이었다. 그 궁극적인 실현은 더 나은 시대에 가서야 이루어질 수 있다. 그럼에도 불구하고, 이러한 독특한 시도는 여전히 기본 목표를 지시해주었으며, 나아가 중요한 결과들을 보여주고 있다. 바로 여기서 도덕에 대한 정치의 지속적인 종속이라고 하는 기본 교의가 생겨난다. 이러한 교의는 현대사회의 특징을 이루고 있으며, 빈번하게 일어났던 심각한 침해에도 불구하고, 처음에 이러한 교의를 필요로 했던 신앙이 몰락하고 난 다음에도 여전히 살아남았다. 오늘날 해방이 가장 많이 진전된 국가에서 공화제가 이 교의를 비준하고 있다는 사실에서 그것을 잘 알 수 있다. 보편적 우애와 결합되어 있는 개인적 위엄이라는 적극적인 감정이 계속 생겨나게 된다. 그런데 이러한 감정은 서구 국민들, 특히 신교의 영향을 받지 않았던 국민들의 성격을 규정해준다. 또한 실천적인 것을 우위에 두려는 태도에서 불가피하게 생겨나는 필수적인 분류를 존중하면서, 사회적인 임무와는 무관한 지적이고 도덕적인 장점에 따라 인간을 평가하려는 한결같은 성향이 생겨나는 것도 여기서이다.

사람들은 여기에, 공동교육 속에 확립된 보편학설을 행위와 인간에 대한 평가에 적용하려는 각자의 권리와 의무에 따라서, 도덕적이고 심지어 정치적인 자유토론을 원하는 민중의 습관을 덧붙여야 한다. 마지막으로, 이러한 위대한 제도가 다른 체계적인 관계를 지니고 있지 않은 서구 통합을 일구어내려는 직접적인 경향을 띤다는 사실을 굳이 지적할 필요는 없을 것이다. 통속적으로는 기독교 학설의 탁월함에 부여된 이러한 모든 사회적인 결과들은, 건전한 역사적 평가에 의해 두 힘의 가톨릭적인 분리라는 진정한 원천으로 나아간다. 다른 곳에서도 동등한 도덕이나 심지어 동일한 신앙이 지배하기는 하지만, 이러한 사회적인 결과들은 이러한 체제가 우위를 차지할 수 있었던 국가에만 합당한 것으로 남게 되었다. 게다가 가톨릭 조직의 붕괴는 현대 도덕 전체에 의한 그 결과들의 자발적인 추인(追認)에도 불구하고, 이러한 결과들을 현저하게 변질시켰다. 이러한 변질은 특히 사람들이 최초의 순수성과 권위를 이 학설에 돌려주려 했던 곳에서 일어났다.

이 모든 양상 아래서 실증주의는 이미 어떠한 가톨릭 옹호자들보다도 더 완전하게 가톨릭에 정당성을 부여했다. 반동적인 학파의 몇몇 성실한 기관들이 인정했듯이, 이들 옹호자들 사이에 뛰어난 메스트르가 있다. 하지만 이러한 공정한 평가는 단지 인류의 전적인 발전과정 속에서 중세가 담당했던 작업의 위대함에만 근거를 두고 있는 것은 아니다. 이러한 평가는 그러한 시도가 시기상조였다는 사실을 역사적으로 정확하게 증명한 데에서 생겨난다. 그리고 그러한 시도의 정치적인 실패는 무엇보다도 지배적인 학설의 불완전함과 그에 대응하는 환경의 대립과 관련되어 있다. 일신교에서는 두 세력의 지속적인 분리에 대한 거부감이 다신교에서보다는 훨씬 덜했지만, 신학정신 전체가 당연히 지니는 절대적인 본질은 항상 이 체제를 신권정치로 변질시키게 되었다. 이러한 불가피한 경향의 최종적인 우위에 의해 그 몰락이 규정되는데, 14세기에는 왕들이 이러한 경향을 전반적으로 비난하는 자연스런 기관들이 되었다.

마찬가지로, 그러한 분할은 고대의 정복체계보다는 본질적으로 방어적이었던 중세의 전쟁과 더 잘 화합한다. 하지만 진정한 의미의 군사정신은 그러한 분리를 완전히 거부한다. 왜냐하면 그것을 자신이 지속되기 위해 필요한 권위의 집중화에 반하는 것으로 보기 때문이다. 또한 이러한 분리는 정신적이거나 세속적인 차원에서 몇몇 탁월한 인물들의 사유를 떠나서는 진정한 의미에서 체계적인 것이 될 수 없었다. 그 일시적 실현은 무엇보다도 정신적이고 사회적인 상황 전체의 당연한 결과였던 것이다. 그 실현은, 신권정치와 제국 사이의 항상 불완전하며 일종의 덧없는 균형으로만 이루어져 있다.

그러나 중세 때의 시도는 너무 일렀다.
실증주의가 중세 때의 시도를 새롭게 하고 완성할 것이다

당시로서는 단지 욕망의 대상으로만 머물러 있었던 것을 오늘날 실제

로 이룰 수 있게 된 것은 오로지 서구의 실증주의 문명 덕택이다. 게다가 실증주의 문명은 중세에 그려졌던 찬양할 만한 밑그림뿐만 아니라 자신이 결정했던 필수적인 준비과정을 이용한다. 당연하게도, 새로운 철학의 과학정신과 새로운 활동의 산업적인 성격은 지속적인 분리를 불가피하고 심지어 통속적이기까지 한 것으로 만들어버린다. 이러한 지속적인 분리는 자발적인 동시에 체계적인 것으로서, 중세까지만 하더라도 진보에 대한 열렬한 본능이라는 가장 행복한 영감 아래서 모호하게만 느껴질 수 있었다.

정신적인 관점에서 보면, 이러한 분리는 사실 이론과 실천 사이의 필연적인 구분으로 환원된다. 비록 경험의 차원에서이기는 하지만, 이론과 실천 사이의 구분은 이미 서구 전체에서 아주 사소한 주제에 대해서도 인정되고 있다. 그러므로 보다 어려워 보이는 기술이나 과학에 대해 이를 거부하는 것이 오히려 이상해 보인다. 사회적인 견지에서 보면, 이러한 분리는 무엇보다도 교육과 행동, 혹은 도덕과 정치 사이의 당연한 구분을 주장하게 된다. 그런데 오늘날에 와서는 감히 누구도 그 구분의 지속적인 발전이 진보적인 문명의 주된 혜택 가운데 하나라는 사실을 직접적으로 부인하지는 못할 것이다. 여기서 행동과 판단이 진정한 원칙을 지닐 수 있게 하기 위한 현실적인 도덕성과 진정한 자유가 무엇보다도 중요한 관심사로 떠오른다. 이러한 원칙의 적용은, 가장 훌륭하게 입증할 수 있는 것까지도 포함하여, 명령과 복종이라는 특수하고도 직접적인 충동에만 던져져 있다면 거의 항상 불충분한 것이 되고 말 것이다.

정치세력의 일반적인 조화에 대해 말하자면, 마음에 관계하건 정신에 관계하건 성격에 관계하건 이론과 실천의 두 힘이 너무나 다른 원천을 지니고 있으며 다른 길로 나아가기 때문에, 이제부터는 자문 기능과 명령 기능이 동일한 본질적인 기관에 속할 수 없을 것이다. 이러한 반동적인 유토피아를 실현하고자 하는 모든 신중한 경향은, 두 가지 차원에서 동시에 가능하지 않은 초라함의 무자비한 지배로 이어질 것이다. 게다가 이러한 기본적인 분리는 차츰차츰 당연하게도 양식과 도덕성이 위치하고 있는 두 가지 사회적 요소들의 거역할 수 없는 특별한 보호 아래에 놓이게 되는데, 나는 다음 장들에서 이 사실을 규명하고자 한다.

우리의 관습이 이미 현대의 모든 진정한 정치의 이러한 기본 원칙에 너무나 호의적이기 때문에, 그 원칙이 불러일으키는 거부감들은 당연히 실패할 수밖에 없는 믿음에 대한 원시적인 집착으로부터만 생겨난다. 하지만 이러한 위대한 개념이 앞으로 온갖 신학에서 벗어난 유일한 학설에 직접적으로 합류하는 것을 불편부당한 민중이 직접 보게 될 경우, 이러한 혁명적인 편견들은 유지될 수 없을 것이다. 각각의 인간적인 개념과 심지어 각각의 사회적인 개선은 무엇보다도, 여러 가지 사실들이 보여주듯이, 아주 사소한 경우까지도 신학적인 영감 아래서 솟아나게 된다. 하지만 이러한 필연적인 도입도, 인류가 스스로 포기해버렸던 신앙체계의 최초의 지배에서 생겨나는 진보를 결정적으로 자신의 것으로 만드는 것을 가로막지 못했다.

이런 사정은, 이미 그에 대한 부분적인 검정의 자발적인 귀납을 통해 실증정신에 의해서만 현실적으로 이해되는 거대한 정치원칙에 대해서도 마찬가지이다. 오늘날 그 정치적인 원칙이 맞닥뜨릴 수 있는 유일한 직접적 반대는, 이 원칙이 절대적인 지배에 대한 독특한 요구들에 타격을 입히는 형이상학적인 야망으로부터 생겨난다. 항상 이상하며 종종 잘못된 비난을 불러일으키는 것은 바로 형이상학적인 야망이다. 이러한 비난을 통해, 사람들은 때때로 신권정치가들과 마찬가지로, 결정적인 토론을 피하기 위해 자신의 적대자들에게 봉사하는 온갖 믿음들을 공개적으로 뛰어넘은 철학자들을 고사시키려 한다. 하지만 도덕에 의해 규제되어야 할 것을 법률을 통해 조절하려고 하는 현학정치가들의 고집이 불러일으키는 심각한 사회적 혼란은, 오히려 도덕적인 정부와 정치적인 정부를 체계적으로 구분하려는 실증주의 교의의 필요성에 대한 여론을 환기시켜줄 것이다. 도덕적인 정부는 확신이나 설득 이외의 다른 힘을 지니고 있지 않으므로 실생활에서는 항상 단순한 충고에 만족하는 데 반해, 정치적인 정부는 물질적인 영향에 따른 직접적인 행동을 요구한다.

이상의 모든 지적은, 혁명의 두번째 단계의 성격을 중세 특유의 탁월한 사회적 재능과 국민의회의 찬양할 만한 정치적 본능을 결합시키는 것으로 규정하게 될 유기적 정신을 드러내기에 이른다. 이 두 시기 사이에[26] 인류의 엘리트 계급은 현실적으로 모든 체계적인 조직화를 박탈당했으며, 이전의 질서를 와해시키고 새로운 질서를 준비해야 하는 2중의 변화에 노출되어 있었다. 이러한 두 개의 준비과정은 오늘날 충분히 달성되었다. 한편에서 보면 사회적인 쇄신에 대한 기원(祈願)이 이미 거역할 수 없는 것이 되었기 때문이며, 다른 한편에서는 그러한 쇄신을 주도하도록 되어 있는 철학이 이미 구축되었기 때문이다.

그러므로 이제부터 우리는, 더 나은 사회적이고 정신적인 토대에 입각해서 서구 사회 전체에 평화적이고 합리적인 체제를 건설하기 위한 중세인들의 위대한 시도를 다시 행하라는 요청을 받게 된다. 이를 위해, 우리는 보편적인 사랑의 지속적인 우위를 체계화하고 사변과 행동을 동시에 지배해야 한다. 이러한 재구축을 향한 일반적인 행보는 그에 앞선 파괴의 일반적인 행보와 마찬가지가 될 것이다. 이러한 파괴적인 행보는 14세기에 과거의 유기체가 지니고 있던 서구적인 기능들을 약화시킴으로써 시작되었다. 마찬가지로, 최종적인 쇄신은 오늘날 다섯 개 선진국[27] 주민들에게 공통적으로 나타나는 지적이고 도덕적인 욕구의 직접적인 만족을 통해 예고되고 있다.

실증주의의 윤리체계

실증주의의 사회적 목표가 어떤 성격을 지니는지를 한층 더 잘 규명

---

26) 중세와 국민의회 사이의 기간.
27) 프랑스, 독일, 영국, 이탈리아, 스페인.

하기 위해서, 보편도덕을 결정적으로 체계화시킬 수 있는 당연한 능력을 개괄적으로나마 지적하고자 한다. 그것이 바로 철학의 목표이자 정치의 출발점이다. 모든 영적 권력은 이것에 따라 평가되어야 한다. 그러므로 그 어떤 것도 가톨릭의 정신성에 대한 실증주의 정신성의 당연한 우위를 더 잘 나타낼 수는 없을 것이다.

사랑에 대한 이기심의 종속은 윤리문제이다. 사회상태가
호의적으로 작용한다. 그것은 조직적인 노력을 통해 앞당겨진다

실증주의는 가능한 한 이기적 충동보다는 체계적 본능을, 개인성보다는 사회성을 우세하게 만들려는 것을 도덕적인 기술로 본다. 도덕 전체를 고려하는 이러한 방식은 새로운 철학에 적합한 것이다. 오직 새로운 철학만이 현대인들 사이에서 가톨릭을 통해서는 아주 불완전하게 드러나는 인간 본성에 대한 참된 이론 속에서 이루어진 진보들을 체계화시킬 수 있다.

동물적인 삶(vie animale)에 대한 유기적인 삶(vie organique)의 근본적 우위라는 생물학의 원칙에 따라, 사회학은 항상 얼마간은 보수적 본능과 관련되어 있는 개인 감정들의 자발적인 영향을 설명한다. 하지만 사회학은 이러한 불가피한 지배를 관대한 감정의 지속적인 존재와 직접적으로 화해시킨다. 그런데 가톨릭 이론은 이러한 관대한 감정을 우리의 제도와 아무런 관련이 없는 것으로, 그리고 어떠한 법칙도 지니고 있지 않은 초인간적 은총이 영감을 준 것으로 간주했다. 그러므로 중요한 문제는 당연히 개인성의 우위를 인위적으로 사회성에 부여하는 것이다. 그 해결책은 다른 생물학적 원칙에 기초해 있는데, 즉 기능과 기관이 일상적인 훈련을 통해 발전한다는 원칙과, 계속적인 무위(無爲)를 통해 위축된다는 원칙이다.

그런데 우리의 사회생활은 반드시 공감적인 본능의 지속적 도약을 초래하지만, 개인적 경향의 발전은 억제한다. 개인적인 경향의 자유로운

활동은 즉각 모든 상호접촉을 방해하게 될 것이기 때문이다. 그러므로 공감적인 본능은 거의 무한히 확장될 수 있는 자신들의 자발적 능력을 통해, 원래부터 지니고 있던 열등함을 어느 정도 보상받는다. 이에 반해, 불가피한 저항에 따라 개인적인 경향의 자연스런 영향은 다소 억제된다. 인간 정신이 진보함에 따라 이러한 두 가지 영속적 경향이 증가하며, 이들의 2중의 진보가 인간의 점진적인 완성을 가늠하는 주된 평가기준을 제공한다. 사적이면서도 공적인 현명한 개입은 이로운 영향을 증가시키고 그 적대자들을 위축시키는데, 그렇게 함으로써 이러한 자발적인 질서를 크게 개선할 수 있을 것이다. 이것이 바로 도덕적인 기술의 목적으로, 그 기술은 다른 모든 것과 마찬가지로 불가피한 한계를 지니고 있다. 하지만 그 한계는 현상들이 복잡해짐에 따라 한층 더 가변적인 것으로 변하기 때문에 덜 협소하다.

이상에서 보는 것처럼, 실증주의 도덕은 사회적인 감정의 직접적인 우위를 보편원칙으로 삼는데, 그렇게 함으로써 형이상학의 도덕뿐만 아니라 신학의 도덕과도 구분된다. 실증주의 도덕은 공적이거나 사적인 인간 행복이 관대한 감정의 비약적인 발전 속에 존재하는 것으로 본다. 이러한 감정들은 느낌이 아주 부드러울 뿐만 아니라, 그 확장이 각각의 개인들에게 동시에 나타날 수 있는 유일한 감정이기도 하다. 단순하고 진실한 만큼 심오하고 순수한 학설은, 그 독특한 현실성으로 말미암아 유일하게 우리의 모든 실증적인 사변들을 다시 연결할 수 있는 사회적인 관점의 정신적 우위를 체계화하는 철학에서만 나올 수 있다.

형이상학은 그 직관적인 방법으로 말미암아 합리적인 방식으로는 결코 개인적인 차원에서 빠져나올 수 없었다. 신학이란, 특히 기독교 신학이란 그 실천적인 임무라는 경험적인 영향 아래서 간접적으로만 사회적 개념으로 고양될 수 있었다. 각각의 개인에게 제시된 목적에 대해서건, 지배적인 것으로 제시된 감정에 대해서건, 신학 본래의 정신은 당연히 개인적이다. 우리의 관대한 감정이 처음에는 그러한 체제 아래서 생겨나지만, 그 도덕적인 유효함은 무엇보다도 사제들의 지혜에 따른 것이다. 또한 현실적 관심과 상상적 관심 사이의 자연발생적인 적대관계가 제공하는 사회적 수단에 따라, 도덕적 유효함은 당시에는 자신이 채택할 수 있었던 유일한 학설의 본질적인 해악을 수정한다. 반대로, 실증 상태에서 도덕적인 능력은 학설 자체에 직접적으로 내재하며, 신념이 확립되기만 하면 어떤 정신적 규범이 구성되기 전에도 상당히 발전할 수 있다. 그렇다고 해서, 이러한 속성이 어떠한 조직화가 없이도 가능하다는 것은 아니다. 체계적인 도덕은 이처럼 현실적인 지식 전체와 밀접하게 관련됨으로써 지금까지는 불가능했던 견고함을 얻는다. 한편, 자연발생적인 도덕은 사회적인 감정의 즉각적이고 지속적인 영향 아래서 개인적이건 집단적이건 인간생활 전체를 직접 지배하려 한다.

자식, 형제, 부부, 어버이의 감정이라는 가족 사이의 감정이 이기심과 보편적인 박애 사이의 매개자이다

보편적인 사랑이라는 독특한 원칙이 실증주의 도덕에 마련해주는 완전한 통합이 어떤 성격을 지니고 있는지를 한층 더 잘 규명하기 위해서는, 그 원칙이 다양한 구성 부분들의 자연적인 조합이나 그들 각각의 고유한 발전과정을 주도하는 것으로 받아들여야 한다.

개인 차원에서 가정 차원을 거쳐 사회 차원으로 나아가는 인간 존재의 기본적인 3단계의 일반적인 연속은 기본적인 감정의 점진적인 교육을 자연스럽게 드러낸다. 그런데 기본적인 감정은 그 세력이 점점 약화되기는 하겠지만 더 많은 우위를 차지하게 되는 감정들에 의해 조금씩 발전한다. 실제로, 이러한 자연적인 발전은 개인성에 대한 사회성의 당연한 우위에 도달하기 위한 중요한 원칙이다. 인간의 마음이 보여주는 극단적인 두 상태 사이에는 어떤 중간 상태가 있다. 이것은 중요한 도덕 문제에 대한 통상적이고 참된 해결책이 존재하는 당연한 전이 과정을 결정하기에 적합하다. 인간이 처음 단계의 개인성으로부터 빠져나와 마지막 단계의 사회성으로까지 고양될 수 있는 것은 무엇보다도 가정을 통해서이다. 이러한 중간 단계를 건너뛰어버린다면, 도덕교육을 직접적인 도약 쪽으로 이끌어나가기 위한 온갖 시도는 근본적으로 공상적이며 아주 불행한 것으로 평가될 수밖에 없을 것이다. 오늘날 너무나 널리 퍼져 있는 그러한 유토피아는 진정한 사회발전이 아니라, 사실은 고대에 대한 잘못된 평가에 기초한 거대한 반동현상일 뿐이다.

개인성에서 사회성으로 나아가는 자연스런 과정으로의 가정생활의 기본 목표에 따르면, 그 필연적인 조합만으로도 항상 현실적인 관계의 차원에 적합한 실증주의 도덕의 일반적인 구도가 갖는 성격을 규명하기에 충분할 것이다.

가족 내에서 이루어지는 사회적 감정의 개인적 발전은, 지속의 본능이 출현하게 되는 도덕교육의 최초의 뿌리인 자식으로서의 감정의 필연적인 발전을 통해, 나아가서 조상에 대한 경배를 통해 시작된다. 왜냐하면 새로 태어나는 모든 사회구성원이 처음으로 인간의 과거 전체와 연결되는 것이 이것이기 때문이다. 얼마 지나지 않아, 형제간의 우애가 거기에 실질적인 유대관계라는 직접적 본능을 덧붙이면서 사회관계의 최초의 밑그림을 보완하게 된다. 성년에 이르러서는 아주 자발적이며 어린 시절의 관계보다 사회적 성격을 훨씬 더 많이 지니는 관계를 도입함으로써 가정적인 감정의 새로운 발전으로 나아가게 된다.

도덕교육의 두번째 단계는 관계의 상호성과 불가해함을 통해 헌신의 충만함이 보장되는 부부간의 감정에서 시작되는데, 이것이 바로 모든 감정들 가운데 가장 기본적인 것이다. 모든 공감적인 본능들의 최고 유형으로서의 사랑이라는 명칭은 어떠한 수식도 필요 없는 유일한 것이다. 이러한 탁월한 결합에서 부성(父性)이라는 최후의 가정적인 감정이 자연스럽게 생겨나서 우리에게 후손들을 사랑하는 법을 가르쳐준다. 이렇게 해서 그들을 보편적인 사회성으로 나아가게 하기 위한 자연스런 입문이 완성된다. 인간이 처음에 과거와 연결되었던 것처럼 미래와 연결되는 것은 이런 과정을 통해서이기 때문이다.

감정 발전의 개인적 흐름을 따르기 위해, 나는 자연발생적 관계와 관련된 감정들을 그렇지 못한 감정들보다 나중에 위치시켰다. 그렇게 함으로써, 개인생활과 사회생활 사이의 필연적인 매개자로서의 가정생활의 성격을 분명히 하고자 했다. 하지만 엄밀한 의미에서 사회의 자연적 요소로서의 가족에 대한 독특한 이론을 직접 확립할 경우, 그 순서는 뒤바뀌어야 한다. 그럴 경우, 종종 기본적인 부부관계로 축소되는 새로운 사회통합의 개념을 도입해야 하는데, 그렇게 함으로써 본질적으로 가족을 구성하고 있는 감정을 우선 고려해야 하기 때문이다. 가정이란 부부의 결합을 통해 일단 생겨나기만 하면, 부모의 사랑과 그 뒤를 잇는 자식의 사랑을 통해 영원히 지속되며, 나중에는 그것만이 유일하게 수많은 가정들을 자발적으로 결합하는 형제관계를 통해 확장되어나간다. 가정적인 감정들은 힘이 약화되고 폭이 증가하는 순서에 따라 배열된다. 다른 것과 비교해볼 때, 내가 마지막에 위치시킨 형제간의 우애가 보통 힘에서는 가장 약하다. 하지만 사람들이 거기에서 가정적 감정에서 사회적 감정으로의 직접적인 변화를 보게 될 경우, 우애는 가장 중요한 것이 된다. 왜냐하면 우애는 도처에서 가정에서 사회로의 변화가 보여주는 자발적인 유형을 이루고 있기 때문이다.

 하지만 이 이론에 대한 개괄적인 밑그림을 완성하기 위해서, 사회학은 두 개의 감정 사이에 지금까지는 제대로 인식되지 못했던 중간 단계를 위치시켜야 한다. 이 단계는 단순한 하인 상태와 관련된 것으로 여기서는 가족관계가 사회관계와 뒤섞인다. 우리의 무정부적인 관습에도 불구하고, 그러한 관계의 명칭[28]만으로도 오늘날 우리에게 다음과 같은 사실을 상기시켜줄 것이다. 즉 인류의 모든 정상상태에서 관계는 사적인 감정들의 자연스런 보완을 이루게 되는데, 이러한 보완은 복종과 명령이라는 전문적인 훈련을 통해 사회적인 감정의 자연발생적 교육을 마감할 것이다. 여기서 복종과 명령은 둘 다 상호적인 사랑이라는 보편원

---

28) '하인의' 혹은 '가정적'(domestique)이라는 명칭.

칙의 지배를 받게 된다.

중요한 도덕이론에 대한 이러한 개괄적인 지적은 실증적인 체계화의 기본 능력이 지닌 성격을 잘 규정해주는데, 그에 대한 평가는 이 책이 단지 일반적인 서론 구실을 하고 있는 이 연구 전체에서 생겨나게 될 것이다. 하지만 나는, 여기서 아직도 개인적인 도덕의 전적인 쇄신을 지적해야 하리라고 본다. 이 경우 당연하게도 결국 실증주의만이, 새로운 학설 전체의 독특한 원칙이 우위를 차지하게 해준다. 이를 위해, 실증주의는 심지어 가톨릭 철학에서조차도 본래 이기주의적인 성격하고만 관련된 것을 직접 사랑에 결부시킨다.

사회적인 토대에 기초한 개인의 미덕

감정들은 자신이 처음에 타고난 에너지를 점점 상실해감에 따라 더욱더 불가피한 것으로 나타나는 지속적인 훈련을 통해서만 발전할 수 있다. 그렇기 때문에, 만약 사람들이 보편도덕의 첫번째 단계를 구분함으로써 의무감을 단지 개인적인 신중함에 대한 배려로만 축소시켜버리는 평가의 용이함을 남용하게 된다면, 그들은 감정교육의 참된 정신에 직접적으로 대립하게 된다. 이렇게 해서, 권장된 처방들의 개인적 유용성이 아무리 현실적인 것이라 하더라도, 그러한 발자취는 당연히 점점 더 이해관계와 관련되는 경향을 띠게 된다. 반대로, 이미 아주 맹위를 떨치고 있는 이해관계와 관련된 이러한 경향들은 체계적으로 그 용도를 폐기할 수밖에 없다.

게다가 사람들이 고려하고 있는 전문적인 목적은 이렇게 해서 실패한 것으로 드러나고 만다. 이러한 실패는 사람들이 도덕적인 결정을 개인적인 독단에 맡겨둔다는 바로 그 사실에서 생겨난다. 개인의 독단이 자신만이 판단할 수 있는 개인적인 결과들에 대한 책임 아래서 제안된 규칙을 변화시킬 경우, 이러한 독단의 변화된 여러 모습들은 미리 인정받게 된다. 그 독특한 현실성으로 인해, 실증주의는 이러한 최초의 조치들을 완전하게 쇄신시켜준다. 이를 위해, 실증주의는 개인성보다 사회성을 직접적으로 우세하게 만드는데, 그 이유는 개인 혼자만 관련되어 있는 것이 아니라 실천의 문제가 중요하기 때문이다.

실증주의 도덕이 이러한 기초적인 덕성들을 권장하는 것은, 결코 기질이나 순결함 같은 개인적인 장점에 따른 것이 아니다. 실증주의 도덕은 이러한 장점의 진정한 개인적 유용성을 무시하지 않으면서도 개인적인 계산의 습관에 빠지지 않도록 그것을 지나치게 강조하지 않는다. 특히, 실증주의 도덕은 이러한 장점들을 항상 사회성과 관련되어 있는 자신의 교훈의 현실적 토대로 삼지 않는다. 독특한 제도가 개인을 과격함이나 방종과 같은 암울한 결과에 이르지 않게 해준다고 하더라도, 개인은 아주 엄격하게 간결함과 절제를 따르게 될 것이다. 왜냐하면 이것들이 개인의 사회적 임무를 완성하는 데 반드시 필요한 것으로 간주되기 때문이다. 모든 개인적인 덕성들 가운데 가장 통속적인 것, 다시 말해 물질적인 순수화의 습관마저도 이러한 이로운 변화에서 벗어나 있지 않다. 이러한 이로운 변화는 다른 사람들에게 더 잘 봉사하기 위해 각자를 변화시키는 감정을 통해 단순한 위생학적인 교훈을 고상하게 만들어준다.

도덕교육이 처음부터 진정한 의미에서 일반적인 성격을 취할 수 있는 것은 이렇게 해서이다. 도덕교육은 개인을 아주 사소한 행동에서까지 인류 전체에 복종하는 데 익숙하게 해준다. 이러한 행동을 통해 인간은 먼저 자신의 나쁜 습성을 극복하는 것을 배우는데, 그렇게 함으로써 나쁜 습성들을 더욱더 쉽게 깨달을 수 있기 때문이다.

개인적 도덕의 이러한 쇄신은 실증주의의 당연한 우위를 충분히 확인해줄 것이다. 그런데 우리는 이미 가톨릭의 주된 장점을 이루고 있으며, 그 훌륭한 체계화의 제일 중요한 토대라고 할 수 있는 가정적인 도덕에 대해 이러한 우위를 지적한 바 있다. 하지만 여기서 굳이 엄밀한 의미에서의 사회도덕을 특별히 강조할 필요는 없으리라고 본다. 사회도덕에서는 이러한 관점에 합당하게 자리잡을 수 있는 새로운 철학의 훨씬 더 직접적이고 완전한 능력을 드러내줄 것이다. 현실적인 다양한 관계에서 비롯되는 온갖 상호적인 의무에 대한 정확한 성격 규정을 위해서건 보편적 우애라는 기본적인 감정의 보강과 확장에 대해서건, 형이상학의 도덕이나 신학의 도덕은 실증주의 도덕에 견줄 수 없다. 그런데 '항상 개인적이거나 집단적인 인간 본성의 일반법칙에 맞아떨어지는 실증주의 도덕의 교훈들은 각각의 특수한 관습들에 자연스럽게 적응한다. 이러한 사항들에 대해 나는 이 책에서 하나의 자연스런 능력이 보여줄 성격을 규정할 몇 번의 중요한 기회를 가질 예정이기 때문에, 지금으로서는 더 이상 이 문제에서 머뭇거리지 않으려 한다.

새로운 도덕적 체계화에 대한 이러한 간략한 지적은, 이제 그러한 학설을 확립하고 적용할 수 있는 일반적인 방법들에 대한 똑같은 개괄적 검토를 요구한다. 여기에는 두 가지 방법이 있다. 그 중 하나는 기본적이고 각각의 도덕적 입문과 직접적 관련을 지니는 것으로서, 원칙들을 제공하고 감정들을 규제한다. 다른 하나는 보완적인 것으로서, 실생활 속에서 현실적인 적용을 강화시켜준다. 비록 간접적이기는 하지만, 이러한 두 가지 기능은 처음에는 일반학설과 사회적인 본능의 간접적인 영향력 아래서 자발적으로 시작된다. 하지만 이러한 기능은 그에 대응하는 영적 권력의 체계적인 부여로 나타나야만 완전한 효용성을 지닐 수 있게 된다.

도덕교육은 부분적으로 윤리적 진실에 대한 과학적 증명으로 이루어져 있지만, 그보다도 더 고귀한 공감들을 배양하는 것으로 이루어져 있다

엄밀한 의미에서 도덕교육은, 실증주의 체제가 도덕교육의 토대를 이성과 감정에 동시에 두고 있기는 하지만, 새로운 철학의 기본 원칙에 부합하는 우선권을 항상 감정에 부여한다.

이렇게 해서 도덕적인 교훈들은 마침내 개인적이고 사회적인 인간 본성에 대한 진정한 인식에 따라 온갖 논란을 뛰어넘을 수 있는 엄격한 증명을 거치게 된다. 인간 본성이 따르고 있는 법칙들은, 사적인 것이건 공적인 것이건 현실생활 속에서 각각의 감정, 사고, 행동 또는 습관의 영향——그것이 직접적이건 간접적이건, 혹은 전문적인 것이건 일반적인 것이건——을 정확하게 깨달을 수 있도록 해준다. 오늘날 그에 대응하는 확신은 더 높은 차원의 과학적인 증명이 불러일으키는 확신만큼 깊어질 수 있다. 이러한 확신은 그 중요성과 우리의 고귀한 본능과의 밀접한 관련에서 비롯되는 강조가 자연스럽게 증가함에 따라 자연히 깊어지게 된다. 우리는 이러한 증명의 논리적 타당성을 광범위하게 느낄 수 있는 사람들에게만 그 효용성을 한정시킬 수는 없다.

이미 수많은 예를 통해 다른 모든 실증적인 주제에 대해 다음과 같은 사실이 확실해졌다. 즉 단지 신앙에 의해서만 받아들여지는 개념들이 그 모든 동기들의 중요성을 가장 잘 가늠할 수 있는 개념들만큼 열렬하고도 확고하게 받아들여지고 적용될 수 있다. 이러한 자연스런 신앙의 정신적이고 도덕적인 조건들이 합당하게 충족되어야 한다. 현대정신은 종종 스스로를 고분고분하지 않은 것으로 규정하고 있지만, 사실은 너무 쉽게 굴복해버린다. 그리하여 손상되는 이익이 아무리 크다고 하더라도, 우리는 매일같이 이러한 자발적인 동의가 수학, 천문학, 물리학, 화학, 생물학의 규칙들에 부합하는 것을 본다. 그러한 규칙들이 반박할 수 없는 증거들을 지니고 있다고 인정될 경우, 이러한 동의는 확실히 도덕적인 규칙들로 범위가 넓어지게 될 것이다.

하지만 새로운 철학은 지금까지는 불가능했을 정도로까지 증명의 힘을 발전시켜나가면서, 항상 도덕교육에 대한 자신의 중요성을 과장하지 않게 될 것이다. 그런데 위에서 지적했던 커다란 인간문제의 일반적인 입장에서 보는 것처럼, 도덕교육은 비록 체계적이라고 하더라도 특히 감정에 의존해야 한다. 이제부터는 어떤 연구가 아무리 건전한 것이라고 하더라도, 그 관점이 직접적으로 도덕적일 수는 없을 것이다. 왜냐하면 각자는, 항상 객관적이며 주관적이어서는 안 되는 진정한 의미의 과학적인 관찰에 부합하는 공정함과 명백함이라는 조건에 따라, 반드시 자신의 행동보다는 타인의 행동을 평가할 것이기 때문이다.

그러한 외적인 평가는 결코 즉각적으로 자기 자신으로 돌아가지 않고도 현실적인 확신을 규정할 수 있다. 하지만 그것은 결코 진정한 의미에서의 감정을 전개시켜나가려 하지는 않을 것이다. 반대로, 너무나 많은 일상적인 영향을 받아들일 경우, 그러한 평가는 감정의 자발적인 행사를 뒤흔들어버리거나 연기시켜버릴 것이다. 하지만 인류의 새로운 도덕적인 지도자들은 결코 이러한 과잉을 두려워하지 않을 것이다. 왜냐하면 이러한 과잉은, 이미 실증주의를 가톨릭보다 훨씬 더 높은 곳에 위치시키려는 진정한 인간 본성의 심화된 인식에 정확히 대치되는 것이기 때문이다.

이와 같이, 실증주의 체제는 다른 어떤 체제보다도 더 항상 자발적이면서도 체계적으로 이루어지는 사회적인 감정의 직접적인 발전 속에서 현실 도덕의 주된 원천을 보게 될 것이다. 그런데 실증주의 체제는 초창기부터 건전한 철학이 지적할 수 있는 모든 인위적인 방법을 동원하여 사회적인 감정을 발전시키려 할 것이다. 정신교육이 지속적으로 따르게 되는 사적이고 공적인 모든 도덕교육은 무엇보다도 지속적인 훈련을 통해 이루어진다. 나는 나중에 대중교육 전체의 성격을 규정하는 자리에서 당연히 이러한 일반적인 지적을 더 보완하여 설명하고자 한다.

여론의 조직화

그러한 입문이 아무리 완전한 것이 된다 하더라도 아주 혼란스런 실생활의 와중에는 행동을 충분히 이끌어나가지 못할 것이다. 그렇게 되기 위해서는, 행동을 주재하는 동일한 힘이 공적이고 사적인 인간생활의 흐름 전체에 대한 체계적인 배려를 연장하여 그 효용성을 강화시켜야 한다. 그렇게 함으로써, 개인과 계급 혹은 국가에 대해서까지 이미 망각되거나 무시되어버렸던 원칙들의 진정한 의미가 무엇인지, 무엇보다도 그러한 원칙들이 각각의 경우에 어떻게 적용될 수 있는지를 파악해야 한다.

하지만 이 경우 엄밀한 의미에서 교육 이상으로 정신적인 권위는, 순수이성보다는 직접적인 감정과 더욱 밀접한 관련을 맺고 있다. 그 주된 힘은 여론의 강력한 조직화를 통해 생겨날 것이다. 그것은 찬사와 비난의 정당한 배분에 거역할 수 없는 정당성을 부여하는데, 이 책의 제3부에서 이 점을 특별히 언급하고자 한다. 각각의 구성원들에 대한 인류 전체의 도덕적인 반응은 원칙과 감정의 진정한 융합의 필연적인 연속으로서, 과거의 온갖 가능성을 뛰어넘어 실증주의 체제에서 전개될 것이다. 이런 측면에서 지배적인 학설이 보여주는 보다 나은 현실성과 그에 대응하는 환경이 보여주는 더욱 완전한 사회성은, 가톨릭의 정신성이 결코 지니지 못했던 도덕적인 장점을 새로운 정신성에 부여하게 된다.

위인들에 대한 기념

이러한 자연스런 우위는 무엇보다도 기념체계 속에서 드러나는데, 그 합법적인 제도화는 모든 영적 권력에 도덕교육의 가장 귀중한 보완사항을 제공할 것이다. 그 학설의 절대적인 본질은 사회환경의 불완전함 이상으로 보편종교를 향한 가톨릭의 고귀한 경향들을 좌절시켜버렸다. 온갖 노력에도 불구하고, 그 체계적인 축성은 아주 제한된 시간과 공간만을 포괄하게 되었다. 그 한계를 넘어버릴 경우, 그에 대한 평가는 항상 오늘날 자신의 적을 비난하는 것만큼이나 맹목적인 것이 되고 부당해진다. 오로지 실증적인 찬양만이 약점도 모순도 없이 모든 시대 모든 장소로 확장될 수 있다. 실증적인 숭배는 인간 발달에 대한 진정한 이론에 바탕을 두고 있다. 그렇기 때문에, 그것은 당연하게도 모든 양상과 단계를 찬양함으로써 후손들로 하여금 온갖 도덕적인 조치들을 지지하도록 할 것이다. 그러기 위해서, 실증적인 찬양은 아주 사소한 경우로 자신의 일반적인 기념체계를 확장시킬 터인데, 그 정신은 다양한 분파 속에서도 마찬가지일 것이다.

여기서 나는 이 책의 연구 전체가 의도하는 전문적인 지적사항을 앞질러가지 않을 것이다.[29] 다만 아마도 그 구체적인 실현의 최초의 밑그림을 제공하게 될 한 가지 예를 통해 실증주의의 당연한 능력이 어떤 성격을 지니는지 규정하고자 한다. 그것은 서구 전반에 걸쳐 모든 조상들이 우리에게 제공하는 중요한 기억 세 가지를 매년 적당한 날을 잡아 기념하는 것이다. 그것은 카이사르 황제, 사도 바울로, 샤를마뉴 대왕에 대한 기억으로, 이들은 각각 고대문명, 중세의 봉건제도, 그리고 가톨릭을 매개로 이 둘이 연결되는 전형적인 예를 보여준다. 기본적인 발전에 대한 이들의 찬양할 만한 참여가 어떤 성격을 지니고 있는지를 규정해 줄 수 있는 건전한 역사이론이 없었기 때문에, 지금까지는 이러한 탁월한 인물들 가운데 어느 누구도 정당한 평가를 받지 못했다.

이러한 평가의 결함은 신학적으로는 극찬을 받았던 바울로에게서도 찾아볼 수 있다. 역사적으로 실증주의는 사람들이 바울로를 부적절하게도 기독교의 진정한 창시자로 제시하면서 당연히 그를 뛰어넘으려 한다. 말할 나위도 없이, 새로운 보편학설만이 신학정신과 형이상학정신에 의해 똑같이 무시당했던 카이사르 황제를 정당하게 평가할 수 있다. 가톨릭이 아주 불완전하게 그 공적의 윤곽을 그릴 수 있었던 샤를마뉴 대왕의 경우도 마찬가지이다. 여기서 보는 것과 같이 체계적인 판단이 불충분하기는 하지만, 민중의 인식은 자발적으로 이 세 사람의 위대한 이름에 대한 숭배를 지지하게 될 것이다. 그렇게 함으로써, 민중의 인식은 모든 서구 가족들 사이에서 실증주의에 대한 이들의 정당한 축하가 오늘날 얼마나 잘 받아들여지고 있는지를 보여준다.

이러한 독특한 예를 완성하기 위해서, 우리는 거기에 축성(祝聖)뿐만 아니라 비난까지도 주도하게 되는 건전한 역사적 평가에 기초한 2중의 전도된 표현을 덧붙여야 할 것이다. 고통스럽고 음산하기까지 한 감정을 너무 키우게 될까 두려워서, 비난이 찬양보다도 훨씬 덜 개진되었다.

---

29) 이에 대한 자세한 연구가 『체계』의 제4권을 이루고 있다.

그럼에도 불구하고, 동의가 어떤 성격을 띠고 이루어져 있는지를 더 잘 규명하고, 그렇게 함으로써 사회적인 원칙들과 감정들을 더 강화하기 위해서는 이따금씩 강력하게 규탄할 줄도 알아야 한다. 이처럼 인간 발전에 가장 많이 기여했던 세 사람의 위인들에 대한 숭배를 도입하면서, 나는 과거 역사 전체를 통해 두 사람의 중요한 반동정치가에 대한 자발적이고도 엄숙한 비난을 덧붙일 것을 제안한다. 율리아누스 황제[30]와 나폴레옹 1세가 그들로서, 전자가 더 무분별하지만 후자는 더 많은 비난을 받아 마땅하다. 게다가 이 두 사람의 실질적인 영향은, 그들에 대한 주기적인 규탄이 서구 전체에 걸쳐 똑같이 인기가 있을 만큼 충분히 퍼져 있다.

엄밀한 의미에서의 교육을 통해 미래를 준비하는 경우, 과거에 대한 평가와 관련된 이러한 다양한 기능들은 정신적인 유기체의 불가피한 결과이면서, 동시에 그 필수적인 보완이다. 하지만 이러한 독특한 목적은 여전히 다른 종류의 보완 기능을 낳는다. 그렇게 함으로써, 그러한 목적은 당연하게도 진정한 교육적 힘이 개인생활이나 공공생활의 모든 분야에 작용하는 자문(諮問)을 통한 정당한 영향력에 따라 직접적으로 현재를 변화시키려 한다. 이러한 충고들은 항상 행동인에 의해 자유롭게 받아들여져야 하지만, 그것들이 현명하게도 합당한 이론적 권위에서 나올 경우 더 많은 효용성을 지닌다. 이러한 충고들은, 무엇보다도 사회환경 전체에 걸쳐 내적이거나 외적인 다양한 갈등들을 해결하기 위하여 다른 계급이나 주민들의 행동과 관련된다. 그런데 사회환경은 동일한 학설을 인정하고 동일한 교육에 참여함으로써, 지적이고 도덕적인 동일한 지도자들을 기꺼이 인정한다. 나는 제3부에서 이러한 두번째 차원의 보완 기능이 주로 어떻게 행사되는지를 알아보고자 한다. 그래서 여기서는 단지 새로이 등장한 영적 권력의 정상적인 속성들을 체계적으로 지적하

---

30) Flavius Claudius Julianus(331~363/재위 361~363) : 로마의 황제. 그리스 철학에 심취하여 기독교를 박해했다.

는 것에서 그치고자 한다.

실증주의의 정치적 신조 : 질서와 진보

지금까지의 개관은, 쇄신의 추진력을 두드러지게 할 성격 전체가 어떻게 철학적인 동시에 정치적인 기본 신조, 즉 '질서와 진보'라는 신조로 요약되는지 깨닫게 해준다. 나는 이러한 신조를 만들어내고 선포한 것을 자랑스럽게 생각한다.

무엇보다도, 실증주의만이 과학적인 동시에 사회적인 것으로 받아들여지는 이러한 두 개의 커다란 개념들을 굳건하게 확립할 수 있다. 실증주의의 이러한 배타적인 능력은 다른 어떤 학설도 그에 대한 명확하고도 완전한 정의를 내릴 수 없는 진보의 경우에 분명히 드러난다. 비록 이러한 능력이 질서에 대해서는 잘 느껴지지 않겠지만, 이 책의 제1부에서 했던 설명들에 따르면, 질서의 경우에도 진보의 경우 못지않게 현실적이며 심오하다. 과거의 모든 철학은 질서를 단지 부동의 상태로만 인식할 수 있었다. 이러한 태도가 바로 질서의 개념을 현대 정치에 전혀 적용될 수 없는 것으로 만들어버렸다. 그러므로 독단적인 태도를 취하지 않고도 절대적인 것을 배제할 수 있는 유일한 정신인 실증정신은 진보적인 우리의 문명에 맞는 독특한 질서 개념을 마련해준다. 실증정신은, 이 점에 대해 어떠한 주관적 일탈도 허용하지 않는 자연법칙의 불변성이라는 보편 교의에 따라 우리의 문명에 객관적 성격을 부여함으로써 질서의 개념에 굳건한 토대를 마련해준다. 사회현상에서건 다른 모든 현상에서건 새로운 철학에서 인위적인 질서는 필연적으로 도처에서 현실법칙 전체에서 생겨나는 자연질서에 기초한다.

질서의 발전으로서의 진보

하지만 질서와 진보 사이의 기본적인 화해는 훨씬 더 확고하게 실증주의의 독특한 특권이 되고 있다. 다른 어떤 학설도 이러한 필수적인 융합을 시도해보려 하지 않았던 것이다. 그런데 실증주의는 다양한 발달 단계에 따라, 아주 사소한 과학적인 경우에서 아주 탁월한 정치적인 주제로 나아가면서 이러한 융합을 자발적으로 일구어냈다. 정신적인 견지에서 보면, 실증주의는 이러한 융합을 존재와 운동 사이의 필연적인 상호관계로 귀착시켰다. 이러한 상관관계는 처음에는 아주 단순한 무기현상에 대해 대략적인 차원에서만 적용되다가, 나중에는 생물학의 개념 속에서 완성되었다. 이러한 조합에 압도적인 과학적 권위를 확보해주는 2중의 준비과정을 거친 실증주의는, 그것을 건전한 사회적인 사변으로 확장시킴으로써 결정적인 성격을 확립했다. 바로 여기서 이러한 전적인 체계화에 내재한 실천적인 효용성이 생겨나게 된다. 그러므로 질서가 진보의 영원한 조건이라면, 진보는 질서의 지속적인 목적이라고 할 수 있다.

마지막으로, 아주 심오한 평가를 통해 실증주의는 항상 인간 진보를 모든 가능한 진보의 싹을 포함하고 있는 기본 질서의 단순한 발전 속에 존재하는 것으로 본다. 개인적이건 집단적이건 인간 본성에 대한 건전한 이론은, 인간 변화의 흐름이 어떠한 창조의 순간도 거치지 않은 채 단지 이전 단계에서 발전해온 것이라는 사실을 보여준다. 이러한 일반법칙은 역사적인 평가 전체에 의해 폭넓게 확인되고 있다. 그러한 평가는 항상 이미 이루어진 모든 변화들의 뿌리를 드러내놓음으로써, 아주 거친 원시상태를 나중에 오는 모든 완성의 초보적인 밑그림으로 본다.

진보에 대한 물질적·물리적·지적·도덕적 분석

이러한 기본적인 동일성에 의해 이제는 진보가 질서의 표현이 된다. 그러므로 진보에 대한 적절한 분석은 사회성의 과학과 기술이 동시에 기초하고 있는 2중 개념이 지닌 성격을 충분히 드러내줄 것이다. 이렇게 볼 때, 진보에 대한 이론의 새로움과 중요성이 공적인 관심을 차지하고 있던 시대에는 이러한 평가가 더 잘 이해된다. 그런데 공적인 관심이라는 것은 나름대로 그러한 개념의 엄청난 범위를 도덕적이고 정치적인 모든 건전한 학설의 당연한 토대로 인식한다.

이런 측면에서 보면, 실증주의는 우리의 모든 개인생활과 사회생활에, 처음에는 외부 조건의 완성과 나중에는 내적인 본성의 완성이라는 직접적인 목표를 부여한다. 외부 조건의 진보는, 자신의 물질적 상황을 다소간 개선시키고자 하는 모든 고등동물과 마찬가지로 우리 모두에게 공통된 것이다. 이런 종류의 진보는 본래 열등하기는 하지만, 보다 쉽다는 이유로 우리들 사이에서 완성을 향한 필연적인 시작으로 인식된다. 하지만 가장 거친 양식도 모르는 주민들은 이러한 완성을 가장 탁월한 수준에서 진정으로 맛볼 수 없을 것이다. 이것이 바로 오늘날 이러한 물질적 진보에 따르는 생생한 매력의 동기가 된다. 게다가 인류의 엘리트 계급은 이러한 물질적 진보 속에서 소중한 개선을 향한 자발적인 충동을 느끼는데, 그에 대한 체계적인 적대자들도 의도하지 못한 최초의 유혹을 감히 거부할 수 없게 된다. 또한 우리로 하여금 다른 어떤 본질적 완성도 조직할 수 없게 하는 정신적·도덕적 무질서 상태가, 정당화시키지는 않으면서도 사람들이 현재 거기에 부여하고 있는 엄청난 중요성을 설명해준다. 어쨌든 두번째 종류의 진보[31]만이 인류의 주된 성격을 구성하고 있다는 사실은 의심할 여지가 없다. 물론 몇몇 고등동물들 또한 약하게나마 자율적인 행동을 보여주는데, 그것은 이들이 아주 단순한 양상으로나마 자신들의 본성을 개선하려는 경향을 띠고 있기 때문이다.

진정한 의미의 인간 완성은 세 가지 종류의 개선을 동시에 포괄한다. 그러한 개선의 어려움이 우리의 육체적, 지적 혹은 도덕적 본성과 관련을 맺음에 따라, 그것은 그 개선들의 위엄과 범위와 더불어 증가하게 된

---

31) 내적인 본성의 완성.

다. 게다가 동일한 원칙에 따라 분해될 가능성이 아주 많은 첫번째 단계의 처음에는 단순한 물질적 진보와 거의 구분할 수 없다. 하지만 전체적으로 보아 첫 단계가 우리의 진정한 행복에 더 많은 영향력을 행사한다. 그에 따라, 이 첫 단계는 훨씬 더 많은 중요성과 어려움을 동시에 제공한다. 우리는 힘든 노력을 통해 해운(海運)과 육운(陸運)의 인위적인 여행양식을 완성함으로써가 아니라, 가령 우리의 수명을 조금이라도 연장시키고 우리의 건강을 조금이라도 많이 보장받음으로써 더 많은 이익을 얻게 될 것이다. 왜냐하면 전자의 경우, 새들의 조직화 현상에서 찾아볼 수 있는 노동의 자연적인 이점들과 별로 다를 바가 없기 때문이다. 그럼에도 불구하고, 내적인 진보의 첫번째 범주는 엄격하게 말해 인간에게만 국한된 것으로 볼 수 없다. 왜냐하면 몇몇 동물들마저도 특히 청결문제에 관한 한, 그러한 일련의 완성들의 자연적인 시작으로 볼 수 있는 자발적인 흔적을 보여주기 때문이다.

그러므로 인류는 지적인 진보와 도덕적인 진보에 의해서만 성격이 규명될 수 있다. 동물들에게는 그러한 진보가 개별적으로만 실현되는데, 그나마 인간의 지속적 개입을 통해 이루어지는 도약 이외에 어떤 집단적인 도약도 불가능하다. 전적인 완성이 보여주는 상위의 두 단계들은, 더 낮은 단계들을 지배하는 것과 유사한 가치와 범위와 어려움의 불균등을 보여준다. 그런데 이들은 개인적이건 집단적이건 항상 인간 행복에 끼치는 실질적인 영향력에 따라 파악된다. 과학적이건 미학적이건 인간의 정신적인 개선이란, 관찰능력에 대해서건 귀납적 혹은 연역적 능력에 대해서건, 사회적인 상황이 그것을 합당하게 사용하도록 허락해 줄 경우, 육체적이고 물질적인 모든 개선보다도 인간 운명에 더 중요하며 더 광범위한 발전을 포함한다.

하지만 제1부에서 지적했던 기본 설명에 따르면, 인간의 진정한 천복(天福)은 더 어렵기는 하지만, 우리가 그것에 대해 더 많은 영향력을 행사하는 도덕의 진보에 훨씬 더 많이 의존하는 것이 분명하다. 이 점에 대해 말하자면, 가령 선의나 용기의 실질적인 증가에 필적할 만한 지성의 진보란 존재하지 않는다. 그러므로 우리의 개인생활과 사회생활 전체에 대한 정확한 개념을 단순화시키기 위해서라면, 우리는 그것이 무엇보다도 도덕적인 완성과 결부되었다고 간주하는 것으로 만족할 수 있다. 그런데 이러한 완성은 다른 어떤 종류의 완성보다도 더 직접적이고 완전하고 확실하게 진정한 인간 행복과 관련되어 있다. 도덕적인 완성이란 점진적인 준비작업을 담당해야 하는 선행 단계 없이는 이루어질 수 없다. 그럼에도 불구하고, 그것은 이러한 연관관계에 의해 이 모든 것들을 자발적으로 상기시키고 직접적으로 자극하는 만큼 한층 더 그러한 집중에 적합한 것이 된다.

이렇게 집중된 인간 완성은 무엇보다도, 감정적인 충동과 활동적인 결정에 있어서 실생활에서 가장 중요한 두 개의 도덕적 자질과 관련되어 있다. 두 가지 자질이란, 모든 서구 언어에서 '마음'이라는 단어가 남녀 양성에 대해 지니고 있는 행복한 모호함이 지적하는 것처럼, 사랑(tendresse)과 힘(énergie)을 가리킨다. 실증주의 체제는 필연적으로 과거의 다른 어떤 분야보다도 더 직접적이고 풍요롭고 고상하게 이러한 특질을 발전시키려 한다. 실증주의의 전반적인 경향은, 우리의 모든 행동과 마찬가지로 모든 사고와 감정[32]들을 사회성에 종속시킴으로써 공감을 향해 나아가려는 경향을 띠고 있다. 힘의 경우, 온갖 억압적인 환상의 완전한 제거, 인간의 진정한 위엄에 대한 친근한 느낌, 개인적이거나 집단적인 인간 행동에 대한 지속적인 자극을 통해, 실증주의는 도처에서 그것을 가정하고 항상 그것에 영감을 불어넣어준다. 이런 측면에서 볼 때, 이러한 최종적인 삶에 대한 우리 자신의 입문은, 예전에는 아주 자랑스런 용기의 소유자들마저도 뒤흔들어버렸던 공포를 각자가 극복하게 함으로써 하나의 결정적인 증거가 되고 있다.

이것이 바로 물질적인 단계에서 시작하여 물리적인 단계와 지적인 단계를 거쳐 마지막으로 도덕적인 단계로 귀착하는 인간 완성의 기본 과

---

32) 인간의 활동적 영역, 사변의 영역, 감정의 영역.

정이다. 이러한 네 단계는 모두 동일한 규칙에 따라 그에 부수되어 나타나는 와해현상을 보여주는데, 그들 사이에서 정상적인 변화들이 많이 생겨나는 것은 바로 이 시점부터이다. 이들에 대한 본격적인 탐구를 지금 진행할 수는 없을 것이다. 하지만 이 모든 분석의 철학적인 원칙을 현상들의 일반성과 복잡성에 따라 여러 진정한 단계의 원칙과 동일한 것으로 파악하는 것이 무엇보다도 중요하다. 두 개의 질서는 동일한 방식으로 전개된다면 서로 정확하게 맞아떨어질 것이다. 이들 간의 차이는 오로지 그 전개방식에서 생겨나는데, 과학적인 목적을 달성하기 위해서는 더 낮은 부분을 명확히 해야 하고, 사회적인 용도에 맞추기 위해서는 더 높은 부분을 명확히 해야 한다. 하지만 진(眞)과 선(善)의 2중 단계는 사회적인 관점을 다른 모든 관점보다 위에 두건, 최고선(最高善)을 보편적인 사랑 속에 위치시키건 항상 동일한 결론에 이르게 된다.

기본 신조에 대한 이러한 체계적인 평가는, 여기서 내가 그것을 통해 새로운 철학의 주된 목표인 정신의 재조직화가 지닌 성격을 규정해야 할 직접적인 지시사항을 요약해준다. 이렇게 해서 사람들은 실증주의가 어떻게 중세 가톨릭의 가장 소중한 사회적인 시도와 국민의회의 위대한 프로그램이 요구하는 가장 탁월한 조건들을 동시에 실현할 수 있는지를 파악할 수 있다.

처음에는 가톨릭 정신과 혁명정신의 속성이었던 대립적인 장점들을 최종적으로 자신의 것으로 만들어가면서, 실증주의는 신학과 형이상학의 즉각적인 용도 폐기를 확고하게 한다. 이들의 모순된 역할이 최종적인 학설에 의해 잘 수행되기만 한다면, 그것들이 사라진다고 하더라도 아무런 위험이 없다. 두 가지 기본 세력들의 정상적인 분리는 무엇보다도 이러한 불가피한 융합현상과 순화현상이 어떤 성격을 지니고 있는지를 규정짓는데, 그것은 그러한 분리가 오랫동안 예비적인 적대관계의 주된 대상이었기 때문이다.

현대 정치에 대한 우리 원칙의 적용.
현재로서는 모든 정부가 과도적이어야 한다

지금까지 나는 서구 전체에 걸쳐 대혁명의 두번째 부분의 성격을 규정하는 정신과 도덕의 쇄신을 정의해왔다. 이제 이러한 철학운동과 현실정치 전체의 필연적인 관계들을 지적해보고자 한다. 사실, 실증주의의 발전은 오늘날 과거 학설의 잔재들이 보여주는 사회적인 경향들과는 아무런 관련이 없다. 하지만 사건들의 일반적인 행보는 실증주의의 발전에 예견이 중요시되는 어떤 영향력을 행사한다. 거꾸로 말하면, 아직은 새로운 학설이 그에 대응하는 환경을 크게 변화시킬 수 없겠지만, 그것은 이미 주목할 만한 개선을 가져다줄 수 있다. 나는 이 연구 전체를 통해, 이러한 두 가지 측면에서 진정한 사회과학에 의해 한정되는 정상적인 미래의 도래를 가능한 한 쉽게 하기 위해 최종적인 변화가 어떤 성격을 지녀야 하는지를 세밀하게 검토해보려 한다. 만약 내가 혁신적인 학설이 결정적인 영향력을 자유롭게 행사할 수 있게 될 때까지 지속되어야 할 잠정적인 정치에 대한 충분한 고찰을 덧붙이지 않는다면, 이러한 연구 전체의 일반적인 서론이 될 이 책의 제2부는 불완전해질 것이다.

이러한 정치의 주된 성격은 얼마 지나지 않아 잠정적인 목표에 의해 한정된다. 현재와 같은 여론과 관습의 무정부상태가 지속된다면, 어떠한 최종적인 제도도 절대로 생겨나지 못할 것이다. 강력한 확신과 체계적인 습관들이 사회생활의 모든 본질적인 부분에서 자유롭게 우위를 차지할 것이다. 하지만 그때까지는, 이러한 기본적인 재구축을 쉽게 해주는 다양한 조치들에 대해서만 참된 미래가 존재할 것이다. 다른 모든 시도들은, 심지어 민중의 훈련으로부터 도움을 받았던 창안자들의 헛된 희망에도 불구하고, 반드시 일시적인 것으로 남을 것이다.

우리가 처해 있는 혁명적인 상황의 이러한 불가피한 조건은 공화국의 소요를 이끌어나갔던 찬양할 만한 의회[33])에게만 합당한 것으로 느껴졌다. 두 세대 전부터 우리의 운명을 이끌어나가려고 노력했던 온갖 세력들 가운데 국민의회만이 다른 지적·도덕적 토대를 기다리지 않고 직접 영원한 제도를 건설하려는 오만한 환상을 피할 수 있었다. 국민의회가 취했던 위대한 조치들은, 심지어 현재보다는 미래와 관련된 것에 이르기까지 잠정적인 것임을 공개적으로 표방했다. 그렇기 때문에, 그 조치들은 자신들이 변화시켜야 했던 환경과 자연스럽게 조화를 이룰 수 있었던 것이다. 모든 진정한 철학자들은 이러한 본능적인 지혜에 대해 항상 존경에 가득 찬 찬양을 보냈다. 그런데 이러한 본능적인 지혜는 어떤 현실적 이론에 의해 지탱되는 것이 아니었을 뿐만 아니라, 형이상학과 끊임없이 싸워야만 했다. 프리드리히 대왕이 죽은 다음부터, 서구가 자랑스럽게 여길 수 있었던 진정으로 탁월한 정치가들만이 그러한 지혜를 통해 사고할 수 있었다.

게다가 만약 긴급한 필연성이 그 비약적인 발전을 크게 지원해주지 않았더라면, 이러한 우위를 이해할 수 없었을 것이다. 그러한 지원은 어떤 최종적인 체제가 현재로서는 불가능하다는 사실을 한층 더 잘 드러냄으로써 이루어졌거나, 그것만이 유일하게 반동적인 침해를 막아줄 수 있었던 강력한 집중을 통해 공식적인 학설의 무정부주의적인 환상을 억제함으로써 이루어졌다. 이러한 이로운 요구가 더 이상 우위를 차지하지 못했더라면, 위대한 의회는 비록 자신의 전임자보다는 훨씬 덜하겠지만, 최종적인 상태라고 자임하는 추상적이고도 완전한 제도를 향한 진부한 형이상학적 훈련이 되고 말았을 것이다. 또한 그것은 자신의 지배의 전반기를 영속화시켜주는 잠정적인 체제가 끝날 때까지도 지속되지 못했을 것이다.

처음의 제도대로라면, 혁명정부는 평화가 완전히 정착되고 나서야 멈추었을 것이다. 만약 혁명정부가 그러한 행로를 취할 수 있었더라면, 사람들은 아마도 당시로서는 어떤 최종적인 체제를 현실적으로 확립할 수

---

33) 1793년의 국민의회.

없다는 사실을 인식하고 그것을 더 연장하려 했을 것이다. 두말할 나위 없이, 이러한 예외적인 정책은 우리의 위대한 국가방위에 반드시 필요한 것으로 시급한 상황 속에서 생겨났다. 하지만 다른 모든 고려를 흡수하게 될 이러한 일시적인 필요를 넘어, 당시로서는 불가능했던 역사이론만이 드러낼 수 있었을 더 심오하고 지속적인 동기가 존재했다. 그러한 동기는, 지배적인 위치에 있었던 형이상학이 보여주는 순전히 부정적이기만 한 성격 속에 존재하고 있었다. 그런데 진정한 의미의 정치적인 재구축이 요청했던 지적이면서 도덕적인 토대들의 완전한 결핍이 생겨난 것이 바로 여기서부터이다.

알려지지는 않았지만, 사실 이러한 거대한 틈은 최종적인 체제를 필연적으로 연기시킬 수밖에 없었던 주된 원인이었다. 평화 시대가 도래하자 곧바로 그러한 틈이 드러났다. 왜냐하면 그러한 틈이 이미 공화주의의 투쟁이 보여주었던 정당한 관심사에 무관했던 반대 진영 사람들에게 지적되었기 때문이다. 이러한 틈은 이전 세대 동안에 발전했던 순전히 비판적이기만 한 학설에 진정한 의미의 유기적인 능력을 부여했던 최초의 불가피한 환상 아래 은폐되어 있었다. 혁명적인 형이상학의 승리 자체가 본질적으로 무정부주의적인 본성을 분명하게 해주었을 때, 최종적인 제도를 구축하려는 경향은 커다란 반동현상의 필연적인 기원이 되었다. 이러한 반동현상의 다양한 단계들이 다음 세대 전체를 채웠다. 왜냐하면 진정한 의미의 재조직화에 합당한 원칙의 부재는 당시에 체계화할 수 있었던 현실적인 차원의 개념들만을 드러내는 것으로서, 구체제의 원칙들 위에다 이러한 헛된 시도를 기초할 수밖에 없도록 했기 때문이다.

정신의 재구축에 앞서 정치의 재조직을 시도하는 데에서 생겨나는 위험

그러한 성격이 아직도 존속하고 있기 때문에, 오늘날 우리의 혁명적인 상황은 모든 즉각적이고도 잠정적인 재구축을 계속 가로막고 있다.

그런데 이러한 성격은 이제부터는 무정부주의적 성향을 가진 유사한 반동적 경향을 띠게 될 위험에 처한다. 실증주의는 이미 진정한 의미에서 최종적인 체제의 철학적 토대를 제시했다. 하지만 이러한 새로운 원칙들이 아직 미성숙 단계에 있기 때문에, 그리고 무엇보다도 아직 제대로 느껴지지 않고 있기 때문에, 절대로 엄밀한 의미의 정치생활을 이끌어 나갈 수 없다. 적어도 한 세대는 흘러야겠지만, 이러한 원칙들이 정신과 마음속에서 자유롭게 우위를 차지하기까지 이들은 최종적인 제도의 점진적인 도래를 주도할 수 없을 것이다.

오늘날 사람들은 정신의 재조직화만을 직접적으로 발전시켜나갈 수 있다. 그에 따른 엄청난 어려움에도 불구하고, 정신의 재조직화가 시급한 만큼 마침내 그것이 가능해졌다. 그러한 재조직화가 충분히 진전될 경우, 그것은 차츰차츰 진정한 의미에서의 세속적인 쇄신을 결정짓게 될 것이다. 하지만 그것을 너무 일찍 시도한다면 새로운 혼란만을 초래할 것이다. 확실히 이러한 혼란들은 더 이상 과거와 같은 정치적인 무게를 지니지 못할 것이다. 그것은 고정적인 동시에 공통적인 모든 진정한 확신의 우위를 침해하는 심각한 정신적 무정부상태이기 때문이다. 강력한 확신을 불러일으키는 학설들만이 결정적으로 약화되었다. 그것은 결정적인 토론을 동반한 거역할 수 없는 경험이 도처에서 혁명적 형이상학의 유기적인 무능력과 파괴적인 경향을 보여준 이후에 생겨났던 현상이다. 건설해야 한다는 거역할 수 없는 의무가 초래한 신학의 쇠퇴로 인해 혁명적 형이상학이 약화되었다. 그리하여 혁명적 형이상학은 항상 반동과 무정부상태 사이를 왔다갔다하는, 아니 차라리 억압적인 동시에 파괴적인 것으로 변한 정책만을 불러일으킬 수 있었다. 왜냐하면 이제는 신학의 지배뿐만 아니라 형이상학의 지배에 대해서도 거의 적대적이 되어버린 사회환경을 억압할 필요가 있기 때문이다.

오늘날 이러한 근본적인 불일치는, 이제부터 충분한 열정의 부족으로 말미암아 불가능해진 모든 심각한 정치적 불안을 제거해줄 것이다. 하지만 최종적인 체제를 즉각 구축하려는 경험적인 경향들은, 아직도 그들이 보여주고 있는 당연한 불모성 이상으로, 부분적인 성격을 띠는 유감스러운 무질서를 초래할 수 있다. 아직은 와해를 향한 움직임을 통해 자연스럽게 생겨나는 혼란스런 세력들이 불충분하기 때문에, 지금으로서는 외적인 평화와 마찬가지로 내적인 고요 또한 유지되는 것이다. 그렇지만 어떤 경우에도 직접적이고 정상적인 보장이 전혀 존재하지 않는다. 이러한 이상한 상황은 지성과 도덕의 공위(共位) 기간에 당연히 존속하게 된다. 이러한 공위는 2중적인 양상을 띠는 것으로 유일하게 현실적인 동시에, 완전한 안전을 확보해줄 수 있는 원칙과 감정의 진정한 합일을 여전히 가로막고 있다. 이러한 일시적인 균형의 자연스런 성격이 그것을 보기보다는 덜 불안하게 만들어준다. 하지만 그것은 당연히 내부뿐만 아니라 외부에서도 항상 고통스러운 것으로 나타나는, 해롭기만 한 실질적인 반작용을 초래하는 경보를 자주 불러일으킨다.

그런데 세속적인 제도의 즉각적인 재구축을 향한 모든 시도가 그러한 상황을 개선할 수 있는 힘을 지닌 것은 아니다. 그러한 시도들은 자발적으로 소멸되도록 내버려두어야 할 학설을 인위적으로 되살려놓음으로써 상황을 한층 더 악화시키기만 할 것이다. 쓸데없이 이러한 원칙들을 공식적으로 불러일으킴으로써, 민중과 심지어 사상가들 사이에서도 진정한 의미에서 최종적인 원칙이 평화적으로 생겨나는 데 반드시 필요한 정신의 자유를 침해할 소지가 있다.

이처럼 평화가 도래했음에도 불구하고, 정신적 공위 기간의 견고함에 비춰볼 때 우리의 새로운 공화국 정책은 과거의 정책만큼이나 잠정적인 것일 수밖에 없다. 이제는 더 이상 공식적인 형이상학의 유기적인 가치에 대한 어떠한 중대한 환상도 존재하지 않을 것이기 때문에, 이러한 일시적인 성격이 더욱 두드러져 보인다. 그런데 오늘날 진정한 의미의 사회적인 학설이 없기 때문에 어떠한 형식의 필요성이 형이상학을 표면적으로나마 부활시키게 된다. 대부분의 적극적 정신의 소유자들 사이에서 이러한 표면적인 부활은 체계적인 확신의 완전한 부재와 전면적으로 대립된다. 처음에는 불가피했던 이러한 환상은 순전히 비판적이기만 한 원칙들을 유기적인 것으로 받아들이기 때문에 어떠한 심각한 갱신도 가져다주지 못할 것이다. 이 점을 확실히 하기 위해서는 산업적인 관습, 미학 취향, 과학적인 경향의 보편적인 영향을 고려하는 것으로 충분할 것이다. 그런데 이들의 자연스런 영향은 심리적이고 관념적인 형이상학적 교의들의 사회적인 우위와 양립할 수 없다.

우리의 공화제적 행보의 친근한 감정을 단련시키기 위하여, 오늘날 사람들은 우리를 혁명의 첫 단계로 이끌어가는 자연스런 부추김을 두려워해서는 안 된다. 이러한 경향은, 인류의 결정적인 기억들이 점점 더 직접적으로 연결될 최초의 소요로부터 우리를 분리시키는 오랫동안의 반동적인 반응과 모호한 정지를 서둘러 잊어버리게 만든다. 이러한 정당한 욕구들을 만족시킴으로써, 사람들은 지체없이 다음과 같은 사실을 공식적으로 깨닫게 될 것이다. 즉 이 위대한 시대에, 우리는 그 발전 단계에서 국민의회가 결정적인 재구축을 더 나은 시대로 유보함으로써 잠정적인 정책의 필요성을 평가하는 도구로 삼았던 감탄할 만한 지혜말고는 다른 본질적인 모방 대상을 볼 수 없다.

얼마 가지 않아 프랑스와 더 나아가 서구 전체에서, 추상적인 구축을 향한 온갖 엄숙한 시도들이 완전히 덧없는 것이라는 사실을 결정적으로 확신시켜주기를 바랄 만한 충분한 이유가 있다. 게다가 소멸해가는 형이상학이 보여주는 이러한 최후의 노력은, 기독교의 신비에 대해서뿐만 아니라 정치적인 실체에 대해서도 그에 못지않게 회의적인 태도를 취하고 있는 토론의 자유의 영향 아래서 이루어질 것이다. 과거의 어떠한 시도도, 진정한 의미에서 증명할 수 없는 학설에 대한 이토록 호의적이지 못한 상황과 맞닥뜨리지 않았다. 앞으로는 단지 이러한 상황만이 지속적인 신앙의 유일한 원천이 될 것이다. 그러므로 만약 온갖 합당한 성숙과 더불어 새로운 제도의 발전이 이루어진다고 하더라도, 공적인 이성은 아마도 그것이 채 이루어지기도 전에 믿지 못하게 될 것이다. 새로운 제도는 과거의 제도들의 평균적인 지속 기간만큼도 존속하지 못할 것이다. 토론의 자유를 제한하고자 하는 온갖 시도는, 우리가 처해 있는 정신적이고 도덕적인 상황의 당연한 결과를 더욱더 잘 보장해주게 될 것이다.

정치적으로는 언론과 토론의 자유가 보장되는 독재체제가 요구된다

정신적인 공위가 지속되는 동안에는 우리에게 순전히 잠정적인 정치만을 허용해야 할 필요성이 이러한 과도체제의 참된 본질을 규정해준다. 만약 국민의회의 혁명정부가 전반적인 평화가 정착될 때까지 존속했더라면, 여전히 사람들은 틀림없이 그것을 지지했겠지만, 새로운 필요에 부응하여 그 주된 성격을 변질시켜버렸을 것이다. 국가 차원에서 투쟁[34]이 지속되는 동안 국민의회 정부는 정신적인 동시에 세속적인 강력한 독재체제로 이루어질 수밖에 없었다. 그런데 그토록 강력한 독재체제가 몰락한 왕정의 독재체제와 다른 것은, 아주 진보적인 특성에서 생겨나는 탁월한 힘에 의해서이다. 이러한 진보적인 특성만이 그것을 엄밀한 의미에서 전제정치와 구분해준다. 하지만 평화는, 그것이 없이는 공화국을 방위하려는 노력을 무산시켜버리는 완전한 정치적 집중화를 불가피하게도 중지시켰을 것이다.

잠정적인 체제는 진정한 의미에서 사회적 원칙이 없기 때문에 그 성격이 규정되는 것이기 때문에, 표현과 토론의 완전한 자유와 조화를 이루어야 한다. 당시만 해도 이러한 자유는 불가능했으며, 심지어 위험하기까지 했다. 하지만 이러한 자유는 최종적인 쇄신을 위한 굳건하고 유일한 토대로서 새롭게 생겨난 보편학설의 발전과 정착에 필요조건이 되었다.

오늘날 엄밀한 의미에서 혁명정부가 겪게 되는 이러한 가설적인 변화는, 이제부터는 변하지 않을 완전한 평화의 한가운데서 그리고 극심한

---

34) 프랑스에서의 혁명적인 투쟁.

정신적 무정부상태에서 다시 생겨남으로써, 프랑스 공화국의 탁월한 예외적인 정책 속에서 실현될 것이다. 국민의회의 자격 없는 상속자들은 전체 상황에 의해 부여된 진보 독재를 반동 독재로 타락시켜버렸다. 기나긴 반동화의 마지막 단계인 완전한 집중화는 지방권력의 합법적인 대립을 통하여 근본적으로 약화되었다. 비록 중앙권력은 항상 공식적으로는 전지전능함을 주장하지만, 사고의 자유의 불가피한 증가에 따라 그 헛된 정신적인 지배력이 점점 더 약화되었다. 그리하여 중앙권력은 단지 공공질서가 요구하는 세속적인 우위만을 지니게 되었다. 반동적인 반응의 뒤를 이어 나타났던 휴지기간[35]에, 독재체제는 중앙권력이 지방권력으로 세분화됨으로써 합법적으로 와해되었다. 이 둘은 모두 정신의 재조직화를 이끌어나가기를 암묵적으로 거부함으로써, 무엇보다도 정신의 완전한 무질서 속에 점점 더 어려워지는 물질적인 질서를 유지하기 위해 고심했다. 그런데 정신의 무질서상태는 부끄러운 경험주의에 의해 한층 더 심화되었다. 이렇게 부끄러운 경험주의에 의하면, 사람들은 도덕적인 기반을 상실한 체제를 다만 이해관계 위에만 기초하게 해야 한다고 주장한다. 확실히, 우리의 공화국에 적합한 진보적인 성격은 자연스럽게 두 개의 세속적인 요소들의 강도를 증가시킬 것이다. 과거에는 이러한 강도의 증가는 도저히 극복하지 못할 거부감을 불러일으켰을 것이다.

하지만 오늘날 이들이 어떤 형태로건 국민의회의 일시적인 독재체제를 재구축하려 한다면, 엄청난 과오를 저지르게 될 것이다. 왜냐하면 이러한 시도는 절대로 성공할 수 없을 뿐만 아니라, 오히려 심각한 혼란만 불러일으킬 것이기 때문이다. 이제부터 이러한 심각한 혼란들은, 신뢰감을 상실한 형이상학이 그랬듯이 무정부주의적인 동시에 반동적인 성

---

35) 샤를 10세(Charles X, 1757~1838) 치하를 말한다. 그는 루이 16세와 루이 18세의 아우로, 루이 18세의 뒤를 이어 왕정복고기의 두번째 왕이 되어 귀족세력을 등에 업고 반동정치를 펴다가, 1830년의 7월혁명으로 물러나서 이탈리아로 망명하여 거기서 사망했다.

격을 띠게 될 것이다.

그러므로 현재와 같은 고정되고 공통적인 확신이 완전히 없어졌기 때문에, 본래 물질적인 질서로 한정된 순전히 잠정적인 정책만이 허용되고 있다. 그와 동시에, 내외적인 상황의 다행스러운 본질은 더 많은 것을 요구하지 않으면서도, 최종적인 체제의 성격을 규명하게 될 위대한 정신적·도덕적 혁신을 돕는다. 공화국은 입헌군주제가 대혁명의 마지막 결말로 자처할 수 있는 수단을 마련해주는 공식적인 허위를 영원히 제거해버릴 것이다. 그렇게 함으로써 공화국은 모든 현실적인 세력들로 하여금 직접적으로 공동선(共同善)을 향하여 나아가게 할 것이며, 이를 통하여 사회적인 감정의 지속적이고도 완전한 우위라는 유일한 도덕적 원칙만이 결정적인 것이라고 주장할 수 있을 것이다.

오늘날, 이것이야말로 진정한 의미에서 유일한 최종적인 규범인데, 어떤 경우에도 일부러 그것을 강요할 필요가 없다. 왜냐하면 이 규범은 반대되는 온갖 편견이 완전히 제거되고 나면 아무도 반대할 수 없는 보편적인 경향에서 자연스럽게 생겨나는 것이기 때문이다. 하지만 이처럼 보편적인 사회성의 직접 통치를 조직화할 수 있는 학설들과 제도들의 경우, 우리의 공화국은 근본적으로 그 성격이 규정되지 않는 상태이며, 아직도 서로 다른 많은 체제들을 지니고 있다. 정치적으로 보면, 돌이킬 수 없는 유일한 것은 왕정의 완전한 폐지인데, 그것은 이미 오래 전부터 프랑스와, 그보다 덜하기는 하지만 유럽 전체에서 반동의 상징이 되었다.

오늘날 공화제의 주된 장점이라고 할 수 있는 사회적인 감정의 엄숙한 우위는, 최종적인 체제에 대한 모든 즉각적인 주장을, 현실적 해결책에 대한 세심한 탐구에 반하는 것으로 보고 즉각 거부한다. 그런데 현실적인 해결책은, 우선 현재까지 남아 있는 과거 학설의 잔재들로는 그 원천을 짐작조차 할 수 없는 체계적인 조건들을 전제로 한다. 또한 앞으로 지성과 도덕의 재조직화가 솔직하게 모든 사상가들의 자유경쟁에 맡겨지기를 요구한다. 그렇기 때문에, 오늘날 진정한 철학자들은 어떤 공식적인 신념을 강압적으로 인정하지 못하도록 하는 데 관심을 기울이는 공화제의 이름으로 발언하게 될 것이다. 그러한 지지기반은, 휴지기간에 반동권력의 본능적인 저항이 보여줄 수 있었던 것 이상으로, 정치적인 움직임의 해로운 과장에 대항하는 완전한 자유를 철학에 보장하는 데 훨씬 더 효과적일 것이다. 제도의 자연스런 발전에 대한 강력하면서도 맹목적인 거부감은, 다양한 형이상학적 유토피아의 조화롭지 못한 시도들이 당연히 실패하게 됨에 따라, 이제부터는 다행스럽게도 민중의 현명한 무관심의 자연스런 증가로 바뀔 것이다.

새로운 상황이 철학에 초래하는 진정한 위험은 민중과 심지어 사상가들까지도 강력하고도 지속적인 온갖 명상에 무관심해지게 만들려는 경향 때문이다. 명상의 습관에 무관심해진 민중과 사상가들은 얼마 지나지 않아 피상적이고 성급한 평가에만 근거를 둔 실질적인 시도들에 몰두하게 될 것이다. 현재 우리는 우리의 성향이 본래 쇄신시키는 학설의 최초의 발전과는 전혀 양립할 수 없다는 사실을 인정해야 한다. 그렇게 되기 위해서는, 사실 정치적 반동이 철학 발전을 가로막을 수 없을 정도로 약화된 다음부터 유일하게 우리의 약한 지성을 쇄신의 학설에 연결시켰던 억압적인 균형 아래서 이러한 토대를 먼저 확립했어야 한다. 하지만 그 독창적인 개념은 반동화의 마지막 단계에 결정적으로 출현했다. 그 개념은 의회제도가 시행되었던 짧은 휴지기간에 발전하여 확산되었다. 오늘날에는 새로운 철학이 다시금 영원히 우위에 서게 될 사회적인 진보를 주도하는 것으로 드러났다.

이러한 일시적인 경향이 새로운 철학의 출현을 방해했다. 하지만 그 본질적인 기관들이 그토록 많은 사상가들이 빠져들 소지가 있는 통속적인 유혹을 항상 피할 줄 안다면, 이러한 경향들은 절대로 그 철학의 발전에 불리하게 작용하지 않을 것이다. 실증철학은 최종적인 재조직화를 주재할 수 있는 권한을 두고 경쟁하는 다양한 유토피아들의 필연적 허무와 근본적 위험을 잘 깨달을 수 있는 유일한 것이다. 그리하여 얼마 지나지 않아 그것은 민중에게 이러한 헛된 정치적 소요에서 등을 돌리게 함으로써, 모든 이들로 하여금 여론과 관습들을 완전히 혁신시키는 데 관심을 기울이게 만들 것이다.

그러한 통치체제는 영적 권력과 세속권력의 분리를 향한 단계이다

공화제 상황이 실증주의의 실질적 임무를 완수하는 데 필요한 완전한 자유를 보장해주고 있는 동안, 그 상황은 이미 다른 양상 아래서 정상상태를 시작한 것이라고 볼 수 있다. 왜냐하면 공화제 상황은 차츰차츰 지역적이건 중앙집권적이건 모든 세속권력에 대해 새로운 영적 권력의 기본적 독립상태를 보장하여주기 때문이다. 엄밀한 의미에서 정부는, 정치가들이 당연히 낯설게 느낄 수밖에 없는 중요한 과학적 탐구를 필요로 하는 일반학설에 대해 아무런 발언도 할 수 없다는 자신의 무능력을 고백하도록 강요하는 데에서 그치지 않는다. 더 나아가, 현대사회를 제대로 평가할 수 없는 형이상학의 야심만만한 환상이 초래한 혼란으로 인해, 이제 민중은 온갖 정치적 입신을 거부하고 오로지 철학적인 목표만을 엄숙하게 지향하는 사상가들만 믿게 될 것이다. 이러한 두 개의 기본 세력의 정상적인 분리는 실증주의 속에서 체계화된 것으로 공화제 상황에서 점진적으로 생겨난다. 그런데 공화제 상황은 즉각적인 적용이 쉬워졌다는 유혹 때문에 무엇보다도 우리에게 거기에서 등을 돌리게 하는 것처럼 보인다.

혁명에 대한 우리의 편견들은 여전히 이토록 위대한 사회적 원칙에 무관심하게 만드는 것처럼 보인다. 하지만 이제부터 우리는 모두 형이상학적 유토피아에 의해 위협받는 질서와 진보를 동시에 보장하기 위해 정부와 민중을 이 위대한 사회적 원칙으로 나아가게 해야 할 것이다. 진실한 사상가들은 그러한 사회적 원칙이 불러일으키는 맹목적인 거부감을 극복할 수 있다. 왜냐하면 이들은 비록 그 원칙이 자신들의 헛된 정치적 야망을 단죄하기는 하지만, 반대로 자신들에게 고귀한 도덕적 영향력이라는 무한한 길을 열어준다는 사실을 잘 알고 있기 때문이다. 이러한 새로운 길만이 오늘날 고귀한 사회적 목표를 넘어 종종 자신들의 세속적인 승리 속에서 손상된 채로 존재하고 있는 진정한 철학적 위엄에 대한 개인의 정당한 요구를 실현할 수 있을 것이다.

1830년의 신조 : 자유와 공공질서

우리의 잠정적인 정책의 진정한 성격은 많은 부분 전체 상황에 의해 규정된다. 그리하여 실천적 본능은 기나긴 휴지기간에 중간계층들 사이에서 자발적으로 생겨났던 행복한 신조('자유와 공공질서')가 보여주는 것처럼, 건전한 이론적 지적들을 앞질렀다. 누가 만들어냈는지도 모르는 이러한 신조는 무너져버린 왕정의 반동적인 의사들과 아무런 실질적 관계도 없다. 이러한 신조의 자발성은 경험적인 것이기는 하지만, 다른 어떠한 형이상학적 신조보다도 더 자신이 유래한 사회환경의 두 가지 본질적인 조건들을 합당하게 표현해준다.

오늘날 건전한 철학은 공적인 지혜가 갖는 영감을 체계화함으로써 2중의 보완을 통해 그 지혜를 강화시켜준다. 이러한 보완이 첫번째 목표에 이르는 데 반드시 필요한 것이기는 하지만, 현재의 편견과 너무 상충되는 것이기 때문에 어떠한 실질적인 원천도 지니지 못한다. 그것은 진정한 교육의 자유와 지방권력에 대한 중앙권력의 우위를 선언함으로써 그 표현의 두 가지 항목을 동시에 발전시킨다. 개괄적인 서론에 불과한 이 책에서 나는 이 두 가지 양상에 대해 아주 간략하게 특징을 지적하고자 한다. 이에 대한 자세한 설명은 나중에 제4권에서 다루어질 것이다.[36]

---

36) 우리는 콩트가 여기서 약속한 자세한 고찰을 이 책에서는 찾아볼 수 없다. 『체계』의 마지막 권으로 이 문제를 자세하게 다루고 있는 제4권은 "인간 미래에 대한 종합적 조망"이라는 제목이 붙어 있다.

자유는 교육으로 확장되어야 한다

앞으로 실증주의는 표현과 사상의 진정한 자유를 실질적으로 보장하기 위한 유일한 체계적 수단이 될 것이다. 깊이 있는 토론을 견딜 수 없고 어떠한 결정적인 증명과도 무관해 보이는 학설들은 스스로 체계적인 수단이라고 자임할 수 없을 것이다. 문자 표현의 경우에는 이미 오래 전부터 보장되어왔던 이러한 자유가 이제는 구어 표현으로 확대되어야 한다. 실증주의만이 최대한 성실하게 내세울 수 있는 자유로운 교육은, 과도적인 조치로서나 정상적인 미래에 대한 예고로서나 우리의 상황에 반드시 필요한 것이 되었다. 첫번째 측면에서 보면, 실증주의는 진정한 토론을 통해 고정적이고 공통적인 확신들을 규정해주는 모든 학설이 출현할 수 있는 조건이라고 할 수 있다. 모든 합법적인 공교육 체계는 그러한 확신을 만들어낼 수는 없겠지만 그것을 전제로 삼을 수는 있을 것이다.

두번째 측면에서 보면, 교육의 자유는 온갖 세속적 권위가 교육의 조직화에 대해 보여주는 근본적인 무능력을 선언함으로써 이미 진정한 의미에서 최종적인 상태의 초안을 개괄적으로 보여준다. 실증주의는 결코 교육을 통제해야 할 필요성을 부인하지 않는다. 하지만 실증주의는 정신적인 공위가 지속되는 동안에는 이러한 조직화가 가능하지 않다는 사실을 보여준다. 또한 그러한 조직화가 실현될 경우, 실증주의는 보편학설의 자유로운 영향력에 따라 단호하게 새로운 지적·도덕적 힘에 속하게 된다는 사실을 보여준다. 그때까지 국가는 특히 초등교육같이 사교육 분야에서는 무시되었던 분야들을 현명하게 권장하는 것말고는 모든 완전한 일반교육 체계를 거부해야 한다.

하지만 전문적인 고등교육의 경우, 현재 우리가 지니고 있는 지식의 한도 내에서 그것을 완성함으로써 국민의회가 그 토대를 다졌거나 쇄신시켰던 다양한 공교육기관을 잘 유지해야 한다. 왜냐하면 이들 공교육기관들은 나중에 보통교육의 재조직화에 필요한 귀중한 싹을 포함하고 있기 때문이다. 하지만 오늘날 위대한 의회가 파괴했던 것들은 모두, 과학적 성향의 아카데미들마저도 예외없이 완전히 폐지되어야 한다. 다시 복원되고 난 다음에 이들이 끼치고 있는 부정적인 영향은, 처음에 그것을 폐지한 것이 얼마나 잘한 일이었는지를 분명하게 보여주고 있다. 정부가 사교육기관을 지속적으로 감시하는 것은 그 학설에 대해서가 아니라 관습에 대한 것이어야 하는데, 현재의 법률은 부끄럽게도 이 일을 방치하고 있다. 이것이 바로 이 점에 관한 한 우리의 잠정적인 체제가 보존해야 하는 유일한 일반적 임무이다. 이 점을 제외한다면, 정부는 교육을 사적인 기관의 자유로운 시도에 맡겨놓음으로써 최종적인 체계가 자발적으로 생겨나도록 해야 한다. 현재 그러한 체계가 이미 존재한다고 가정하는 것은 억압적인 태도에서 나오는 허위에 불과하다.

오늘날 그러한 자유의 주된 조건은, 각자가 선호하는 숭배와 교육의 유지 비용을 각자에게 떠넘김으로써, 온갖 신학과 형이상학에 소요될 예산을 동시에 없애버리는 것이다. 게다가 이러한 제거는 증오에 찬 경쟁심을 극복하고 진정한 의미의 쇄신에 부합하는 정의와 관용과 더불어 이루어져야 한다. 그러므로 예상치 못했던 조처로 말미암아 타격을 입은 교회와 대학의 구성원들에게는 마땅한 보상을 해주어야 한다. 이 과정은 우리가 처하게 되는 상황의 필연적인 결과를 더욱 쉽게 만들어줄 것이다. 그런데 그 상황은, 지배적인 학설이 없기 때문에 이전에 정신적인 영향력을 두고 경쟁을 벌였던 생명이 다해버린 체계들에 대한 비준을 반동적이라는 이유로 금지할 것이다. 형이상학의 혜택에 대해 심리론자들의 뒤를 이으려는 관념론자들의 태도에도 불구하고, 공화제의 관습은 이미 이러한 체제에 아주 호의적으로 작용하고 있다.

질서는 중앙집권을 원한다

공적인 차원에서의 여러 조건의 경우, 실증주의의 체계적인 비준은 중앙권력의 직접적인 우위에 반대하는 혁명적 편견들을 극복함으로써 이러한 조건들을 많은 부분 보강하고 있다. 행정권과 입법권의 형이상학적인 분리는, 중세에 모습을 드러낸 인간 정부의 두 가지 필수 요소들[37] 사이의 위대한 분류의 잘못된 반영일 뿐이다. 입헌주의자들은 헛되이 이들을 구분하려 했다. 하지만 지방권력과 중앙권력은 항상 일시적인 필요에 의해 그들 사이에 합당치 못하게 분산되어 있던 세속적인 권위 전체를 두고 경쟁했다.

프랑스의 경우, 17세기 말 반동적인 반응을 겪기까지는 중앙권력의 우위에 호의적이었다. 그러므로 지방권력에 대한 우리의 편애는 역사적인 모순이라고 할 수 있는데, 반동적인 움직임에 대한 공포가 소멸되는 순간 이러한 모순은 사라질 것이다. 이 점을 가장 강력하게 지지하고 있는 공화제 상황은 얼마 지나지 않아 우리의 정치적 공감들의 일상적 방향을 바꾸어놓았다. 오늘날 중앙권력은 자신만의 현실적인 책임을 넘어 우리의 본질적인 욕구에 더 잘 부합하는 하나의 성격을 드러내준다. 이런 현상은 실천정신을 통해 이루어지는데, 실천정신은 필연적으로 중앙권력 내에서 점점 우위를 차지하게 될 것이며, 중앙권력으로 하여금 솔직한 태도로 정신적 지배에 대한 욕구를 완전히 단념하게 만들 것이다.

반대로, 지방권력이 자리하고 있는 의회는 흔히 그 모호한 성격으로 말미암아 자신이 어떠한 본질적 조건도 충족시켜주지 못하는 이론적인 것의 지배를 선호한다. 그러므로 지방권력의 우위는 보통 진정한 의미에서 표현의 자유에 해롭다. 왜냐하면 표현의 자유란 지방권력의 속성상 본능적으로 자신의 권위를 제한하도록 되어 있는 정신적 권위의 당연한 원천으로 나타나기 때문이다. 현재로서는 이러한 다양한 경향들을 깨달을 수 있는 실증주의만이 이러한 경향과 지방권력의 투쟁 속에서 중앙권력에 대해 갖게 되는 체계적인 선호를 직접 주장할 수 있다. 오늘날, 반동과 비굴의 온갖 혐의를 극복한 철학자들은 정치적 입장을 완전

---

37) 세속권력과 교회권력.

히 거부함으로써 인간을 영적으로 재조직하는 일에 몰두하고 있다. 이들은 또한 아무런 두려움 없이 중앙권력의 직접적인 우위를 권장하며, 지방권력의 기능을 불가피한 것으로만 엄격하게 제한한다.

대립적인 것처럼 보이지만, 공화제는 얼마 지나지 않아 최초의 혁명적 습관들의 이로운 변화를 쉽게 만들어줄 것이다. 그러기 위해서 공화제는, 왕정에 내재한 반동정신이 불러일으키는 당연한 불신을 해소하거나 이후의 모든 퇴화를 통해 드러나는 예외적인 억압을 용이하게 만들 것이다. 그렇다고 해서, 공화제가 두려울 것이 거의 없는 우발적인 성격을 통해 우리의 일상적인 정책을 미리 뒤흔들어버리는 것은 아니다. 중앙권력이 진정한 의미에서 진보적인 성격을 충분하게 드러낼 경우, 프랑스 국민의 여론은 지방권력을 상당 부분 제한하려는 경향을 강하게 보여줄 것이다. 즉 중앙권력은 오늘날 너무 많아 보이는 의석수를 삼분의 일로 축소시키거나 그 기본 기능을 세금문제에 관해 정기적으로 투표나 하는 것으로 제한함으로써 지방권력의 기능을 제한할 수 있을 것이다.

반동적인 움직임의 마지막 단계와 그 뒤를 이은 의회체제가 오랫동안 없었기 때문에 한 세대에 걸쳐 예외적인 경향들이 도입되었다. 하지만 현명한 정부의 행보와 건전한 철학의 증명들이 그러한 경향들을 손쉽게 변형시킨다. 과거 전체와 상충되는 이러한 경향들은 정치적인 관습들로 하여금 본래 영국의 변화에나 적합한 체제를 헛되이 모방하게 했다. 최근 들어 이루어진 확장을 통해, 얼마 지나지 않아 의회제도는 분명히 프랑스에서는 신뢰를 받지 못할 것이다. 왜냐하면 이러한 극단적인 발전은 진정한 철학이 비난하는 근본적인 불충분함과 혼란스런 경향을 보여줄 것이기 때문이다.

자유와 질서의 긴밀한 관계

잠정적인 체계에 적합한 두 개의 커다란 조건의 본질적인 완성말고도, 실증주의는 이 조건들 사이의 자연스럽고도 내밀한 연관관계를 체계화하고 보강한다. 한편, 실증주의는 다음과 같은 사실을 깨닫게 해준다. 즉 오늘날 진정한 자유란 현명하게도 정신적인 의미에서 갖는 우위를 거부함으로써, 실천적인 목표로 축소된 진정한 의미에서 진보적인 중앙권력의 강력한 우위를 요구한다. 현재 이러한 일상적인 영향은 다양한 학설들의 억압적인 경향들을 억제하는 데 반드시 필요하다. 이러한 학설들은 모두 다소간 두 개의 사회적인 힘과 양립할 수 없기 때문에 물질적인 억압 위에서 정신적인 합일의 기초를 다진다. 게다가 이러한 후견의 권위가 없다면, 현재 우리의 관습에 부응하는 완전히 자유로운 철학은 정신적인 공위에 내재하는 무정부주의 성향에 의해 위협받게 될 것이다.

다른 한편으로, 이러한 자유의 비약적인 발전만이 중앙권력으로 하여금 지방권력에 대한 영속적인 우위를 차지하게 해주는데, 이러한 우위는 공공질서를 실질적으로 강화하는 데 반드시 필요하다. 왜냐하면 그러한 일상적인 보장을 존중함으로써, 오늘날 이러한 이로운 영향력을 방해하려는 반동에 대한 온갖 두려움이 일거에 제거되기 때문이다. 지금까지 너무나 당연시되었던 이러한 불안감이 아무리 경험적인 것이라고 하더라도, 교육과 사상의 자유가 공식적으로 도래한다면 확실하게 해소될 것이다. 이러한 자유가 도래하면, 세속권력은 공화제 사회의 최종적인 체제에 대해 하나의 학설이 실질적 우위를 차지하게 할 수 있다는 희망을 전혀 지니지 못할 것이며, 심지어 그런 생각조차 하지 못할 것이다.

제2부의 모든 지적은 실증주의의 사회적 가치가 어떤 성격을 지니는지에 대한 것이었다. 실증주의는 인간 발전에 대한 건전한 기본 이론을 통해, 과거에 대한 정확하고도 체계적인 평가에 따라 미래를 규정하고 준비할 뿐만 아니라 현재에 대해 충고하고 그것을 개선시키고자 한다. 실증주의를 제외하고는 어떤 철학도 인류의 엘리트 계급이 자신들의 정

신적인 지도자들에게 제기하는 결정적인 질문에 모두 답할 수 없을 것이다. 그 질문이란 바로, 신이나 왕의 개입 없이 오로지 실증적인 이성과 실제 행동의 도움으로 사회적인 감정의 사적이며 공적인 우위 아래 인간생활을 재조직하는 것이다.

제3부

민중에 대한 실증주의의 영향

현재 실증주의는 지배계급보다는 민중에게 권장되는 것이다

실증주의는, 철학적인 본질과 사회적인 목표에 따라 지금까지 많건 적건 인류의 정부에 참여해왔던 정신적이거나 세속적인 모든 계급[1] 밖에서 기본적인 지지자를 찾아야 한다. 얼마 지나지 않아 그 수가 현저하게 증가할 몇몇 귀중한 예외적인 개인들을 제외한다면, 이들은 모두 편견과 정열에 사로잡혀 있으므로 당연히 위대한 서구 혁명의 두번째 부분의 성격이 될 지성과 도덕의 재조직화에 여러 가지 본질적인 장애물들을 제시한다. 해로운 교육과 경험적인 습관들은 이제부터 많은 전문 개념들이 따라야 할 전체 정신을 거부해버린다. 보통, 그들 사이에 만연해 있는 활기찬 귀족적 이기주의가 인간이 다시 태어나는 데 필요한 최고 원칙인 사회적 감정의 실질적 우위를 가로막아왔다. 그러므로 우리는 혁명의 위기가 시작될 무렵에 이미 영원히 영향력을 상실해버린 계급에 기대를 걸어서는 안 된다.

뿐만 아니라 우리는 비록 더 잘 은폐되어 있기는 하지만, 이렇게 해서 자신들이 오래 전부터 원했던 사회적인 영향력을 획득하게 된 계급들 사이에서도 똑같은 현실적인 거부감에 직면할 각오를 해야 한다. 이들

---

1) 교회와 세속적인 정부에 참여하고 있는 사람들.

의 정치적 신념은 권력이 지향하는 목적이나 권력의 실제 행사가 아니라 단지 권력 장악에만 관심을 두고 있다. 이들의 말대로라면, 혁명은 이제 막 끝난 모호한 휴지기간에 적합한 의회제도와 함께 끝나버린 것이다. 이러한 정체상태는 무엇보다도 이들의 적극적인 야망에 호의적으로 작용했던 것으로, 이들 사이에서 긴 회한을 불러일으킨다. 사회의 전적인 쇄신은 과거의 특권계층들 사이에서만큼이나 이러한 다양한 중간계층들 사이에서도 두려움의 대상이었다. 이들은 합심하여 공화제적인 것까지 포함하는 새로운 형태 아래서 지금 현재 반동체제의 유일한 실질적 잔재인 신학의 위선적 체계를 가능한 한 연장하려 할 것이다.

이러한 부끄러운 체제는 이들에게, 지도자들에게 엄격한 의무를 전혀 부과하지 않고도 민중의 존경 어린 복종심을 확보해준다는 2중의 매력을 보장해준다. 이들의 비판적이고 형이상학적인 편견들이 최종적인 쇄신을 방해하는 정신적 공위를 영속화시키고 있다. 하지만 이들의 정열은 무엇보다도 힘있는 자들이 반드시 느끼게 될 새로운 도덕적 권위의 도래를 두려워한다. 18세기에는 대부분의 특권층들과 심지어 왕들마저도 순전히 부정적이기만 한 철학을 받아들일 수 있었다. 왜냐하면 이러한 철학은 많은 구속으로부터 이들을 해방시킴으로써, 아무런 본질적 희생을 치르지 않고도 쉽게 얻을 수 있는 평판을 보장해주었기 때문이다. 그렇다고 해서, 부자들과 학식 있는 사람들이 오늘날 관습의 재구축을 위해 지성을 훈련시키는 실증철학을 호의적으로 받아들일 것으로 기대해서는 안 된다.

이러한 두 가지 이유로 해서, 실증주의는 명목상으로든 실질적으로든 쓸데없는 교육을 전혀 받지 않았으며, 당연하게도 강력한 사회성에 의해 활기를 띠게 되어 이제부터 양식과 도덕의 가장 훌륭한 지지자들이 될 수 있는 계급들 사이에서만 확실한 집단적 지지를 얻을 수 있다. 한마디로 말해, 노동자계급만이 새로운 철학자들의 중요한 보조자가 될 수 있다. 무엇보다도, 쇄신의 추진력은 최종 질서의 두 극단적 요소들[2] 사이의 긴밀한 유대관계에 의존한다. 사실, 이들 사이에 당연히 존재하는 실질적이라기보다는 차라리 표면적이라고 해야 할 다양함에도 불구하고, 이들은 많은 지적이고 도덕적인 유대관계를 지니고 있다.

철학자들과 노동자들은 점점 더 현실성에 대한 동일한 본능, 유용성에 대한 유사한 선호, 세부적인 것에 대한 사유를 전체적인 조망에 종속시키려는 동일한 경향을 보여준다. 양측에서 모두 현명한 자연적 통찰이라는 관대한 습관과 세속적 위대함에 대한 유사한 경멸이 발전할 것이다. 그러한 현상은, 적어도 진정한 철학자들이 노동자계급의 소중한 구성원들과 교류함으로써 자신들의 최종적인 성격을 형성하게 될 때에야 비로소 가능해진다. 이러한 기본적인 공감이 충분히 표출될 때, 철학자들이 다양한 양상 아래서 체계적으로 노동자계급을 대표하는 것처럼, 노동자들 각자가 모든 점에서 자발적인 철학자가 된다. 게다가 양 극단에 존재하고 있는 듯한 두 계급은 중간계급[3]에 대해 동일한 성향을 보여주는데, 중간계급은 세속적 우위의 당연한 근거지로서 정상적인 종속 상태에서 두 계급 모두의 경제생활을 지배하게 된다.

자신의 위치를 받아들이는 노동자는 포괄적인 수용과 관대한 공감들을 받아들이는 데 호의적이다

이 모든 연관관계는 당연히 각자의 입장과 목적에서 생겨나는 것이다. 아직도 이러한 연관관계들이 뚜렷하게 드러나지 않는 것은, 무엇보다도 현재 진정한 의미에서 철학자계급이 존재하지 않기 때문이거나, 존재한다고 하더라도 일부에서 고립되어 나타나기 때문이다. 다행히 진정한 의미에서 노동자들이 훨씬 많아졌다고는 하지만, 지금까지 그들이 환상적인 믿음과 헛된 사회적인 위엄을 완전히 극복하고 정당한 대접을 받으며 출현할 수 있었던 곳은 오직 프랑스에서, 아니 차라리 파리에서

---

2) 철학자들과 노동자들.
3) 자본가계급.

뿐이다. 그리고 사람들이 위에서 지적했던 평가들의 현실성을 느낄 수 있는 곳도 역시 파리에서밖에 없다.

이리하여 사람들은 노동자계급의 일상적인 관심사들은 중간계급의 그것보다도 훨씬 더 철학적인 훈련에 호의적이라는 사실을 깨닫게 된다. 왜냐하면 이들의 관심사는 실제로 노동을 하고 있는 동안에도 연속적인 사유를 방해할 정도로 마음을 빼앗아가지 않기 때문이다. 이러한 정신적인 여유는 노동을 끝내고 난 후에 책임감이 없기 때문에 한층 더 쉽게 가질 수 있다. 그것은 노동자들의 입장이 경영진을 끊임없이 불안하게 하는 야심찬 계산으로부터 노동자들을 지켜주기 때문이다. 이러한 차이로부터 사고방식의 고유한 성격이 생겨나는데, 한쪽은 일반 개념에 더 많은 관심을 가지고, 다른 한쪽은 세부사항에 더 관심을 갖는다.

엄밀한 의미에서 노동자들의 경우, 오늘날 그토록 권장되고 있는 전문성이 분산된 체제는 분명히 피곤에 지친 모습을 직접 보여줄 것이다. 왜냐하면 그 체제는 노동자들의 정신을 너무나 보잘것없는 일에만 한정시켜버린 나머지, 영국의 제도에 심취해 있는 우리 경제학자들의 경험적인 탄원에도 불구하고 결코 프랑스에서는 우위를 차지하지 못할 것이기 때문이다. 오히려 배타적이고 지속적인 전문화가 품위를 훨씬 덜 떨어뜨리는 것처럼 보이며, 차라리 기업가들과 심지어 학자들 사이에서도 반드시 필요한 것처럼 보인다. 건전한 교육을 통해 추상적인 일반성에 대한 취향과 습관이 생겨나지 않는 한, 전문화는 보잘것없는 지성을 더욱더 흡수해버리는 문제들에 적용될 것이다.

하지만 실생활의 두 가지 존재양식 사이의 도덕적인 대비는 지적인 대비보다 훨씬 더 결정적이다. 보통 세속적인 성공이 불러일으키는 긍지는, 합법적인 것까지를 포함하는 명예와 부의 획득이 실제로 가정하고 있다고 보여지는 장점에 의해 거의 정당화되지 못한다. 실질적인 결과보다는 내재적인 자질을 더 중요한 것으로 생각하는 사람들은 산업적인 측면이나 군사적인 측면에서 이룬 실질적인 승리가 정신이나 마음이 아니라, 바로 성격에 의존하고 있다는 사실을 쉽사리 인정할 것이다. 이들은 주로 일정 수준의 힘을 많은 신중함과 충분한 인내심과 연결시킬 것을 요구한다. 이러한 조건들이 충족된다면, 지적인 초라함이나 도덕적인 미완성은 보통 그러한 성공에 불가피한 호의적인 상황들을 이용하는 것을 전혀 가로막지 않는다. 심지어 사람들은 아무런 과장 없이 다음과 같은 사실을 확인할 수 있을 것이다. 즉 사고와 감정의 인색함은 종종 적합한 성향들을 불러일으키고, 또한 그것을 유지시켜나가는 데 기여하게 된다. 세 개의 적극적인 자질의 발전이 필요할 경우에도, 그러한 발전은 보다 상위의 본능들에 의해서라기보다는 차라리 탐욕, 야심, 영광 따위의 개인적인 충동에 의해 결정된다. 이와 같이 모든 합당한 상승이 어느 정도 존경받을 만한 가치를 지니고 있는 것은 사실이다. 그럼에도 불구하고, 종교보다 훨씬 더 많은 통찰력을 지닌 철학은 지위가 높은 사람이나 부자의 도덕적인 우위를 이끌어낼 수 없다. 인간 본성에 대한 진정한 이론은 이러한 도덕적인 우위를 전혀 인정하지 않는다.

노동자계급의 일상생활은 우리의 더 나은 본능들을 자발적으로 개발하는 데 더욱더 적합하다. 무엇보다도 세속적인 성공과 관련된 세 개의 적극적인 자질[4]에 대해서조차도, 보통 신중함이 유일하게 불충분한 것으로 남아 있다. 그러므로 신중함은 사회적인 적용을 변질시키지 않으면서도 다른 두 가지 자질의 개인적 효용성을 방해한다. 하지만 노동자계급의 도덕적인 우위는 무엇보다도 보다 나은 다양한 본능들의 직접적인 발전과 관련되어 있다. 여론과 관습의 최종적인 체계화가 현대사회의 거대한 토대에 부합하는 진정한 성격을 고정시키게 될 때, 사람들은 다음과 같은 사실을 깨달을 수 있을 것이다. 즉 서로 다른 가정적인 감정들이 자연스럽게 중간계급에서보다도 노동자계급에서 한층 더 발전할 것이다. 왜냐하면 중간계급 사람들은 개인적인 계산에 너무 몰두해 있는 나머지, 그러한 관계들을 올바로 깨달을 수 없기 때문이다.

---

4) 신중함, 힘, 인내심.

노동자계급의 삶의 주된 도덕적 효용성은 엄밀한 의미의 사회적인 감정들과 관련을 맺는다. 그런데 이러한 모든 사회적인 감정들은 심지어 생겨날 때부터 일상적인 활동문화를 받아들인다. 보통 진정한 의미의 애착이 보여주는 가장 훌륭한 모델을 발견하는 것도 바로 여기서이다. 심지어 우리의 귀족적인 관습에 의해 너무나 자주 타락해버린 지속적인 종속 때문에 최소한의 도덕적 상승만을 이룩할 수 있었던 사람들 사이에서도 사정은 마찬가지이다. 노동자들 사이에서 모든 종류의 우위에 대한 어떠한 비굴함도 섞여 있지 않은 진정한 존경심이 생겨날 것이다. 이러한 존경심은 현학적인 탐욕 때문에 약화되지도 않으며, 세속적인 경쟁심으로 흔들리지도 않을 것이다. 인류가 본래부터 지니고 있던 악에 대한 개인적인 경험으로부터 뜻하지 않게 생겨나는 적극적인 공감들에 의해 관대한 충동들이 유지될 것이다.

　　적어도 현재와 같은 유대감의 경우 사회적인 감정은 다른 어떤 계급들 사이에서도 그토록 많은 자발적인 자극을 찾을 수는 없을 것이다. 왜냐하면 이러한 유대감은 개인성을 전혀 변질시키지 않고도 각자에게 중요한 원천으로 드러나기 때문이다. 인간의 연속성에 대한 본능이 충분히 개발되지 못했던 것은, 무엇보다도 효과적이면서도 체계적인 문화가 결핍되어 있었기 때문이다. 그러므로 앞으로는 다른 어떤 계급도 각자의 진정한 민중적 욕구의 문제에서 솔직하고도 겸허한 자기헌신의 결정적인 예를 그토록 빈번하게 보여주지 못한다는 사실을 굳이 증명할 필요는 없다.

　　마지막으로, 정규 교육을 전혀 받지 않음으로써 가능해진 민중정신의 근본적 해방을 통해 이러한 결과들을 신학적인 영향으로 귀속시킬 수 없게 된 다음부터, 이러한 모든 고귀한 도덕적 자질들이 노동자계급에게 합당한 것으로 간주되어야 한다는 사실을 지적해야 한다. 지금까지 그토록 무시되었던 이러한 유형은 아직 기본적으로 파리에서만 실현될 수 있다. 하지만 이러한 유형이 서구의 중심에서 처음으로 드러났다는 사실은, 모든 진정한 관찰자들에게, 인간에 관한 건전한 이론을 지적하는 데 적합한 성격이 서구 전체로 확장될 것이라는 사실을 미리 보여준다. 이러한 상황은 무엇보다도 실증주의가 자발적인 경향들을 체계화할 수 있을 때 생겨난다.

> 국민의회는 이것을 깨달았지만 민중으로 하여금
> 자신들에게 맞지 않는 정치적 우위를 추구하도록 했다

이러한 개괄적인 평가에 따라, 사람들은 다음과 같이 사회성이라는 찬양할 만한 본능을 손쉽게 느낄 수 있게 된다. 즉 사회성의 본능에 따라 국민의회는 예외적인 위험들에 대항하기 위해서뿐만 아니라, 자신의 본성을 변질시키지 않고도 열렬히 추구했던 최종적인 쇄신을 달성하기 위해서도 노동자계급 사이에서 중요한 지지자를 찾게 되었던 것이다. 그럼에도 불구하고 진정한 의미에서 일반학설이 없기 때문에, 또한 지배적 위치를 차지하고 있는 형이상학의 무정부주의적 충동 때문에, 당시로서는 이러한 기본 연합이 어떤 측면에서는 국민의회의 주된 목표에 대립되는 것으로 받아들여졌다. 그러한 연합이 민중계급으로 하여금 정치적인 권위를 행사하도록 했기 때문이다. 그러한 방향은 분명히 그에 대응하는 상황의 일시적인 필요성에 맞아떨어진다.

이러한 상황 속에서 공화제를 수호할 의무는 헌신적이고도 확고한 입장을 취하고 있는 노동자계급의 몫으로 남는다. 하지만 공식 이론의 절대적인 정신에 의해 최종적인 것으로 드러나는 그러한 방향은 얼마 지나지 않아 현대사회의 본질적인 조건들과 양립할 수 없게 되었다. 그것은 민중계급이 통상적으로 세속적 권위의 특별한 행사에 물질적인 도움마저도 주어서는 안 된다는 말은 아니다. 외적인 것뿐만 아니라 내적인 것까지를 포함하는 민중계급의 개입은 절대로 무질서한 것이 아니라, 모든 정상적인 체제를 위해 반드시 필요한 담보물인 것은 틀림없다.

사람들은 심지어 이러한 관계 아래서 프랑스의 관습들은 여전히 아주

불완전하다는 점을 인정해야 한다. 왜냐하면 적어도 프랑스의 관습들은 종종 우리 국민들로 하여금 자신들을 보호해주는 정책의 일상적인 집행의 와중에도 구경꾼으로 남아 있도록 하기 때문이다. 하지만 현대에 와서 사회적인 조치들을 최종적으로 결정하는 정부의 정책에 국민들이 직접 참여할 수 있는 것은 혁명의 상황에서나 가능하다. 최종적인 상태로 나아갈 경우, 이러한 직접적인 참여는 본래 실현될 수 없는 것은 아니지만 반드시 무질서를 초래할 수밖에 없다.

민중이 진정한 의미에서 지배자가 될 수 있는 경우는 예외에 해당한다

실증주의는 민중지배라는 형이상학적 학설을 받아들이지 않고도, 예외적인 경우에 대해서건 정상생활에 대해서건, 진정으로 이로운 것으로 간주하는 모든 것을 체계적으로 자신의 것으로 만들어나간다. 이를 위해, 실증주의는 자신의 이론을 절대적으로 적용하는 데 따르는 엄청난 위험들을 제거해나간다. 혁명적인 차원에서만 보면, 실증주의의 주된 효용성은 저항권을 직접적으로 정당화하는 것이다. 실증주의 정치는 그러한 저항권을 모든 사회에 반드시 있어야 하는 극단적인 원천으로 제시한다. 이를 통해, 실증주의는 현대 가톨릭에서 지나치게 강조되고 있는 완전한 복종에서 생겨나는 폭력에 굴복할 필요가 없다.

과학적인 관점에 따라 사람들은 여기서 원기를 회복시켜주는 위기를 만나게 되는데, 이러한 위기는 개인생활보다는 집단생활에서 훨씬 더 필요한 것이다. 이것은 유기체가 점점 더 복잡해지고 뛰어나질수록 병적인 상태가 더 빈번하고 심각해진다는 생물학의 법칙에 따른 것이다. 그러므로 이제부터 엄밀한 의미에서 실증주의가 질병을 건강의 마지막 형태로 보는 것과 같은 혁명정신을 소멸시켜버릴 것이다. 따라서 앞으로 실증주의가 수동적인 복종으로 나가게 되지나 않을까 하는 의구심은 품을 필요가 없다.

반대로, 새로운 사회적 학설이 보여주는 아주 상대적인 성격만이 양식(良識)과 인간 존엄이 요구하는 대로 일상적인 종속상황을 예외적인 반항과 근본적으로 화해시킬 수 있다. 아주 극단적인 경우들을 위해 위험한 치료법을 유보해두고 있는 새로운 학설은, 실제로 필요하다면 서슴없이 그러한 치료법을 인정하고 심지어 권장하기까지 할 것이다. 하지만 이 학설은, 통상적으로 정치적 문제와 선택을 명백하게 무능력한 지도자들에게 맡기지 않고 이러한 일시적인 임무를 완수할 것이다. 이들은 실증주의의 영향 아래서 자신들의 자유의지로 무정부적인 권리를 단념해버릴 것이다.

이 **표현**에 포함되어 있는 진리는 민중복지가
정부의 커다란 목표가 되어야 한다는 것이다

아주 혼란스런 형태이기는 하지만 민중지배라는 형이상학이론이 실제로 포함하고 있는 정상적인 처방의 경우, 실증주의는 그것을 위험한 혼합으로부터 구해낼 수 있는 훨씬 더 나은 위치에 있다. 그러므로 실증주의는 사회적인 효용성을 소멸시키는 것이 아니라 그것을 한층 더 증가시킨다. 여기서 실증주의는 지금까지 서로 혼동되어왔던 아주 다른 두 개념을 분리시키는데, 하나는 정치적인 것으로 제한된 경우에만 한정되며 다른 하나는 도덕적인 것으로 모든 것에 적용될 것이다.

전자의 경우, 사회대중의 이름으로 행해지는 법원의 판결문이나 선전포고 같은 특수한 결정과 관련된 것이다. 그런데 이들은 보통 모든 시민이 기본 동기를 충분히 판단할 수 있는 것들이며, 공동체 전체의 실질적인 존재와 직접적으로 관련된 것이다. 실증주의 체제에서 보편적 유대감이라는 친밀한 본능에서 비롯되는 이러한 고귀한 형식들은 특별히 민중하고만 관계된 것이 아니라, 인류 전체와 관련되기 때문에 훨씬 더 위엄이 있다. 하지만 이 경우를, 발언할 수 없는 국민이 이들의 신뢰를 업고 있는 상층지배계급의 결정들을 수용하게 되는 더 많은 다른 경우로 확장시킨다는 것은 터무니없는 일일 것이다. 이러한 사회적인 요청은 문제의 어려움에서 생겨나거나, 그 조치가 너무 간접적이거나 제한적인 영향력만을 행사한다는 데에서 생겨난다. 우리는 과학적인 개념들이나, 심지어 대부분의 산업 분야나 의학 분야처럼 실천적인 규칙들과 관련된 아주 중요한 결정들을 예로 들 수 있다. 이 모든 경우에서, 실증주의는 오늘날 글자를 모르는 노동자들 사이에서는 거의 알려져 있지 않은 형이상학적 오만에 의해서만 악화되는 파괴적인 일탈들을 민중이 아무런 어려움 없이 수정할 수 있도록 해줄 것이다.

두번째 측면에서 보면, 이른바 민중지배에 대한 정상적인 해석은 사회생활 전체를 보통 노동자 전체와 2중적으로 관련된 공동선을 향하여 나아가게 해야 한다는 근본적인 의무감으로 이어진다. 그런데 이러한 2중적인 관련성은 엄청난 수적인 우위에서 비롯되거나, 다른 곳에서는 거의 필요로 하지 않는 인위적인 배려를 요구하는 자연적인 운명과 관련된 어려움에서 비롯된다. 하지만 이런 맥락에서 볼 때, 본래 공화제의 성격을 띠는 이러한 개념은 진정한 도덕의 보편적인 토대와 개인성 전체에 대한 사회성의 직접적이고 지속적인 우위와 혼동된다. 실증주의는 그러한 개념과 아주 잘 화합할 수 있기 때문에, 이 책에서 이미 밝혔던 대로, 이러한 개념은 사변적인 것까지 포함하는 완전한 체계화를 위한 유일한 원칙이 된다.

실증주의는 가톨릭이 몰락한 다음부터는 형이상학정신이 잠정적으로 그 대변기관을 자처하고 있던 사회적인 교훈을 영원히 자신의 것으로 만듦으로써 온갖 무정부주의적인 영감으로부터 그것을 지켜준다. 왜냐하면 실증주의는, 혁명적인 학설이 두 기본 세력의 영원한 혼합에 따른 독특한 편견에 의해, 아주 위험하게도 정치의 차원에 위치시킨 것을 도덕의 차원으로 옮겨놓기 때문이다. 나는 이러한 이로운 변화가 공화제 원칙을 약화시키는 것이 아니라, 형이상학적 양식이 항상 불러일으키는 실망과 혼란에 노출되지 않고도 그 지속적인 효용성을 얼마나 많이 증대시켜주게 될 것인지를 특별히 지적하고자 한다.

민중의 기능은 영적 권력이 정부의 행동을 변화시키도록 돕는 것이다

이렇게 해서 우리는 통상적으로 인류의 최종적인 체제 속에서 노동자계급의 중요한 집단적 참여가 지니는 성격을 직접 규정하게 된다. 그러한 참여는 평가나 충고, 심지어 준비라고 하는 3중의 임무를 수행하기 위해 영적 권력에 없어서는 안 될 보조자가 되려는 노동자계급의 속성에서 생겨난다. 우리가 노동자계급 전체에 대해 이제 막 인정했던 모든 지적이고 도덕적인 속성들이 이 계급에게 그러한 지속적인 성격을 부여한다. 전체 정신의 중요한 대변기관인 철학계급을 제외한다면, 현대사회를 구성하고 있는 다른 어떤 계급도 일반적인 관점을 취하는 데에서 노동자계급만큼 적합하지 못하다. 그들의 우위는 사회적인 감정에서 한층 더 분명해진다. 그런데 이에 대해 노동자계급은 보통 진정한 의미에서 철학자들을 넘어서는데, 철학자들이 보여주는 아주 추상적인 경향은 민중의 고귀한 자발성과의 일상적인 접촉을 통해 더 많은 것을 얻을 것이다. 이처럼 노동자계급은 비록 현실적인 도덕을 체계화할 수는 없다고 해도 당연히 다른 어떤 계급보다도 그것을 이해하고 무엇보다도 그것을 느끼는 데 더욱더 적합한 위치에 서게 된다. 이러한 자발적인 능력은, 주로 보편도덕의 세 가지 본질적인 부분들 가운데 가장 탁월하고도 결정적이라고 할 수 있는 엄밀한 의미의 사회도덕에 대해서 분명해진다.

마지막으로, 정신과 마음이 보여주는 자연스런 경향을 넘어, 노동자계급의 집단적 요구는 필연적으로 이들로 하여금 자신을 보호하는 중요한 도덕규칙들을 후원하도록 한다. 실생활에서 이러한 규칙들이 우위를 차지하도록 하기 위해, 영적 권력은 자신의 조치들이 무엇보다도 남용을 억제하고 수정해야 하는 세속권력이 우위를 차지하고 있는 자연스런 본거지인 중간계급의 도움을 기대해서는 안 된다. 이기주의와 억압을 향한 특권층과 부자들의 욕망은 주로 노동자들에게 해로운 것이다. 그러므로 도덕규칙을 밑받침하기 위해 무엇보다도 필요한 것은 노동자들의 동의이다. 이들은 엄밀한 의미에서 정치적인 정부에 참여하지 않고 있기 때문에, 자신들의 열렬한 동의를 통해 그러한 규칙들을 더욱 잘 인정할 수 있게 된다. 세속권력에 대한 일상적인 참여는, 그 무정부적인 성격은 차치하고라도 사회질서의 본질이 노동자계급의 악 전체에 대해 마련해놓고 있는 중요한 치료책을 외면하도록 한다.

민중의 지혜는, 얼마 지나지 않아 오늘날 사람들이 격찬해 마지않는 즉각적인 해결책들이 필연적으로 무의미하다는 사실을 인정할 것이다. 또한 이들의 지혜는, 그 합법적인 요청들이 실증주의가 노동자계급에게 제시하는 도덕적인 수단들과 얼마나 밀접한 관련을 맺고 있는지를 지체없이 깨달을 것이다. 물론, 그와 동시에 실증주의는 노동자로 하여금 환상적이거나 혼란을 야기하는 권위를 단념하게 한다.

영적 권력이 자신의 중요한 사회적 임무를 완수할 수 있도록 하는 민중의 기본 성향은 너무나 당연한 것이기 때문에, 중세 때 이미 가톨릭의 정신성 속에도 이런 경향이 나타났다. 게다가 우리는 이러한 연관관계에, 전반적인 쇠퇴에도 불구하고 신교의 영향을 받지 않았던 국민들 사이에서 가톨릭이 여전히 불러일으키는 공감을 연결시켜야 한다. 경험적인[5] 관찰자들은 종종 이러한 감정들을 다른 곳에서보다 신교에서 더 많이 쇠퇴해버린 신념들에 대한 진정한 동의로 간주한다. 하지만 아무런 까닭 없이 시대에 뒤떨어졌다는 평가를 받고 있는 이들이 얼마 안 있어 실증주의를 받아들이게 될 경우, 이러한 역사적인 환상은 깨져버릴 것이다. 왜냐하면 이들은, 실증주의가 자신들의 사회성이라는 본능을 이루고 있는 기본 욕구를 가톨릭보다도 더 잘 만족시켜줄 능력을 지니고 있다는 사실을 깨달을 것이기 때문이다.

어쨌든 영적 권력에 대한 노동자계급의 자발적인 유대감은 중세 때에는 그다지 많이 발전할 수 없었는데, 그것은 가톨릭이 중요한 영향력을 획득했을 때 민중은 아직 노예제도의 잔재에서 완전히 벗어나지 못했기

---

5) 여기서 '경험적'이란 '과학을 무시하는'이라는 의미이다.

때문이다. 건전한 역사이론에 따르면, 이러한 지지기반의 부족은 가톨릭의 소중한 시도들이 불가피하게 무산될 수밖에 없었던 중요한 이유 가운데 하나이다. 이러한 때이른 정신은, 그에 대응하는 신앙들이 필연적으로 효력을 상실함에 따라, 그리고 신학의 권위가 점진적으로 반동적인 성격을 띠게 됨에 따라 철저하게 와해되었다. 만약 이러한 때이른 정신이 노동자계급의 지지를 얻을 만한 충분한 자격을 갖추었더라면, 노동자계급은 당시에 그러한 정신을 결정적으로 지지할 만큼 충분한 중요성을 획득했을 것이다. 현대에 와서 이룩된 모든 발전은 실증주의로 하여금 철학자들과 노동자들 사이에서 이루어질 기본 연합에 따라 그러한 조합을 완전히 실현하게 했다. 철학자들과 노동자들은 모두 지난 5세기 동안의 긍정적이고 부정적인 변화를 통해 이러한 최종적인 융합을 맞이할 태세를 갖추었다.

민중의 결집된 노력은 여론의 형성으로 이어진다

직접적으로 느껴지는 쇄신을 향한 이러한 연합은 결국 무엇보다도 여론의 지배를 형성하게 되어 있다. 그런데 중세 말엽부터 본능적이건 체계적이건 모든 예감들이 이러한 여론의 지배를 인류의 최종적인 체제의 주된 성격으로 인식하고 있다.

각자가 점점 더 공개적인 삶을 살게 되어 민중이 모든 삶을 효과적으로 통제할 수 있게 된 국민들 사이에서, 이러한 이로운 영향력은 사회적인 동시에 사적이며 개인적인 도덕의 주된 지지자가 될 것이다. 신학적인 환상이 돌이킬 수 없을 정도로 쇠퇴해감에 따라, 이러한 힘은 대다수 사람들에게서 아주 현명하게 키워진 자연스런 도덕의 불충분함을 보상하는 데 반드시 필요한 것이 되었다. 사회적인 감정의 지속적인 행사가 비길 데 없을 정도로 충족된 다음에는 여론의 인정이 선한 행동에 대한 가장 훌륭한 보상이 된다. 응분의 보상으로서 타인의 기억 속에 살아남는다는 것은 항상, 심지어 신학체제 아래서조차도 모든 사람들의 주된 소망이었다. 실증주의 단계에서는 이러한 고귀한 야망이 훨씬 더 중요해지는데, 그것은 바로 존재를 영속화시키고자 하는 우리의 내밀한 욕망이 앞으로 지니게 될 유일한 만족이다. 이와 동시에, 새로운 도덕체계에 한층 더 필요해진 여론의 힘이 더욱더 발전할 것이다. 여기서, 항상 전체적인 사실들에 부합하는 학설의 독특한 현실성이 규칙의 권위와 효과적인 적용을 한층 더 보장해줄 것이다. 앞으로 신학적이거나 형이상학적인 조치의 모호하고 절대적인 본질이 암시하는 구실들마저도 더 이상 이들을 제거할 수 없을 것이다. 다른 차원에서 보면, 사회성의 직접적이고 지속적인 청원(請願)은 실증주의 도덕의 고유 원칙으로서 즉각적으로 여론의 항구적인 개입을 불러일으킨다. 여론은 이처럼 공동선을 지향하는 모든 행동들의 유일하고도 자연스런 심판자이다. 신학과 형이상학에 따르면, 각자의 삶이 보여주는 순전히 개인적인 목표는 그러한 호소를 그 정도로 많이 지닐 수는 없다.

나중에 엄밀한 의미의 정치적인 차원에서 판단할 경우, 여론의 힘이 주된 조정자 역할을 담당하게 된다는 사실을 증명하려는 것은 완전히 쓸데없는 일이 될 것이다. 우리가 처해 있는 정신적 무정부상태에도 불구하고, 결정적 충동이 보통 자신을 약화시키는 근본적 다양성들을 억제하게 될 때마다 여론이 우위를 차지한다. 이러한 자연스런 영향은, 공공정신이 우리의 정부가 충분히 저항할 수 없는 방향을 취할 때에도 분명히 드러난다. 그러한 힘이 보편원칙의 불안정하고도 일시적인 협력에서 생겨나는 것이 아니라 이들의 체계적인 융합에서 생겨날 경우, 사람들은 2중의 시련에 따라 그 힘의 정당한 사용이 어떤 우위를 차지하게 되는지를 깨닫는다.

이렇게 해서, 사람들은 사회제도의 최종적인 쇄신이 선결되어야 할 여론과 관습의 재조직화에 얼마나 많이 의존하고 있는지를 분명하게 인식할 수 있다. 그러한 영적인 토대는 단지 세속적인 재구축 현상이 어떤 것으로 이루어져 있는지를 결정하는 데에만 필요한 것은 아니다. 더 나아가서, 이 토대는 유일하게 그러한 재구축을 완성할 중요한 힘을 제공해준다. 정신적이고 도덕적인 통합이 다시 확립되어감에 따라, 그러한 토대는 필연적으로 새로운 정치체계의 점진적인 발전을 주도할 것이다. 그러므로 중요한 사회적인 개선들은 영적인 재조직화가 끝나기 훨씬 전에도 실현될 수 있다. 중세까지만 하더라도, 사람들은 가톨릭 체제가 제대로 구축되지 못하고 있는 동안에도 가톨릭이 막 생겨난 사회를 크게 변화시킨 것을 볼 수 있다. 우리가 당면해 있는 현실의 사정은 이보다 훨씬 낫다.

  여론은 사회적 행동원칙, 그 원칙에 대한 광범위한 사회적 수용,
  그 원칙을 선언할 수 있는 기관을 포함한다

  여론의 2중적인 기본 목표는, 즉각적으로 그 정상적인 조직화의 본질적 조건들을 결정짓는다. 그러한 도덕적이고 정치적인 임무는, 처음에는 진정한 의미에서 사회적인 원칙을, 다음에는 그 원칙을 수용하면서 전문적인 적용을 받아들이는 민중을, 마지막으로는 보편학설을 확립한 다음 그 일상적인 사용을 이끌어나갈 체계적인 기관을 요구한다. 여론에 대한 이러한 분석은 그 명백함에도 불구하고 아직 잘 알려져 있지 않다. 그리하여 나는 여기서 나머지 세 가지 일반조건들의 성격을 규정하기 위해 몇 가지 사항에 대한 직접적인 언급을 덧붙이고자 한다.

  사실, 첫번째 조건은 이론과 실천 사이의 기본적인 분리가 사회적인 기술로 확대된 것과 마찬가지인데, 아주 사소한 경우조차 아무도 그 필요성을 의심하지 않을 것이다. 새로운 정신이 과거의 정신보다 우위에 있다고 평가할 수 있는 것은 바로 이 때문이다. 중세에는 도덕적이고 정치적인 행동의 일반원칙은 종교적인 추인(追認)을 통해서만 인정되는 경험적 성격밖에 지닐 수 없었다. 이러한 관계 아래서 과거체제에 대한 새로운 체제의 우위는, 이러한 규칙들을 개별적인 적용과 분리시킴으로써 그것을 일상적인 정열과 무관한 선결 연구의 직접적 대상으로 만

들어주었다. 그러한 분리의 중요성에도 불구하고, 합리성의 부족은 단순한 양식(良識)에게, 각각의 경우에 적합한 신념에 따라 처음에는 모호하고 절대적인 원칙의 적용을 규명하는 일을 남겨놓았다. 또한 이러한 최초의 정신주의가 갖는 효용성은 무엇보다도 그 당시에 가능했던 유일한 양식에 따라 사회적 감정을 배양할 수 있는 간접적 능력에서 생겨난다.

오늘날 실증주의 정신은 훨씬 더 만족스런 성격을 지니고 있으며, 객관적인 동시에 주관적인 완전한 체계화에 기초하고 있다. 사회적 원칙들은 자신들의 실험적 가치를 전혀 잃어버리지 않고도 개인적이고 집단적인 인간 본성의 실천법칙 전체와 맺고 있는 필연적인 관계에 의해 강력한 이론적인 권위와 도저히 뒤흔들어버릴 수 없는 견고함을 획득했다. 이러한 법칙들은 적어도 거기에서 직접적으로 생겨나지 않는 모든 원칙들을 확고히 해줄 것이다. 이와 같이, 항상 기본적인 사회성과 결부되어 있는 실천 규칙들은 각각의 경우 정열적인 궤변들을 제거해버릴 수 있게 해주는 하나의 분명하고도 동질적인 해석을 포함할 것이다. 우리의 행동을 일순간의 충동에서 벗어날 수 있도록 해주는 합리적인 원칙들만이 사회적 감정의 통상적인 효용성을 확보해주며, 사회적 감정의 자발적인 영감들이 종종 불러일으키는 일탈로부터 우리를 지켜준다.

확실히 직접적이고 지속적으로 사회성을 배양하는 것이 공적·사적인 것을 막론하고 실생활에서 도덕성의 제일 중요한 원천이라고 할 수 있다. 하지만 각각의 중요한 경우에, 처음에는 믿음으로 나중에는 확신으로 받아들여지는 증명할 수 있는 규칙들에 따라 실천적인 행동이 미리 묘사되어야 한다. 그렇지 않다면, 이러한 필요조건은 통상적으로 이기심의 당연한 우위를 충분히 억제할 수 없을 것이다.

어떠한 기술에서도 성공을 향한 성실하고 열렬한 욕망이 선의 본질과 조건들을 모른 체할 수는 없을 것이다. 도덕적이고 정치적인 실천은 비록 감정의 직접적인 영감들이 다른 모든 곳에서보다 훨씬 더 효과적이라고 하더라도 그러한 의무에서 자유로울 수 없다. 공적이고 사적인 측면에서 볼 때 합당한 원칙이 충동을 규명하지 않을 경우, 얼마나 우리를 혼란에 빠뜨릴 수 있는지를 너무나 많은 예들을 통해 충분히 알 수 있다. 체계적인 확신이 부족하여 공화제 아래의 프랑스가 다른 유럽 국가에 대해 가졌던 최초의 관대한 경향들이, 한 사람의 반동적인 지도자[6]가 손쉽게 개인성에 맡기자마자 곧바로 격렬한 억압으로 타락해버린 것은 이런 이유 때문이다. 반대의 경우들이 훨씬 더 공통적이며, 게다가 감정과 원칙 사이의 자연스런 유대관계가 어떤 성격을 지니고 있는지를 밝히는 데 더욱 적합하다. 종종 해로운 사회적인 학설이 공동선의 개념을 왜곡함으로써 이기심의 자발적인 우위를 도왔다. 우리는 현대사에서 한 가지 결정적인 예를 발견할 수 있는데, 영국에서 인구에 관한 맬서스[7]의 궤변이 누렸던 통탄할 만한 신용이 그것이다. 맬서스의 이론은 다른 사상가들 사이에서 그다지 신통한 대접을 받지 못했으며, 심지어 자기 나라의 관대한 사상가들도 거부할 정도였다. 그럼에도 불구하고, 여전히 이러한 부도덕한 착오가 분명히 영국의 온갖 심오한 쇄신에 대한 지도자계급의 벌받을 만한 반감에 과학적인 비준을 마련해주고 있다.

일반학설이 확립되고 난 다음, 여론의 지배를 구축하기 위한 중요한 조건은 기본 원칙이 통상적인 우위를 차지할 수 있는 사회환경 속에 자리하고 있다. 이것은 가톨릭의 정신주의에는 결핍되어 있는 것이다. 왜냐하면 가톨릭의 정신주의는 신앙이 덜 불안정했을 때도 무산되는 것을 피할 수 없었기 때문이다. 나는 어떻게 노동자계급이 새로운 정신의 위대하고도 자연스런 지지자 역할을 수행하게 되었는지를 이미 충분히 지

---

6) 나폴레옹 1세.
7) Thomas Robert Malthus(1766~1834) : 영국의 경제학자. 영국 고전경제학의 대표자로서, 『인구론』에서 인구는 기하급수적으로 증가하는 데 반해 식량은 산술급수적으로 증가하기 때문에 빈곤의 도래가 필연적이라는 주장을 폈다.

적했다. 그 필요성은 그들의 자발성만큼이나 논란의 여지가 없다. 실증주의 학설은 그 자체로도 증명할 수 없는 교훈들보다 훨씬 더 효과적으로 작용할 수 있다. 하지만 언젠가는 이 학설이 제기하는 확신들이 강력한 도움이 없이도 가능할 것이라고 보아서는 안 된다. 우리의 불완전한 제도 속에서 이성은 결코 그러한 직접적인 권위를 지닐 수 없다. 사회적인 감정 또한 효용성의 측면에서는 아주 뛰어나다. 하지만 만약 여론이 끊임없이 개인의 선량한 경향을 강화시켜주지 않는다면, 그것은 실생활을 합당하게 이끌어나갈 수 있을 만큼 충분하지 못할 것이다.

개인성에 대한 사회성의 힘겨운 승리가, 각각의 경우에 적합한 행동에서 모든 불확실성을 제거해주는 진정한 일반원칙들의 지속적인 개입을 요구하는 것만은 아니다. 사회성의 승리는 이기적인 충동들을 억압하기 위해서건 공감적인 감정들을 자극하기 위해서건 개인에 대한 만인의 지속적인 반응을 요구한다. 이러한 보편적인 협력이 없다면, 감정과 이성은 거의 항상 불충분한 상태로 머물 것이다. 우리의 나약한 본성은 항상 개인적인 본능을 우위에 두는 경향이 있다. 우리는 이미 노동자들이 수적으로 우세할 뿐만 아니라, 무엇보다도 노동자들이 처해 있는 사회적인 입장의 직접적인 영향과 관련된 지적이고 도덕적인 성격 때문에 여론을 형성하는 데 중요하고도 자발적인 원천이 되고 있다는 사실을 지적했다. 따라서 마침내 실증주의만이 인간생활의 기본문제를 제기하면서 위대한 유기체의 본질 자체로부터 현실적인 해결책의 다양한 본질적인 토대들을 드러낼 수 있다.

민중의 모임

이제부터는 아무것도, 고립되어 있거나 단합된 노동자들이 다른 어떤 계급에 대해서보다도 자신들에게 더 많은 영향을 끼치는 사회체제의 일상적인 적용과, 심지어 일반원칙에 대한 판단을 가로막지 못할 것이다. 도처에서 모임을 형성하고자 하는 우리 국민들의 기억할 만한 열정은 최근에 와서 아무런 특별한 자극이나 진정한 열의가 없었음에도 불구하고, 이전에 이러한 자연발생적인 경향들이 겪었던 물질적 억압이 얼마나 우리의 관습에 상반된 것이었는지를 잘 보여준다. 이러한 자연발생적 경향들이 줄어들기는커녕 점점 더 튼튼하게 뿌리를 내리면서 지속적으로 발전해나갈 것이다. 왜냐하면 이런 경향들은 그러한 모임의 중요한 토대인 노동자들의 습관, 감정, 욕구에 광범위하게 부합하기 때문이다. 진정한 의미에서 사회적인 학설이 좀더 규칙적인 성격과 중요한 목표를 제공함으로써 이런 경향을 한층 더 강화시켜나갈 것이다. 이러한 경향은 절대로 무질서한 것이 아니며, 비록 약하기는 하지만 쇄신된 인류의 최종적인 관습의 자연스런 초안이라고 할 수 있다.

이처럼, 사람들은 모임에 따른 행복하고도 일상적인 자극을 통해 사회적인 감정을 유지하게 되는 것이다. 여론은 적어도 충분한 개인적인 준비에 따라 더 신속하고도 완전하게 발전한다. 오늘날 진정한 의미의 보편학설이 합당하게 체계화한 이러한 경향들이, 앞으로 막강한 영향력을 획득할 것이라는 사실을 의심할 사람은 아무도 없을 것이다. 그리하여 이러한 경향들은 항상 자유롭고 평화적인 만큼 더욱더 결정적인 민중의 적극적 지지를 확신하는 정신의 재조직화에 대한 중요한 지지기반이 될 것이다. 오늘날 이러한 모임들이 초래할지도 모르는 물질적인 동요에 대한 두려움은, 다만 우리가 지나온 혁명적인 과거에 대한 경험적인 평가에서만 생겨난다. 우리의 모임은 사람들이 정치권력이라고 부르는 것을 향한 취향을 퍼뜨리고 그에 대한 실천을 발전시켜나가는 것이 아니다. 그것은 오히려 노동자계급을 새로운 영적 권력의 기본적인 보조자로 보고 이들로 하여금 중요한 사회적 임무를 수행하도록 함으로써, 쓸데없는 세속적 개입에서 완전히 등을 돌리게 할 것이다.

이토록 고귀하고도 정상적인 관점으로 인해 실증주의는 노동자들에게 지금 형이상학적 환상이 보여주는 매력보다 훨씬 더 많은 매력을 제공할 것이다. 사실 모임은 잠정적으로 교회를 대신하거나, 아니면 차츰차츰 인류에 대한 최종적인 숭배를 우위에 서게 할 쇄신의 학설의 점진적인 영향으로 새로운 사원(寺院)을 준비할 것이다. 나는 이 책의 결론 부분에서 이 점을 자세하게 검토하고자 한다. 우리의 공화제 상황에서는 모든 진보적인 경향들이 자유롭게 발전할 것이다. 그렇게 함으로써, 이러한 상황은 오랫동안 가톨릭이 유일한 조정자였던 다양한 사회적 감동에다 새로운 탈출구를 마련하려는 우리 국민들의 자발적인 경향을 지체없이 드러내주게 될 것이다.

여론에 관한 진정한 이론에 대한 지적을 마감하기 위하여, 나는 여기서 오늘날 너무 무시되고 있는 어떤 필연성을 지적하고자 한다. 그 필연성에 따르면, 하나의 학설과 민중 사이에는 어떤 철학기구가 요구된다. 이것이 없다면 교의와 민중의 관계는 거의 언제나 맺어지지 않을 것이기 때문이다. 이 마지막 조건은 두번째 조건보다 훨씬 더 요긴하다. 사실, 모든 학설이 최초의 설립자들과 일상적인 교사들을 가정하고 있기 때문에 이러한 조건은 결코 결핍된 적이 없었다. 도덕적이고 정치적인 원칙들을 제기하거나 가르치는 사람들이 아무런 정신적인 권위를 지니지 못하는데도 중요한 사회적 영향력을 지니고 있다고 보는 것은 분명한 모순이다.

공적인 이성이 무엇보다도 가톨릭의 반동적인 행태에서 벗어날 필요성이 있었을 때, 처음에는 신교와 관련되어 있었지만 나중에는 이신론과 관련을 맺게 된 부정적인 형이상학은, 그러한 모순이 잠정적인 우위를 차지할 수 있게 해주었다. 오랫동안 이러한 반항이 진행되는 사이에 각자는 일종의 사제로 변하게 되어, 그 목적이 본질적으로 비판적이기 때문에 고유한 기관들을 필요로 하지 않는 학설을 자기 마음대로 해석한다. 우리의 다양한 형이상학적 제도들은 사전 선언을 통해 어떤 체제를 직접 인정하게 되었다. 그 체제는 모든 시민들에게, 전문 해석자들에게 의뢰할 필요가 없는 일반적인 사회적 평가수단을 마련해주는 것처럼 보인다. 여기서 나는, 혁명적인 변화에나 적합했던 경향이 경험적으로 유기적인 상태로 확장되는 문제에 대해서는 논하지 않으려 한다.

아주 사소한 기술들에 대해서조차도, 감히 어느 누구도 일반 교훈들이 이론의 배양 없이도 존재할 수 있다고 주장하거나 그들에 대한 특별한 해석이 실천가들의 단순한 본능에만 맡겨져야 한다고 주장할 수는 없을 것이다. 하물며 덜 단순하고 정확한 규칙들이 각각의 경우에 부합하는 하나의 설명을 요구하는 가장 어렵고도 중요한 기술에 대해서 어떻게 다른 말을 할 수 있겠는가? 사회적 원칙들에 대한 증명이 아무리 만족스럽다고 하더라도, 그리고 비록 실증주의 학설이 아무리 훌륭한 교육을 따른다고 하더라도, 공적이고 사적인 실생활 속에서 철학적 사유에 자주 의뢰할 필요는 없다. 규칙과 그 실제적인 사용 사이에 존재하는 지속적인 매개의 필요성을 지적하는 데에서, 지적인 배려보다는 도덕적 동기들이 훨씬 더 결정적으로 작용한다. 한편으로는 철학기관만이 지배적인 학설의 참된 정신을 충분히 인식할 수 있는 것으로 보이겠지만, 다른 한편으로는 그것만이 유일하게 순수함, 고귀함, 공정함을 보장해줄 수 있다. 이러한 보장이 없다면, 그 충고는 개인행동이나 집단행동을 개혁하는 데 거의 아무런 도움이 되지 않을 것이다.

위에서 현실적인 도덕성에 반드시 필요한 것으로 지적했던 개인에 대한 만인의 반응이 이루어지는 것은 무엇보다도 철학기관에 의해서이다. 사실, 이론의 오만으로 말미암아 너무나 자주 그렇게 믿어지고 있기는 하지만, 철학기관이 결코 여론의 주된 원천이 될 수는 없다. 본래 이러한 힘은 민중의 자유로운 비준에서 나오는 것이다. 하지만 이러한 자발적인 도움이 광범위한 효용성을 지니기 위해서는, 직접적인 표현만으로도 충분한 예외적인 경우를 제외한다면 모든 사람의 공통된 판단을 체계적으로 요구한다. 그러므로 진정한 여론의 특별한 개진과, 심지어 통상적인 표현 속에는 노동자적 요소와 철학적 요소가 연결되어 있다. 아무리 기초가 튼튼한 학설이라고 하더라도 노동자적 요소가 없다면 보통은 힘이 부족해질 것이다. 마찬가지로 철학적 요소가 없다면 개인적이고 사회적인 본성이 기본 규칙의 실질적인 우위에 대립시키는 항구적인 장애들을 극복할 만큼 충분한 견고함을 지니지 못할 것이다.

사실, 누군가가 주도권이나 책임을 떠맡지 않는다면 존재하지 못할 실질적인 표현이 출현할 때마다, 우리의 정신적인 공황상태에서도 여론을 이끌어나가고 주장할 체계적인 기관들의 필요성이 여전히 느껴진다. 종종 이러한 개입이 부족해지는 개인생활의 경우, 사람들은 대비를 통해 그러한 필요성을 입증할 수 있다. 즉 사람들은 오늘날 반박할 여지가 없기는 하지만 어떠한 합법적인 권위도 그 특수한 적용을 정당화시켜주지 않는 규칙들의 실질적인 불충분함을 관찰하게 된다. 더욱 쉬운 평가와 적극적인 감정들이 불완전하나마 이러한 중대한 결함을 보상해줄 것이다. 공공생활의 더 어려운 조건과 더 나은 요청은 결코 그것이 체계적인 개입 없이 남아 있는 것을 허용하지 않을 것이다. 심지어 오늘날에 와서조차 각각의 행동에는 어떤 정신적 권위가 덧붙여져야 한다는 사실이 분명히 드러나고 있다.

그런데 이러한 정신적 권위의 대변기관들은 비록 유동적이기는 하지만, 형이상학적이고 문학적인 저널리즘에서 매우 자주 나온다. 그러므로 우리가 처해 있는 정신과 도덕의 무정부상태가, 여론의 형성에는 주도자나 해석자가 필요하다는 사실을 보여준다. 이러한 무정부상태는 여론으로 하여금 그들의 견고한 확신과 순수한 감정에 대한 어떠한 합법적인 보장도 없이 개인적인 보장을 줄 수 있는 사람들에게만 만족하라고 강요한다. 이리하여 실증주의로 인해 제기된 공공정신의 조직화라는 문제는 오랫동안 불분명한 상태로 남아 있지 않을 것이다. 사람들은 위에서 학설의 조건이 이론과 실천 사이의 분리로 귀착되었던 것처럼, 그러한 문제가 사실은 두 개의 사회세력들의 정상적인 분리로 돌아가는 것을 보게 된다.

한편으로 보면, 다른 모든 예술과 마찬가지로 도덕규칙과 정치규칙들에 대한 건전한 해석은, 이러한 규칙들이 근거하고 있는 자연스런 법칙들에 대한 연구에 몰두하고 있는 철학자들에게서만 나올 수 있다는 것은 분명하다. 그런데 그들의 지적인 장점인 전체적인 관점을 취하기 위해 이 철학자들은 실생활, 무엇보다도 공공생활에 대한 온갖 일상적인 참여를 삼가도록 세심한 주의를 기울여야 할 것이다. 왜냐하면 그럴 경우 그 특수한 영향력이 즉시 철학자들의 사변적인 능력을 훼손시켜버릴 것이기 때문이다. 다른 한편으로 보면, 공적이고 사적인 권위에 대한 두 가지 담보물인 순수한 감정과 공정한 성격을 유지하기 위해서는, 이러한 조건들은 철학자들 사이에서 여전히 필요하다.

개괄적으로 말해, 이것이 바로 여론에 대한 실증주의 이론이다. 이와 같이, 실증주의 이론은 학설, 힘, 기관이라는 세 개의 필연적 요소들 속에서 정신의 재조직화 전체와 긴밀하게 결부되어 있다. 아니, 차라리 실증주의 이론이 정신의 재조직화에 대한 가장 일상적인 평가를 이루고 있다고 할 수 있다. 이 이론의 모든 본질적 부분들이 하나의 긴밀한 자연적 유대관계를 제공한다. 실증주의 원칙들이 노동자들의 지지 위에서만 많은 것을 기대할 수 있는 것처럼, 이제부터 노동자들 또한 통상적으로 다른 어떤 이론도 공감하지 못할 것이다. 민중계급이 필연적인 독립성을 확립하고 유지해나갈 수 있게 되는 철학기관의 경우에도 마찬가지이다. 학자들은 본능적으로 두 세력의 분리를 거부하는데, 그것은 이러한 분리가 현재 이들이 지니고 있는 야망에 조직적인 한계를 제기하기 때문이다. 부자들 또한 이러한 분리를 거부하는데, 그렇게 함으로써 자신들의 이기심에 결정적인 제동을 걸 수 있는 도덕적 권위가 출현할 것이기 때문이다. 오늘날 노동자들만이 전체 정신과 사회적인 감정에 대한 자신들의 두드러진 능력을 통해 이러한 분리를 이해하고 사랑할 수 있다. 특히 프랑스에서 형이상학적 궤변과 귀족적 위엄의 영향을 가장 적게 받고 있는 이들의 정신과 마음은 진정한 의미에서 쇄신의 기본 조건에 입각해서 실증주의의 규범들을 쉽사리 받아들이게 될 것이다.

여론의 세 가지 조건들이 모두 존재하지만,
이들은 아직 결합되어 있지 않다

여론에 관한 이러한 이론은 현대의 위대한 조정자의 조직화가 어디까지 와 있는지, 그리고 아직도 본질적으로 부족한 것이 무엇인지를 분명하게 보여준다. 결국 학설이 존재하게 되었고 특히 힘과 그 대변기관까지도 존재하게 되었지만, 아직은 서로간의 밀접한 조합은 생겨나지 않은 상태이다. 그러므로 모든 것을 새롭게 하는 충동은 결국 철학자들과 노동자들 사이의 긴밀한 유대관계에 달려 있다.

마지막으로 이러한 결정적인 융합이 어떤 성격을 지니고 있는지를 규정하기 위해, 나는 합법적인 요구들의 정상적인 만족이라는 문제에서 그러한 융합이 민중계급에게 마련해주는 일반적인 이점에 대해 언급하고자 한다.

얼마 안 있어 다른 모든 것을 발전시키고 강화시켜주게 되는 중요한 개선은, 이제부터 영적 권력에 없어서는 안 될 보조자로 간주되는 노동자들에게 맡겨진 고귀한 사회적 임무 속에 존재한다. 중세 때 처음 생겨난 뒤부터 현대 질서에 합류하지 못하고 있던 거대한 계급이 그 고유한 본성과 공동선에 합당한 진정한 입장을 취하게 된다. 노동자계급의 모든 구성원들은 결국 자신들의 특수한 기능을 지닌 채 공공생활에 일상적으로 참여한다. 그렇게 함으로써, 이들은 자신들의 사적인 상황에서 오는 피할 수 없는 불편들을 보상받게 될 것이다. 민중의 참여는 기본 질서를 흐트러뜨리기는커녕, 그것이 정치적인 것이 아니라 도덕적인 것이라는 이유 때문에 그 질서를 가장 확고하게 보장해줄 수 있을 것이다. 이것이 바로, 실증주의로 인한 최후의 변화이다. 이것은 혁명정신이 노동자들의 사회적 개입을 구상해냈던 것과 마찬가지 방식으로 이루어진다. 우리는 권리에 대한 소란스런 논란을 의무에 대한 평화스러운 결정으로 대체시킨다. 권력 장악과 관련된 헛된 논란들이 현명한 권력 행사와 관련된 규칙들에 대한 검토로 대치된다.

올바른 방향으로 이끌어져야 할 민중의 자발적인 경향들, 공산주의

현 상황을 피상적으로만 평가하다 보면, 우선 노동자들이 여전히 그러한 경향과 거리가 먼 존재라고 생각하기 쉽다. 하지만 더 깊은 연구가 진행될수록 다음과 같은 사실을 확신할 수 있게 된다. 즉 노동자들은 오늘날 정치권력이 확장되어 생겨난 경험을 통해 얼마 지나지 않아 자신들의 자연스런 소망과 맞지 않는 치료방법이 쓸데없다는 사실을 깨닫는다. 노동자들의 사회적 위엄에 대립되는 것으로 보이는 형식적 포기 없이도, 그들의 본능적인 지혜는 지체없이 훨씬 더 결정적인 용도 폐기를 결정할 것이다. 실증주의는 쉽사리 이들을 설득하여, 영적 권력은 사회적 목표에 광범위하게 도달하기 위해 도처로 뻗어나가야 하지만, 반대로 훌륭한 질서는 세속적인 힘의 통상적인 집중화를 요구한다고 믿게 만든다. 이러한 확신은 너무나 당연하게도 노동자들의 관심사를 이루고 있는 근본적 어려움이 본래부터 지니고 있는 도덕적 본질에 대한 건전한 평가에서 나올 것이다.

이 점에 대해, 그들은 이미 자발적인 발걸음을 내디뎠지만 그 중요성은 아직 거의 느껴지지 않는다. 거기서부터 급속도로 퍼져나간 하나의 유명한 유토피아는, 더 나은 학설이 없기 때문에 오늘날 주된 사회문제를 인식하는 그들 특유의 방식을 형성하도록 도와준다. 혁명의 초기 단계에서 생겨난 경험이 그들을 정치적인 환상에서 완전히 깨어나게 하지는 못했다. 하지만 그러한 경험을 통해 그들은 엄밀한 의미에서 권력보다 소유권이 더 중요하다는 사실을 깨달을 수 있었다.

오늘날 이 위대한 사회문제를 여기까지 확대시킴으로써, 공산주의는 그 형이상학적 형태들에 일시적인 위험이 들어 있다고 해서 결코 약화되지 않는다. 또한 이러한 유토피아는 그럴 능력이 없거나 아직 준비를 제대로 갖추지 못한 정신의 소유자들을 가장 어려운 사변들로 이끌어나감으로써, 우리의 정신적 무정부상태에서 비롯되는 수많은 일탈에서 조심스럽게 떨어져나온다. 이러한 헛된 이론들은 아직 성격이 제대로 규정되어 있지 않기 때문에, 그 창안자의 이름을 붙여 부를 수밖에 없다. 사람의 이름이 붙어 있지 않은 이론체계인 공산주의는 결코 어떤 예외적인 상황의 부산물이 아니다. 우리는 거기서 진정한 혁명정신이 보여주는, 합리적인 것이라기보다는 차라리 감정적이라고 할 수 있는 당연한 진보를 본다.

그런데 오늘날 혁명정신은 엄밀한 의미에서 정치문제들을 부차적인 것으로 돌려버리고, 무엇보다도 먼저 도덕문제에 관심을 기울이는 경향이 있다. 분명히 말해, 현재 공산주의자들이 제안하는 해결책은 그들의 선구자들과 마찬가지로 본질적으로는 정치적인 것으로 남아 있다. 왜냐하면 그들이 훈련을 조절할 수 있다고 주장하는 것도 소유양식이 있기 때문이다. 하지만 이들이 마지막으로 제기했던 문제는 너무 도덕적인 해결책이었으며, 정치적인 해결책은 너무 불충분하고 파괴적이었다. 그러므로 공산주의자들의 해결책은 실증주의가 여론과 관습의 최종적인 쇄신을 주도함으로써 이러한 필요에 대해 열어주게 된 결정적인 탈출구에 우위를 부여해주지 않는다면 살아남을 수 없을 것이다.

공산주의를 정당하게 평가하기 위해서 우리는 무엇보다도 그 성격을 규정지어주는 고귀한 감정들을 평가해야 한다. 하지만 그러한 감정들이 아직은 다른 방식으로 형식화할 수 없는 상황에서, 잠정적인 대변기관 구실을 하는 헛된 이론을 평가해서는 안 된다. 형이상학적 속성을 거의 지니지 않은 우리의 노동자들은 절대로 그러한 유토피아에 집착함으로써 학자계급만큼 이러한 학설에 중요성을 부여하지 않는다. 자신들의 합당한 갈망을 표현하기 위한 더 나은 방법을 깨닫는 순간, 그들은 아무런 주저 없이, 자신들이 본능적으로 그 무정부적인 경향을 즉각적으로 깨닫게 되는 모호하고 혼란스런 환상보다는 평화롭고 지속적인 효용성을 지닐 수 있는 명확하고 현실적인 개념들을 선호하게 된다. 그때까지 그들은 오늘날 가장 기본적인 문제를 거역하지 못할 정도로 힘차게 제기하고 유지할 수 있는 유일한 기관으로서 공산주의를 지지한다. 현재의 해결책으로 말미암아 위태로워진 위험들이 이 커다란 주제에 대해 전반적인 주의를 환기시키고 고정시키는 데 기여한다. 그런데 지배계급의 형이상학적 경험주의와 귀족적 이기주의는 어떤 지속적인 청원 없이 이러한 주제를 배척하거나 경멸하도록 해버린다.

공산주의자들이 자신들의 사상을 수정할 경우, 그들에게 사회적 감정의 근본적 우위만을 직접적으로 가리키는 공산주의라는 이름을 포기하도록 강요하는 것은 아무것도 없을 것이다. 하지만 공화제로의 이로운 변화는 그들에게 그와 유사한 위험이 없는 동등한 하나의 명칭을 제공함으로써 그러한 수식이 필요 없도록 할 것이다. 그러므로 새로운 철학은 공산주의를 두려워하는 것이 아니라, 무엇보다도 추상화 작용들이 완전히 해방된 정신에 거의 영향력을 행사하지 못하게 된 프랑스에서 공산주의를 받아들인 대다수 노동자들 사이에서 얼마 지나지 않아 나타나게 될 차후의 성공을 기대한다. 실증주의가 중요한 사회문제를 해결할 수 있는 기본 능력을 공산주의보다 더 많이 지니고 있다는 사실을 민중이 인식함에 따라, 이러한 결과는 필연적인 것이다.

사회주의라는 새로운 명칭

이 책이 처음 출판된 이래, 그러한 경향은 이미 노동자들 사이에서 자발적인 우위를 차지하게 된 새로운 양식에 의해 분명하게 드러났다. '사회주의'라는 행복한 표현을 받아들인 그들은 공산주의자들이 제기했던 문제는 받아들였지만, 그와 동시에 일종의 자발적인 유폐를 통해 결정적으로 제거되어버린 듯한 공산주의자들의 해결책을 거부했다. 하지만 현재의 사회주의자들이 공산주의를 피할 수 있었던 것은 수동적이거나 비판적으로 남아 있었기 때문이다. 만약 이들이 자신들의 사상이 감정과 동등한 수준에 이르기 전에 정치적인 영향력을 획득했더라면, 얼마 지나지 않아 이들은 당연히 오늘날 자신들의 혼란스런 본능이 억누르고 있는 무질서한 일탈로 이어질 수밖에 없었을 것이다. 이런 까닭으로 해서, 사회주의의 급속한 전파는 현재 경험적인 저항만이 물질적인 질서의 유일한 합법적 보장이 되고 있는 계급에게 정당한 경보를 발동하고 있다.

그런데 정신적이고 세속적인 두 세력 사이의 혁명적인 혼란이 존속하는 한, 공산주의자들이 제기하는 문제는 자신들의 것과 다른 어떠한 해결책도 인정하지 않을 것이다. 이와 같이, 이러한 유토피아들이 불러일으키는 한결같은 비난은 도처에서 실증주의로 나아가려는 경향을 띠게 된다. 이제부터는 실증주의만이 공산주의자들의 온갖 중대한 시도들로부터 서구를 지켜줄 것이다. 마침내 중세에 그 초안이 잡힌 찬양할 만한 분리의 합당한 체계화 위에 현대 정치를 기초하게 함으로써, 오늘날 건설적인 당(黨)[8]은 부자들을 안심시키면서도 가난한 사람들을 만족시켜 준다. 그 정상적인 해결책은 즉각 이러한 과도적 명칭들을 쓸데없는 것으로 만들어버린다. 결정적으로 순화된 '공화적'이라는 과거의 용어는 여전히 진정한 의미에서 쇄신의 감정들을 가리키는 데 충분할 것이다. 한편, '실증주의적'이라는 명칭만이 그에 맞는 여론들, 관습들, 심지어 그 제도들의 성격을 규명하게 될 것이다.

재산권은 본래 사회적이며, 통제될 필요가 있다

독특한 현실성과 더불어 이성을 감정에 봉사하게 하려는 지속적 경향의 도움을 받고 있는 실증주의는, 소유의 사회적 본질과 함께 소유를 조절할 필요성에 입각하여 공산주의의 자발적 원칙을 2중적으로 체계화하게 된다.

진정한 의미에서 철학자들은 아무런 주저 없이, 소유권에다 그것을 사용하고 남용하는 권리로서 절대적인 개인성을 부여하는 대다수 현대 법률가들이 받아들이는 해로운 정의에 대한 노동자들의 본능적인 요구를 직접적으로 인정한다. 예외적인 억압에 반대하는 과장된 반응으로부터 역사적으로 생겨나는 이러한 반사회적 이론은 현실성도 정당성도 지니고 있지 못하다. 반드시 필요한 공적인 참여가 없다면, 어떠한 소유권도 소유자 스스로는 창조할 수 없으며 심지어 이전될 수도 없을 것이다.

---

8) 실증적인 사고방식을 받아들이고 거기에 익숙해진 사람들의 모임.

그렇기 때문에, 소유권 행사는 결코 전적으로 개인적일 수 없다. 언제 어디서건, 공동체는 소유권의 행사에 다소간 개입하여 그것을 사회적인 욕구에 종속시킨다. 현실적으로는 세금이 민중을 각자의 개별적인 재산에 연결시킨다.

또한 문명의 일반적인 발달과정은 이러한 참여를 감소시켜온 것이 아니라, 전체에 대한 개인의 관계를 더욱 발전시킴으로써 특히 현대인들 사이에서 그것을 지속적으로 증가시켜왔다. 보편화된 다른 하나의 예는 극단적인 경우 소유권 전체를 공동체가 차지하는 것이 당연하기까지 하다는 사실을 보여주고 있다. 프랑스에서는 사유재산의 몰수가 잠정적으로 폐지되었다. 하지만 최근에 이루어진 이론의 여지가 없는 권력 남용에서 비롯되는 독특한 예외는, 그것을 초래했던 추억들과 그것을 도입했던 권력보다 더 오래 살아남을 수는 없을 것이다. 그러므로 소유권의 일반적 본질의 경우, 공산주의자들은 법률가들의 입장을 거부할 충분한 이유를 지니고 있었다.

이와 마찬가지로, 형이상학의 원칙들에 따라 사유재산권에 사회적 통제를 가하는 것을 금지하는 경제학자들에 대한 공산주의자들의 기본적인 비판 또한 받아들여져야 한다.[9] 이러한 교의상의 일탈은, 이전의 것과 마찬가지로 어떤 해로운 개입 때문에 생겨나는 것이다. 이것은 사회현상들 속에서 자연법칙의 존재를 인정함으로써 건전한 철학에 가까이 다가간 것처럼 보이지만, 그것과 완전히 반대된다. 경제학자들이 이러한 기본 원칙에 집착하는 것처럼 보이는 것은 그들이 얼마나 이 원칙을 이해할 수 있는 능력을 지니고 있지 못한지를 확인해줄 따름이다. 그들은 이 원칙을 보다 더 나은 현상으로 확장시키기에 앞서, 더 단순하고 낮은 현상들에 적용해보아야 했지만 실제로는 그렇지 못했다. 왜냐하면

---

9) 콩트는 자본주의 경제학자와 사회주의를 똑같이 비판하면서, 자유주의도 아니고 사회주의도 아닌 산업사회의 이론을 제시한다. 그에게 경제학은 추상적이고 개념적인 형이상학이다.

그들은 자연질서가 복잡해짐에 따라 그것이 점점 더 가변적인 경향을 띠게 된다는 사실을 완전히 무시해버렸기 때문이다.

우리의 실질적인 운명들은 모두 그러한 개념에 기초해 있다. 그렇기 때문에, 경제적 형이상학이 인간 지혜가 사회적 움직임의 다양한 부분들 속으로 지속적으로 개입하는 현상에 가하는 현학적인 비난을 정당화시켜주는 것은 아무것도 없다. 사실, 이러한 움직임에 따르는 자연법칙은 우리로 하여금 그것을 끊임없이 변화시키는 것으로부터 등을 돌리게 하지 않는다. 반대로, 이러한 자연법칙은 우리가 행동을 거기에 더 잘 적용할 수 있도록 돕는데, 그렇게 함으로써 그 행동을 다른 어떤 현상보다 더 효과적이고 시급한 것으로 만들어준다.

그러므로, 이러한 다양한 양상 아래서 공산주의의 기본 원칙은 필연적으로 실증주의에 흡수된다. 새로운 철학은 공산주의를 더욱 강화시키고 확장시킨다. 왜냐하면 이 철학은 진정한 공화정신에 따라 본능적으로 공동체에 지속적으로 봉사하게 되어 있는 인간존재의 모든 양상들에 공산주의를 적용하기 때문이다. 우리를 중세에서 분리시켰던 기나긴 혁명적 변화가 진행되는 동안, 세부적인 관점으로서 개인주의의 감정들이 우세해졌다. 하지만 어떤 감정은 다른 감정보다도 현대사회의 최종적인 질서에 훨씬 더 적합하지 못하다. 인류의 모든 정상상태에서 모든 시민들은 각자가 실제로 공적인 임무를 수행하는 공무원이 되는데, 다소 유한한 속성들이 의무와 권리를 동시에 규정해준다. 확실히 이러한 보편 원칙은 소유권까지 확장되는데, 여기서 실증주의는 무엇보다도 각각의 세대가 다음 세대의 일들을 준비하는 자본을 형성하고 관리하는 일을 맡게 될 필수불가결한 사회적인 기능을 보게 된다. 이러한 정상적인 평가가 지혜롭게 행해지기만 한다면, 정당한 자유를 제한하지 않고서도, 심지어 자유를 더욱 존중하면서까지 소유권을 한층 더 숭고하게 만들 수 있을 것이다.

그러나 실증주의는 공산주의식 문제 해결을 거부한다.
재산권은 법적으로가 아니라 도덕적으로 통제되어야 한다

하지만 바로 여기서 건전한 사회학 이론과 민중의 지혜라는 자발적인 영감 사이의 실질적인 모든 일치가 사라져버린다. 공산주의자들의 입장을 받아들이고, 그것을 더욱 신장시킴으로써 실증주의자들은 파괴적이면서도 불충분한 해결책을 완전히 떨쳐버린다. 우리가 제안하는 해결책은 정치적인 방법이 아니라 도덕적인 방법을 도입한다는 측면에서 공산주의자들의 그것과 구분된다. 이와 같이, 실증주의와 공산주의의 중요한 사회적 차이점은 결국 두 기본 세력의 분리와 관련된다. 지금까지 모든 혁신적인 개념 속에서 무시되어왔던 이러한 분리는 현대의 모든 커다란 문제의 밑바닥에서 항상 인류의 유일하고도 궁극적인 탈출구로 존재한다. 이러한 평가는 공산주의자들의 일탈이 지닌 성격을 더욱더 잘 규명해주는데, 그렇게 함으로써 지금 사람들이 신뢰하고 있는 다른 모든 학설과의 기본적인 유사성에 따라 그것을 더욱더 잘 변호해준다. 이처럼 거의 모든 교양 있는 사람들이 현대 정치의 기본 원칙을 인식하지 못하고 있는데도, 민중의 본능이 지금까지 혁명적 경험주의의 보편적 영향을 겪었다고 해서 어떻게 비난할 수 있겠는가?

여기서 나는 2,200년 전부터 위대한 아리스토텔레스가 완강하게 거부했던 고대 유토피아[10]에 대한 전문적인 검토를 시도하지 않을 것이다. 그는 초기 사상에서부터 실증정신의 유기적인 성격을 미리 보여준다. 게다가 하나의 결정적인 모순만으로도, 현대 공산주의가 보여주는 완전한 비합리성과 함께 존경할 만한 감정적 원천을 동시에 드러내는 데 모자람이 없을 것이다. 왜냐하면 현대 공산주의는 무엇보다도 플라톤의 몽상에 의해 드러나는 고대 공산주의와는 성격이 근본적으로 다르기 때문이다. 사실, 플라톤은 재산공동체뿐만 아니라, 그 당연한 결과로 나타

---

10) 플라톤의 유토피아에 대한 아리스토텔레스의 비판.

나게 될 여자와 자녀의 공동체까지 주장한다. 이러한 두 개의 오류가 서로 관련되어 있기는 하지만, 오늘날 플라톤의 유토피아는 소수의 학자 계급들 사이에서만 이해되고 있는데, 이들의 정신은 교양이 부족하기 때문에, 활력이 부족한 마음을 뒤흔들어버린다. 유일하게 관심을 끌 만한 가치가 있는 공산주의자로서 고귀하게도 가변적인 모습을 보여주고 있는 교육받지 못한 노동자들은, 이러한 나눌 수 없는 일탈 속에서 우리의 더 나은 본능에 충격을 가하는 부분을 힘차게 떨쳐버리고 자신들의 사회적 욕구와 관련된 부분만을 받아들인다.

이러한 환상적인 도식에 대한 자세한 논의를 접어두고, 그에 대응하는 방법의 본질적인 해악이 어떤 성격을 띠고 있는지를 밝히는 것이 무엇보다도 중요하다. 왜냐하면 실증주의를 예외로 한다면, 이러한 해악들은 오늘날 다른 모든 개혁적인 학파에 다소 공통적으로 내재해 있기 때문이다. 이들은 한편으로는 사회현상들의 자연스런 법칙들을 무시하거나 심지어 거부하고 있으며, 다른 한편으로는 도덕적인 방법들이 우세한 곳에서 정치적인 수단에 의뢰하고 있다. 쇄신의 주도권을 장악하기 위해 헛된 논란을 벌이고 있는 다양한 유토피아들의 불충분함과 위험이 생겨나는 것은, 바로 서로 긴밀하게 연결되어 있는 이러한 두 가지 결함 때문이다. 이러한 평가의 의미를 더욱더 잘 규명하기 위해, 나는 계속해서 그것을 무엇보다도 아주 분명하게 드러나는 일탈에 적용하고자 하는데, 여기서부터 각자는 그러한 평가를 다른 모든 일탈로 쉽사리 확장하게 될 것이다.

협력만큼이나 필요한 기능들의 개별화

사회성에 대한 현실법의 무지는 무엇보다도 개인성을 완전히 눌러버리는 공산주의의 위험한 경향 속에 드러난다. 이렇게 해서 사람들은 개인적 본능의 자연스런 우위를 망각하는 것 이상으로, 기능들의 분리가 그들의 협력 못지않게 필연적인 집단유기체의 두 가지 기본 성격 가운데 하나를 무시해버리게 된다. 만약 사람들이 모든 인간들 사이에서, 이 원대립적인 괴상한 성격의 피상적인 예들이 보여주는 것처럼, 인간이 물질적으로 분리할 수 없는 것으로 간주하는 유대관계를 가정해보기라도 한다면, 모든 사회는 바로 멈추어버릴 것이다.

이러한 극단적인 가정은, 우리의 사회적 본질을 개인생활보다도 더 나은 것으로 보고자 하는 다양하고도 자발적인 노력을 허용하는 데에서 개인성이 우리의 사회적 본질에 얼마나 필수불가결한 것인지를 이해하게 해준다. 위대한 인간문제란 이러한 자유스런 분할을 어떤 것 못지않게 시급한 일치와 가능한 한 화해시키는 것이다. 이러한 마지막 조건들에만 관심을 기울이다 보면, 온갖 책임을 억제함으로써 모든 현실적 행동과 심지어 모든 진정한 위업까지 파괴해버리는 결과를 낳을 것이다. 가정에서 느낄 수 있는 위안에도 불구하고, 종종 독립성의 부족이 가정의 강요된 통제에 따라 살아갈 수밖에 없는 이러한 예외적인 운명들을 견딜 수 없게 만들어버린다.

만약 각자에게 무관심한 공동체가 이와 유사한 상황에 처한다면 어떻게 될까? 이것이 바로, 진정한 의미에서 자유를 무정부적인 평등, 심지어 과장된 우애를 구실로 희생시키는 온갖 유토피아들이 초래하는 커다란 위험이다. 이런 점에서 볼 때, 비록 상반된 원칙을 따르고 있기는 하지만, 실증주의는 이전에 우리의 경제학자들이 공산주의에 가했던 결정적인 비판을 근본적으로 인정하는 셈이다. 이는 무엇보다도 이들 중 가장 진전된 관점을 취하고 있는 뒤누아예[11]의 훌륭한 논문에 나타난다.

산업 분야는 전쟁만큼이나 지도자를 필요로 한다

이러한 유토피아는 현대 산업조직의 당연한 구조를 무시하고 있다는

---

11) Joseph Dunoyer(1786~1862) : 프랑스의 경제학자. 경제학의 낙관적인 자유주의를 믿었으며, 『노동의 자유에 대하여』(1845) 등의 저서를 남겼다.

점에서 사회적 법에 대립적이다. 이 유토피아는 필수불가결한 지도자들을 멀리하고자 한다. 병사가 없는 군대보다는 장교가 없는 군대가 더 존재하기 어렵다. 이러한 기본적인 이해는 군사적인 차원만큼이나 산업적인 차원에서도 마찬가지이다. 아직 체계화될 수 없는 것이기는 하지만, 현대 산업조직은 기업가와 노동자 사이에서 점진적으로 이루어진 자연스런 분할이 최종적인 구조화의 필연적인 싹을 이루고 있다는 점은 확실하다. 모든 노동자들이 관리자가 되려 한다거나, 혹은 지휘권이 무기력하고 무책임한 공동체에 귀속된다면, 어떠한 위대한 일도 가능하지 않을 것이다.

분명히 말해, 현대 산업조직은 기업활동을 계속적으로 보장해주는데, 이렇게 이루어진 확장은 모두 곧바로 더 높은 확장으로 이어질 것이다. 이러한 자연스런 경향은 절대로 노동자에게 불리한 것이 아니다. 반대로 도덕적 권위로 정당하게 통제하기만 한다면, 그것만이 유일하게 물질생활의 실질적인 체계화를 가능하게 해줄 것이다. 왜냐하면 철학적인 권리는 부하들을 위한 진정한 습관적인 의무를 오로지 능력 있는 강력한 지도자들에게만 부과하기 때문이다. 만약 세속적인 우위의 집중화가 제대로 진행되지 않는다면, 얼마 지나지 않아 산업상의 온갖 움직임과 화합할 수 없게 되는 터무니없는 희생을 요구하지 않는 한, 위대한 도덕적 처방들을 완수하기 위한 충분한 힘이 사라져버릴 것이다. 이것이 바로, 사적이건 공적이건 권력 장악에만 관심을 두고 그 권력이 누구의 손에 있건 권력 행사에는 관심을 두지 않는 모든 개혁들이 틀림없이 초래하는 해악이다. 이렇게 해서 사람들은 잘만 이용하면 여러 가지 사회적 어려움에 대항할 수 있는 중요한 수단이 생겨나게 될 힘들을 제거해버린다.

공산주의에는 역사정신이 결핍되어 있다

그러므로 현대 공산주의에 영감을 제공했던 찬양할 만한 감정은 진정한 과학적인 도움이 없었기 때문에 지금까지 악의 본질. 치료방법의 본질과 매우 상반되게 남아 있었다. 사회적인 본능의 직접적인 불충분함으로 말미암아 공산주의자들을 더욱 심하게 비난할 수도 있다. 왜냐하면 그들이 그렇게도 자랑하는 사회성은, 인류의 중요한 성격을 이루는 역사적인 지속으로 나아가지 못하고 단지 현재와 같은 연대감을 느끼는데 그치고 있기 때문이다. 이들이 공간 속에서만 볼 수 있는 유대관계를 시간 속에서 따라감으로써 자신들의 도덕 발전을 보충할 경우, 이들은 얼마 지나지 않아 지금은 모르고 있는 보편적인 조건들의 필요성을 깨달을 수 있을 것이다. 그럴 경우, 이들은 이미 각 세대가 이룩한 작업과 그 작업을 완성시켜줄 수단을 다음 세대에 전달해주는 자연스런 양식으로서 사회적 유산의 중요성을 인식할 것이다. 이런 양식의 개인적인 차원의 확장은, 그것이 집단적 차원에 대해서 지니는 분명한 필요성에서 생겨날 뿐이다. 하지만 이 점에 대해 공산주의자들의 감정이 마땅히 받아야 할 비난은, 그 반역사적인 정신으로 말미암아 항상 후손들에게 몰두함으로써 조상들이 없는 사회를 가정하려는 다른 모든 개혁적 분파에게도 마찬가지로 적용될 수 있을 것이다.

**사실, 공산주의를 고귀한 감정들이 자극하기는 하지만,
체계라는 입장에서 보면 별다른 가치가 없다**

이론(異論)의 여지가 없는 이러한 모든 악들은, 건전한 철학이 진정한 의미에서 현대 공산주의를 현실적인 원천과 관련짓거나 실질적인 목표와 관련지음으로써 관대하게 평가하는 일을 방해하지 못할 것이다. 자신이 유래한 환경과의 관련 속에서만 의미와 가치를 지닐 수 있는 학설을 그 자체로만 논한다는 것은 아주 부당하다. 그 학설은 나름대로 이제 막 태어난 실증주의만이 더욱더 잘 형식화시킬 수 있는 중요한 사회문제를 직접적으로 제기함으로써 하나의 불가피한 임무를 담당한다.

이 점에 대해 오늘날 그에 따르는 위험한 해결책을 찾아보지도 않고 단순한 진술만으로 충분하리라고 보는 것은 헛된 일이다. 그것은 아주 사소한 문제들에 대해서조차 어떠한 대답도 내릴 수 없는 문제들에 오랫동안 집착할 수 없는 우리의 나약한 지성의 현실적인 요구들을 무시하는 것이다. 가령 갈과 브루새[12]가 단지 자신들이 감히 해결하려 들었던 위대한 문제들을 제기하는 것으로 만족했더라면, 그들의 원칙은 아무런 이의 없이 받아들여졌을 것이다. 하지만 그랬더라면 이러한 원칙들은 처음에는 비록 경솔한 것이라고 하더라도 어떤 체계적인 해결책에서만 나올 수 있는 개혁적인 충동이 빠져 있기 때문에 아무런 성과도 거두지 못했을 것이다. 어떻게 그토록 어렵고도 정열적인 주제들에 대해 그러한 정신적 필요성을 피할 수 있겠는가? 게다가 공산주의자의 일탈을 오늘날 공식적인 것까지를 포함하여 진정한 의미에서 사회적 영향력을 획득하게 된 다른 사회적인 학설과 비교해본다면, 사람들은 좀더 그러한 학설들을 보호할 마음이 생기는 것을 깨달을 것이다. 이러한 학설들이, 영국식의 변화에 적합한 의회제도의 정착에 따른 대혁명의 종말에 입각하여 프랑스에서 한 세대가 완전히 흐르는 동안 계속 우위를 차지하고 있었으며, 또 아직도 많은 학자들 사이에서 지배적인 위치를 차지하고 있는 경험적인 유토피아보다 더 허망하고 위험한 것일까?

실제로 이른바 보수주의자들은 점점 더 거역할 수 없는 것으로 변해가는 듯한 상응하는 질문들을 멀리하거나 회피함으로써만 공산주의자의 일탈을 피할 수 있다. 보수주의자들이 그러한 질문을 다루려 할 경우, 그들은 오히려 두 세력의 분리를 거부함으로써 항상 법을 통해 관습을

---

12) François Broussais(1772~1838) : 프랑스의 의사. 비샤(380쪽의 주 5) 참조)의 제자로서 세포조직의 팽창을 만병의 원인으로 보는 생리의학(Médecine Physiologique)을 주창했다. 그는 자신의 이론을 육체적인 질병에만 적용하지 않고 심리적인 것으로 확대 적용하려 했다.

보완하려는 모든 학파들이 공동으로 직면한 위험 속으로 빠져들고 말 것이다. 이렇게 해서, 공식적인 학설은 오늘날 수용소라든지 탁아소와 같이 본래 공산주의자들이 말하는 제도들을 권장하게 된다. 이에 반해, 민중의 본능은 당연하게도 이런 제도들을 가정적인 감정의 당연하고도 보편적인 발전에 상반되는 것으로 보고 이를 비난한다.

그러므로 공산주의는 다른 해로운 학설과의 일시적인 적대관계를 넘어서서 그것을 불러일으켰던 감정에 의해서만 근본적인 가치를 지니게 된다. 그렇다고 해도, 사람들이 공산주의가 제시하는 환상적이고 파괴적인 해결책을 인정할 수는 없을 것이다. 하지만 우리의 노동자들이 동일한 욕망이라 해도 좀더 부드럽고 현실적인 수단을 사용할 경우 더욱더 잘 충족될 수 있다는 사실을 인정할 때까지는, 이러한 고귀한 도덕적 영향력만이 공산주의의 영향력을 계속 유지시켜나갈 수 있을 것이다. 처음에는 이러한 유토피아에 호의적으로 보이던 공화제도 얼마 지나지 않아 자신의 중요성을 감소시켜버릴 것이다. 왜냐하면 공화제는, 오늘날 자신의 성격을 변질시키는 위험한 환상에서 사회적 원칙을 분리시킴으로써, 이러한 유토피아가 자신의 기본적 장점을 이끌어내는 사회적 원칙을 직접적으로 인정하기 때문이다.

특히 쉽게 획득할 수 있다는 이유로 도처에서 소유에 대한 자연스런 경향이 발전하고 있는 프랑스의 경우, 사람들은 어떤 일탈이 초래하는 실질적인 침해들을 두려워할 필요가 거의 없어진다. 왜냐하면 그 이로운 반응은 다만 민중의 정당한 요구에 심각한 주의를 기울이게 하기 때문이다. 다른 선진 제국에서는 그러한 위험이 훨씬 더 심각하다고 할 수 있다. 거기서는 귀족주의가 덜 몰락했기 때문에 노동자들이 덜 발전했을 뿐만 아니라 더 많은 억압을 받고 있다. 그런데 이는 주로 영국의 경우이다. 심지어 진정한 우애를 통해 무정부적인 이기주의에 더욱더 잘 저항하고 있는 가톨릭 국가의 주민들 사이에서도, 공산주의가 초래한 혼란은 결국 실증주의의 영향을 통해서만 극복될 수 있다. 왜냐하면 실증주의는 모든 사회적인 일탈들을 불러일으키는 문제에 대한 진정한 해결책이 우위를 차지하도록 함으로써 그러한 일탈들을 제거하기 때문이다.

악의 본질은 곧바로 그 치료법이 무엇보다도 도덕적이어야 한다는 사실을 지적해주고 있으며, 민중의 본능은 지체없이 인류의 실질적인 지식에 입각해 있는 이러한 필요성을 깨달을 것이다. 이렇게 볼 때, 공산주의는 새로운 철학만이 어떠한 환상도 혼란도 없이 해결할 수 있는 문제를 거역할 수 없을 정도로 힘차게 제기함으로써 자신도 모르는 사이에 실증주의의 실질적인 영향력을 준비한다.

재산권은 법적으로 개입할 성질의 것이 아닌 공적인 위임이다

새로운 철학은, 소유의 기원과 범위에 대한 온갖 헛되고도 격렬한 논란을 일소해버림으로써 소유의 사회적 목표와 관련된 도덕규칙들을 직접 확립한다. 무엇보다도 세속적 성격을 띠는 현실적인 세력들의 배분은 우리가 개입할 수 있는 한계를 훨씬 넘어서는 것이다. 그러므로 이러한 관계 아래서 자연질서의 미완성을 수정하려는 것이 우리의 주된 관심이라면, 우리는 짧은 생애를 끝없이 헛된 논쟁 속에서 탕진해버리고 말 것이다. 어떤 권력이 누구의 손아귀에 들어가건, 민중이 가장 많은 관심을 보이는 것은 그 권력의 유용한 행사에 있다. 그리고 우리의 노력은 이 점에 대하여 훨씬 더 많은 효용성을 지니게 된다. 게다가 사람들은 목표를 조절함으로써 거기에 보조적인 영향을 행사하는 소유에 대해 간접적으로 반응한다.

없어서는 안 될 이러한 규칙들은 그 기원에서 정치적인 것이 아니라 도덕적인 것이며, 적용에서는 전문적인 것이 아니라 일반적인 것이다. 이러한 규칙을 감내하는 모든 사람들은 교육을 통해 자발적으로 그것들을 받아들이며, 아리스토텔레스가 이미 지적했던 것처럼 그러한 규칙의 습관적인 준수를 통해 자유의 미덕이 유지된다. 도덕적인 견지에서 사유재산을 공적인 기능에 동화시키는 것은, 결코 자발성과 책임성을 파괴함으로써 인간의 성격을 심각하게 타락시킬 억압적인 처방에 그것을 종속시키는 것이 아니다. 이러한 정상적인 평가는 너무나 자주 반대로 작용하여, 노동자들을 동요시키는 것이 아니라 공무원의 기능들을 한층 더 강화시킬 것이다. 진정한 의미의 공화제 원칙은 모든 힘들을 항상 공동선에 협력하게 하는 것이다.

이를 위해, 한편으로는 각각의 경우 일반적인 유용성이 무엇을 요청하는지를 정확하게 결정해야 하며, 다른 한편으로는 도처에서 그에 대응하는 성향들을 발전시켜나가야 한다. 이러한 2중의 지속적인 임무는 무엇보다도 기본 학설, 합당한 교육, 잘 인도된 공공정신을 요구한다. 따라서 그러한 임무는 주로 실증주의가 현대사회의 정상에 위치시키는 철학적인 권위에 의존한다. 인간의 약점은 확실히 다음과 같은 상태를 계속 요구한다. 즉 아주 도덕적인 성격을 띠는 이러한 방향에, 엄밀한 의미의 입법권이 가장 직접적이고 위험한 위반들에 대한 물질적 억압을 덧붙여야 한다. 이러한 불가피한 보완들은, 가톨릭이 사회적 우위를 차지하고 있었던 중세보다는 훨씬 더 부수적인 것이다. 인간 진보와 더불어 감정, 이성, 행동이라는 3중의 자연스런 길을 통해 만인에 대한 각자의 관계가 더욱 발전함에 따라, 정신적인 고통과 보상이 세속적인 것보다 한층 더 우세해질 것이다.

재산의 올바른 사용에 이로운 상속

공산주의보다 더욱 참된 것이기 때문에 그보다 한층 더 평화스럽고 효과적인 실증주의는 중대한 사회문제들에 대한 한층 더 폭넓고 완전한 해결책을 제시한다. 소유권 문제의 경우, 종종 시기 어린 피상적인 평가에 따라 사유재산의 상속은 노동이 수반되지 않는 소유라고 해서 단죄된다. 그런데 이러한 피상적인 평가는 혼란을 불러일으킬 뿐만 아니라 그에 못지않게 편협하다. 도덕적인 관점에서 보면, 사람들은 이러한 경험적인 단죄에 포함되어 있는 근본적인 해악을 곧바로 알아차릴 수 있다. 왜냐하면 이러한 단죄는 다른 어떤 것보다도 재산의 훌륭한 사용에 이로운 성향을 발전시키는 데 있어서 상속을 통한 재산 이동의 기본 능력을 무시하기 때문이다.

사실 재산의 상속을 통해 정신과 마음은 보통 완만한 자본축적이 불러일으키는 인색하고도 치사한 습관을 피할 수 있다. 타고난 재산은 우리에게 타인을 위한 배려의 욕구를 더 잘 느끼게 해준다. 따라서 우리가 놀고 먹는다고 비난하는 사람들이 쉽사리 여론과 관습의 현명한 재조직화로 부자들 가운데 가장 유용한 사람이 될 수 있다. 게다가 문명의 발달과 더불어 산업활동 없이 살아간다는 것이 아주 어려워졌다는 사실이 밝혀짐에 따라, 그러한 사람들이 점점 예외가 되어간다는 사실이 잘 알려져 있다. 그러므로 모든 측면에서 곧 사라져버릴 것이며, 심지어 가장 행복한 도덕의 변화를 포함하고 있는 잘못된 재산권 남용 때문에 사회 자체를 전복시키려 한다는 것은 아주 비난받을 만한 일탈이다.

지성은 재산만큼이나 도덕적으로 통제되어야 한다

결국, 실증적인 해결책은 결국 그 독특한 충만함으로 인해 공산주의보다 직접적인 우위를 차지한다. 공산주의는 마치 오늘날 잘못 분배되고 잘못 관리되는 유일한 사회세력이 재산밖에 없는 것처럼 오로지 재산문제에만 관심을 기울인다. 하지만 대부분의 다른 인간적인 능력에 대해서, 무엇보다도 공상가들[13]은 전혀 조절할 수 없는 지적인 재능의 문제에 대해 훨씬 더 현실적인 남용이 존재한다. 유일하게 인간생활 전체를 파악할 수 있는 실증주의만이 사회적 감정을 우리의 현실적 활동의 모든 양식으로 넓혀감으로써 그 감정의 당연한 우위를 구축할 수 있다.

공적 임무들에 대한 사적 기능들의 도덕적 동화는, 그 능력의 원천으

---

13) 공산주의자들.

로 보나 목적으로 보나 단순한 노동자보다는 학자나 예술가에게 훨씬 더 적합하다. 하지만 완전한 의미에서 개인적 전유가 유일하게 가능한 물질적인 재산을 공동소유로 하는 데 만족한 나머지, 사람들은 그러한 요소를 훨씬 더 많이 갖고 있는 정신적인 재산까지 이러한 유토피아를 확장시키려 하지 않는다. 공산주의의 사도로 자처하고 있는 사람들마저도 종종 이른바 문학적인 소유권의 열렬한 지지자로 자처한다. 이러한 모순은 자신의 목표에 가장 적합한 경우들에 대한 무능력을 확인하게 되는 사회적인 학설이 부질없다는 것을 확인해준다. 왜냐하면 이러한 확장은 정치적인 처방들이 부적합하며, 오히려 도덕규칙들이 필요하다는 사실을 밝혀주기 때문이다. 그런데 이들은 모두 현실적인 모든 힘의 바람직한 사용을 보장하는 데 적합한 것이다.

지적인 발전에 필요한 자발성은, 무산될 위험을 안고 공산주의자들의 본능으로 하여금 지성의 발전을 규정에 맞는 유토피아에 종속시키지 못하게 한다. 반대로, 실증주의는 현명하게 인도되어야 할 필요성이 가장 많은 세력으로 자신의 도덕적 임무를 확장시킨다고 하더라도 어떠한 당혹스러움도 경험하지 않을 것이며, 또한 어떠한 혼란도 불러일으키지 않을 것이다. 실증주의는 이들의 정당한 자유를 존중함으로써 그에 대한 억압이 거의 동일한 현실적 위험을 제공하는 뛰어나지 못한 능력의 소유자들의 자유를 똑같이 강화시켜준다. 진정한 의미의 도덕이 모든 부분적인 활동들의 사회적인 성향들을 보장해줄 경우, 이들의 자유로운 발전이 자신들의 공적인 효용성을 증가시키는 것은 확실하다. 현대문명은 사기업 활동을 방해하기는커녕, 처음에는 엄밀한 의미에서 정부에 맡겨져 있던 물질적인 기능들을 사기업에 점점 더 많이 떠넘겨준다. 이러한 거역할 수 없는 경향은 경제학자들이 아무런 이유 없이 모든 진정한 체계화의 필요성을 파악하지 못하게 만든다. 그러한 경향은 단지 정치적인 규칙에 대한 도덕적인 처방들이 지속적으로 우위를 차지한다는 사실만을 지적해준다.

자본가들에 대한 조직화된 여론의 영향, 파업

중요한 사회문제에 대한 도덕적 해결이라는 실증주의의 독특한 능력은 또한 산업 분야의 다양한 분쟁들이 불러일으키는 민중의 정당한 요구를 만족시켜준다. 이처럼 무질서한 경향과 전혀 무관한 노동자의 정당한 기원들을, 자유롭게 지배하는 학설의 이름으로 명확한 동시에 공정한 철학적인 권위를 가지고 요청할 경우 엄청난 힘을 얻는다. 이러한 영적 권력은 민중으로 하여금 통상적으로 자신들의 세속적 지도자들을 존경하도록 함으로써 이들에게 피할 수 없는 의무를 지울 수 있다.

이렇게 해서, 모든 계급은 보편교육 속에서 자신들에게 부과될 특수한 의무들의 일반적 토대들을 받아들인다. 이리하여 오로지 여론의 도움만을 받는 감정과 이성이라는 무기들이, 오늘날 그 어떤 것도 암시조차 할 수 없는 실질적 효용성을 획득할 것이다. 심지어 중세까지 거슬러올라간다고 하더라도, 사람들은 그에 대한 정당한 개념을 갖기 어렵다. 왜냐하면 그럴 경우 사람들은 무엇보다도 찬사와 비난의 단호한 배분에서 생겨나는 것을 환상에 불과한 공포와 희망으로 돌려버리기 때문이다. 실증주의 정신은 필연적으로 찬사와 비난의 이러한 배분의 도움으로 귀착하여, 제2부에서 지적했던 것처럼, 가톨릭 정신은 결코 지니지 못했던 범위와 견고함을 확보해줄 것이다.

이것이 바로 양쪽 모두로부터 자유롭게 존중받는 철학적 권위의 궁극적인 개입 아래서 실제로 노동자들과 자본가들 사이의 일상적인 토론에 부응하는 유일하고 정상적인 해결책이다. 그 효용성을 느낄 수 있으려면, 두 활동계급 사이의 물질적 적대관계를 체계화하는 데까지 나아가야 한다. 금전적인 우위와 수적인 우위 사이의 이러한 갈등은 아직 충분히 드러나지 않았는데, 그것은 유일하게 그러한 갈등을 중요한 것으로 만들어주는 융합이 지금까지 자본가들 쪽에서만 가능했기 때문이다.

영국의 경우, 노동자들에게 그러한 융합을 법으로 금하고 있는 것은 아니지만, 이들은 정신과 도덕이 덜 해방된 상태이기 때문에 더욱더 그러한 융합을 이용하지 못한다. 프랑스의 노동자들이 고용주들만큼 자유롭게 서로 협의할 수 있게 되었을 때, 물질적인 대립은 더욱 발전하여 양측 모두 곧바로 어떤 정신적인 조정자가 필요하다는 사실을 인식하게 되었다. 이러한 철학적인 화해가 극단적인 수단의 사용을 완전히 제거할 수 있다고 주장할 수는 없다. 하지만 이러한 화해는 극단적인 수단의 사용을 많은 부분 제한할 것이며, 또한 그것을 순화시킬 것이다. 이러한 수단들은 양측 모두에게 경쟁의 거부로 결론지어진다.

그리하여 이러한 경쟁은 도처에서 지금까지 무시되었던 통상적인 기능의 중요성을 잘 깨닫기 위해 결과에 따른 당연한 책임을 지는 자유로운 대리인들에게 위임될 것이다. 노동자는 더 이상 기업가가 경영에 얽매여 있는 만큼 노동에 얽매이지 않게 된다. 도덕적인 힘만이, 이들의 자연스런 독립에 따라 항상 집단유기체의 다양한 요소들에게 맡겨지는 극단적인 항의가 양측 모두에게 행할 수 있는 남용을 비난할 것이다. 가장 균형 잡힌 시대에는 모든 공무원들이, 중세 때 사제, 교수, 판사들이 그랬던 것처럼 예외적으로 자신들의 직무를 연기할 수 있다. 그러므로 그러한 능력을 조절하는 것으로 만족해야 한다. 그러한 능력의 산업적 체계화는 철학적 힘의 부수적인 속성들 가운데 하나가 될 것이다. 그리고 공적이건 사적이건 다른 중요한 경우처럼 유사한 조치들에 거의 항상 철학적 힘이 참조되는 것은 당연한 일일 것이다. 철학적 힘이 연기나 금지를 인정할 경우, 이러한 고귀한 인정은 그러한 양식에 지금으로서는 지닐 수 없는 효용성을 마련해줄 것이다.

이렇게 함으로써, 하나의 부분적 조치가 처음에는 같은 직업에 종사하는 모든 사람들로, 나아가서 다른 산업 분야의 종사자들까지 확대될 것이며, 결국 동일한 정신적 지도자들을 자유롭게 인정하게 될 모든 서구인에게 확대될 것이다. 사실, 철학자들의 반대는 자신이 피해를 입고 있다고 믿는 대리인들이 자신들의 책임 아래서 이런 극단적인 양식을 사용하는 것을 방해하지 못할 것이다. 왜냐하면 진정한 이론적 힘은 결코 명령하지 않으며, 항상 충고하는 것으로 만족할 것이기 때문이다. 하지만 이 경우 철학자들의 충고가 잘못되지 않는 한, 그 조치는 결코 자신의 완전한 효용성을 획득하는 데 없어서는 안 될 폭과 중요성을 갖지 못할 것이다.

위에서 지적한 것처럼 산업 분야의 이러한 연합이론은 가장 중요한 사회적 기능에 반항할 수 있는 능력을 체계화하는데, 이는 모든 집단유기체의 극단적인 수단이다. 사실, 그 본질적인 과정은 아주 드물거나 중요한 경우에나 아주 단순하고 빈번한 적용의 경우에나 모두 마찬가지이다. 누구의 요청에 의한 것이건 자발적인 것이건, 두 경우에 모두 철학적 개입은 합당하면서도 경험적인 경향을 체계화하는 것이건, 혹은 그러한 경향의 특수한 발전을 비난하는 것이건, 항상 그 결과에 많은 영향을 끼친다.

앞에서 우리가 했던 모든 지적은, 실증주의자들의 정책과 공산주의자들이나 사회주의자들의 정책 사이에 존재하는 중요한 실질적 차이를 명확하게 규정하려는 것이었다. 오늘날 개혁적인 성향을 띠는 모든 학파들은 무엇보다도 민중계급에 관심을 기울임으로써, 당연하게도 이들을 중세 이후 그 최종적인 모습을 준비해온 현대사회에 합류시키려 한다. 또한 이들은 민중계급에 걸맞는 커다란 사회적 욕구의 본질이 정상적인 교육과 규칙적인 노동이라고 보고, 이들이 모두 체계화에 합당한 것이라는 데 의견 일치를 보여준다. 이것이 바로 실증주의가 다양한 진보적 학설들과 진정으로 공유하고 있는 모든 것이다.

하지만 실증주의는 이러한 2중의 조직화를 파악하고 완성하는 방식에서 다른 것과 구분된다. 실증주의는 필연적으로 산업 분야의 체계화를 교육 분야의 체계화 위에 기초하는 것으로 간주한다. 그런데 지금까지는 사람들이 이 두 분야를 동시에 일어난 것으로 간주해왔거나, 차라리 교육의 체계화보다는 노동의 체계화를 더 중요한 것으로 보았다. 이러한 순서의 차이는 처음에는 그리 중요한 것이 아닌 것처럼 보이지만, 사실은 우리의 쇄신의 성격과 과정을 근본적으로 변화시키기에 모자람이 없다. 왜냐하면 여전히 우세한 양상은 사실 정신적인 재조직화와는 별도로 세속적인 재조직화를 시도하는 것, 다시 말해 지적이고 도덕적인 토대 없이 사회적인 건축물을 구축하는 것으로 귀착하기 때문이다. 민중의 정당한 요구들을 만족시키기 위해, 그 효용성이 자연발생적인 것처럼 보이는 엄밀한 의미의 정치적인 조치들에 대한 메마르고 파괴적인 선호가 생겨나는 것은 바로 여기서이다. 반대로 실증주의는 평화롭고 확실하지만, 간접적이거나 점진적으로 나타나는 감정과 이성의 영향이 우위에 서도록 한다. 이러한 영향은 민중의 자유로운 지지를 받는 진정한 의미의 철학자들의 체계적 영향 아래서 현명한 여론을 통하여 촉진된다. 요컨대, 공동의 사회문제에 대한 2중적인 해결책이 항상 경험적이고 혁명적인 것이 되어 순전히 프랑스에만 국한될 것인가, 아니면 합리적이고 평화적인 것으로 변화하여 진정으로 서구 전체 차원으로 확장될 것인가 하는 문제는, 노동의 조직화를 교육의 조직화보다 앞서게 하느냐 아니면 뒤따르게 하느냐에 달려 있다.

여론은 건전한 교육체계 위에 기초해야 한다

이러한 결론에 따라, 노동자계급의 합법적 청원을 만족시키기 위한 새로운 영적 권력의 중요한 임무와 더불어 가장 강력한 수단을 구축하게 될 보통교육체계를 간략하게 지적하고자 한다. 그렇지 않다면, 나는 여기서 실증주의가 민중에 대해 어떤 영향을 지니게 되는지를 충분히 지적하지 않는 셈이 될 것이다.

가톨릭의 사회적인 장점은 무엇보다도 중세 때 가능했던 체계적인 교육을 처음으로 확립했다는 데 있다. 이러한 교육제도는 여전히 노예상태에 있던 사람들까지 포함하여 모든 계급에 공통적으로 적용되었다. 이러한 거대한 봉사는 필연적으로 세속권력과는 별도로 영적 권력을 먼저 확립하는 일과 관련되어 있었다. 그 일시적인 장점들 이상으로, 우리는 모든 진정한 교육에서 과학에 대한 도덕의 우위라는 하나의 영속적 원칙을 가톨릭에 빚지고 있다. 하지만 가톨릭이 그렸던 최초의 밑그림은 그것이 완성되었던 환경의 결함 때문이건 그것을 주도했던 학설의 해악 때문이건 아주 불완전한 것이었다. 무엇보다도 억압받는 민중을 향하도록 되어 있는 그러한 교육은 주로, 지도자들에게 부여된 의무를 제외하고는 진정한 의미에서 지적인 소양이 부족하기 때문에 거의 수동적인 체념을 불러일으켰다. 이러한 2중적 경향은, 모든 인간생활의 본질적 목표를 진정한 사회생활 밖에 위치시키며 모든 현상들을 헤아릴 수 없는 의지에 종속되는 것으로 간주하는 학설에 적합한 것이었다.

이러한 다양한 양상 아래서 가톨릭 교육은 실제로, 인류의 엘리트 계급이 조금씩 고대의 노예상태에서 벗어나—처음에는 노예상태를 농노상태로 변화시켰다—마침내 완전히 자유로운 상태에 도달했던 중세에만 적용될 수 있었다. 그것은 고대의 관점에서 보면 파괴적인 것이었겠지만, 현대적인 차원에서 보면 다만 종속적이며 불충분한 상태라고 할 수밖에 없을 것이다. 그것은 하나의 사회성에서 또 다른 사회성으로의 길고도 어려운 변화만을 주도해나갔다. 개인적인 해방 이후, 노동자들은 진정한 집단적 입장으로 나아가기 위해 진보적인 활동을 펼쳤다. 이리하여 이들은 곧바로 어떤 양식으로도 만족시킬 수 없는 지적이고 사회적인 욕구들을 경험하게 되었다.

그럼에도 불구하고, 이것이 바로 지금까지 존재했던 진정한 의미의 유일한 보편교육체계였다. 왜냐하면 우리는 중세 말엽부터 형이상학자들이 서구 전체에 걸쳐 점진적으로 우위를 차지하게 만든 이른바 대학교육에 보편교육이라는 명칭을 부여할 수 없기 때문이다. 대학교육은 이전에 사제들이 받았던 전문교육의 확장에 불과한 것으로, 사제들의 성스러운 언어에 대한 교육[14]으로 한정되었으며 거기에 사제들의 교리를 수호하는 데 필요한 변증법 훈련이 덧붙여졌다. 하지만 교육은 여전히 단지 신학교육에 불과했다. 사실, 이러한 형이상학적이고 문학적인

---

14) 라틴어 교육.

교육이 부수적으로 다른 건설적인 발전, 무엇보다도 예술적인 발전에 이바지했지만, 그것이 현대사회의 변화에 많은 도움을 줄 수 있었던 것은 오로지 그 비판적인 효용성 때문이었다. 이러한 훈련은, 활동적이고 사변적이며 진정한 목표가 완전히 다른 준비과정을 필요로 하는 새로운 계급까지 확대되어감에 따라 점점 더 그 불충분함과 비합리성이 드러나게 되었다. 또한 이러한 보편체계는 신자 개개인이 일종의 사제가 되었던 신교국가의 국민들 사이에서도 결코 노동자들을 포용하지 못했다.

그러므로 신학적 양식의 몰락과 형이상학적 양식의 무능함이, 진정한 의미의 대중교육체계를 확립한 것은 실증주의에 와서이다. 오늘날에 와서는 실증주의만이 대중교육체계에 똑같이 없어서는 안 될 두 가지 차원의 조건들을 조화시킬 수 있게 되었다. 하나는 정신적인 조건이고 다른 하나는 도덕적인 조건으로서, 이 둘은 중세 말엽부터 항상 대립적이었다. 정신에 대한 마음의 우위가 결코 진정한 의미에서 사변적 발전을 억압하지 않고도 가톨릭 체제 아래서보다 한층 더 견고하게 구축될 것이다. 왜냐하면 여기서는 실생활과 마찬가지로 항상 이성이 감정을 체계화시키는 데 몰두하기 때문이다. 그런데 발생 초부터 시작된 자발적인 배양은 개인적·가정적·사회적이라는 3중의 통상적인 훈련을 통하여 발전한다.

나는 앞에서 보편도덕의 궁극적인 조합을 직접적으로 지적함으로써 새로운 영적 힘의 주된 임무가 지닌 성격을 규정하고자 했다. 이제 나는, 실증주의 교육의 흐름 전체에서 처음에는 자발적이었지만 나중에는 체계적으로 변하게 된 우위를 지적하고, 실증주의 교육이 현실적인 지식체계 전체와 자연스럽게 연결되는 방식을 지적하는 데에서 만족하고자 한다.

실증주의 교육은 그것이 준비하는 삶과 마찬가지로 항상 지성을 사회성에 종속시키며, 사회성을 목적으로 하고 지성을 수단으로 삼는다. 그러한 교육은 무엇보다도 노동자들로 하여금 철학적 권력의 중요한 보조자라는 자신들의 사회적 임무를 잘 담당할 수 있도록 준비시키고, 또한 그들이 전문기능을 더욱더 잘 수행할 수 있도록 한다.

교육의 두 단계 : 출생에서 사춘기까지, 사춘기에서 청소년기까지.
첫 단계는 가정에서 육체 단련과 미학 훈련으로 이루어진다

태어나서 성인이 될 때까지, 그러한 교육체계 전체는 두 개의 일반적인 단계를 포함한다. 근본적으로 자발적이며 사춘기나 산업활동을 준비하는 시기에 끝나는 첫 단계는, 예술적인 소양과 관련된 교육말고는 다른 어떤 교육도 가능한 한 요구하지 않은 채 가족들 사이에서 이루어진다. 직접적이며 체계적인 다른 단계는 주로 현상들 사이의 다양한 질서를 지배하는 기본 법칙들에 대한 과학적인 강의의 연속으로 이루어진다. 그런데 이는 이전 단계의 모든 교육들을 공동의 사회목표를 향하여 수렴시키는 도덕적인 조합에 토대를 마련해준다. 오랫동안의 경험에 따라 합법적인 해방의 시대로 지칭되고 있으며, 우리의 관습이 실천적인 훈련의 종말을 고정시키는 시대에, 모든 노동자들은 정신에 의해서건 마음에 의해서건 자신의 공적이고 사적인 임무를 담당할 준비를 할 것이다.

자발적인 단계의 전반기는, 부모 특히 어머니의 지도 아래서 간니가 완전히 나기까지 이루어지는 육체적인 교육에 바칠 것이다. 그때까지 대략적인 근육 훈련에만 한정될 준비단계는 우리에게 관찰과 행동을 준비하게 함으로써 감각과 솜씨를 동시에 배양할 것이다. 여기에는 심지어 읽기와 쓰기 따위를 포함하는, 엄밀한 의미에서 어떠한 학습활동도 함께 넣어서는 안 된다. 이렇게 해서 얻어진 교육은 이제 막 생겨나는 주의력을 끌게 되는 모든 종류의 사실들로 향할 것이다. 개인의 철학은 비슷한 나이의 인류 전체의 철학과 마찬가지로[15] 어떠한 헛된 개입을 통해서도

---

15) 여기서 콩트는, 각 개인의 교육 단계를 인류 전체의 인식 발달 단계에 대비시켜 설명하고 있다. 그는 인간의 종교가 물신주의, 다신교, 일신교의

그 자연스런 흐름을 막아서는 안 되는 순수한 물신주의로 한정된다. 부모들의 온갖 정성이, 나중에 체계적인 교육을 정당화시키게 될 편견들에 영감을 부여하고 습관들을 불러일으킬 것이다. 선한 감정들의 적극적 배양은 끊임없이 진정한 도덕성의 가장 훌륭한 토대가 된다.

간니가 나는 시기와 사춘기를 포함하는 약 7년 정도의 기간에 이러한 자발적 교육이 체계화되는데, 그것은 다만 예술의 경우로 한정된다. 게다가 이 경우에 그러한 교육이 여전히 가정의 테두리를 벗어나지 않는 것이 중요하며, 또한 그렇게 되는 것이 정상이다. 진정한 미학교육은 항상 다소간 통제되는 훈련으로 축소되는데, 이는 어떤 직업이 필요로 하는 요청들을 제외하고 적어도 일반교육의 경우에는 어떠한 형식화된 훈련이 필요하지 않기 때문이다.

그러므로 잘 배양된 취향을 가진 부모들이 그것을 주도할 수 있을 경우, 실증주의의 제2세대부터는 어느 것도 가족의 울타리 내에서 미학교육이 완성되는 것을 가로막지 못할 것이다. 그것은 무엇보다도 다음과 같은 것을 포함할 것이다. 그런데 하나는 기본 예술로서의 시이고, 다른 하나는 음악과 회화라는 두 개의 가장 기본적인 전문예술이다. 시 예술에 대해서 말하면, 이 기간 동안 중요한 서구 언어들에 대한 교육이 이루어져야 할 것이다. 그 언어들이 없다면 현대시를 충분히 감상할 수 없기 때문이다. 이러한 훈련들은 예술적인 목표를 넘어 국가적인 차원의 편견들을 일소함으로써 우리의 실증적인 관습들을 서구화시키기 위한 하나의 중요한 도덕적 효용성을 지니고 있다. 건전한 철학은 개개의 국민들에게 모든 이웃 언어들을 습득해야 한다는 사회적 의무를 떠맡긴다. 어떠한 이의도 제기할 수 없는 이러한 원칙 아래서, 프랑스는 자신에게 많은 이점을 가져다주는 중심적인 입장에 따라 네 개의 다른 서구 언어[16]를 동시에 배우도록 강요받고 있다. 그러한 규칙의 보편적인 실천을 통해 다

과정을 순차적으로 거치면서 발전해왔다고 주장했다.
16) 독일어, 영어, 이탈리아어, 스페인어.

섯 개의 선진국 주민들 사이에서 자연스런 친밀감이 완성될 경우, 인간 언어의 절대적 통합을 지향하는 형이상학적 유토피아의 도움을 전혀 받지 않고도 지체없이 서구 공용어가 자생적으로 생겨날 것이다.

상상력의 배양이 우세해질 첫번째 교육의 후반기 동안, 각자는 동일한 상태의 인류 전체가 그보다 앞서 그랬던 것처럼 최초의 단순한 물신주의에서 진정한 의미의 다신교로 나아감으로써 자신의 고유한 철학적 발전을 따르게 될 것이다. 어린이들을 그런 단계에서 채택되는 순진한 교육에서 결코 등을 돌리게 할 수 없었던 기독교적 경험주의의 신중함에도 불구하고, 항상 개인의 발전과 사회의 진보 사이의 불가피한 유사성[17]이 어느 정도 드러난다. 실증주의 교육은 부모들에게 어떠한 위선을 요구하지 않으면서도, 또한 나중에 그들을 어떤 종류의 자가당착으로 이끌어가지 않으면서도 이러한 필연적 경향을 존중할 것이다. 모든 것을 화해시키기 위해서는 무엇보다도 진실해야 한다. 다시 말해, 어린이로 하여금 자신의 자발적인 믿음들이 단지 그 나이에만 적합한 것이며, 성장해감에 따라 결국 자신을 다른 믿음으로 이끌어가야 한다는 것을 깨닫게 해야 한다. 이러한 커다란 실증주의 교의를 어린이에게 친숙하게 만들어준다는 과학적인 장점을 넘어, 그러한 지혜가 자연스럽게도 막 태어나고 있는 사회성에 영향을 끼칠 것이다. 그러한 지혜는 여전히 이 정도 수준의 지적인 삶에 머물러 있는 수많은 국민들에게 미리 공감할 만한 태도를 취하게 한다.

두번째 단계는 수학에서 사회학에 이르기까지
공식적인 강의로 이루어져 있다

두번째 단계의 실증주의 교육은 대다수의 부모들이 부분적으로밖에

---

17) 앞에서 언급했던 대로(210쪽 주 15) 참조), 콩트에 의하면, 개인교육과 인간사회의 발전단계는 비슷한 과정을 거친다.

참여할 수 없는 공교육을 요구하기 때문에, 순전히 가정적인 단계에서만 머물러 있을 수 없다. 그렇다고 해서 어린이가 가정생활에서 멀어지게 해서는 안 된다. 왜냐하면 가정생활이란 어린이의 도덕 발전에 없어서는 안 될 것이기 때문인데, 어린이의 도덕 발전에 대한 요청들은 앞으로도 계속해서 우위를 차지할 것이다. 어린이 자신의 개인적이고 가정적인 도덕성이, 교조주의적 수도원이 결정하게 되는 불가피한 변질에 노출되지 않고도 쉽사리 더 나은 교사들을 따를 수 있다.

이 체제가 초래할 수 있는 사적인 위험들을 보상해주는 듯한 사회적 접촉들은 공감이 더 자주 이용되는 자유로운 외적 관계에서 더 자주 일어난다. 대중교육을 더욱 쉽고도 완전한 것으로 만들어주는 이러한 평가는, 아마도 전문교육이 계속적으로 집단적인 폐쇄를 요구하게 될 어떤 종류의 직업에 대해서만은 적합하지 않을지도 모른다. 심지어 이러한 의무가 나중에도 예외적인 경우들에 대해서도 필수불가결한 것으로 남아 있게 될지는 의문이다.

체계적인 교육의 일반적 진행에서, 이러한 의무감은 나의 발전이론의 제2의 필수요소를 이루는 전체적인 법칙으로 이미 확실하게 묘사되었다. 왜냐하면 노동자들의 과학 공부는 철학자들의 그것과 마찬가지로 처음에는 우리의 유기적이지 못한 조건과 관계하고, 나중에는 우리 자신의 개인적이고 사회적인 본질과 관계함으로써 우리의 현실적 행위에 대한 2중의 합리적 토대를 구축할 수 있기 때문이다. 초기 단계의 수업은 두 쌍의 예비과학을 포함하는데, 한편에는 수학과 천문학이 있고 다른 한편에는 물리학과 화학이 있다. 실증주의 교육은 이들 각각에 대해 2년씩 할애하게 될 것이다. 노동자교육의 나머지 분야에서는 실제로 하나의 강의만으로도 충분하지만, 처음 쌍은 더 높은 곳으로 확장될 가능성이 많고 논리적으로 더 중요하기 때문에 일주일에 두 차례의 강의가 필요하다. 처음에는 산업 분야의 훈련이 훨씬 덜 필요하기 때문에 자연스럽게 사변적인 일에 더 많은 시간을 투자할 수 있을 것이다.

이러한 체계적이지 못한 준비과정에 생물학 연구가 이어지는데, 이 연구는 5년째에 가서 진정한 의미에서 철학적이고 대중적인 40회의 강의로 이루어지는 하나의 교과목 속에 축약될 수 있다. 없어서는 안 될 이러한 준비작업을 모두 거친 다음, 같은 교육 기간으로 이루어지는 6년째에 가서는 최종적으로 사회학에 대한 정태적이고 역동적이며 직접적인 연구를 통해 모든 현실적인 사변들을 체계화할 것이다. 직접적인 사회학 연구는 인간사회의, 특히 현대사회의 구조와 운동에 대한 진정한 개념들을 친숙한 것으로 만들어줄 것이다. 이를 바탕으로 실증주의 수련자들에 대한 7년 교육의 마지막 해에 이르면 이러한 교육 전체가 즉시 중대한 사회적 목표를 향해 나아갈 수 있을 것이다. 그것은 도덕에 대한 체계적 설명을 통해 이루어지는데, 그러한 설명에 대한 각각의 본질적인 증명은 세계, 삶, 인류에 대한 건전한 이론에 따라 광범위하게 느껴질 수 있을 것이다.

이 모든 연구가 진행되는 동안, 매년 아무 교육도 이루어지지 않는 자유로운 3개월은 부분적으로 이전에 이루어진 모든 지식의 습득을 확인하는 공식적인 시험에 바칠 것이다. 첫 단계의 교육에서 이루어지는 미학 훈련들은, 현명하게도 자연적인 취향들을 조금이라도 부추겨줄 경우 자발적으로 두번째 단계의 과학교육으로 이어질 것이다. 그러한 훈련들은 철학교육이 이루어지는 마지막 2년 동안 두 개의 중요한 고대 언어[18]에 대한 자발적인 연구가 이루어지게 할 것이다. 이러한 언어교육은 노동자들이 몰두하게 될 역사이론, 도덕이론과 관련된 시적인 보완이라고 할 수 있다. 그리스어의 습관이 우리의 예술적 기원과 관련된 것이라면, 라틴어의 습관은 우리의 사회적 계보를 폭넓게 느끼는 데 훨씬 더 유용하다.

개인의 철학적 발전은 인류 전체의 그것과 마찬가지로, 합리적인 발전이 이루어지는 7년이라는 기간 동안 마지막 준비과정을 거칠 것이다. 그 발전은, 상상력의 원초적인 우위에 대하여 토론정신이 계속해서 더

---

18) 라틴어와 그리스어.

많은 영향을 끼침으로써 다신교 상태에서 그에 못지않게 자연발생적인 일신교를 향해 나아갈 것이다. 또한 각자가 순진하게 인간교육의 본질적인 조건들에 대해 마지막으로 경의를 표하는 자유로운 형이상학적 과도체제를 인정해야 한다. 사람들은 이러한 과도체제가 항상 수련 기간의 마지막 2년을 차지할 수학 연구의 추상적이고도 독립적인 본질에 적합하다는 점을 인정해야 한다. 연역이 귀납보다 우세한 것이기 때문에, 정신은 필연적으로 형이상학으로 기울어진다. 형이상학의 자연스런 발전은 각 개인으로 하여금 즉시 최초의 신학을 다소 모호한 이신론으로 환원시키게 한다. 분명히 말해, 물리학과 화학에 대한 연구가 진행되는 동안 이신론은 일종의 무신론으로 타락하여 결국 생물학의 개념과 무엇보다도 사회학의 개념의 뚜렷한 영향으로 진정한 의미의 실증주의로 대체될 것이다. 이렇게 해서, 최후의 도덕적 체계화는 인간 계보에 대한 광범위한 개인 감정과 일치하게 된다. 그런데 이러한 감정은 인류의 새로운 구성원들로 하여금 자신의 조상 전체나 동시대인들과 공감하면서도 후손들을 위해 일할 수 있도록 해줄 것이다.

실습생들의 여행

이러한 대중교육 구도는 처음에는 노동자의 지혜에서 자연스럽게 생겨나는 고귀한 실천과 양립하기 힘든 것처럼 보인다. 민중을 위한 교육과정에 따르면, 산업 훈련의 마지막 몇 년간을 자유로운 여행에 바친다. 하릴없는 부자들이 하는 목적 없는 유람이 그들에게 해로운 만큼이나, 이 여행은 민중의 정신과 마음에 쓸모 있는 것이다. 하지만 이러한 행복한 여행이 절대로 한 장소에서 이루어지는 학습에 대립적인 것은 아니다. 왜냐하면 이 여행은 항상 중요한 생산 중심지에서 상당 기간 체류하도록 일정이 잡히는데, 거기서 노동자들은 자연스럽게도 고향에서 할 수 있는 연례적인 것과 동일한 강의를 다시 들을 수 있기 때문이다. 철학자 조합의 동질성과 영역 확장은 그러한 이동에 따른 불편함을 충분히 예견한다. 각각의 강의체계는 모두 일곱 명의 교사들만을 필요로 하는 데, 각자는 연속적으로 여러 단계를 모두 섭렵할 것이다. 공무원의 전체 인원은, 그들이 어디서든 동등한 혜택을 누릴 수 있고, 또한 동등한 세속적인 지원을 받을 수 있도록 충분히 제한되어야 한다.

실증주의 체제는 노동자들의 여행을 억제하는 것이 아니라, 이 여행에 새로운 지적·사회적 성격을 부여할 것이다. 또한 실증주의 체제는 이들의 여행을 서구 전체로 확장시킬 것이다. 실증주의 노동자들은 서구 전체에서 언어에 상관없이 손쉽게 교육을 따라갈 방법을 찾을 수 있을 것이다. 게다가 그것을 통해 서구인들의 우애가 펼쳐질 현명한 여행들이 예술 학습을 완성시켜줄 것이다. 이러한 완성은 제2의 소년기에 배운 관용어들에 더욱 친숙해지거나, 무엇보다도 지역적인 기원을 통해서만 느낄 수 있는 음악·회화·건축 분야의 예술품들에 대한 감상력을 더욱더 갈고닦음으로써 이루어진다.

집중학습

오늘날, 7년 동안의 교육에 포함된 360개의 강의가 그러한 기본 훈련 전체를 모두 포괄할 수 있을까 하는 의문을 제기할 수도 있다. 하지만 강의의 일상적인 전문성과, 무엇보다도 우리의 유감스런 과학체제에 의한 대부분의 교사들의 산발적인 경험주의에서 비롯되는 현재와 같은 강의의 확장으로 그것을 평가해서는 안 된다. 진정한 철학은 사회적 감정의 이름으로 조화로운 정신이 당연한 우위를 차지하게 함으로써 우리의 다양한 실증적 학업들을 쇄신시킬 것이다. 그럴 경우, 개념들의 친근한 응축을 통해 진정한 의미에서 온갖 교육적 효용성이 생겨나는 자발적인 노력을 다른 것으로 대치시키는 것이 아니라, 항상 그러한 노력을 이끌어나가게 되는 훨씬 더 구체적인 강의들이 자연스럽게 생겨날 것이다.

우리는 지금은 아주 잊혀져버린 특수한 예, 즉 너무나 다행스럽게도

'혁명적'이라고 불렀던 유명한 강의를 통해 그러한 혁신이 어떤 것인지 알 수 있다. 그 강의는 파리 이공과대학이 생긴 지 얼마 되지 않아서 있었던 것으로, 3년 동안의 교육을 3개월에 끝마치도록 되어 있었다. 당시로서는 무엇보다도 공화제를 향한 감정이 높아지면서 생겨난 찬양할 만한 비정상상태가, 그리고 그러한 도덕적 힘이 우리의 뛰어난 선구자들에게는 알려지지 않았던 완전한 정신적 체계화에 기초할 경우 정상으로 바뀔 수 있을 것이다.

지금까지 감정의 교육학적 효용성은 무시되었는데, 그것은 중세 말엽부터 정신의 함양이 마음의 무기력과 일치했기 때문이다. 하지만 사회성에 대한 지성의 자발적이면서도 체계적인 상태의 지속은 실증주의의 주된 성격을 이루는 것으로서, 도덕적 소유만큼이나 이론적 장점에서도 풍요로운 결과를 초래한다. 민중에 대한 교육과정 전체에서 부모들과 교사들은 각자 사회적 감정을 연마할 정당한 기회를 가지는데, 친근한 격려가 종종 아주 엄격한 강의들을 매력적으로 만들어줄 것이다. 정신은 항상 마음을 강화시키고 배양시키는 데 바칠 것이며, 반대로 마음은 정신을 활기차게 하고 그것을 이끌어나갈 것이다. 일반적 사유와 관대한 감정 사이의 긴밀한 유대관계는, 과학교육이 삶 전체를 아름답게 만들기 위한 행복한 습관들을 부추기는 미학교육을 계승하는 만큼 과학적 연구를 한층 더 쉽게 만들어줄 것이다.

**어떤 예외적인 기관의 경우를 제외하고는 정부의 도움이
필요하지 않으며, 이 경우에도 잠정적으로만 이루어져야 한다**

그러한 교육이 무엇보다도 민중을 대상으로 삼게 함으로써, 나는 다만 그 교육의 보편적 확장과 철학적 본질이 어떤 성격을 지니는지를 제대로 규명하려고 했던 것만은 아니다. 내가 보기에, 최소한 일반교육에 관한 한 다른 어떤 체계적 교육이 존재할 것 같지는 않다. 이렇게 해서, 공화제가 노동자들에게 갚게 된 성스러운 빚은 절대로 자신들이 바라는

교육을 손쉽게 얻을 수 있는 계급으로 확장되지 않는다. 게다가 이러한 전문적 훈련은 건전한 일반적 훈련의 부분적 발전에 불과하거나 기껏해야 제한된 적용일 수밖에 없다.

그러므로 일반교육을 받고 나면 각자는 혼자서도 이러한 부수적 교육을 행할 수 있을 것이다. 직업훈련의 경우, 아주 고난도의 기술에 이르기까지 진정한 의미의 가르침을 전혀 포함하지 않는다. 오늘날 이 문제에 대해 팽배해 있는 잘못된 평가는, 가톨릭 체제가 쇠퇴한 이후 일반교육의 완전한 부재라는 통탄할 만한 현상에서 생겨난다. 왜냐하면 지난 3세기 동안 서구 전체에서 생겨났으며, 프랑스의 경우 당연하게도 국민의회에 의해 쇄신된 귀중한 전문교육기관들은, 사실 일반교육의 궁극적인 혁신을 위해 없어서는 안 될 다양한 과학적인 싹들이기 때문이다.

이러한 기관들의 이론적 효용성은 논란의 여지가 없느니만큼, 이들 기관에 영감을 제공했을 것으로 보이는 실질적 유용성에 대해 의문을 제기할 수 있다. 심지어 파리 이공과대학과 자연사박물관 같은 경우에도 예외 없이, 거기에 필요한 기술들은 실질적 유용성이 없더라도 가능할 것이다. 우리가 지나온 혼란의 시대에 이루어졌던 모든 건전한 발명들과 마찬가지로, 이 기관들은 과도적인 수단으로서만 중요한 가치를 지닌다. 이런 점에서 볼 때, 오늘날 이 기관들은 철학의 영감 아래서 유용하게 재조직될 수 있다. 이러한 철학적 영감에 따라 영원히 지속할 것이라는 환상을 품지 않고서도 이 기관들은 탁월한 현실적 목표에 더욱더 잘 적응하게 된다.

여러 가지 측면에서, 이 철학은 몇 개의 다른 기관들, 특히 문헌학교 같은 기관을 제안한다. 이는 인간 언어 전체를 그들 간의 연관관계에 따라 포괄함으로써 그리스어와 라틴어 수업이 필연적으로 소멸되는 상황을 보완할 것이다. 하지만 분명히 말해 이러한 모든 과도기 단계들은 진정한 일반교육의 최종적인 체계가 우위를 차지하게 될 19세기 말 이전에는 사라질 것이다. 현 단계에서 느껴지는 최종적인 체계의 필요성이 그 성격이나 운명을 인식하지 못하게 해서는 안 된다. 사실, 국가가 교육의 빚을 지고 있는 것은 노동자들에 대해서뿐이며, 국가를 현명하게 조직하는 데에서 교육은 어떠한 전문기관도 필요로 하지 않는다. 이러한 결정적인 원칙들은 대중교육을 고상하게 해줌과 동시에, 그것을 더욱 쉽게 해준다. 이러한 원칙에 따라 국가, 지방, 도시들은 앞을 다투어 아주 뛰어난 교사들의 가르침을 요구할 것이다. 그런데 사람들이 도처에서 합당한 교육의 참된 대중성은 반드시 그 체계적인 상승과 관련되어 있다는 사실을 깨달을 경우, 모든 진정한 철학자들은 항상 이러한 강의들을 자랑스럽게 여길 것이다. 이러한 통상적 임무는 당연히 적어도 적극적인 행동의 많은 부분에서 새로운 정신성의 대다수 기관들이 수행하는 주된 기능이 될 것이다.

현재 우리는 이러한 교육을 맞이할 만큼 충분히 성숙되어 있지 않다. 그렇다고 해서 정부가 이 체계를 인위적으로 앞당기려 해서는 안 된다

앞에서 지적한 것처럼, 오늘날 그러한 일반교육은 어떠한 즉각적인 조직화도 가져다주지 않는다. 이 점에 대해 다양한 현실 정부의 성향이 어떠하든 간에, 그들의 경험적인 노력들이 그것을 앞당기려 하거나 무엇보다도 주도하려 하다가는 오히려 위대한 토대에 해만 끼치게 될 것이다. 그런데 모든 참된 교육체계는 그 본질과 목적을 규정하는 참된 철학적·사회적 학설의 영향을 전제로 한다. 어린이들은 부모의 확실한 신념에 반하여 양육될 수 없으며, 그들의 도움이 없이는 양육될 수조차 없다. 나중에 체계적인 교육이 사회환경 속에서 이미 우위를 차지한 여론과 관습을 강화시켜줄 것이다.

하지만 우선 이러한 결합 원칙들이 자발적으로 충분한 우위를 확보하지 못할 경우, 이러한 교육은 불가능해질 것이다. 그때까지는 정신적이고 도덕적인 체계화는 충분한 준비를 갖춘 개인들 사이에서만 이루어질 수 있을 것이다. 왜냐하면 이들 각자는 새로이 등장한 보편학설의 주도

아래 자신이 받은 교육의 해악과 결함들을 가능한 한 수정하고자 하기 때문이다. 그러한 학설이 진정한 우위를 차지할 경우, 이러한 때늦은 개인적 확신들이 다음 세대의 집단교육을 지도할 것이다. 어떠한 인위적인 주장도 이와 같은 자연스런 행보를 면제받을 수 없을 것이다. 그러므로 현실 정부가 일반교육을 조직화하게 할 것이 아니라, 무엇보다도 프랑스의 경우 여전히 지켜나가고 있는 쓸데없거나 혼란스런 속성들을 포기하도록 권고해야 할 것이다.

나는 위에서 초등교육과 고등교육에 대한 현재의 원칙에 2중의 예외가 있다고 지적했는데, 이들 교육은 진정한 의미의 혁신에 없어서는 안될 싹으로서 점점 더 현명한 공적인 관심을 불러일으키게 된다. 이 점을 제외한다면, 중앙권력이건 지방권력이건, 세속권력이 진정한 의미에서 교육의 자유를 확립함으로써 자신의 이상한 교육학적 우위를 포기하는 것이 무엇보다도 중요하다. 나는 앞에서 이미 신학적이고 형이상학적인 모든 예산의 즉각적인 폐지라는 교육과 자유가 전제로 하는 두 가지 조건을 지적했다. 하나의 보편학설이 자연스럽게 우위를 차지하지 못한다면, 공교육의 직접적인 쇄신을 위한 현실 정부의 어떠한 노력도 반동적인 것으로 비쳐질 수밖에 없을 것이다. 왜냐하면 이러한 노력은, 오늘날 완전히 다른 것으로 대체해야 하는 시대에 뒤떨어진 다양한 학설들 가운데 하나에 기초하고 있기 때문이다.

그러므로 지금으로서는, 나중에 엄밀한 의미에서 진정한 교육의 혁신을 가능하게 해줄 체계적인 확신을 궁극적으로 확립하기 위해 노력해야 하는 것은 성인(成人)에 대해서이다. 나는 여기서 언론과 출판이 필수적인 준비단계에 적용할 수 있도록 해주는 본질적인 수단들 가운데 지금부터는 당연히 그러한 반열에 오르게 될 역사학을 포함한 다양한 실증과학에 대한 대중 강의들의 체계적인 지속에 특별히 주목해야 하리라고 본다. 하지만 이러한 강의들은 심지어 아주 사소한 수학 연구에서조차 진정으로 철학적이며 사회적인 성격을 따를 때에만 비로소 완전한 효용성을 지닐 수 있다. 또한 이러한 강의들은 어떠한 것이건 항상 정부로부터 독립되어 있어서 온갖 공식적인 학설을 피할 수 있어야 한다. 그러한 강의들을 단지 국가적인 차원에서 그칠 것이 아니라 서구 전체 차원으로 넓혀나갈 경우, 아주 다행스럽게도 이러한 조건 전체가 요약된다. 그렇게 함으로써, 서구 전체에 걸쳐 본래 무상의 개입을 통해 위대한 잠정적 임무에 협력할 수 있는 사람들의 자발적인 도움에서 비롯되는 자유로운 철학 모임의 적극적 우위를 촉발시키게 된다. 오늘날 실증주의만이 그러한 교육을 규정할 수 있다. 무엇보다도 이렇게 해야만 철학자들과 노동자들 사이의 근본적인 융합이 생겨날 수 있다.

이러한 독자적인 행보에 따라, 실증주의적 확신을 확산시키려는 노력들은 당연하게도 쇄신의 토대를 길러내야 하는 정신적 권위의 자유로운 발전에 부응한다. 그러므로 최종적인 질서의 두 개의 극단적 계급[19] 사이의 자발적 유대관계의 성격이 더욱더 뚜렷해짐에 따라, 잠정적인 체제가 가능한 한 정상상태에 접근하게 될 것이다. 이러한 점진적 경향들을 더욱 잘 느낄 수 있으려면 실증주의 강의들을 그에 대응하는 모임들과 비교해보아야 할 것이다. 강의들은 직접적으로 미래를 준비하고 있는 데 반해, 모임들은 과거에 대한 평가와 현재에 대한 충고를 통해 동일한 목적에 이바지함으로써 새로운 정신주의의 세 가지 기본 양식들의 밑그림을 그린다.

우리가 앞에서 지적했던 모든 것은 대중교육의 최종적인 체계와 그것을 준비할 즉각적인 변화가 어떤 성격을 지니고 있는지를 충분히 밝혀준다. 철학자들과 노동자들의 연합이 이루어지는 동안 그것은 서구에서 정상상태가 가능해지기 오래 전부터 양쪽 모두에게 커다란 이익이 될 것이다. 이러한 강력한 지지는 이제 막 태어나는 정신으로 하여금 오늘날 누구보다도 물질적이지 않은 온갖 힘들을 경멸할 채비를 갖추고 있는 세속적 지도자들의 존경과 사랑을 얻을 수 있게 해줄 것이다. 지도자들의 헛된 오만은 종종 노동자들의 당연한 분개에 대한 철학자들의 개

---

19) 철학자들과 노동자들.

입을 불러일으키는데, 처음에는 수적인 우위가 더 나은 것 같아 보이지만 대개의 경우 결국에는 재력의 우위에 훨씬 못 미치게 된다. 왜냐하면 수적인 우위는 무엇보다도, 지적이고 도덕적인 수렴을 요구하는 계속적인 협력에 의존하기 때문이다.

건설하기 위해서건 파괴하기 위해서건, 철학은 바로 이러한 수렴에 많은 영향을 끼치게 될 것이다. 몇몇 교활한 사람들이 생각하는 대로, 철학자들이라고 해서 결코 노동자들을 마음대로 할 수 있는 것은 아니다. 다만, 철학자들은 경우에 따라 질서와 진보를 위해 정신적 권위를 노동자들에게 적용함으로써 이들의 정열과 행동을 상당 부분 변화시킬 수는 있다. 이러한 자유로운 영향은, 추정되는 능력뿐만 아니라 실제로 주어진 봉사에 의해서도 결정되는 신뢰와 감사라는 2중의 통상적인 감정에서만 생겨날 수 있다. 왜냐하면 어느 누구도 자신의 고유한 요청들에 적합한 가치를 부여할 수 없기 때문이다. 그러므로 노동자들의 정당한 요구조건들을 지도자계급에게 제시하는 것은 철학자들의 몫이다. 노동자들은 세속적인 지도자들에게 새로운 정신을 존중하도록 강요할 것이다. 이러한 2중의 통상적인 교환에 따라, 노동자들의 청원은 어떠한 무정부주의적 경향에서도 영향받지 않을 것이며, 철학자들의 요구 또한 더 이상 헛된 야망을 가리키지 않을 것이다. 이 두 계급은 각각 그렇게 함으로써 그들의 주된 관심사 때문에 자신들의 성격을 타락시키는 것이 아니라 오히려 만족을 얻게 되며, 다만 자신들의 사회적 임무를 고상하게 따라가는 데에서 만족하게 된다.

민중의 지적인 능력, 신학적인 믿음으로부터의 해방

유일하게 노동자들에게 적합한 실증정치의 성격 규명을 마감하면서, 나는 그것이 노동자들 속에서 가정하는 정신과 마음의 성향들을 지적하고자 한다. 노동자들이 자신들과 연합한 철학자들에게 요구하게 될 성향들은 여기서 생겨난다. 사실 따지고 보면, 이러한 다양한 일상적 조건들은 민중에게 합당하며 서구의 위대한 움직임의 중심[20]에서는 이미 우위를 차지한 경향들을 한층 더 발전시킨다.

지적인 관계 아래에 두 가지 중요한 경향이 있다. 그 하나는 부정적인 것으로 과거로부터의 해방의 움직임과 관련된 것이며, 다른 하나는 긍정적인 것으로 미래에 대한 준비단계와 관련된 것이다.

첫째 조건은, 적어도 파리의 경우에는 신학체제에 대해 이미 충족되었다. 신학체제는 다른 어떤 곳보다도 노동자들 사이에서 더욱 철저히 실패했다. 수많은 학식 있는 사람들이 여전히 머물러 있는 이신론은 다행스럽게도, 현대적인 해방의 이러한 극단적 휴지를 연장시킬 수 있는 말들과 실체들에 대한 연구와 무관한 민중들 사이에서는 거의 아무런 매력도 지니고 있지 못하다. 다만, 민중정신의 진정한 경향들이 한층 더 두드러져, 우리의 쇄신이 보여주는 지적인 성격에 대한 온갖 환상과 거짓을 피할 수 있어야 한다. 그런데 이러한 결정적인 출현은, 새로운 철학이 체계적인 기관이 되는 본질적으로 자유로운 환경 속에서 지체없이 달성될 것이다. 이러한 출현이 민중계급의 사회적 욕구와 긴밀하게 연결됨에 따라 우리는 거기에 더 많은 기대를 걸게 된다. 왜냐하면 오늘날 공개적으로 타파해야 할 헛된 신학적 위선은 무엇보다도 민중의 정당한 요구를 거스르면서 형성되거나 적어도 그에 대항하여 적용되기 때문이다.

이러한 부도덕한 신비화는 노동자들의 정신적인 복종을 전제로 하고, 그들에게 환상적인 미래에 대한 기대를 품게 함으로써 현실적인 개선에 대한 노동자들의 합법적 기원들을 완전히 일소해버리는 경향만을 띠고 있다. 지배계급에게 어떠한 경멸의 구실도 허락하지 않을 정도로 강력하게 자신들의 지적인 상황을 솔직하게 증언하는 데 만족함으로써, 불쾌한 것 이상으로 우스꽝스럽기까지 한 이러한 음모를 분쇄할 수 있고, 또 그렇게 해야 하는 계급은 노동자들밖에 없다. 이렇게

---

20) 파리와 나아가서 프랑스 전체.

해서 노동자들은, 결코 충분히 해방되지 못할 것이며 로베스피에르 이후 선동정치가들이건 왕당파들이건 모든 반동분자들이 기초하고 있는 체계적 은폐에 동의하는 모든 학자들을 거부할 것이다. 우리의 사회생활을 각자가 가능한 한 최소한으로만 참여해야 하는 일시적 유배상태로 인식하는 사람들에게, 민중계급의 강력한 지혜는 자신들의 고유 원칙에 따라 독특한 목표와 무관한 구조에 대한 모든 관리를 포기하라고 답할 것이다.

형이상학적인 학설로부터의 해방

노동자들의 형이상학체제에서의 해방은 신학체제에서의 해방보다 훨씬 덜 진행되었지만 그만큼 더 필수적이다. 확실히 신교의 영향을 받지 않은 국민들 사이에서, 오늘날 독일 국민들을 그토록 괴롭히고 있는 미묘한 일탈들은 거의 아무런 신뢰도 얻지 못했다. 하지만 민중은 도처에서 심지어 파리에서조차, 다행스럽게도 그것을 갖추고 있지는 않지만 그에 대응하는 가르침에 대한 해로운 편견을 지니고 있다. 지금으로서는, 앞으로 유일하게 사회적 발전을 방해하게 될 노동자들의 마지막 환상을 수정하는 것이 무엇보다도 중요하다. 이러한 환상은 무엇보다도 가르침과 지성 사이의 너무나 빈번한 혼동에 기초한다. 이러한 환상에 따라 겸손한 민중은 교육받은 사람들만이 지배하는 능력을 지니고 있다는 결론을 끌어낸다. 이러한 몰이해는 비록 용서받을 만한 것이기는 하지만, 종종 노동자들로 하여금 아무것도 할 수 없는 안내인들을 선택하도록 한다.

사회에 대한 더 나은 평가는 민중에게 다음과 같은 사실을 가르쳐준다. 즉 배운 사람들과 학자들의 오만에도 불구하고, 정말로 힘있는 대다수 사람들은 이들이 아니라 그토록 무시되었던 실천가들 사이에, 때로는 교육의 혜택을 받지 못한 노동자계급 사이에 존재한다. 교육(éducation)이 가르침(instruction)보다 우세하기 때문에 아주 무식한 기사(騎士)들의 심오한 현실적 지혜를 찬양하고 이용할 수 있었던 중세 때 사람들은 차라리 한층 더 잘 판단했다. 공정함, 명민함, 심지어 일관성과 같은 미덕은 일반적으로 어떤 종류의 가르침과도 무관한 것이며, 지금까지 이러한 것들의 함양은 많은 부분 이론적인 수련보다는 실생활과 관련되어 있었다. 오늘날 특히 교육받은 사람들 사이에서 모든 정치적인 능력의 중요한 토대가 되고 있는 전체정신이 매우 매우 부족하다고 확실히 말할 수 있다.

민중이 진정한 의미에서 지적 능력보다 문학적이고 수사학적인 재능을 선호하는 것은 잘못이다

다음으로, 이러한 지적은 가장 해방된 노동자들을 비난하는 심각한 편견이 생겨나게 된 중요한 원인을 깨닫게 해준다. 사실, 이러한 편견은 무엇보다도 다양한 종류의 가르침에 대한 혼란에서 비롯된다. 노동자들이 여전히 문학가들과 변호사들에게 부여하고 있는 통탄할 만한 정치적 신뢰는, 그들 사이에서 현학자들의 위엄이 신학과 군주제의 위엄보다 더 오래 지속될 것임을 보여준다. 하지만 건전한 철학의 영향이 체계적으로 증가함에 따라, 공화주의는 전혀 망설이지 않고 그것을 일소해버릴 것이다. 얼마 지나지 않아 민중의 본능은, 글이건 말이건 표현 능력의 지속적인 훈련이 개념화 능력의 현실적 보증이 아니라, 오히려 분명하고 결정적인 평가를 전혀 내리지 못하게 한다는 사실을 깨달을 것이다. 이러한 본능은 진정한 원칙이 없는 가르침에 입각해 있기 때문에 거의 항상 고정된 확신이 전적으로 없다는 것을 가정하거나 초래하게 될 것이다. 이와 같이, 교육받은 대다수 사람들은 다른 사람들의 사유를 형성하는 데에는 능하겠지만, 아주 사소한 문제들에서도 심지어 그들 자신의 이익에 관한 문제에서도 참과 거짓을 구분할 수 없을 것이다. 그러므로 오늘날 민중계급은 너무나 자주 자신의 사회적 운명을 교육받은 사람들에게 맡겨버리는 맹목적 숭배에서 벗어나야 한다. 이러한 계급 감정은 좋은 질서를 위해서 반드시 필요하지만, 중요한 것은 그것을 바람직한 방향으로 잘 이끌어가는 일이다.

이처럼 노동자들은 어쩔 수 없이 자신들과, 나아가서 자신들의 진정한 대변기관들이 어떠한 정신적 준비를 갖추어야 하는지를 검토하게 될 것이다. 그렇게 함으로써, 그들은 그러한 준비가 무엇보다도 건전한 과학 연구를 통해 실증정신을 자발적으로 함양하는 것이라는 사실을 깨달을 것이다. 그들의 일상적 작업들은 진정한 철학적 방법론의 기초적인 발달을 가능하게 하며, 그들의 관심을 중요한 자연법칙을 향해 이끌어간다. 또한 서구 민중계급의 자연스런 유형인 파리의 노동자들은 실증정신의 성격을 이루고 있는 유용성과 실증정신의 긴밀한 조합을 대다수의 학자들보다도 더욱 잘 깨닫게 된다. 학자들이 담당하고 있는 전문 기능들은 일반성과의 관계의 필요성을 훨씬 덜 자극한다. 하지만 학자들의 기능들은 이러한 관계 아래서 모든 선한 사람들의 자연스런 경향들을 발전시키기에 합당한 정신적 여유를 남겨놓는다.

민중계급에게 자신의 현실적인 개념들을 완성하고 조합한다는 것이 얼마나 중요한지를 즉각적으로 깨닫게 해주는 것은 무엇보다도 사회적 충동이다. 현재 해로운 질서를 가능한 한 수정하기로 한 민중계급은, 온갖 다른 외부구조와 마찬가지로 우선 그 진정한 법칙들을 알아야 할 필요가 있다는 사실을 이해할 것이다. 이들은 그것을 한편으로는 과거와의 관련 속에서, 다른 한편으로는 미래와의 관련 속에서 이해하지 않고서는 사회의 현재 상태를 잘 평가할 수 없다는 것을 나중에야 깨달을 것이다. 사회현상의 자연스런 추이를 변경해야 한다는 필요성 자체가, 민중으로 하여금 사회현상의 과거의 모습과 자발적인 경향을 알고자 하는 욕망을 갖게 함으로써, 해롭거나 불필요한 온갖 개입을 더욱더 잘 피할 수 있도록 해줄 것이다.

이렇게 해서, 실증정신은 정치기술이 다른 어떤 것보다도 과학에 훨씬 더 많이 의존한다는 것을 깨닫는다. 그런 다음 얼마 가지 않아 실증정신은, 고립되어 있지 않은 과학은 먼저 개인과 외부세계에 대한 연구를 필요로 한다는 것을 깨달을 것이다. 그리하여 실증정신은 실증적 개념들의 기초 단계 전체를 거슬러 올라가서, 본래 비유기적인 존재와 관련된 전문적인 관심사들이 자발적으로 그것을 위치시키는 원천으로 돌아갈 것이다. 노동자들의 이성이 보여주는 이러한 자발적인 경향은 당장에 실증철학을 이론의 측면에서나 실천의 측면에서 민중계급에게 적합한 유일한 것으로 제시하게 된다. 그것은 실증철학이 동일한 목적과 영역을 포괄하기 때문이며, 또한 사회적 배려들에 똑같은 우위를 부여해주기 때문이다.

이렇게 해서, 민중의 본능은 그러한 학설이 자신들 속에 남아 있는 자발적인 것을 체계화하는 데에서 만족한다는 사실을 깨닫는다. 또한 민중의 본능은, 앞으로는 이러한 체계화가 분리할 수 없는 사변적이면서도 행동적인 두 개의 지혜가 공동으로 기초하고 있는 2중의 토대인 도덕과 양식의 공적이고 사적인 효용성을 상당 부분 증가시킨다는 점을 깨달을 것이다. 그리하여 우리의 노동자들은 예전에 cm^3과 $dm^{3\,21)}$의 정확한 차이조차도 모르는 사람들에게 어려운 탐구를 맡긴 것을 부끄럽게 생각할 것이다. 다른 한편으로 사람들은, 중간계급으로부터 아주 존경을 많이 받는 엄밀한 의미의 학자들이 현재 민중들 사이에서 많은 영향력을 획득하게 되는 것을 두려워할 필요가 없을 것이다. 그들은 커다란 사회문제에 대한 실질적인 무관심으로 민중계급과 대립되는데, 이러한 사회문제 앞에서 그들의 현학적인 유치함은 자연스럽게 사라져버린다. 이들의 경험적 특수성으로 인하여, 위대한 몰리에르[22]의 표현을 빌리면, 항상 '모든 것에 대한 명확함'을 갖기를 갈망하는 천진난만한 지성의 정당한 요구를 만족시킬 수 없다. 학자들의 헛된 야망이 그들을 자신들의 오래 된 요새 밖으로 밀어낸다. 그에 따라 민중의 이성은 지금까지 그토록 자랑으로 삼던 학자들의 체계가 그다지 광범위하지도 않으며,

---

21) $dm^3 = 1,000cm^3$.
22) Jean Poquelin Molière(1622~73) : 프랑스 고전주의 시대의 희극작가.

그다지 중요하지도 않은 몇 가지 문제들을 제외하고는 이들의 지성을 얼마나 협소하게 만들었는지를 확인하고는 놀랄 것이다.

건전한 철학은 과도적인 양식의 해로운 연장에서 어떻게 이런 종류의 학구적인 표현이 생겨나게 되었는지를 설명함으로써 이러한 당연한 놀라움을 해소해줄 것이다. 베이컨과 데카르트가 시도했던 철학적인 혁신의 기나긴 과학적인 준비단계를 발전시키기 위하여 지난 3세기 동안 진보적인 입장을 취했던 잠정적 체제는, 그 준비과정의 완성을 통해 인류와 관련되어 있는 진정한 과학의 직접적인 건설이 당연히 가능해진 이래 반동적인 것으로 변질되었다. 오늘날 이 과도기체제는 현대정신의 주된 발전을 돕기는커녕, 무엇보다도 프랑스에서 과학 아카데미를 감히 폐지함으로써 국민의회의 혁명적 지혜가 놀랄 만큼 훌륭하게 느꼈던 대로 결정적인 확장과 조합을 상당 부분 훼손시키고 있다. 우리의 노동자들은 위대한 의회의 정치적인 본능이 당시로서는 얼마나 다행스러운 것이었는지를 곧바로 이해할 수 있게 되었다.

그러므로 우리는 노동자들이 나쁜 과학정신에 몰두하지 않고도 형이상학적이거나 문학적인 정신의 소유자들에 대한 자신들의 신뢰를 철회할 수 있다는 사실을 알아야 할 것이다. 노동자들의 사회적인 목적은 그들에게 실증성의 필요성만큼이나 일반성의 필요성도 불러일으킬 것이다. 산업 분야의 지도자들에게 합당한 전문성은 그들로 하여금 계속 우리의 학자들을 찬양하도록 하는 데 반해, 민중계급은 정치적으로 진정한 철학자들을 향하여 나아가게 된다. 현재로서는 철학자들의 수가 아주 적지만, 얼마 지나지 않아 노동자들의 요청과 나아가 그들의 징발에 따라 그 수효가 늘어날 것이다.

민중의 도덕적인 능력. 노동자는 스스로를 공무원으로 생각해야 한다

노동자들의 발전에 필요한 도덕적 조건들은 무엇보다도 현실적 목표에 대한 본능과 관련되어 있는 그들의 기본적 위엄에 대한 적극적 개념

에서 생겨난다.

　노동자들의 위엄이라는 측면에서 보면, 우리의 노동자들은 자신들을 도덕적인 차원에서 전문적인 동시에 일반적인 진정한 의미의 공무원으로 간주하는 것으로 만족할 수 있다. 게다가 공무원으로서의 성격은, 그에 대한 전문적인 평가가 직접적이고도 통상적인 것이 되게 할 정도로 충분히 즉각적이며 그 한계가 충분히 규정되어 있는 온갖 봉사에 합당한 사적인 보수라는 현재의 양식을 전혀 변질시키지 않을 것이다. 다만, 행위 주체에 대한 정당한 사회적 감사를 통해 각자의 행동에 대한 개인적 보상을 완전하게 만들어야 한다. 이러한 현상은 우리의 관습에 따라 봉급이 항상 사회적 감사의 성격으로 주어지는, 이른바 자유직종에서는 이미 일어나고 있다. 이렇게 해서, 공화제에 대한 국민의회의 자발성은 민중의 결합이 어떤 성격을 지니고 있는지를 규정하기 위해 건전한 철학의 체계적 지적들을 경험적으로 앞서나가게 되었다. 자신들의 작업이 지닌 실질적 위엄을 느끼려면, 다양한 분야의 노동자들이 노동을 전혀 하지 않는다거나 잠정적으로 중단해버린다고 가정하는 것만으로도 충분할 것이다. 그럴 경우, 현대인의 삶을 밑받침하는 기본 질서가 금방 허물어져버릴 것이다.

　하지만 오늘날 그들이 여론의 주된 원천이며, 따라서 현대적 권위의 본질적 지지기반인 자신들의 전반적인 참여가 어떤 성격을 지니는지를 이해하기란 쉬운 일이 아니다. 내가 앞에서 설명했던 대로, 이러한 정상적인 임무는 노동자들의 본질과 상황에서 나오며 더욱이 그들의 집단적인 욕구에 너무나 잘 맞아떨어진다. 그런 만큼, 사건들의 흐름이 독특한 적용을 허락해주고 심지어 그것을 요구하게 됨에 따라, 얼마 지나지 않아 노동자들은 쉽사리 그것을 인식할 수 있을 것이다. 이러한 점진적 감정이 심각하게 변할 수 있는 경우란, 형이상학자들이 정치권력이라고 부르는 것을 해롭게 행사할 때밖에 없다. 그러한 관심사로 인하여, 민중계급은 권력 행사와 관련된 도덕문제에 관심을 갖는 것이 아니라 그 권력의 통상적인 소유와 관련된 헛된 논쟁에 빠져들고 말 것이다.

하지만 이러한 위험은, 특히 어떠한 형이상학적 광신주의에도 노동자들의 본능을 혼란에 빠뜨리지 않은 프랑스에서는 거의 걱정할 필요가 없다. 공식적인 부분까지 포함하는 관념론자들의 현학적 훈계에도 불구하고, 민중계급의 지혜는 자신의 진정한 사회적 목표가 다른 곳에 있다는 사실을 느낄 수 있을 것이다. 현재와 같은 선거 표결의 포화상태에 이어, 더 이상 특권계급의 관심마저 불러일으키지 못하는 환상적인 역할 부여를 스스로 버리는 일이 이어질 것이다. 민중의 관심을 엄밀한 의미에서 정치문제로 집중시키기 위한 무력한 노력은, 민중이 그에 대한 현실적 해결책이 무엇보다도 도덕적인 것으로 나타나는 진정한 의미에서의 사회문제에 등을 돌리게 할 수는 없을 것이다. 민중계급은 절대로 대혁명을 단순히 사람이나 당파의 교체로만 축소시키도록 내버려두지도 않을 것이며, 심지어 중앙권력의 구축 속에 나타나는 어떤 변화로만 제한하도록 내버려두지도 않을 것이다.

민중의 이러한 성향은 그들의 정신적인 신뢰를 갈망하는 사람들에게 동등한 성향을 요구한다. 민중계급과 마찬가지로, 그들 또한 사회문제를 단순한 정치문제보다 높은 곳에 위치시키며, 그에 대응하는 해결책이 지닌 본래부터 도덕적인 본질을 민중계급 이상으로 잘 느끼게 될 것이다. 사실, 이는 두 기본 세력들의 체계적 분리를 현대사회의 조직화에 필요한 정상적 토대로 파악하는 일로 귀착한다. 이러한 원칙은 민중의 진정한 욕구에 너무나 잘 맞아떨어지는 것이므로, 민중계급은 얼마 지나지 않아 자신의 모든 지적인 안내자들에게 그것을 승인하라고 요구할 것이다. 이런 원칙을 더 확고히 해주기 위해, 이러한 욕구들은 분명히 이들 안내자들로 하여금, 중앙권력이건 지방권력이건 세속권력에 대한 온갖 개인적 주장을 단호하게 포기하도록 할 것이다.

이리하여 인류의 사제직에 확고하게 헌신하는 진정한 의미의 철학자들은 자신들을 지지하는 노동자들 사이뿐만 아니라 지배계급들 사이에서도 더 많은 신뢰감을 불러일으킬 것이다. 곧바로 적용될 필요가 없는 사회이론은 자유롭게 비약적 발전을 이룩할 수 있는데, 이러한 발전은 혼란을 불러일으키기는커녕 현재의 변화를 무시하지 않으면서도 자연스럽게 정상적인 미래를 준비하게 될 것이다. 동시에, 모든 헛된 현학적 요청들과 무관한 실천은 더 이상 고갈되어버린 학설과의 반동적 연합을 유지하지 않을 것이며, 자신의 불가피한 물질적 임무를 힘차게 수행함으로써 점차 공공정신의 혁신적 지적에 부합할 것이다.

권력과 재산에 대한 야망을 포기해야 한다

현재의 목적에, 더 나아가서 최종적인 목적에 더 잘 부합하려면 노동자들의 관습은 자발적인 성격을 한층 더 발전시켜나가기만 하면 된다. 이는 특히 민중의 본능이 사회적 지위나 개인적 재산을 향한 온갖 헛된 야망으로부터 벗어나기를 요구한다. 형이상학적 경험주의는 당연하게도 민중계급에게 과거의 한계를 극복하여, 정치적인 것이건 시민적인 것이건 대혁명을 권력에 대한 통상적 접근을 넓혀주는 방향으로 이끌어나가도록 할 것이다. 비록 이러한 능력이 최종적 질서의 확립에 반드시 필요한 것이기는 하지만, 그것이 민중의 진정한 조건들을 만족시키기란 여전히 쉽지 않다. 이러한 능력은 개인적인 차원의 개선에만 그치기 때문이다. 개인적 개선은 민중의 운명을 변화시키지 못하거나, 오히려 가장 열렬한 구성원들을 제거함으로써 종종 그 운명을 악화시키는 경향이 있다. 국민의회만이 그러한 경향을 정당하게 이해할 수 있었다. 다시 말해, 국민의회만이 노동자의 물질적 조건에 대한 주된 보답으로서, 전문적 임무에서건 공공생활의 완전한 참여에서건 그들을 있는 그대로 존중할 줄 알았다. 반대로 입헌적이건 반동적이건 국민의회의 뒤를 이었던 모든 지도자들은, 노동자들이 개인적으로 더 높은 자리에 올라가는 것을 쉽게 만들어주었는데, 그렇게 함으로써 노동자들이 사회적인 목적에서 등을 돌리게 하려 했다.

중간계급[23]의 맹목적 일상은, 자신들에게나 합당한 저축 습관을 보편적인 것으로 보고 노동자들 또한 그것을 모방하도록 권장함으로써 뜻하지 않게도 그들을 타락시키는 정치에 연관지었다. 이러한 습관은 자본을 축적하고 관리하는 데에는 반드시 필요한 것이므로, 최종적 유기체의 중간계급에서는 우위를 차지할 수 있다. 하지만 그것은 치명적이기까지 한 것으로, 생계를 거의 봉급에 의존하는 다른 모든 계층에게는 부적절한 것이 되어버린다. 철학자와 노동자는 똑같이, 자신들의 물질적 상황을 개선시켜주지는 못하고 단지 도덕적 성격을 타락시키기만 하는 관습을 거부해야 한다. 이들 모두에게 온갖 중대한 실질적 책임감이 없으며 사유생활과 감정생활의 공적이고 사적인 자유로운 발전은 진정한 의미에서 행복의 주된 조건을 이루고 있다.

저축은행의 사회적 효용성을 주장하는 우리 경제학자들의 저술에도 불구하고, 건전한 철학은 민중의 본능의 결정적 거부감을 폭넓게 정당화시킨다. 이들은 민중의 본능이 보여주는 저축 습관을, 관대한 감정에 대한 통상적 억압을 통해 무엇보다도 자신들을 도덕적으로 타락시키는 지속적 원천으로 보게 된다. 선술집에 반대하는 경험적 차원에서 과장된 수사(修辭)가 있어왔지만, 그것은 지금까지도 여전히 민중의 유일한 살롱으로 남아 있다. 사실, 민중은 이기적인 목적을 지니고 저축하는 장소를 방문하는 것보다는, 살롱에서 훨씬 더 많은 사회성을 함양한다. 이러한 현명한 선견지명이 없기 때문에 생겨나는 위험들에 대해 말하자면, 문명은 노동자계급의 주된 장점과 함께 가장 고귀한 위안을 이루는 성격을 제거하지 않고서도 항상 이러한 위험을 줄여준다. 이러한 수정은 무엇보다도 지속적으로 증대하는 감정과 사고의 발전에서 비롯된다. 실증주의 체제는 민중을 공공생활의 장으로 불러내는 모임을 선술집에 대한 가장 좋은 보완으로 본다. 이러한 상황 속에서 오늘날 철학적 관습은 민중의 본능이 지닌 관대한 영감을 따라야 한다. 온갖 금전적인 욕심들은 세속적인 차원의 온갖 야망과 마찬가지로, 머지않아 인류의 정신적 정부를 갈망하면서 민중계급에게 비밀스런 정신적 무능력과 관련된

---

23) 자본가계급.

도덕적 불충분함을 지적해줄 사람들에 대한 혐의의 정당한 원천이 될 것이다.

노동자의 도움을 받는 철학자의 도덕적 힘은 실증주의 구조 속에서, 무엇보다도 정당하게 배분된 평가를 통해 항상 물질적 우위가 지배하는 사회계급의 분류를 끊임없이 변화시킨다. 임무들이 서로 종속되어 있다는 사실을 존중함으로써, 사람들은 종속상태뿐만 아니라 무정부상태마저도 피하면서 정신과 마음의 고유한 가치에 따라 각각의 공무원들을 판단할 것이다. 다양한 실천적 자리에 반드시 필요한 참된 자질들이, 이러한 자리가 보장하는 일시적인 우위보다 못하다는 사실을 민중이 깨닫지 못하도록 할 수 있는 것은 아무것도 없다. 민중은 진정한 인간의 행복이 절대로 사회계급에 달려 있는 것이 아니라, 자신들의 하찮은 조건과 관련될 수 있다는 사실을 점점 더 깨달을 것이다. 물론 여기에는 예외의 경우도 존재하게 마련인데, 그들은 바로 호의적이라기보다는 차라리 해로운 조직화 탓에 집단적 지혜만이 공동선에 적용할 수 있는 명령권을 갈망하는 사람들이다.

진정한 철학자들과 마찬가지로, 진정한 노동자들은 얼마 지나지 않아 불가피하게도 중대한 책임감을 동시에 떠맡아야 하는 높은 지위를 부러워하지 않을 것이다. 이러한 보상이 더 이상 환상적인 것이 아닐 때, 세속적인 지도자들과 정신적인 지도자들의 적극적 도움에 힘입어 민중계급은 모든 사회적 기술이 자신의 정당한 만족을 향해 지속적으로 나아가고 있다는 사실을 인식할 것이다. 그러므로 민중계급은 매일매일의 고통스런 명상을 통해 얻을 수 있는 명성도, 지속적인 근심을 떠맡게 되는 힘도 바라지 않을 것이다. 이론적인 동시에 실천적인 성격을 지니는 불가피한 소명들이 자유롭게 생겨나도록 함으로써, 대중들은 인류의 통상적 구축에 적합한 상황에 만족하게 될 것이다. 이러한 구축을 통해 실질적인 행복은 무엇보다도 감정, 이성, 행동의 절제된 실행과 연결된다.

물질적인 시급함이 해소된 지금, 각자는 자신의 행동을 느낄 수 있었던 사람들의 지속적인 평가—여기에는 사후의 평가도 포함된다—속에서 선행에 대한 정당한 보상을 추구하게 될 것이다. 요컨대, 잘못된 겸양에 의해 유지되기는 하지만, 현실을 예견하는 본능에서 비롯된 꾸밈은 점점 더 고위 공직자들의 성격을 부하들의 봉사자로 규정하게 될 것이다. 실증주의 사회는 전혀 공상에 빠지지 않고도 너무나 잘 조직화될 것이다. 그렇기 때문에, 이론적이거나 실천적인 차원에서 실증주의 지도자들은 모두 자신들의 개인적 장점을 그대로 지닌 채 노동자로 태어나거나 노동자로 머물러 있지 않았던 점을 아쉬워할 것이다. 위대한 영혼의 소유자들의 세속적이거나 정신적인 탁월함은 공동선에 훌륭하게 참여할 것이다. 따라서 이들의 탁월함은 사회적 감정의 한층 더 완전한 발전을 통해서만 확실한 만족감을 느낄 수 있다. 최종적 질서의 주된 장점은 통상적으로, 아무리 하찮은 시민이라고 하더라도 이들 모두에게 자신의 열의와 장점에 따라 명령의 성격이 아니라 자문의 성격을 띤 사회적 영향력을 행사할 수 있도록 보장할 것이다. 그렇게 함으로써, 모든 사람이 개인생활과 공공생활 사이에 행복한 관계를 설정하게 될 것이다.

제3부에서 이루어졌던 모든 개괄적인 검토는 결정적 체계의 주된 지지자일 뿐만 아니라, 현재 우리가 처해 있는 잠정적 체제의 주된 지지자가 될 수 있는 노동자계급의 당연한 능력에 대한 최초의 지적을 확인해주는데, 이러한 잠정적 체제는 노동자계급이 준비할 정상상태와 거의 다를 바 없다. 내가 제2부의 마지막 부분에서 이러한 과도기 정책에 부여했던 주된 조건들은, 특히 프랑스의 자연스런 성향 속에서 가장 훌륭한 보장을 발견한다. 우리의 세속적 지도자들은 민중의 성향을 앞에서 이끌어나가려 하기보다는, 차라리 현명하게 이들의 뒤를 따라가야 할 것이다. 왜냐하면 민중이 지향하는 것은 현재 우리가 자유나 공공질서에 대해서 지니고 있는 진정한 욕구에 자발적으로 부응하기 때문이다.

노동자계급은 자유와 질서에 대한 최선의 보증이다

프랑스가 다른 곳에서는 불가능할 정도로 충분하게 보장해주고 있는 사고와 표현의 자유는 주로 우리 노동자들, 무엇보다도 파리 노동자들의 정신적 해방에 기초하고 있다. 그들은 온갖 신학적 영향에서 벗어나 있으며, 게다가 어떠한 형이상학적 요소도 받아들이지 않는다. 그 대신 노동자들이 처해 있는 체계적 확신의 완전한 부재상태는, 이들로 하여금 현실성과 유용성이 충분히 결합된 확신을 수용하도록 하는 정신의 복종에 아주 잘 맞아떨어진다. 현재 다른 모든 계급은 기꺼이 억압적인 것으로 변질되어, 토론에 붙여질 경우 견뎌내지 못할 학설들을 강요하고 있다. 진정한 철학자들이 자신들의 임무를 수행하는 데 반드시 필요한 자유의 보강과 확장을 기대할 수 있는 것은 노동자들 사이에서밖에 없다. 어떠한 합법적 보장도 이렇게 행복한 정신적 보장만큼 많은 안전을 책임질 수는 없을 것이다.

지도자들이나 정당이 아무리 반동적이거나 보수적이라 하더라도 프랑스 국민들에게는 어떠한 실질적 억압도 가당치 않을 것이다. 그것은 프랑스에 서구의 위대한 발전을 주재할 수 있는 권리를 보장해주는 가장 결정적인 명분이다. 얼마 지나지 않아 노동자들의 성향은 자유의 불가피한 신장이 사고와 교육에 대하여 여전히 불러일으키는 거부감을 극복할 것이다. 그토록 사회성이 뛰어난 주민들은 자신들의 지배적 취향을 만족시킬 수 있을 뿐만 아니라, 중요한 이익을 감시할 수 있게 해주는 자유롭고도 습관적인 모임을 결정적으로 박탈당하는 것을 결코 그냥 두고보지 않을 것이다. 형이상학자들과 신학자들은 절대로 줄 수 없는 현실적 가르침에 대한 중대한 욕구가 프랑스 국민들에게 점점 더 거역할 수 없을 정도로 힘차게 진정한 교육의 자유를 후원하게 한다. 게다가 그 자유의 본질적 조건들 또한 지지자가 없다면 오랫동안 충족되지 못할 것이다.

공공질서의 경우, 외부에서뿐만 아니라 내부에서도 똑같이 민중의 보증이 없어서는 안 된다. 평화는 자유만큼이나 노동자들의 기본 성향과 관계를 맺고 있다.

오늘날 서구가 누리는 찬양할 만한 평화는 무엇보다도 전쟁에 대한 노동자들의 거부감에서 비롯되었다. 반동적인 성향의 다양한 정당들이 군사정신의 몰락에 대해 가지는 헛된 아쉬움들은, 우리의 진정한 관습을 순진하게도 잘 보여주는 강제징집이라는 불가피한 제도——이는 처음에는 프랑스에서 생겨나 서구 전체로 퍼져나갔다——보다는 의미심장하지 않다. 인위적으로 과장된 어떠한 수사(修辭)를 동원한다 하더라도, 우리의 군대에서 오로지 장교들만이 지원병이라는 사실을 인정해야 한다. 게다가 이미 아주 약화되기는 했지만, 여전히 거대한 서구 가족을 분할하고 있는 국가 차원의 요구[24]에 노동자들만큼 응하지 않았던 계급은 없다. 국가 차원의 요구는 그것과 관련되어 있는 산업상의 경쟁심 때문에 특히 중산층에서 가장 왕성하게 나타났다. 노동자들의 입장에서 보면, 국가 차원의 요구들은 경향과 상황의 기본적 유사성에 직면하여 도처에서 허물어져내린다. 오늘날 민중계급이 현대 질서에 정당하게 합류하기 위해서 마침내 제기하는 커다란 사회문제의 보편적 발전에 따라, 머지않아 이러한 다행스러운 유사성은 결정적인 견고함을 지니게 될 것이다. 군사적이건 산업적이건 어떠한 일탈도 이제는 더 이상 한결같은 우세함으로 서구의 일반적 조화를 유지하려는 관심을 방해하지 못할 것이다.

사실, 이러한 강력한 사회적 감정들은 내적인 질서보다는 외적인 평화에 더 호의적이다. 하지만 우리의 정신적 무질서에 적합한 경보장치들은, 진정한 의미의 민중적 경향들이 우리에게 마련해주는 자연스런 보증들을 인정하는 일을 가로막지 못할 것이다. 위에서 공공질서에 반드시 필요하다고 보았던 지방권력에 대한 중앙권력의 우위를 기대할 수 있는 것은 무엇보다도 민중계급이다. 엄밀한 의미의 정부는 반동적으로

---

24) 서구 전체의 차원에서가 아니라 개별 국가의 차원에서 고려되는 요구.

변질될 수 있다는 의구심을 불러일으키지 않는다는 조건 아래서만, 거의 항상 노동자들에 반하는 경향들이 우위를 차지하는 의회에 대항하여 민중의 지지를 얻을 수 있을 것이다. 세속권력의 이러한 두 분야 사이에서 민중의 본능은, 더 실천적인 성격과 덜 모호한 효용성이 더욱더 자신의 본질적 청원들에 적합한 분야를 선호한다.

입헌제에 대한 헛된 논의가 중산층의 정치적 도래를 쉽게 함으로써 그들의 야망에 부응할 수 있다. 하지만 민중들 사이에서는 이러한 성과 없는 동요(動搖)가 별다른 관심을 불러일으키지 못하며, 종종 당연한 경멸만을 불러일으킨다. 왜냐하면 민중계급은 이러한 동요를 이용할 줄 모르며, 이러한 동요가 유일하게 그것을 만족시킬 수 있는 권력의 불안 정성을 가중시킴으로써 민중계급의 합법적 주장을 회피하는 경향을 띠기 때문이다. 그러므로 민중의 사랑은, 이미 사회문제의 피할 수 없는 영향력 아래서 정치적 정열이 제거되어버린 프랑스에서는, 특히 그러한 사랑을 받기에 합당한 행정권의 행사에 대하여 확실히 보장된다. 노동자의 지지는 중앙권력을 확고히 함으로써 그 권력의 통상적 성격을 더욱 개선시켜줄 것이다. 왜냐하면 이들의 지지는 중앙권력으로부터 온갖 헛된 이론적 요구를 제거함으로써, 그 권력으로 하여금 진정한 의미에서 실천적 목표에 관심을 기울이게 하기 때문이다. 이러한 온갖 양상 아래서 철학자의 체계적 기원(祈願)은 이제부터 자신의 연합세력인 노동자의 자발적인 영향으로 많은 도움을 받을 것이다.

우리가 잠정적으로 필요한 독재권력을 얻는 것은 노동자들로부터이다

현실 정치에 대한 민중의 개입이 어떤 성격을 띠고 있는지를 더욱 잘 규정하기 위해서, 나는 마지막으로, 정신적 공위가 끝날 때까지 세속적인 변화를 주도할 수 있는 중앙권력을 제공하기에 합당한 원천에 대해 몇 마디 덧붙이고자 한다.

특히 프랑스어에서 '민중'이라는 단어가 지닌 다행스런 모호함은 노

동자들이 결코 진정한 의미에서 하나의 '계급'(classe)을 형성하는 것이 아니라, 단지 하나의 사회적 '대중'(masse)을 이룬다는 사실을 끊임없이 상기시켜준다. 그런데 그토록 많은 필연적인 기구들처럼 '대중'으로부터 다양하고도 전문적인 사회계급이 생겨난다. 왕정이 그 마지막 잔재라고 할 수 있는 카스트 제도가 폐지된 이후, 우리의 세속적 지도자들은 주로 노동자들 속에서 충원되었다. 정상상태에 따르면, 이러한 새로운 세력들이 직접적으로 공적인 것이 되기 위해서는 먼저 사적인 일 속에서 자신들의 정치교육에 반드시 필요한 실천적인 권위를 행사해야만 한다. 모든 정상적 체제에서 엄밀한 의미의 정부는 시민들의 우위가 확장된 것일 수밖에 없다. 그렇기 때문에, 현대사회의 최종적인 질서는 산업활동의 중요한 지도자들에게 세속권력을 보장해주게 된다. 물론, 이들은 그러한 세속권력에 적합하지 않아 보인다. 하지만 정신의 재조직화를 통하여 점점 더 세속권력에 적합해짐에 따라, 더 나아가서 성격을 단순화시켜 순전히 실천적인 것으로 만들어 쉽사리 권력을 행사할 수 있게 됨에 따라, 그들은 지체없이 그러한 권력을 획득할 것이다.

하지만 오늘날 이러한 조건들 가운데 어떤 것도 결국 그 합법적인 기관이 될 사람들이 통상적으로 세속권력을 장악하게 할 정도로 충족되지는 못했다. 앞에서 살펴보았던 것처럼, 이들은 이미 산업적인 능력과 전혀 상관없는 기능들에 대해서까지도 다양한 전문적 임무들을 잘 수행할 수 있다. 하지만 중요한 임무에서 왕정을 대신하는 문제를 살펴보면, 이 계급은 몇몇 개인적 예외를 제외하고는 아직 그럴 만한 능력을 지니고 있지 못하다. 그런데 오늘날 어떤 것도 그런 개인적 예외를 예고해주지 않으며, 현재 우리가 처해 있는 잠정적인 체제·또한 거기에 의존하지 않고 있다. 지금까지는 관점들과 감정들의 상승이 그들에게 어떤 정치적 상승을 허락하기에는 너무나 부족한 상태에 머물러 있었다. 게다가 일반적으로 산업 분야 밖에서는 실질적 우위의 2중적 조건이 더욱더 충족되지 않았다. 프랑스의 경우 이러한 조건들은 주로 학자들 사이에서 훨씬 덜 충족되었다. 왜냐하면 프랑스에서는 학구적인 체제가 너무나 정신을 편협하게 만들고 마음을 메마르게 하며 성격을 무기력하게 함으로써, 학자들 가운데 대다수는 실생활에 능하지 못하며, 특히 자신들의 전문 분야에서조차도 아주 사소한 권위도 지니고 있지 못하기 때문이다.

우리의 다양한 전문계급이 보여주는 사회적 무능력은 혁명적인 요구를 다른 방식으로 만족시킬 것을 강요한다. 이를 위해 이들의 무능력은 전체 정신이 덜 억압되어 있고, 의무감이 더욱더 잘 배양된 곳으로 나아간다. 건전한 역사이론에 따라 나는 아무런 주저 없이 정신적 공위가 끝날 때까지는, 다시 말해 최소한 한 세대 동안은 통상적으로 노동자들만이 세속적인 최고 권력의 정당한 소유자들을 배출할 수 있다고 주장한다.

제3부의 첫 부분에서 지적한 대로, 합리적 검토를 통해 현학적이거나 귀족적인 온갖 위엄을 제거함으로써 다른 어떤 곳에서보다 민중들 사이에서는 사고의 일반성과 감정의 관대함이 더 쉽고 더 직접적이라는 사실이 쉽사리 드러난다. 행정적인 개념과 습관이 일상적으로 부족하기 때문에 노동자들은 실질적인 정부의 다양한 전문적 임무들에 거의 적합하지 않다. 하지만 노동자들은 최고 권위에게서 전문성을 전혀 요구하지 않고, 다만 진정한 의미의 일반성만을 요구하는 모든 중요한 세속기능에서도 결코 배제되지 않는다. 자격 있는 노동자들이 이런 뛰어난 자리들을 차지할 경우, 그들은 현명하고도 겸허한 본능으로 말미암아 지금까지 합당한 기관들을 배출해왔던 계급의 한가운데서 그 자리에 적합한 기관들을 발견할 수 있을 것이다. 앞으로 노동자들의 이로운 우위가 정부의 실천적 성향과 진보적 정신을 보장해줄 것이다. 그러므로 이들은 온갖 전문 능력들, 심지어 너무 높은 곳에 놓여 있어서 공화제의 봉사에 가장 심한 거부감을 느끼는 능력들마저도 아무런 위험 없이 사용할 수 있을 것이다. 이와 같이 현대의 다양한 국면에 부합하는 모든 세속적 요소들이 우리의 최종적 변화의 행복한 보조자들을 배출해내고

있다. 이러한 보조자들은 특히 노동자들의 강력한 영향으로 쉽사리 공화제로 변화하는 것을 지지할 수 있는 군인들과 판사들 사이에서 많이 생겨난다. 그러한 우위는 통상적으로 어떠한 심각한 억압에 의지하지 않고도 민중을 안심시키고 진정시킬 것이다. 그동안 그러한 우위는 산업 분야의 지도자들에게 영향을 끼침으로써 이들을 점점 더 세속적인 차원에서의 최종적인 상승에 합당하도록 할 것이다. 왜냐하면 이들의 감정은 순화될 것이며 시야 또한 넓어질 것이기 때문이다.

이처럼 정신적인 공위가 지속되는 동안 자유와 공공질서의 조건들은 혁명적인 상황을 조성하여 중앙권력을 몇몇 탁월한 노동자들에게 넘겨주는 데 기여할 것이다. 몇몇 탁월한 노동자들이 필연적으로 등장하겠지만, 이들은 오늘날 부자들의 격정이 불러일으키는 것 같은 혼란스런 야망을 형제들 사이에 유포시키지는 않을 것이다. 왜냐하면 모든 사람들은 흔치 않은 예외적인 위대함의 탁월한 본성과 필수조건들을 쉽사리 깨달을 수 있기 때문이다.

어떤 정치적 비정상상태가 지향하는 목표는 또한 그것이 완성되는 양식을 규정한다. 사실, 무엇보다도 이기적 일상을 넘어서는 것이 중요한데, 지난 세대 동안 이러한 일상이 지방권력을 중앙권력의 장악을 위한 연습무대로 만들어버렸다. 사실, 중앙권력을 장악하는 것은 항상 의회에서 권력을 차지하려는 야망을 소유한 자들의 진정한 목적이었다. 이런 측면에서 거역할 수 없는 하나의 경험이 건전한 이론적 지적들을 너무나 뚜렷하게 확인해주었다. 이러한 지적들에 의하면, 그러한 양식은 지롱드당[25]의 예에서 보는 것처럼 아무런 진정한 정치적 능력도 지니지 못한 헛된 수다쟁이들만 출현할 수 있게 하는 것으로 드러난다. 노동자들이 이런 식의 승리를 구가할 것 같지 않다는 사실말고도, 사람들은 다음과 같은 사실을 확인하게 될 것이다. 만약 이들이 불행하게도 이러한

---

25) 프랑스 혁명 당시의 온건 공화파. 이들은 1791~93년 국민의회를 장악했으나 자코뱅파와의 대립으로 권력을 잃는다.

승리에 도달한다면, 이들은 오히려 오늘날 이 예외적인 명령에 부응할 수 있는 진정한 자질인 엄정함과 자발성을 상실하고 말 것이다.

그러므로 노동자들이 실증주의가 자신들에게 마련해준 일시적인 위치에 올라서는 것은 의회를 전혀 거치지 않고 단번에 이루어진다. 최종적 쇄신을 향한 우리의 직접적 행보는, 이제부터 온갖 정신적 폭정과 무관한 통치자들과 온갖 세속적 야망과 무관한 철학자들의 자발적이고도 체계적인 도움을 통하여 평화롭고도 힘찬 성격을 지닐 수 있을 것이다. 이제부터 공적인 이성은, 명령할 것을 주장하는 모든 현학자들과 교사인 체하는 온갖 통치자들을, 혼란을 부추기는 동시에 시대착오적인 사람들로 낙인찍어 고사(枯死)시키려 할 것이다. 요컨대 우리의 혁명정부는, 국민의회라는 찬양할 만한 정치적 창조물이 자신의 공식적 의도대로 평화가 완전히 정착될 때까지 지속되었더라면 요구했을 내밀한 변화를 감내할 것이다.

이것이 바로 대혁명의 유기적인 마무리를 이끌어내기 위해, 진정한 철학자들과 노동자들이 최종적으로 맺게 될 협약이다. 이러한 마무리는 반동적이거나 정체적인 다양한 후계자들의 경험적 전통을 완전히 잊으려 하면서도 현명하게도 국민의회에 부합하는 체제를 연장시킴으로써 이루어진다. 전체 정신과 사회적 감정은 똑같이, 현재와 같은 변화의 필연적 보장과 정상적 미래의 확실한 담보라는 기본적인 조합의 두 가지 요소를 지배한다. 그들 가운데 한쪽[26]이 이러한 조합의 자발적 대표자라면, 다른 한쪽[27]은 그 체계적인 기관이라고 할 수 있다. 철학자들이 노동자들의 이론적인 결함을 쉽사리 교정할 것이다. 사회성의 거역할 수 없는 부름을 받은 철학자들은 건전한 역사이론에 대한 연구를 노동자들에게 부담하게 하는데, 그것이 없이는 인간의 유대관계가 독특한 영속

---

26) 철학자들.
27) 노동자들.

성을 지니지 못하는 것으로 느껴질 것이다. 현재 철학자들이 보여주는 도덕적 결핍이 노동자들에게 더 많은 장애를 제공하겠지만, 민중의 반응은 마음의 보편적 우위에 대한 굳건한 확신의 도움을 받을 것이다. 또한 그러한 확신은 혁신적인 협력을 뒤흔들어버리는 헛된 오만을 극복할 수 있을 것이다.

여성에 대한 실증주의의 영향

철학자와 민중이 각각 인간 본성의 지성적 요소와 실천적 요소를
대표하는 것처럼 여성은 인간 본성의 감정적 요소를 대표한다

노동자들의 적극적 연합이 철학자들의 사회적 영향력에 아무리 큰 힘
을 행사한다 하더라도 쇄신을 향한 움직임은 여전히 제3의 요소를 요구
한다. 그 요소란 인간 본성에 대한 진정한 이론으로 지적되고 현대의 커
다란 위기에 대한 건전한 역사적 평가로 확인되는 요소이다.

우리의 도덕 구축 작업이 단지, 철학적 요소와 민중적 요소로 대표되
는 이성과 행동으로만 이루어지는 것은 아니다. 그것은 또한 이 책의 첫
머리에서 지적했던 대로,[1] 그 주된 원칙이 자리하고 있는 감정으로도
성격이 규정된다. 그런데 이러한 최고의 동인(動因)은 인간 통합의 유
일한 현실적 토대로서, 우리가 지금 막 그 성격을 규정했던 철학자들과
노동자들 사이의 근본적 유대관계 속에서는 충분히 직접적이고 완전하
게 제시되지 않았다.

분명히 말해, 사회적 감정이 앞에서 지적했던 두 세력의 결정적 도약
을 지배할 것이다. 하지만 그 감정의 원천이 충분히 순수하지도 내밀하

---

1) 콩트는 이미 앞에서 우리의 도덕 구축 작업에 필요한 세 가지 요소를 철학
   적 요소(철학자), 감정적 요소(여성), 행동적 요소(노동자)로 지적했다.

지도 않으므로, 한층 더 자발적이고 분명한 영감이 없다면 사회적 감정의 효용성이 목표를 충족시킬 수 없을 것이다.

새로운 철학자들의 사회성은 체계적 확신과 연결됨으로써 더 많은 일관성을 지니게 될 것이다. 하지만 덜 사색적인 충동이 매일같이 철학자들의 사회성에 생기를 주지 않는다면, 사회성 특유의 합리성은 그 힘이 너무 무뎌져버릴 것이다. 철학자들의 고상한 공식 임무가 즉시 이들의 감정에 추상적인 사상가들로서는 알 수 없는 행동을 부여하겠지만, 이러한 집단적 고양은 사적인 감정 없이는 이루어질 수 없을 것이다. 심지어 이들의 관습이 노동자들과의 접촉을 통해 얻어지는 것까지도 사변적 조직화의 일상적 결함을 충분히 보상해주지 못할 것이다.

다른 한편에서 보면, 비록 민중의 감정이 철학자의 그것보다 더 자발적이고 강력하지만, 일반적으로 이들은 끈기나 순수함에서는 철학자들보다 못하다. 왜냐하면 행동의 지향으로 말미암아 이들은 충분히 초연하고 고정된 성격을 지닐 수 없기 때문이다. 더 부드럽고 지속적인 감정들의 자연스런 도움이 없다면, 민중적 요소의 체계화에 내재해 있는 모든 도덕적 장점들은 까다로운 상황에서 비롯되는 이기적 자극들을 보상할 수 없을 것이다. 철학자들은 노동자들로 하여금 자신들의 슬픔이나 기원(祈願)을 공식화할 필요가 없도록 해주지만, 이들의 슬픔이나 기원의 불가피한 개인적 성격을 변질시킬 수는 없을 것이다.

그러므로 우리의 재조직화를 이끌어갈 필연적 연합은 아직도 인간 본성의 가장 중요한 부분[2]에 대한 충분한 대표자를 지니고 있지 못하다. 인간 본성의 감정적인 부분이 재조직화를 위한 연합 속으로 합당하게 들어오려면 철학적 요소가 이성에 부합하고 민중적 요소가 행동에 부합하는 것처럼, 그와 직접적으로 관련된 다른 하나의 요소가 더 필요하다. 그러한 경향과 요구가 충분히 느껴지는 순간, 여성을 필연적으로 개혁적 연합에 가담시켜야 하는 근본적 이유가 생겨난다. 이러한 제3의 요

---

2) 감정.

소만이 유기적인 충동으로 하여금 진정한 결정적 성격을 지니게 해줄 것이다. 여기서 우리는 이성과 행동이 지속적으로 보편적 사랑을 따른 다는 사실을 곧바로 확인함으로써 이성의 일탈과 행동의 혼란을 가능한 한 예측하게 될 것이다.

여성은 현대사회의 움직임에서 떨어져 있는데,
이는 그 움직임이 반역사적이고 파괴적인 성격을 띠고 있기 때문이다

여성의 합류가 실증주의에 없어서는 안 될 하나의 중요한 수단을 마련해주지만, 그것은 또한 지금까지 여성이 너무 소외되어 있었던 현대사회의 움직임 전체를 완성하기 위해서 실증주의에 하나의 불가피한 의무를 제시한다.

혁명은 본래 그것이 초기 단계에 지닐 수밖에 없는 부정적인 성격 때문에,[3] 여성에게 어떤 집단적 동의 없이 다만 개인적 공감만을 불러일으킬 수 있었다. 개인적 공감이 여전히 자신들의 사회적 선호를 연결지으려 하는 것이 바로 중세이다. 그런데 사람들이 보통 생각하는 것처럼, 이러한 선호가 기사도적 관습의 몰락에 대한 여성의 당연한 아쉬움에서 나오는 것만은 아니다. 확실히, 여성에게 중세는 여성숭배가 합당하게 조직화되었던 유일한 시대였다. 하지만 더 긴밀하면서도 이해관계와는 별다른 관련이 없는 동기가, 중세 때의 아름다운 추억에 대한 여성의 자발적인 끌림을 규정한다. 인류의 가장 도덕적인 요소는, 다른 어떤 체제보다도 직접적으로 정치적인 것에 대한 도덕적인 것의 우위를 원칙으로 삼았던 유일한 체제를[4] 선호하게 마련이다. 감히 말하자면, 이것이 바로 중세의 사회체제가 돌이킬 수 없을 정도로 와해됨으로써 여성들 사이에서 생겨났던 주된 아쉬움의 비밀스런 원천이다.

---

3) 어떠한 혁명이건 처음에는 기존의 것을 부정함으로써 시작된다.
4) 가톨릭 체제.

물론 여성이, 인류가 현대사회의 움직임에 빚지고 있는 다양한 전문적 발전들을 경멸하는 것은 아니다. 하지만 여성의 입장에서 보면, 이러한 발전들은 고대에 있었던 도덕에 대한 정치의 우위를 다시 확립하고자 하는 해로운 경향들이 보여주는 것과 같은 일반적 반동현상을 보상할 수 없다. 가톨릭 정신의 불완전함으로 인해 요청되었던 세속적 독재체제에나 맞는 일탈의 일시적 필요성은, 진정한 역사이론이 없기 때문에 실생활에 거의 무관심한 사람들에게는 잘 느껴지지 않았다. 그러므로 이들이 보여주는 고상한 아쉬움 때문에 종종 여성이 반동적 경향을 띤다고 치부해버리는 것은 잘못이다. 오히려 여전히 가톨릭적이고 봉건적인 조직보다 위에 있는 것으로 간주되는 그리스-로마 체제에 대한 우리의 맹목적인 숭배 때문에, 여성이 우리에게 반동적이라는 비난을 퍼부을 수 있는 입장에 처했는지도 모른다. 이러한 오류가 굳어진 것은 무엇보다도 불합리한 교육 때문인데, 다행스럽게도 아직 여성에게는 그러한 교육이 행해지지 않았다.

　어쨌든 이러한 여성의 성향들은 진정한 의미에서 인간 쇄신의 중요한 조건, 다시 말해 중세보다 더 직접적이고 광범위하며 지속적인 토대 위에 도덕에 대한 정치의 체계적인 종속이라는 원칙을 확립해야 할 필요성을 보여준다. 이제부터 여성숭배는 그러한 체제의 독특한 결과가 될 것이다. 그러므로 어떠한 대가를 치르더라도 혁신적인 운동은 여성의 긴밀한 협조를 얻어야 한다. 그러한 프로그램은 그것을 만족시킬 수 없는 철학자들 사이에서만 반동적인 것으로 인식된다.

　그러므로 여성이 거부하는 것은 혁명 그 자체가 아니라, 중세에 대한 맹목적인 비난이 자신들의 주된 공감에 충격을 가했던 혁명 전반기를 지배했던 반역사적인 감정이다. 어떠한 유토피아도 여성에게 진정한 매력을 불러일으키지 못하는 정치권력의 행사 속에 인간 행복을 위치시키는 것처럼 보이는 형이상학체제를 여성이 어떻게 받아들일 수 있었겠는가? 하지만 여성은 커다란 위기의 본질적 목적이 지닌 성격을 규정짓는 정당한 민중의 요청에 깊은 공감을 느끼고 있다. 여성의 자발적 기원(祈

願)은 항상 철학자들과 노동자들의 노력을 돕는데, 결국 권리보다는 의무를 당연히 더 낫게 여김으로써 정치적 갈등을 사회적 화해로 변화시켜나갈 것이다. 만약 여성이 이전에 자신들이 지니고 있었던 부드러운 영향력을 아쉬워한다면, 무엇보다도 오늘날 더 이상 혁명적 열정으로 변질되지 않는 거친 이기주의 아래서 그것이 사라져버린 것처럼 보이기 때문이다. 그러므로 사람들이 여성을 비난하는 온갖 거부감은, 여성이 하는 당연한 불평들의 본질적 주제가 생겨나는 도덕적이고 정신적인 내밀한 무질서를 결국에는 제거해야 할 필요성을 더욱더 잘 드러내는 데 기여한다.

그러나 여성은 건설적 경향에 공감을 표하고,
전문적인 과학과 건전한 철학을 구분하게 될 것이다

오늘날 혁명이 여성을 적극적으로 가담시키기 위해서는, 여성이 그것의 필요성을 충분히 이해하지 못함으로써 일탈을 용서할 수 없었던 혁명의 부정적인 시작을 해롭게 연장시키려 하지 말고, 직접적으로 혁명의 유기적 목표를 향해 나아가기만 하면 된다. 이러한 최종적 위기는 중세와의 유대감을 송두리째 부정하는 것이 아니라, 자신의 진정한 역사적 성격에 따라 더 나은 토대 위에서 당시 도덕에 주어져 있었던 보편적 우위를 실현하는 것으로 드러나야 한다. 요컨대 실증주의는 오늘날 공화제적 관습을 기사도적 감정 위에 기초하게 함으로써 여성이 혁명의 두번째 단계를 사랑하도록 만들어야 한다.

그렇게 해야만 쇄신을 향한 추진력이 완성될 것이다. 이러한 추진력은 개인성에 대한 사회성의 우위라는 최종적 체계의 기본 원칙을 가장 잘 드러내주는 인간적 요소의 긴밀한 협력이 없다면 불충분한 상태로 머무르고 말 것이다. 철학자들만이 이러한 원칙에 온갖 궤변적인 일탈로부터 지켜줄 진정한 의미의 체계적 견고함을 제공할 수 있다. 이 원칙의 힘찬 활동력은 노동자들에게서만 생겨날 수 있는데, 사실 이들이 없다면 이 원칙은 거의 항상 적용될 수 없을 것이다. 하지만 여성만이 이 원칙에 사색과 억압으로부터 동시에 벗어나 있는 완전한 순수성을 확보해줄 것이다. 이렇게 해서 구축된 혁신적인 연합은 정상상태의 인류의 이미지를 미리 보여줄 것이며, 고유한 인간 본성의 살아 있는 유형을 제공할 것이다.

만약 새로운 철학이 여성의 지지를 획득하지 못한다면, 그것은 사회적 임무를 수행하는 데에서 신학의 자리를 완전히 대신하지 못할 것이다. 하지만 이 책의 첫 부분에서 언급했던 기본 이론은 이미 민중에 대한 실증주의의 영향보다도 훨씬 더 직접적으로 실증주의가 여성들에게 적합하다는 사실을 보장해준다. 왜냐하면 이 이론의 보편원칙과 그것이 커다란 인간문제를 파악하고 다루는 방법은, 오로지 여성의 성격을 곧바로 규정짓는 성향들을 체계적으로 인정할 것이기 때문이다. 실증주의는 민중과 마찬가지로 여성에게도 정당한 개인적 만족을 보장해줌과 동시에, 고귀한 사회적 활동무대를 열어준다.

어떤 경우이건 이러한 일반적 속성들은 전혀 우발적인 것이 아니며, 새로운 철학을 두드러지게 해주는 현실성의 당연한 연장으로 나타난다. 이를 위해 새로운 철학의 자유로운 영향력을 항상 현실에 대한 정확한 평가 위에 기초하게 해야 한다. 경험적 주장들은 여성으로 하여금 실증주의가 가톨릭 이상으로 지적일 뿐만 아니라, 도덕적이고 사회적인 모든 욕구를 만족시켜줄 것이라는 사실을 오랫동안 깨닫지 못하도록 하지는 않을 것이다. 하지만 사실 이러한 욕구들은 여전히 여성의 명민함이 결코 쇠퇴의 징후들을 감추지 못하는 체제에 여성을 연결 짓고 있다. 오늘날 이러한 편견들은, 건전한 철학과 그것이 기초해 있는 과학적 전문성 사이의 비난할 만한 혼동에서 비롯된다. 이처럼, 너무나 당연하게도 학자들에게 가해지는 메마르다는 비난을 그 정신이 처음에는 유사한 체제를 따를 수밖에 없었던 새로운 철학자들 탓으로 돌려야 한다. 하지만 서로간의 접촉이 이루어질 경우, 이러한 확대 해석의 부당함이 뚜렷하게 드러날 것이다. 그럴 경우, 여성은 우리의 과학 탐구의 도덕적 위험이 무엇보다도 언제나 사회적 관점을 거역하는 자신들의 분산적이고 경험적인 전문화에서 유래한다는 사실을 인식하게 될 것이다. 이렇게 해서, 여성은 또한 그러한 영향력이 철학적인 입문으로 확장될 수 없다는 사실을 깨달을 것이다. 그런데 자발적이기까지 한 이와 같은 철학적 입문 속에서 이러한 다양한 연구들은 사회이론으로 고양되기 위한 준비단계의 꼭 필요한 연장에 불과하다. 그리하여 이러한 연구들은 우리의 삶 전체를 보편적 완성에 더욱더 잘 적용할 수 있게 할 것이다. 여성의 직감은 항상 이러한 유일한 목표와 관련된 준비작업을 전적으로 학구적인 유치함에만 맡겨진 삶과 더 이상 혼동하지 않을 것이다. 게다가 나는 이책 한 권을 읽는 것만으로 이 점에 대해서 다른 설명이 전혀 필요 없을 것이라고 본다.

사회에서 여성의 위치, 철학자들이나 민중과 마찬가지로
여성의 역할은 지배하는 것이 아니라 변화시키는 것이다

실증주의 체제에서 여성의 사회적 목표는, 곧바로 이들의 진정한 본성의 당연한 결과로 나타난다.

인류의 기본 속성에서, 다시 말해 개인성보다 사회성을 중요시하려는 경향의 경우, 여성은 확실히 남성보다 우위에 있다. 온갖 물질적 지향과 무관한 도덕적인 이유 때문에 여성은 남성적 형태 아래서는 어떠한 상징으로서도 합당하게 드러나지 못하는 인류의 가장 순수하고 직접적인 유형으로서 항상 우리의 애정 어린 경배를 받아 마땅하다. 하지만 그러한 당연한 우위는 당사자들의 공개적인 의사표현이 없었음에도 불구하고 사람들이 이따금 여성에 대해 꿈꾸었던 사회적인 영향력을 그들에게 확보해줄 수는 없을 것이다. 왜냐하면 인간생활 전체의 현실적인 목적에서 드러나는 여성의 직접적인 우위가, 거기에 도달하기 위한 다양한 수단에 나타나는 그에 못지않은 열등성과 관련되어 있기 때문이다. 육체적인 것뿐만 아니라 정신적인 것과 성격적인 것까지도 힘을 다투는 온갖 종류의 일에서, 동물계의 일반법칙에 따라 남성은 분명히 여성보다 나은 위치에 있다. 또한 실생활은 끊임없이 고통스런 행동을 요구하기 때문에 필연적으로 감정이 아니라 힘에 지배되게 마련이다. 온갖 물질적 필요성이 사라져버린 내세에 대한 기독교적 유토피아에서처럼 사랑만 하고도 살 수 있다면, 당연히 여성이 세상을 지배할 것이다. 하지만 운명의 가혹함에 맞서 싸우기 위해서는 무엇보다도 행동하고 생각해야 한다. 그럴 경우, 여성보다 도덕성이 부족하기는 하지만 남성이 지배할 수밖에 없다. 모든 위대한 조작들을 들여다보면 비록 열정이 힘과 재능에 많은 영향을 끼치는 것은 사실이지만 성공에는 열정보다는 힘과 재능이 더 필요하다.

이것이 바로, 우리의 도덕적 구축을 이루고 있는 세 부분 사이의 일반적 조화가 갖는 자연스런 결함이다. 그런데 우리의 도덕적 구축은 감정을 통해 힘의 당연한 지배를 변화시키는 역할을 여성에게 부여한다. 감정적 우위라는 여성의 정당한 본능은 보통 지배욕구를 불러일으키는데, 그러한 욕망을 피상적으로 비판하여 매우 자주 이기적 경향으로 간주했다. 하지만 우리는 경험상, 필수불가결한 재화가 드물고 확보하기 어려운 세상에서 지배권은 당연히 그럴 만한 자격을 지닌 가장 감정적인 사람들의 소유가 아니라, 힘있는 자의 소유라는 것을 깨닫는다. 이렇게 계속되는 갈등은 오직 남성 지배의 영속적 변모만으로 이어진다. 남성은 온갖 감각적 문제와 무관하다. 어떤 비밀스런 평가가 남성에게 인류의 주된 속성에서 여성의 자연스런 우위를 지적하고 있기 때문에, 남성은 더욱더 그러한 변모를 잘 받아들이게 된다. 남성은 자신들의 지배가 무엇보다도 상황의 당연한 요청에서 생겨난다는 것을 느끼고 있다. 왜냐하면 우리의 상황은 이기심이 사회성보다 더 많은 영향을 끼치는 어려운 작업을 짐 지운다고 보기 때문이다.

이렇게 해서, 모든 인간사회에서 공공생활은 남성에게 속하며, 여성의 삶은 가정적인 분야로만 한정되었다. 문명의 발달과 더불어 이러한 자연적 다양성이 사라지기는커녕, 내가 나중에 지적하겠지만 계속 완성되어왔고 끊임없이 발전해왔다.

바로 여기서 여성의 사회적 조건과 철학자, 노동자의 조건 사이에 기본적 유사성이 생겨난다. 이렇게 해서, 조절 권력의 필수적 세 요소 사이의 필연적 유대감이 설명된다.

이러한 유사성은, 감정의 우위로 인하여 우세한 위치를 차지하지 못하는 여성과 동일한 숙명이 철학자들의 경우 이론의 우위로 말미암아 당연히 자신의 것으로 간주하고 있는 지배권을 오히려 박탈한다는 사실에서 생겨난다. 만약 우리가 물질적 욕구들을 더욱 쉽게 만족시킬 수 있다면, 실생활의 우위가 지적인 힘을 보다 덜 구속할 것이다. 이러한 가정이 실현된다면, 무엇보다도 여성이 우위를 차지할 것이다. 왜냐하면 우리의 이성이란 바로 행동을 규명하기 위해 발전하기 때문이다. 행동의 고유한 발전은 두뇌조직의 영향을 별로 받지 않는다. 그러므로 사랑만이 한결같은 자발성을 보존할 것이다. 비록 학자의 오만이 여성의 허영보다 덜 체념적이지만, 현실생활의 지배권은 생각하는 존재[5]보다는 훨씬 더 사랑하는 존재[6]에 속해 있다.

그렇게 주장하고 있기는 하지만, 사실 지적인 힘이 물질적인 힘보다 더 도덕적인 것은 아니다. 이 힘들은 각각 하나의 수단에 불과한 것으로, 도덕성은 전적으로 그것을 올바르게 사용하느냐 아니냐에 달려 있다. 인간 본성 가운데 그 자체로 도덕적인 것은 사랑밖에 없다. 사랑만이 곧바로 개인성보다는 사회성을 우위에 서게 할 수 있기 때문이다. 만약 사랑이 지배할 수 없다면 어떤 명분으로 정신이 지배할 수 있겠는가? 모든 실질적인 지배권은 행동에 속한다. 이처럼, 이성은 감정 이상으로 실생활을 변화시키는 것으로 축소된다. 철학적 요소가 적어도 여성적 요소만큼 지도적 힘에서 배제되는 것은 이런 이유 때문이다. 지배하고자 하는 헛된 노력에도 불구하고 정신은 변화시키기만 할 수 있다. 심지

---

5) 철학자를 의미한다.
6) 여성을 의미한다.

어 우위를 차지할 수 없다는 사실이 정신의 간접적인 도덕성의 원천이 되는데, 그것마저도 자신의 환상적인 지배가 파괴해버릴 것이다. 정신은 자발적 질서를 많은 부분 개선할 수 있다. 하지만 그것은 항상 그 질서를 존중한다는 조건 아래서만 가능하다. 정신의 체계적 능력은 모든 사회적 요소들을 서로 밀접하게 연결짓는다. 그 본성은 사회적 요소들로 하여금 다행스럽게도 물질의 우위를 변경시키게 한다. 이렇게 해서 여성의 영향은 영적 권력 전체에 반드시 필요한 보조자가 되는데, 이는 이미 중세 때 충분히 증명되었다.

민중적 요소와 여성적 요소 사이의 자연스런 유대관계는 도덕적 힘에 대한 사회학의 분석을 완성함으로써 그 성격이 드러난다.

처음에는 순전히 감정적이었던 조절 권력은, 나중에는 지배할 수 없어진 정신이 가담함으로써 합리적인 것이 된다. 그렇게 되면 조절 권력은 노동자들의 자발적인 가담을 통하여 활동적으로 되는 일만 남는다. 그런데 이러한 필수적인 보완은 민중이 실제적인 권력의 당연한 토대를 형성하고 있으면서도, 다른 두 요소들만큼 정치적인 정부에 무관한 것으로 남아 있다는 데에서 생겨난다.

엄밀한 의미에서 힘, 다시 말해 의지를 규제하지 않은 채 행동을 지배하는 권력이란, 수(數)와 부(富)라는 아주 분명한 두 가지 원천에서 생겨난다. 첫번째 요소는 두번째 요소보다 더 물질적이라고 알려져 있지만 사실은 더 많은 도덕성을 지니고 있는데, 그것은 서로 협력하여 생겨나는 수적인 우위가 감정과 사고의 수렴을 가정하기 때문이다. 이러한 수렴은 부의 즉각적인 힘보다 이기심의 우위와 더 잘 화합하지 못한다. 하지만 바로 이러한 이유 때문에 본래 너무 간접적이고 불안정한 수적인 힘은 통상적 우위를 차지할 수 없다. 이렇게 해서, 수적인 힘은 여성과 철학자들에게도 유사한 사회적 상황을 부여하는 물질적 필요성이라는 최후의 결론에 따라 정치적 정부에서 배제되어 도덕적인 영향으로만 축소된다. 육체적 욕구의 기본적 우위는 그러한 욕구를 만족시킬 수단을 제공한다는 이유로 부에 즉각적인 힘을 보장해준다. 왜냐하면 부자들은 다음 세대의 삶을 용이하게 하고 그들의 작업을 준비하기 위해, 각각의 세대가 축적한 물질을 자연스럽게 위임받은 사람들이기 때문이다. 그러므로 부자들은 예외의 경우가 아니고서는 어떠한 군중도 이에 대항하여 우위를 차지할 수 없는 실제적 권력을 자연스럽게 보여준다. 이러한 필연성은 심지어 군인들 사이에서도 드러나는데, 이들에게 수의 영향은 더 직접적이기는 하지만, 다만 습득 양식에만 영향을 끼친다. 하지만 더 이상 폭력이 부의 일상적 원천이 아닌 산업사회에서는 특히 그러한 사회법칙이 더욱 잘 느껴진다. 그 자연스런 영향력은 문명의 진보와 더불어 줄어들기는커녕, 오히려 자본의 지속적 증가가 아무것도 가지지 못한 사람들을 종속시킬 수단을 증가시킴에 따라 필연적으로 증가한다. "가난한 사람들이 부유한 사람들을 먹여 살린다"(Paucis nascitur humonum genus)라는 고대의 비도덕적 격언이 여전히 진리로 남는 것은 바로 이러한 맥락에서이다.

이 책의 제3부에서 설명했던 대로, 이처럼 현대인들 사이에서 정치적 힘을 박탈당한 민중이 점점 더 도덕적 힘의 필수요소가 된다. 철학자의 도덕성보다 훨씬 더 간접적인 민중의 도덕성은 실질적 범용함을 조건으로 삼는다. 예외적으로 정부가 다수의 손으로 넘어갈 경우, 자신의 본성에 반하여 폭력적 우위를 완화시키려는 능력에 따라 도덕성을 장악하는 것은 부이다. 우리는 위에서 마음에 관련된 것이건 정신에 관련된 것이건 현대의 노동자들에게 합당한 탁월한 자질은 무엇보다도 그들의 사회적 입장에서 비롯된다는 사실을 알았다. 부의 실천적 권위가 통상적으로 수로 넘어갈 경우, 이러한 자질들은 많은 변화를 겪을 것이다.

철학자, 여성, 노동자의 결집된 행동은 도덕적 힘이다

개괄적으로 말해, 엄밀한 의미에서 정치영역 바깥에 존재하는 사회의 세 구성요소가 자발적으로 협력함으로써 물질적 힘의 자연스런 지배를 변화시키게 되어 있는 도덕적 힘에 대한 실증주의 이론이 바로 이것이다. 바로 이러한 기본적 조합으로부터 인간이 봉착한 커다란 문제, 다시 말해 개인성에 대한 사회성의 일상적 우위라는 문제를 해결할 수 있는 중요한 수단이 생겨난다. 조절 권력의 세 가지 자연스런 요소들은 그 힘에 각각의 필수적 자질을 확보해준다. 첫번째 것이 없다면 순수성과 자발성이 부족해질 것이며, 두번째 것이 없다면 지속성과 지혜가 부족해질 것이며, 마지막 것이 없다면 힘과 행동이 부족해질 것이다.[7] 비록 철학적 요소가 가장 직접적인 것도 아니며 게다가 가장 유효한 것도 아니지만, 조절 권력의 성격을 규정하는 것은 바로 이것이다. 왜냐하면 철학적 요소만이 사회적 존재의 진정한 법칙에 따라 조절 권력의 구축을 체계화하며 그러한 힘의 행사를 밝혀줄 수 있을 것이기 때문이다. 조절 권력의 체계적 대변기관이라는 지위로 인해, 영적 권력은 철학적 요소에 고유한 이름을 부여한다. 하지만 그러한 명명은 지적이라기보다는 차라리 도덕적인 성격을 띠는 힘의 본질에 대해 잘못된 개념을 암시한다. 그럼에도 불구하고 하나의 귀중한 역사적 전통을 존중함으로써, 실증주의는 온갖 사회이론에 무관하며 정신이 인간통합의 중심으로 간주되었던 시대에서 비롯된 이러한 용법을 수정하게 될 것이다.

그러므로 실증주의 체제 속에서 여성은 조절 권력의 가정적 원천이고, 철학자들은 체계적 기관이며, 노동자들은 정치적 보증이다. 이러한 기본 조합의 확립은 이성적 요소[8]에 속하지만, 그러한 힘은 자신의 참여가 감정적 요소[9]의 참여보다 덜 직접적이고 행동적 요소[10]의 참여보다 덜 유효하다는 사실을 결코 잊어서는 안 된다. 그 사회적 영향력은 항상 여성의 감정과 민중의 힘에 의지한다는 조건 아래에서만 가능한 것이다.

그러므로 오늘날 여성을 위대한 쇄신운동에 가담시켜야 한다는 당위

---

7) 처음부터 각각 여성, 철학자, 노동자를 가리킨다.
8) 철학적 요소.
9) 여성적 요소.
10) 민중적 요소.

성의 강조가 그러한 쇄신을 주도해야 할 철학에 어떤 족쇄를 채우는 것은 절대로 아니다. 반대로, 이러한 당위성은 인간의 다른 모든 권력 행사를 규제하게 되어 있는 도덕적 힘의 진정한 구축을 드러냄으로써 철학에 강력한 수단을 제공해준다. 현재의 변화가 그것을 허락하고 있는 만큼 이미 정상적 미래가 도래했다고 할 수 있다. 왜냐하면 혁신적 충동은 나중에 한층 더 발전되고 정돈되어 무엇보다도 최종적 체제의 성격을 규정짓게 될 동일한 기본 협력으로부터 생겨나기 때문이다. 이렇게 해서, 인류가 처하게 될 최종 상태는 인간 본성에 폭넓게 부합하는 것으로 모습을 드러낸다. 그런데 인간의 고유한 본성 속에서 감정, 이성, 행동은 때로는 고립적으로 때로는 연합하여 쇄신을 위한 연합에 필요한 세 가지 필연적 요소, 즉 여성적 요소, 철학적 요소, 민중적 요소와 정확하게 일치한다.

모든 사회적 단계들은 다소 다른 방식으로 그러한 이론을 증명하도록 해주는데, 그 이론의 세 얼굴은 항상 '관계의 삶' 11)을 '영양의 삶' 12)에 종속시키는 생물학의 법칙과 관련된 동일한 기본적 필요성에서 생겨난다. 사회학에서 각각의 역동적인 사변을 그에 대응하는 정태적 개념에 연결짓기 위해 이 책의 제2부에서 언급한 일반원칙('진보는 질서의 발전이다')이 적합해지는 것은 바로 여기이다. 왜냐하면 인간 발전은 이 세 가지 요소의 개별적 발전을 통해서건 이들 사이의 협력 강화를 통해서건, 항상 도덕적 힘의 조절력을 증대시키기 때문이다. 여성의 운명의 점진적 개선에 대한 로버트슨13)의 역사적 관찰은 이러한 사회학 법칙의 개별적 예일 뿐이다. 이 모든 진보는, 유기체의 단계가 한층 더 높아지

---

11) 동물적인 삶을 가리킨다. 여기서 '관계'란 결국 동물들이 맺는 사회적 관계를 가리킨다.

12) 식물적인 삶을 가리킨다. 여기서 '영양'이란 무기물의 합성으로 생성되는 양분을 가리킨다.

13) William Rorbertson(1721~93) : 영국의 역사가. 『메리 여왕과 제임스 6세 치하의 스코틀랜드 역사』, 『찰스 5세 치하의 역사』 등을 남겼다.

고 더욱더 발전함에 따라 동물적 삶에 대한 식물적 삶의 우위를 감소시키는 생물학 법칙을 공통 원칙으로 한다.

고대의 다신교 체제의 다양한 양식 아래서, 조절 권력은 지성의 힘의 공식적 도움을 전혀 받지 못하고 여성적 요소의 가정적 영향으로 축소되어 있었다. 그런데 지성의 힘은 처음에는 원천으로서 나중에는 도구로서, 계속적으로 물질적 우위와 연관되어 있었다. 중세 때에는 서구의 가톨릭이, 통상적으로 여성의 도움을 받아 존재했던 자유로운 정신적 권위를 실천의 차원과 포개놓음으로써 도덕적 힘이 체계화되는 과정을 개괄적으로 보여주었다. 나는 이 책의 제3부에서 어떻게 현대에 들어와 이룩된 발전만이 조절 권력의 조직화를 완성함으로써, 노동자들에게 적합한 사회적 개입을 통해 결국 자신의 가장 강력한 요소를 드러내도록 해주는지를 지적했다. 이렇게 해서 처음에는 감정적 원천으로 축소되어 있었지만, 나중에는 합리적인 것으로 변하는 도덕적 힘은 기본 성격을 잃어버리지 않고도 행동적인 것으로 변할 수 있다. 그것은 도덕적 힘이 독특하게도 엄밀한 의미에서 정치의 차원과 무관한 영향들로 이루어져 있기 때문이다. 이들은 모두 설득하고 충고하고 판단한다. 반면, 예외의 경우를 제외한다면 이들은 어떤 경우에도 명령하지 않는다. 이제부터 실증주의의 사회적 임무는 무엇보다도 이러한 세 가지 필연적 요소들의 고유한 목표를 발전시키면서도 이들의 자발적 조합을 체계화시키는 일이 될 것이다.

현재 만연해 있는 온갖 편견에도 불구하고, 새로운 철학은 본질적으로 이러한 기본 임무의 온갖 조건들을 충족시킨다. 그러한 능력은, 각기 독자적으로 작용하거나 서로 연합하여 작용하게 되는 철학적 요소와 민중적 요소에 대해서는 앞에서 충분히 확인되었다고 본다. 여기서 내가 검토하고자 하는 것은, 여성적 요소의 경우 어떻게 그러한 능력의 성격을 직접 규정할 것인가 하는 문제이다.

이러한 설명은 내가 이 책의 첫머리에서 실증주의의 보편적 토대로 제시했던 감정적 원칙에서 자연스럽게 생겨난다. 건전한 철학 전체를 마음의 체계적인 우위 위에 기초하게 함으로써, 사람들은 여성으로 하여금 곧바로 새로운 영적 권력의 본질적 부분을 형성하도록 한다. 가톨릭의 정신은 여성을 귀중한 보조자 정도로만 보았는데, 그것은 가톨릭의 직접적 원천이 여성의 협력과는 무관한 것이기 때문이다. 이에 반해, 실증주의 정신은 여성을 필수요소로 간주하는데, 그것은 여성이 그 기본 원칙을 가장 자연스럽고 순수하게 재현한다고 생각되기 때문이다. 실증주의에서는 여성이 가정적인 영향을 넘어 다른 두 요소들이 이러한 공통적 통합을 향해 나아가게 한다. 이러한 통합은 사실 무엇보다도 여성에게서 비롯되었으며, 다른 두 요소는 자주 여기서부터 멀어지려는 경향을 띠게 되었다.

진정한 철학자들 사이에서 나중에 마음을 정신보다 체계적으로 우위에 서게 하는 사회적 관점의 논리적이고 과학적인 우위를 확립하고자 하는 논증들이 어떤 힘을 지니고 있건, 어떠한 연관관계도 철학자들을 보편적 사랑의 직접적 자극으로부터 자유롭게 해주지는 못할 것이다. 철학자들 자신마저도 순전히 지적이기만 한 영향들의 실질적 효용성이 얼마나 하찮은지를 너무나 잘 알고 있다. 그렇기 때문에, 이들은 임무를 완수하는 데 이롭게 작용하는 이러한 필요성을 결코 피하려 들지 않을 것이다. 나는 1846년 3월 11일, 이미 죽었지만 여전히 변함없는 동반자로 남아 있는 여자[14]에게 다음과 같은 편지를 썼을 때, 그것을 합당하게 느꼈다고 감히 말할 수 있다. 그때 나는 "완전한 철학자가 되기에는, 무엇보다도 인류의 감정의 측면을 충분히 평가할 수 있도록 해주는 심오하고도 순수한 정열이 나에게는 모자랐소"라고 썼다.

그러한 감정들은 정신을 곧바로 진정한 보편적 관점에 위치시킴으로써 찬양할 만한 철학적 영향력을 행사한다. 그런데 이러한 보편적 관점에서 과학의 길이 정신을 고양시킬 수 있는 것은 길고도 어려운 과정을 통해서이다. 이러한 과정에 따라, 운이 다해버린 정신의 열정은

---

14) 드 보를 말하는데, 콩트와 그녀의 관계에 대해서는 이 책 15쪽을 참조.

이렇게 확립된 원칙의 새로운 결과들을 적극적으로 추구하지 못하게 한다. 그러므로 여성의 영향 아래서 이루어지는 마음의 직접적 발전은 단지 철학의 사회적 영향에만 필요한 것이 아니다. 철학은 긴밀한 채택이 최초의 형성을 준비했던 현학적 입문을 필요로 할 경우 결코 민중적인 것이 되지 못할 것이다. 이러한 통상적인 영향은 심지어 철학의 모든 체계적 기관에도 똑같은 요구를 한다. 왜냐하면 그 영향력은 그러한 기관들 속에 들어 있는 항상 건전한 탐구들보다 따르기 쉬운 쓸데없는 일탈로 타락하려는 추상적 사변들의 자연스런 경향을 억제하고자 하기 때문이다.

과거의 힘에 대한 새로운 영적 권력의 우위
가톨릭 학설이 보여주는 이기적 경향

새로운 정신의 당연한 우위를 깨닫기 위해서는, 과거의 정신이 사제들의 독신주의로 말미암아 가톨릭 체제에도 당연히 필요한 이러한 이로운 충동들을 완전히 박탈해버렸다는 사실을 지적하는 것으로 충분하리라고 본다. 왜냐하면 아리스토텔레스의 힘찬 풍자가 정당하게 지적하는 것처럼, 여성의 영향이 자신의 구성원들을 직접적으로 완성시키지 못한 채 정신적 조합 밖에서만 행사될 수 있었기 때문이다. 몇 가지 예외적인 경우를 제외한다면, 사람들은 결코 규칙에 반하는 감정들의 도덕적 효용성에 기대를 걸 수 없었다. 왜냐하면 이러한 감정들에 대한 사제들의 반응은, 통상적인 위선을 불러일으킴으로써 필연적으로 타락시키는 경향을 띠고 있었기 때문이다.

하지만 그들의 기본 성격의 경우, 두 개의 정신을 직접 비교해보면, 우리는 어떤 계급에서건 여성의 도덕적 영향을 정당하게 발전시키는 데 새로운 정신이 이전의 것보다 얼마나 더 나은 위치에 있는지를 잘 알 수 있다.

사실 가톨릭의 감정적 원칙이 본질적으로 개인적인 데 반해, 실증주의의 감정적 원칙은 필연적으로 사회적이다. 가톨릭의 경우, 신자들은 항상 개인적 목표만을 지닌다. 더구나 그 개인적 목표가 어디에도 견줄 수 없을 정도로 우세하기 때문에 그것과 무관한 모든 것을 억압해버리는 경향을 띤다. 사실, 공공 본능의 합당한 기관으로서의 사제들의 지혜는 개인적인 구원에 없어서는 안 될 조건인 중요한 사회적 의무들을 개인적 목적에 연결시킨다. 하지만 이러한 간접적 자극이 우리의 더 나은 감정들에 정당한 탈출구를 제공하려 한다면 자발성과 심지어 순수성마저도 크게 변질시켜버릴 것이다. 이처럼 모든 희생적 행동에 보장되어 있는 무한한 보상은 완전히 무관심하기만 한 감정을 결코 허용하지 않는다. 이러한 무관심한 감정은, 개인적 성격이 자발적 헌신을 훼손시키는 불가피한 관점을 거절하지 못하게 하며, 심지어 그러한 거절을 신성모독적인 것으로 간주하도록 할 것이다. 바로 이러한 체제에서 하나의 저속한 도덕이론이 생겨나는데, 나중에 이것은 형이상학자들의 손에서 아주 위험하게 변질되었다. 왜냐하면 형이상학자들은 신학적인 해독제들은 제거해버리고 해로운 원칙들만 간직했기 때문이다.

심지어 신에 대한 사랑이 실제로 지니는 가장 완전한 순수성을 깨달음으로써, 사람들은 신에 대한 사랑이 모든 마음에 주어진 목표를 확인하는 간접적인 방식으로만 사회적일 수 있었다는 사실을 인식했다. 하지만 신에 대한 사랑이란 사실 그 성격 면에서 보면 너무나 이기적인 것이기 때문에, 그것의 우위는 완성의 한 유형으로서 온갖 다른 감정들의 완전한 희생을 요구했다. 이러한 경향은 기독교정신과 감정의 가장 탁월한 표현기관에서 아주 두드러진다. 이러한 경향은 무엇보다도 가톨릭의 이상이 지닌 성격을 가장 잘 규정지었던 숭고하면서도 부드러운 수도사의 찬양할 만한 시(詩)[15] 속에 잘 드러나 있다. 위대한 코르네유[16]의 수려한 필치로 번역되기에 합당했던 유례없이 아름다운 이 작품을

---

15) 콩트가 즐겨 읽었다는 토마스 아 켐피스의 『그리스도를 본받아』를 말한다.

매일같이 읽으면서, 나는 어떤 체제가 수많은 장애에도 불구하고 종종 가장 순수한 정열로 고양되는 마음의 자연스런 관대함을 얼마나 많이 왜곡시켰는지를 잘 깨달을 수 있었다. 이기심과는 아무런 관련이 없는 감정의 자발성은 사람들이 생각했던 것보다 훨씬 더 두드러진다. 왜냐하면 이러한 감정들은 1,200년 동안이나 우위를 점하고 있던 아주 억압적인 원칙 아래서도 끊임없이 성장해온 것이기 때문이다.

반대로 실증정신은 본질적으로 사회적 속성을 띤다.
마음과 정신은 서로를 보강한다

실증주의 체제는 당연히 인간 본성 전체와 부합하기 때문에, 지금까지는 그에 합당한 체계적 문화가 없기 때문에 초보적인 상태에 머무를 수밖에 없었던 찬양할 만한 속성의 사적이며 공적인 직접적 도약은 실증주의 체제만이 가져올 수 있다. 마음에 대한 가톨릭의 자극은 본래, 필연적으로 그러한 멍에를 뒤흔들어버리는 경향을 띠고 있었던 정신에 적대적이었다. 이에 반해, 실증주의 원리는 당연히 감정과 이성 사이의 가장 완전하고도 적극적인 조화를 확립한다.

실증주의 체제에서 반성적 사유는 만인에 대한 각자의 연합을 친숙하게 해줌으로써 항상 사회성을 강화시킨다. 우리의 지성은 체계화되지 않은 인상들을 보존할 수 없기 때문에, 사회이론의 부재는 지성으로 하여금 예외의 경우들을 통해서만 드러나는 이러한 통상적 유대감을 분명하게 파악하지 못하도록 한다. 하지만 항상 사회적인 관점이 지배하게 되는 실증주의 교육은 당연히 다른 어떤 것보다도 그러한 평가를 친근하게 만들어준다. 왜냐하면 개인적인 것이건 집단적인 것이건 우리의 현실생활 전체가 끊임없이 이러한 현상들과 관련되기 때문이다.

---

16) Pierre Corneille(1606~84) : 프랑스의 극작가. 『르 시드』, 『오라스』 등의 작품이 있다.

너무 자주 인류 전체의 것을 남성의 것으로 보려 하는 헛된 현학적 설명들은 신학적이거나 형이상학적인 미혹만을 통해서만 제기되고 수용될 수 있다. 건전한 이론이 생겨나서 현실을 분명히 직시하도록 해줄 경우, 각자는 자신의 육체적·지적·도덕적 삶을 돌이켜보기만 해도 자신이 조상들과 동시대인 전체에게 무엇을 빚지고 있는지를 깨달을 수 있을 것이다. 감정이나 사고나 행동에서 다른 사람들과 아무런 관련이 없다고 믿는 사람들이 곧바로 모순에 빠지지 않고서는 그러한 신성모독적인 언사를 구사할 수 없다. 왜냐하면 자신이 사용하는 언어 자체가 벌써 자신만의 것이 아니기 때문이다. 아무리 고상한 지성의 소유자라고 하더라도, 혼자서는 항상 몇 세대에 걸친 민중의 협력을 필요로 하는 최소한의 언어도 구축할 수 없다. 부분들이란 추상적으로밖에 존재할 수 없기 때문에 전체만이 현실적일 수 있다는 사실을 항상 떠올림으로써, 사회성을 체계적으로 개발하고자 하는 진정한 의미에서 실증정신의 분명한 경향이 어떤 성격을 지니는지를 여기서 미리 규정지을 필요는 없으리라고 본다.

마음에 대한 정신의 이와 같은 다행스럽고도 지속적인 영향을 뛰어넘어, 인류의 최종 상태는 과거의 어떤 체제보다도 더 순수하고 직접적이며 적극적인 문화를 가장 훌륭한 감정들에 부여한다. 관대한 감정이 마침내 온갖 개인적인 계산에서 벗어날 수 있는 것은 오로지 이것 때문이다. 불완전한 인간 본성이 개인적 계산을 지니고 있는 만큼, 이러한 관대한 감정은 다른 어떤 것들보다도 한결 만족스러운 동시에 한층 더 발전시켜나갈 수 있는 것이 되어 우위를 차지할 것이다.

신학적인 공포나 갈망과는 무관한 마음의 소유자들만이 순수하며 이해타산과 무관한 사랑이라는 진정한 인간 행복을 폭넓게 맛볼 수 있다. 바로 이러한 행복 속에 이전의 다양한 철학들이 그토록 찾으려 했던 최고선이 존재한다. 사랑의 당연한 우위는 이러한 독특한 관찰로 그 성격을 충분히 규정하는데, 모든 민감한 영혼의 소유자들은 그에 대한 개인적 확인을 손쉽게 발견할 것이다. 즉 사랑을 받는 것보다는 사랑을 주는

편이 훨씬 더 낫다. 비록 오늘날에는 그러한 평가가 어떤 흥분상태에서 생겨난 것처럼 보이지만, 그것은 항상 수동적이기보다는 능동적으로 작용하는 진정한 본성에 직접적으로 부합한다.

그런데 사랑받는다는 것의 행복은 결코 이기적인 반대급부와 무관하지 않다. 다시 말해, 어떻게 다른 사람들보다 좋아하는 사람의 사랑을 더 많이 받는다는 사실을 자랑스럽게 여기지 않을 수 있겠는가? 만약 사랑한다는 것이 우리를 한층 더 만족시켜준다면, 그것은 이해관계와 전혀 무관한 감정들의 자연스런 우위를 확인하는 것이기 때문이다. 우리의 근본적 결함은 무엇보다도 그러한 감정들이 인류의 보존에 없어서는 안 될 요소로 여겨지는 이기적 성향보다 턱없이 낮은 것으로 간주되고 있다는 사실이다. 하지만 이러한 감정들은 처음에 개인적인 동기에서라도 일단 한 번 고무되고 나면, 사랑을 무기로 해서 계속 발전하게 된다. 게다가 우리 각자는 필연적으로 그 이기적인 충동들을 억압하는 다른 모든 감정들에 의해 그렇게 하라는 요청을 받으며, 또한 감정들의 도움을 받는다.

이렇게 해서, 사람들은 어떻게 실증주의 체제가 아무런 예외적인 부추김 없이도 이러한 자연적 경향을 체계화하는지, 또한 그렇게 함으로써 우리의 본능이 지금까지 지닐 수 없었던 일상적 행동을 우리의 공감적인 본능에 새겨넣을 수 있는지를 깨닫는다. 일단 신학적 억압과 형이상학적 메마름에서 벗어나기만 한다면, 개인적인 것이건 공적인 것이건 실질적 행복은 무엇보다도 가능한 한 사회성을 발전시키는 것으로 이루어져 있다는 사실을 우리의 마음은 쉽사리 깨달을 수 있다. 우리의 마음은 불가피한 결함으로 말미암아 개인성에 꼭 필요한 만족만을 부여한다. 이렇게 함으로써, 실증주의는 모든 존재들과 모든 상황들에 직접적으로 부응하게 되는 것이다. 가장 소중한 관계들에 대해서와 마찬가지로 아주 사소한 관계에 대해서도, 쇄신된 인류는 곧바로 "주는 것이 받는 것보다 더 가치 있다"라는 분명한 격언을 실천에 옮길 것이다.

이제, 마음의 이러한 계속적인 흥분상태는 정신에 대하여 특히 여성에게 맡겨진 행복한 반응을 보여주게 될 것이다. 나는 이미 그 성격을 충분하게 규정했기 때문에, 여기서는 더 이상 강조할 필요가 없으리라고 본다. 왜냐하면 정신적인 것을 포함하는 실증적 체계화라는 진정한 원칙을 제공할 수 있는 것은 감정밖에 없기 때문이다. 내가 지금 여기서 기본적으로 지적하고자 하는 단 한 가지는 아주 어려운 철학적 난관들을 손쉽게 극복할 수 있는 행보의 찬양할 만한 능력에 대한 것이다. 사람들은 마음의 이름으로 정신에 곧바로 과학적인 체제를 부담하게 할 수 있다. 그런데 그 체제의 적합성이 이성적인 검토를 통해서만 드러난다면, 정신은 오랫동안 그 체제의 적합성에 이의를 제기할 것이다. 가령, 순수 기하학자를 대상으로 사회학적 사변이 논리적으로나 과학적으로나 다른 모든 현실적인 사유들에 대해 우선권을 지닌다는 것을 증명한다고 가정해보자. 그럴 경우, 아무리 재능이 뛰어나고 성실한 기하학자라고 하더라도, 사람들은 그를 설득하기 위하여 온갖 귀납적이고 연역적인 능력을 다 동원하여 오랫동안 공을 들여야 할 것이다.

이와 반대로, 감정은 교육을 받지 못한 노동자나 여성에게 이 위대한 원칙의 진리를 직접 드러낼 것이다. 그들의 이성은 곧바로 이 원칙을 적극적이고도 친숙하게 적용할 것이다. 오로지 이렇게 함으로써만 도처에서 중요한 철학 개념들이 진정한 우위를 차지할 수 있으며, 또한 사람들이 그러한 개념들의 사회적 유용성을 밝히는 데 없어서는 안 될 온갖 학교교육을 받을 수 있다. 또한 실증주의 교육이 우위를 차지할 경우, 도덕적 조건들이 빈번하게 진정한 의미에서 지적인 능력의 보증으로 내세워진다. 국민의회의 혁명적 지혜는 때때로 공화제의 명분들을 감히 과학적인 기준보다 위에 놓음으로써 그러한 유대감을 미리 간파했다. 물론 보편도덕의 체계화가 이루어지지 않는다면, 그와 같은 실행은 손쉽게 환상적인 것으로, 심지어 그릇된 것으로 변해버릴 것이다. 하지만 반동적 경향을 띠게 된다는 비난은 현재의 모습에 더욱 적합할 것이다. 그런데 현재의 모습은 마음이 항상 정신에만 요구되는 직업적인 보증에 결코 기여하도록 해주지 않는다.

　이러한 일탈들은, 지금까지 감정의 직접적 배양을 주도할 수 있었던 신념들만이 지니고 있던 억압적 본질에 의해 역사적으로 설명된다. 중세 말부터 정신과 마음 사이에서 지속되어왔던 숙명적 대립은 실증주의 체제 속에서만 탈출구를 찾을 수 있다. 이 책의 첫머리에서 지적했던 대로, 다른 어떤 체제도 그들의 고유한 발전을 해치지 않고서는 이성을 감정에 합당하게 종속시킬 수 없다. 사실, 정신이란 현재 자신의 헛된 우위로 인해 우리를 혼란시키고 있는 주범이다. 정신이 진정으로 유기적일 수 있는 것은 마음에게 그 자리를 물려줄 때이다. 이러한 양위(讓位)는 완전히 자유로운 상태에서 이루어져야만 어떤 효용성을 지닐 수 있다. 그런데 실증주의만이 유일하게 그러한 결과에 이를 수 있다. 왜냐하면 실증주의는 이성이 자신의 주장들을 지탱하기 위해 원용하는 원칙, 즉 정신이 자신의 개인성을 드러내지 않고서는 거부할 수 없게 될 현실적 증명에 입각하여 정신적 토대를 닦기 때문이다. 신학적이거나 형이상학적인 다른 모든 수단들은 감정에 대한 지성의 새로운 반항을 불러일으킴으로써 필연적으로 상황을 더욱 악화시킨다.

실증주의에 대한 여성의 지적이고 도덕적인 유대관계

　이러한 다양한 이유 때문에, 도덕적 평가에서 우리보다 나은 판단자인 여성은 다른 철학에 대해 실증주의의 감정적 우위가 이제는 더 이상 반박할 여지가 없는 사변적 우위보다 훨씬 더 뚜렷하다는 사실을 깨달을 것이다. 여성이 새로운 철학과 그 과학적 전조를 더 이상 혼동하지 않는다면, 곧바로 이러한 결론에 이르게 될 것이다.

　물론 여성의 정신은 남성에 비해 일반적인 귀납과 심오한 연역, 한마디로 말해 모든 추상적인 노력에 적합하지 못한 것이 사실이다. 하지만 여성은 보통 실증성이 어떤 성격을 지니고 있는지를 규정해주는 유용성과 현실성 사이의 결합을 더욱 잘 느낄 수 있다. 이 점에 관한 한, 여성의 이성은 다행스럽게도 현재 우리의 불합리한 교육과 무관하다는 공동의 이점 때문에 노동자들의 이성에 아주 가깝다. 하지만 여성은 노동자들 이상으로 통상적으로 실질적인 움직임과 무관하기 때문에, 사유생활의 정당하고도 자연스런 발전에 아주 이로운 방향으로 작용하는 정상적인 상황을 지니고 있다. 이런 점에서 볼 때, 여성의 정신은 당연하게도 무관심하지 않으면서도 이해타산과 무관한 주의를 필요로 하는 건전한 철학에 더욱더 부합한다. 사실, 진정한 철학자들에 대한 여성의 정신적 친근함은 엄밀한 의미에서 학자들의 그것보다 낫다. 왜냐하면 여성들에게서는 실증성만큼이나 일반성 또한 느껴지기 때문인데, 사실 일반성은 학자들 사이에서는 대략적으로밖에 느껴지지 않는다. 몰리에르는 내가 노동자들에게 적용했던 감탄할 만한 이성적인 공식을 곧바로 여성의 몫으로 결정지었다. 또한 새로운 철학의 최초의 체계적인 밑그림을 데카르트의 위대한 자극 아래, 이미 여성의 정신이 받아들였다. 비록 실증적인 종합은 여전히 온갖 고상한 도덕적·사회적 사변들을 스스로에게 금하고 있지만, 이러한 기본적 친근함은 이미 공공연하게 드러났다. 그러므로 실증주의가 드디어 완성되어 남녀 양성의 가장 합당한 명상의 주제를 주된 영역으로 삼고 있는 마당에 앞으로 이러한 기본적 친근함이 한층 더 발전하지 않을 이유가 어디 있겠는가?

이렇게 볼 때, 새로운 철학은 민중의 이성과 마찬가지로 여성의 정신을 자연스런 지지자로 삼을 수 있다. 이런 자연스런 지지자들이 없다면, 새로운 철학은 무엇보다도 비약적인 발전이 이루어져야 할 프랑스에서 교양 있는 계급의 심각한 거부감을 결코 극복할 수 없을 것이다.

가톨릭은 사랑을 순화시키기는 하지만, 직접 그것을 강화시키지는 못한다

하지만 중세 가톨릭에 대한 실증주의의 감정적 우위에 따라 여성이 실증주의를 직접적으로 느낄 수 있게 되는 순간부터, 이러한 필수적인 도움은 지적인 연관관계보다는 도덕적인 공감에 더욱더 많이 의존한다.

그럴 경우, 마음은 무엇보다도 여성으로 하여금 감정의 보편적 우위를 합당하게 체계화시켜주는 유일한 철학을 향해 나아가게 할 것이다. 어떠한 체제도, 여성을 자신들의 특별한 보증 아래에 놓는 인간통합의 진정한 기본 원칙의 즉각적 구현으로 보는 체제만큼 여성에게 매력적일 수는 없을 것이다. 만약 오늘날 여성이 과거를 아쉬워한다면, 그것은 오로지 다른 곳에서는 자신들의 귀중한 사회적 본능을 만족시킬 수 없기 때문이다. 사실, 가톨릭 체제의 일반적 성격은 여성의 감정보다는 남성의 이성에 훨씬 더 부합하는데, 그것은 가톨릭의 성격이 여성의 마음이 지닌 지배적 속성에 직접 타격을 가하기 때문이다.

이른바 기독교의 도덕적 완성을 언급하면서 사람들은 항상 사랑과 순수함을 혼동했다. 사실, 사랑은 순수하지 않으면 깊이를 지닐 수 없다. 하지만 다신교 체제가 무엇보다도 욕망을 축성한 반면, 가톨릭 체제가 진정한 정열의 발전을 조장하는 것은 바로 이런 이유 때문이다. 게다가 기독교는, 심지어 광신에 이르게 되는 순수함은 사랑이 전혀 없이도 가능하다는 사실을 분명하게 보여준다. 기사도의 영향이 더 이상 기독교의 엄격함을 완화시켜주지 못하게 된 오늘날에 와서 여성의 효용성이 아주 중요해졌다. 사실, 순수함이 결핍되어 있기는 했지만 다신교 체제가 더욱 사랑에 호의적이었다.

가톨릭에서 이루어지는 감정의 체계화는, 무엇보다도 여성의 마음이 지닌 가장 훌륭한 성향들에 충격을 가하는 아주 이기적인 감정을 중심으로 하고 있었다. 가톨릭에서는, 신에 대한 사랑이 각 개인을 수도사와 같은 고립상태로 나아가게 할 뿐만 아니라, 신에 대한 사랑의 우위가 직접적으로 인간들 사이의 사랑과 대립된다. 신을 통하여 자신의 귀부인을 사랑할 수밖에 없는 기사는, 어떤 신성모독적 모순을 범하지 않고서는 항상 중간적 입장이기 때문에 완화되는 마음의 최선의 영감들을 합당하게 따를 수 없었다. 그러므로 여성은 오로지 과거체제의 영속성에만 관심을 갖는 것이 아니라, 자신의 독특한 감정들로 인해 무엇보다도 과거체제의 몰락을 향해 떠밀려가고 있다는 것을 느낀다. 이러한 불가피한 경향이 나타나기 위해서는, 더 이상 너무나 물질적인 사회성이 여성의 정당한 배려 아래에 놓이는 도덕적 조건들을 훼손해서는 안 된다. 그런데 실증주의는 여성의 정신보다는 훨씬 더 여성의 마음에 필요한 이러한 보증을 폭넓게 제공한다.

진정한 인간 본성에 대한 심오한 인식에 따라, 오로지 실증주의만이 현재와 같은 무정부상태에 따른 다양한 궤변적 혼란을 두려워하지 않고도 다신교의 천진난만한 사랑을 가톨릭의 고귀한 순수함과 결합시킬 수 있다. 여성의 마음이 보여주는 두 가지 기본 자질[17] 가운데 하나를 다른 하나에 종속시킬 경우, 실증주의는 아무런 주저 없이 사랑을 순수함 위에 둘 것이다. 이렇게 함으로써, 실증주의는 인간 완성이라는 진정한 일반 목표, 다시 말해 개인성에 대한 사회성의 우위와 더욱더 밀접하게 연결된다. 사회적으로 보면, 사랑이 없는 여성은 용기가 없는 남성보다 훨씬 더 기괴하다고 할 수 있다. 게다가 사랑이 없는 여성이 지성과 심지어 힘까지 겸비할 수는 있겠지만, 이러한 여성의 장점을 신학적 규율이 폐지하지 않는다면 보통 자기 자신뿐만 아니라 타인마저도 파괴하고 말 것이다. 이러한 성격은 여성에게 온갖 현실적 권위에 대항하는 헛된 반항만을 불러일으킬 것이며, 우리의 무정부상태가 자주 보여주었던 것처럼, 여성의 정신은 파괴적 궤변을 단련하는 데에만 몰두할 것이다.

그러므로 앞에서 지적했던 이론 전체에 따르면, 실증주의 체제는 여성에게 자신들의 진정한 본성에 포괄적으로 맞아떨어지는 공적이며, 동시에 사적인 고상한 사회적 목표를 제공해준다. 여성은 가정에서 뛰쳐나올 것이 아니라 자기 나름대로 가정적인 것까지 포함하는 모든 지배

---

17) 순수함(pureté)과 사랑(tendresse). 여기서 가톨릭의 '순수함'이란 온갖 세속적 관계에서 벗어나 믿음 그 자체를 추구하는 태도를 가리키며, '사랑'이란 한 개인이 살아가고 있는 집단에 대한 태도를 가리킨다. 그러므로 콩트는, '순수함'이란 '개인성'과 연관되고, '사랑'이란 '사회성'의 발현이라고 말했다.

권력을 철학자들과 노동자들보다 한층 더 잘 포기함으로써 이들과 함께 조절 권력에 참가해야 한다. 요컨대 이 책의 마지막 부분에서 다시 지적하겠지만, 여성은 인류의 자발적인 사제(司祭)들이 된다. 여성의 임무는 무엇보다도, 자신들이 가장 순수하게 구현하고 있는 인간통합이라는 감정적 원칙을 직접 배양하는 것이다.

노동자계급과 그 교사들에 대한 여성의 영향력

이처럼, 여성의 공적인 영향력은 모든 계급으로 파급되어 항상 이성과 행동에 대한 감정의 기본적 우위를 상기시켜줄 것이다. 나는 이미 어떻게 여성이 철학자들에게 영향을 끼치는지에 대해 충분히 지적했다. 즉 철학자들이 자신의 임무를 합당하게 수행할 수 있으려면, 그리고 자신들의 습관에서 생겨나는 메마름과 일탈을 더욱더 잘 극복하려면, 그들은 진정한 의미에서 사회성이라는 자발적 원천[18]으로 영혼을 풍요롭게 해야 한다는 개인적 필요성을 깨달을 것이다. 감정이란 순수하고 심오할 경우, 자신이 자연스럽게 빠져들 수 있는 남용을 스스로 수정할 수 있다. 이러한 남용이란 필연적으로 감정이 항상 추구하는 선(善)에 해로운 영향을 끼친다. 하지만 이와 반대로, 이성의 남용[19]과 행동의 남용[20]은 그로 말미암아 직접적으로 고통받는 사람만이 지적할 수 있으며 수정할 수 있다. 여기서 조절 권력의 다른 두 요소들에 대한 여성적 요소의 부드럽고도 일상적인 훈계라는 자연스런 의무가 생겨난다. 이렇게 함으로써, 여성적 요소는 다른 두 요소들로 하여금 자신의 전문적 보호에 맡겨진 기본 원칙으로 나아가게 한다. 여성적 요소는 이 두 요소들이 지니기 쉬운 해악을 교정해준다.

---

18) 여성의 사랑.
19) 철학자들의 사유에 대한 지나친 강조.
20) 노동자들의 행동에 대한 지나친 강조.

그러므로 노동자들의 경우, 여성의 영향은 이들로 하여금 무엇보다도 자유로운 동의에서 기대할 수 있는 것을 폭력을 동원하여 얻기 위해 자신들의 독특한 힘을 남용하고자 하는 경향들에 반대하게 한다. 비록 노동자들에 대한 여성의 사명이 완수되기 어려운 것이기는 하지만, 여성은 철학자들 사이에서 추론의 남용을 바로잡는 것보다는 더 쉽게 이들에 대한 사명을 완수할 수 있을 것이다.

지금까지 느낌으로 알아야 할 때 논증을 포기한 철학자들의 예는 거의 찾아보기 힘들다. 반대로 오늘날 여성의 행동이 전혀 체계화되어 있지 않지만, 그것이 민중이 힘을 남용하지 못하도록 교정한 경우는 수두룩하다. 확실히 이러한 차이는 현재 진정한 의미에서 철학자들이 없다는 점에서 비롯되었다. 왜냐하면 심리론자건 관념론자건 사람들은 어떠한 실질적 사유도 할 수 없는 궤변론자들과 수사학자들에게 철학자라는 이름을 붙일 수는 없기 때문이다. 하지만 그러한 차이는 보다 더 각 계급의 지배적 성격 탓으로 돌려야 한다. 학자들의 오만함은 항상 여성이라는 완화제(緩和劑)의 효용에 대해 민중의 폭력보다도 더욱 경직된 태도를 취한다. 왜냐하면 노동자계급은 철학자들보다도 그것을 직접 원용하는 것이 여성의 유일한 무기가 되는 감정적 원칙에 더욱 쉽게 영향을 받기 때문이다. 궤변[21]은 정열[22]보다도 여성에게 훨씬 더 많은 장애를 준다. 노동자계급의 본능이 당연하게 감내하는 여성의 영향은, 실제로 현재와 같은 지성의 무정부상태가 불러일으키는 엄청난 사회혼란에 대항하는 중요한 수단이 된다. 비록 정신은 파괴적인 궤변들을 수정할 수 없지만, 마음은 이들이 야기하는 무질서로부터 우리를 지킬 수 있다. 내가 기막힐 정도로 일관성 없이 우리의 공산주의자들에게 찬사를 보냈던 것도 그들에게서 이에 대한 결정적 증거를 찾아볼 수 있었기 때문이다.

---

21) 철학자들의 성격.
22) 노동자들의 성격.

수많은 노동자들은 자신도 모르는 사이에 사회를 해체시키고 마비시키려는 이론적인 일탈의 한가운데서 여성에 대한 사랑스런 존경이라는 일상적 광경을 제공하는데, 현재 다른 어떤 계급들 사이에서도 그러한 예를 찾아볼 수 없다. 제대로 평가받지 못한 한 당파[23]에 정당성을 부여하기 위해서뿐만 아니라, 무정부상태가 드러남에 따라 정상적인 미래가 우리에게 약속해주는 위대한 도덕적인 수단들을 느끼기 위해서라도 이러한 행복한 예들을 강조하는 것이 무엇보다도 중요하다. 확실히 현학적인 설교들은 이러한 귀중한 결과를 얻는 데 아무런 역할도 하지 못한다. 이들은 차라리 터무니없는 반론을 동원하여 자신들이 공격하는 일탈 자체를 강화함으로써 이러한 결과를 방해할 따름이다. 이 점에 대해 우리는 전적으로 여성의 자발적인 영향 아래서 고양된 민중의 감정에 빚지고 있다. 여성의 영향이 덜한 신교 국가의 국민들은 오늘날 형이상학적 공산주의의 실질적인 침해에 더욱더 많이 노출되어 있다. 또한 고대의 몇몇 민족들에게서 나타나는——국가가 가족의 예외적 흡수를 현대사회의 한 유형으로 꿈꾸는——아주 반동적인 공화주의사상에도 불구하고, 가족을 구성하는 데 실질적인 침해를 거의 받지 않았던 것 역시 여성들 때문이다.

온갖 도덕적 일탈을 실질적으로 수정하고자 하는 이러한 다행스런 경향은 여성에게 너무나 잘 맞는다. 그렇기 때문에, 심지어 그것은 남성적인 거친 성격이 저항할 수 없다고 본 체계적 유혹까지 확장된다. 종교개혁을 겪은 독일에서 3세기 전부터 허용되고 있는 이혼제도의 부정적인 영향은 이 제도에 대한 여성적 본능의 즉각적인 거부감 때문에 완화되었다. 우리가 처한 무정부상태가 과거의 침해를 새롭게 하기 위해 형이상학정신에 부여한 용이함 때문에 결혼이라는 기본 제도가 위협받게 된 훨씬 더 심각한 침해들 또한 여성의 거부감으로 억제되었다. 이러한 꿈들은 모두 여성을 유혹하기에 아주 적합한 것처럼 보이겠지만, 이들 가

---

23) 공산주의자들.

운데 어떤 것도 여성들 사이에서 진정으로 받아들여질 수 없다. 여성은 진정한 사회과학만이 해결할 수 있는 궤변을 거부할 수 없다. 따라서 우리의 무정부주의적 현학자들은 쉽사리 여성의 이성이란 그러한 궤변을 따라야 한다고 믿어버렸다. 하지만 다행히도 노동자들과 마찬가지로 여성 또한 감정을 통해서만 판단한다. 감정은 자신들의 임박한 일탈을 예고하거나 수정할 수 있는 어떤 원칙도 지니지 못한 지성보다도 훨씬 더 여성을 잘 이끌어나가고 있다.

나는 각각의 사회적 요소에 맞는 도덕적 무질서를 도처에서 수정할 수 있는 여성의 당연한 능력이 어떤 성격인지 규정하기 위해 여기서 굳이 그러한 지적을 강조할 필요는 없으리라고 본다. 이러한 고귀한 영향력이 이미 마음의 자발적 충동 아래서만 유효하게 되었다면, 이러한 영향은 현실적 철학의 체계적인 도움을 통해 훨씬 더 많은 견고함과 넓이까지도 획득할 것이다. 왜냐하면 현실적 철학은 온갖 궤변을 배제하고, 순수한 본능이 우리를 그것으로부터 충분히 지켜줄 수 있는 모든 논리의 부족을 제거해줄 것이기 때문이다.

살롱에서 갖는 여성의 사회적 영향력

이처럼 공공생활에 대한 여성의 영향은, 철학자들이 형성하고 노동자들이 요청한 진정한 의미에서 여론에 반드시 필요한 동의를 표하는 데 수동적이기만 해서는 안 된다. 여성은 개인적이건 집단적이건 이러한 지속적 참여를 넘어 도덕적인 견지에서 적극적으로 개입해야 한다. 그렇게 함으로써 여성은, 자신들이 최초의 원천을 제시한 후 도처에서 가장 훌륭한 자발적 대변기관이 되고 있는 기본 원칙을 상기시켜주어야 한다. 하지만 마지막으로 이러한 2중의 공적인 임무가 지닌 성격을 규정하려면, 무엇보다도 그들을 항상 가정생활에만 얽매이게 하는 피할 수 없는 조건과 자연스럽게 화해할 수 있도록 지적하는 것이 중요하다.

오래 전부터 서구 문명은 고대인들이 해결할 수 없는 것으로 치부해버렸으며, 사실 다른 곳에서는 여전히 존속하고 있는 이러한 표면적 대립에 대한 출구를 찾아왔다. 중세의 도덕이 여성에게 합당한 내면의 자유를 보장해주었을 때, 서구에서는 곧바로 여성의 주도 아래 공공생활이 개인생활과 내밀하게 뒤섞이는 행복한 자발적 결합들이 생겨났다. 특히 프랑스에서 오랜 현대적 변화의 와중에 발전한 자연발생적 여론에 대한 주기적 실험실들은, 감정과 사고의 자연스럽고도 일상적인 교환을 전혀 허용하지 않는 정신적이고 도덕적인 무질서로 인해, 오늘날 완전히 폐쇄되어버렸거나 그 본질이 왜곡되어버린 듯하다. 하지만 예전에 그러한 커다란 위기가 생겨나도록 철학적 움직임을 도왔던 사회적 이용은 오히려 진정한 의미의 사회성이 한층 더 우세해지는 상황에서는 사라지지 않을 것이다. 새로운 철학이 정신과 마음을 다시 관련지음에 따라, 그러한 사회적 이용은 다시금 더욱더 거대하고 결정적인 확장을 경험할 것이다.

이것이 바로 다른 모든 것들의 광범위한 동의에 힘입어 이제는 자연스럽게 우위를 차지하게 된 여성적인 영향의 공적인 실행에 적합한 유일하고도 자연스런 양식이다. 이렇게 해서 살롱들이 다시 조직될 경우, 여성은 지금에 와서는 아주 반동적인 것으로 변해버린 과거의 귀족적인 성격을 더 이상 지니지 않을 것이다. 항상 여성이 주도할 실증주의 살롱은 조절 권력의 세 가지 일반 요소에 알맞은 통상적 모임체계를 완성할 것이다. 이 세 요소들은 처음에는 당연히 철학자들이 주도하는 인류의 사원(寺院)에서 엄숙하게 모일 것이다. 이럴 경우, 노동자들의 참여와 마찬가지로 여성의 참여는 아주 소극적인 상태에 머무르고 말 것이다. 민중적 요소가 지배하는 모임에서는 공감적이기는 하지만, 당연히 무언의 지원에 힘입어 다른 두 가지 요소가 여전히 거기에 합쳐질 것이다.

마지막으로, 여성의 살롱들은 조절하는 세 개의 세력들 사이에서 적극적이면서도 친근한 관계를 발전시켜나갈 것이다. 게다가 이러한 관계 속에서 이들 세 개의 세력은 전체에 부합하는 지배적 영향력을 받아들일 것이다. 여성이 해롭거나 부당한 온갖 충동을 억누르기 위해 초기에 자신들의 부드러운 도덕적 원칙이 자유롭게 우위를 차지하게 하는 것은 바로 여기서이다. 간접적이지만 시의적절하고도 다정한 견해는 종종 철학자들을 잘못된 야망이나 거만한 일탈에서 벗어나게 해줄 것이다. 노동자들의 마음은, 자신들이 그 성스러움을 평가하게 될 거역할 수 없는 배려를 통해 다시 돋아나는 폭력이나 시기심의 싹에서 그들을 순화시켜줄 것이다. 지위가 높은 사람과 부유한 사람은 높이 평가되는 찬사와 비난이 섬세하게 나뉘어진다. 그러면서 도덕적인 차원이 모든 방면에서 우위에 있으면 열등함에 봉사하도록 되어 있다는 사실을 깨달을 것이다.

그러나 여성의 주된 활동무대는 가정이다

이와 같이 인류의 최종적인 체제 아래서 여성에게 맡겨진 공적 임무가 실제로 아무리 중요하다고 하더라도, 여성의 고귀한 사회적 목표는 무엇보다도 조절 권력의 필연적인 제1요소로서, 이들의 모든 영향력의 당연한 원천인 엄숙한 가정적인 임무로 성격이 규정될 것이다. 현재 어떠한 철학도 진정한 사회성의 자발적인 토대[24]를 정당하게 인정할 수 없다. 형이상학의 분석은 가정적인 임무에까지 확장되어 이 토대가 두드러지게 했다. 오늘날, 형이상학적 궤변이 합리적으로 거부될 수 있는 것은 아니다. 하지만 가정적인 교의는 신학적 경험주의로부터도 그 못지않게 고통받고 있다. 그것은 신학자들이 가정적인 교의들을 이미 몰락해버린 신앙의 해로운 보호 아래에 잡아두려고 고집하기 때문이다. 그 몰락한 신앙은 이미 오래 전부터 그들이 옛날에 보장해주었던 모든 것을 위태롭게 하고 있다. 트루바두르[25]의 방종한 노래들은 피상적 비

---

24) 가족.

판을 통해 부부관계의 성스러움에 가해진 중대한 침해에 대한 사제들의 헛된 항의가 무력했다는 사실을 잘 보여준다. 사제들의 요청은 나중에는 왕의 면전에서도 공식적으로 칭송되었던 사적인 부도덕과 관련된 경박스런 격언들이 도처에서 받았던 소란스런 환대를 제대로 막아낼 수 없었다.

그러므로 가정적인 교의에 대한 감독권을 유지하려는 신학의 맹목적 요구보다 더 눈에 거슬리는 것은 없다. 사실, 신학은 가정적인 교의를 무정부주의적 논란으로부터 지킬 수 없다. 현대인들 사이에서 이러한 교의들은 오로지 여성의 다행스런 공공본능으로만 유지될 수 있다. 여성의 육체적 기원에 대한 우스꽝스럽기 짝이 없는 허구[26]말고는 다른 체계적 비준이 없는 마당에, 가정적인 교의를 인정해왔던 권위 자체가 불신을 받고 있는 지금 어떻게 그러한 교의가 그럴싸한 궤변들에 저항할 수 있겠는가?

이제부터는 실증철학만이, 개인적이고 사회적인 인간 본성의 실질적 법칙 전체와 이러한 교의들이 맺고 있는 변할 수 없는 관계 때문에 생긴 형이상학의 와해와 신학의 무능력으로부터 이러한 교의들을 지켜낼 수 있을 것이다. 그리고 이러한 관계는 이 책이 체계적인 서곡을 이루게 될 새로운 연구의 제2권[27]에 가서 교의적으로 확립될 것이다. 여기서 나는 단지 이러한 기본 주제에 대한 개괄적 지적만으로 만족하고자 한다. 하지만 나는 적어도 이러한 개괄적 지적이, 결국에는 진정한 도덕성을 재조직할 실증주의의 결정적 능력이 지닌 성격을 규정할 수 있기를 기대한다.

---

25) troubadour : 중세의 음유시인들.
26) 여자(이브)는 남자(아담)의 갈비뼈로 만든 것이라는 구약의 『창세기』에 나오는 인간 탄생 신화에 대한 콩트의 조롱 섞인 비판.
27) 『체계』의 제2권은 '사회정학 또는 인간 질서의 추상적인 개론'이라는 제목이 붙어 있다.

아내로서의 여성의 임무. 부부간의 사랑은 보편적 공감을 향한 교육이다

오늘날 반동적 영웅[28]이 급작스럽게 표명한 거친 평가에 따르면, 여성은 동물적인 목표말고는 다른 필연적 소명을 인정받고 있지 못한 것 같다. 많은 관념론자들은 어린이 교육을 여성에게서 떼어내어 국가의 추상적인 배려에 맡기려 했다. 결혼과 여성에 대한 실증주의 이론은 무엇보다도 중요한 여성적 임무를 온갖 선전 기능으로부터 광범위하게 독립시킴으로써 직접적으로 인간 본성의 탁월한 속성들 위에 기초하게 하는 것이다.

모성이 도덕적으로 중요함에도 불구하고, 공공본능은 하나의 결정적 모호함 때문에 여성을 본래 아내로서의 소명으로 성격을 규정할 수 있는 존재로 간주한다는 사실이 드러났다. 결혼하더라도 자녀가 없을 수 있다는 사실은 제쳐두고라도 나쁜 아내가 좋은 어머니가 되는 경우는 거의 없다. 그러므로 모든 측면에서 볼 때, 실증주의가 온갖 모성적 기능을 제쳐두고 여성을 판단하는 것은 먼저 남성의 단순한 동반자로서이다.

이렇게 볼 때, 결혼이란 다른 어떤 방식으로도 완전히 확인될 수 없는 진정한 사회성의 가장 기본적이고도 완전한 단계이다. 문명화된 모든 언어가 그 탁월함을 증명해주는 이러한 결합 속에서, 인생의 가장 고귀한 목적이 가능한 만큼 이룩된다. 실증주의는 인간 존재를 보편적 완성을 향해 나아갈 수밖에 없는 것으로 제시하며, 무엇보다도 사회성에 대한 개인성의 종속으로 인해 그 성격이 규정되는 도덕적 완성을 제일 중요한 것으로 본다. 이 책의 제2부에서 특별히 다룬 바 있는 이의를 제기할 여지가 없는 이러한 원칙은, 곧바로 결혼에 관한 진정한 이론으로 이어지는데, 여기서는 어떠한 일탈이나 불확실함도 허용되지 않는다.

실제로 남성과 여성 사이의 자연스런 차이는, 다행히도 그들의 사회

---

28) 나폴레옹 1세.

적 역할의 다양성으로 보완됨으로써 어느 한쪽을 다른 쪽의 도덕적인 완성에 반드시 필요한 것으로 만들어준다. 남성의 경우, 분명히 그로부터 분리될 수 없는 사변적 능력과 더불어 활동적 삶에 합당한 자질들이 지배한다. 반대로, 여성은 무엇보다도 감정생활을 위주로 한다. 여성은 사랑에서 더 나은 위치에 있고, 남성은 온갖 종류의 힘에서 그러하다. 어떠한 긴밀한 관계도 온갖 일상적 경쟁관계에서 벗어나 서로에게 봉사하고 서로를 개선시키게 되어 있는 남성과 여성 사이의 긴밀한 관계에 비견될 수는 없을 것이다. 선택이 행복하게 이루어지고 합당하게 받아들여질 경우, 남녀 결합의 아주 자연스런 원천은 새로운 매력을 통해 이들 사이의 긴밀한 결합을 보강해준다. 그러므로 실증주의 이론에서 결혼의 주된 목표는 다음과 같다. 즉 결혼은 인간의 모든 공감들 가운데 가장 순수하고 가장 활기찬 것들을 발전시킴으로써 마음의 교육을 완성하고 강화하는 것이다.

특히 남성의 경우, 부부간의 감정은 분명히 말해 순전히 이기적이고, 또한 그것 없이는 서로간의 감정이 별다른 힘을 지니지 못하게 될 성적인 본능에서 비롯된다. 하지만 남성보다 더 사랑에 민감한 여성의 마음은 일반적으로 이러한 거친 흥분에 대한 요구가 훨씬 덜하다. 이리하여 다행스럽게도 여성의 순수함이 남성의 애착을 고상하게 해주는 작용을 한다. 사랑이란 그 자체로 아주 부드럽게 느껴지기 때문에, 어떤 충동 아래서 일단 시작되고 나면 최초의 자극이 사라져버리더라도 스스로가 지닌 매력으로 지속되어나간다. 그러므로 부부간의 결합은 진정한 의미에서 우정의 가장 훌륭한 유형으로, 어디에도 견줄 수 없는 상호 소유로 미화된다. 우정이란 한 성에서 다른 성으로 넘어갈 경우에만 완전한 것이 될 수 있기 때문이다. 이 경우에만 우정은 실제로 존재하거나 존재 가능한 온갖 경쟁관계를 벗어날 수 있다. 어떠한 자발적 관계도 그만큼 완전한 신뢰(confiance)와 양도(abandon)를 지니고 있지 못하다. 그러므로 그것은 무엇보다도 다른 사람들을 위해 살아간다는 진정한 의미의 인간 행복을 완벽하게 맛볼 수 있는 유일한 원천이다.

하지만 이러한 성스러운 결합은 그 고유한 가치를 넘어 우리의 도덕교육의 최종 목표인 보편적 사랑에 없어서는 안 될 최초의 토대라는 새로운 사회적 중요성을 지닌다. 제2부에서 나는 오늘날 너무나 많은 자칭 사회주의자들이 인간의 마음의 발전이 보여주는 양 극단에 자리하고 있다고 생각하는 대립이 얼마나 잘못된 것인지, 그리고 심지어 얼마나 위험한 것인지를 지적한 바 있다. 가장 내밀한 결합을 위해 자신들이 직접 선택한 존재에 대해서도 깊은 애착을 느낄 수 없는 사람들이 모르는 군중에 대해 늘어놓는 헌신은 당연히 의심스러울 수밖에 없다. 우리의 마음이 초기 단계의 개인성을 합당하게 뛰어넘을 수 있는 것은, 바로 그 배타적인 목적에서 생겨나는 완전하고도 지속적인 내밀한 관계를 통해서만 가능하다.

우리의 마음이 이러한 결정적인 발자국을 내디딜 경우 비록 그 관계의 확장에 따라 힘은 줄어들겠지만, 그것은 행위를 적극적으로 변화시킬 수 있는 일상적인 감정의 진정한 보편성을 향해 점진적으로 나아갈 것이다. 공공본능은 이러한 당연한 유대감을 이미 느끼고 있다. 이러한 유대감은 인간 본성을 온갖 형이상학적 침해로부터 결정적으로 보호해줄 진정한 이론으로 분명하게 드러난다. 실증주의의 추진력이 여성의 도덕적 지배를 더욱더 체계적인 것으로 변하게 해주면서, 사람들은 항상 개인생활 속에서 공공생활의 가장 훌륭한 보장을 찾는다는 평범함이 얼마나 심오한 지혜를 드러내는지를 알 수 있을 것이다. 우리의 정신적 무정부상태에 내재해 있는 도덕의 보편적 와해를 보여주는 가장 확실한 표시들 가운데 하나가 아직도 폐지되지 않은 부끄러운 법에서 생겨난다.[29] 그 법에 따라, 30년 전 프랑스에서는 분명히 그러한 벽이 필요했던 심리론자들이 모든 개인생활을 '벽에 가둬'버렸다.

---

29) 루아예 콜라르(Royer-Collard) 법을 말하는 것으로, 이에 따라 공인의 사생활에 대한 일체의 논란이 금지되었다.

결혼의 조건, 파기할 수 없는 일부일처제

일반적으로, 사회의 개입이 자연질서의 강화와 완성만을 지향하게 되는 필연적 조건들을 당장 이해하기 위해서는 결혼관계의 진정한 목표를 살펴보기만 해도 족할 것이다.

결혼을 통한 결합은 무엇보다도 배타적인 동시에 파기할 수 없는 것이어야만 본래의 목표에 도달할 수 있다. 두 가지 성격은 남녀의 결합에 너무 잘 맞아떨어지기 때문에 심지어 불법적인 관계에서도 마찬가지로 나타난다. 오늘날과 같이 도덕적이고 사회적인 원칙이 전혀 없을 때에만 감정에 일관성이 없고 경박한 것을 두고, 왜 사람들이 감히 현학적으로 인간 행복의 본질적인 보증으로 간주하는지를 이해하게 해준다. 집중화나 영속성이 없다면 어떠한 내밀한 관계도 깊이를 지니지 못할 것이다. 왜냐하면 변화의 가능성만이 사랑을 유혹하기 때문이다. 남성과 여성만큼이나 다른 두 존재가 서로를 잘 이해하고 합당하게 사랑하기에는 우리의 인생이 너무나도 짧지 않은가?

하지만 마음은 보통 너무나 변덕스럽기 때문에 사회성을 개입시켜야 한다. 그리하여 그대로 내버려두었다가는 인간 존재를 아무런 탈출구도 위엄도 없이 비탄할 만한 일련의 시도들로 타락시켜버릴 수도 있기 때문에 마음을 우유부단함과 변화로부터 지켜야 한다. 성적인 본능이 완성을 향한 강력한 수단이 되는 것은 지속적이고 엄격한 원칙들 아래서만 가능하다. 위대한 서구 공화국 밖에서 아직도 그 원칙들을 충분히 제도화시키지 못한 수많은 국민들을 살펴본다면, 그러한 원칙의 필요성이 이미 충분히 확인되었다고 할 수 있다.

사람들은 일부다처제(polygamie)[30]와 일부일처제 사이의 선택을 단지 풍토의 차이에서 비롯된 것으로만 보려 했지만 이것은 소용없는 일이었다. 이러한 경박스런 가정은 인류의 건전한 이론에 대해서와 마찬

---

[30] 이는 또한 일처다부제를 지칭한다(이하 같음).

가지로 보편적인 관찰에서도 대립된다. 우리의 결혼제도를 완성시켜나가는 데에서 인류는 가장 풍부한(pleine) 일부다처제에서 시작하여 가장 완전한(complète) 일부일처제로 나아가는 경향이 있다. 남쪽 지역에서나 북쪽 지역에서나 시대를 충분히 거슬러 올라가다보면 일부다처 상태를 만나게 되며, 북쪽 지역에서나 남쪽 지역에서나 사회성이 발전함에 따라 일부일처 상태가 더 우세해졌고, 동양사회도 아주 서구화된 주민들의 경우 일부일처제로 나아가고 있다.

그러므로 서구의 일부일처제 혼인은 우리가 중세에 빚지고 있는 가장 소중한 제도들 가운데 하나이다. 그것은 다른 어떤 제도들보다도 현대의 위대한 가족의 탁월한 사회적 우위를 형성하는 데 기여했다고 할 수 있다. 신교 국가에서는 이혼제도가 이러한 우위를 심각하게 변질시켰다. 하지만 여기서도 역시 이러한 일시적 일탈이 여성의 감정과 노동자계급의 본능이 보여주는 성스러운 거부감 때문에 많은 부분 억제되고 있다. 다시 말해, 이러한 거부감을 통해 이혼제도의 폐해는 특권계층들에게만 한정되었다. 오늘날 공식적인 형이상학의 경험적 재발은 그러한 재앙이 프랑스로 확대될지도 모른다는 몇 가지 심각한 의구심을 불러일으킬 수 있다. 하지만 현대의 관습 전체에 근본적으로 대립되는 이러한 일시적이고도 인위적인 경향들을 본질적으로 억누르기 위해 때를 맞추어 건전한 철학이 생겨났다. 이러한 투쟁은 결혼에 관한 건전한 이론의 도입을 촉진시키는 방향으로 나아갈 수 있다. 그리고 실증주의가 그러한 이론이 되기를 기대하는 것은 당연하다고 할 수 있다. 왜냐하면 현명하게도 항상 상대주의적 경향을 지닌 실증주의 정신은 무기력하게 만드는 모순 없이도, 모든 신학의 절대적 성격이 금하는 예외적 양보를 실증주의에 부여하기 때문이다. 그러한 철학만이 다양한 도덕규칙들 가운데 반드시 필요한 일반성을 모든 실천적인 처방에 요구하는 정당한 예외들과 조화시킬 수 있다.

하지만 그렇다고 해서 실증철학이 무정부주의적 경향에 양보하는 것은 아니다. 그것은 오히려 결혼의 기본 통합을 완성시켜준다. 그렇게 함으로써, 실증철학은 아무런 법적 규제가 없더라도 관습을 통해 진정한 의미에서 일부일처제의 궁극적 보완인 영원한 수절(veuvage)[31]의 의무를 강화시켜나갈 것이다. 평범한 본능은 항상 심지어 남성들 사이에서도 마음의 세심한 집중화 현상을 존중한다. 하지만 지금까지는 어떠한 학설도 그러한 집중화를 강요할 만큼 충분히 순수하지도 강하지도 못했다. 항상 현실법칙 전체에 입각하여 자신의 결정들을 불러일으키는 전적인 체계화로 보장되는 더 나은 영향력에 따라, 실증주의는 손쉽게 모든 섬세한 영혼의 소유자들에게 기본 규칙과 동일한 원칙에서 비롯되는 보완적인 의무를 부여할 것이다. 왜냐하면 만약 실증적 관점에서 결혼이 무엇보다도 인간의 마음을 완성시키려 한다면, 수절은 통합된 관계의 당연한 결과가 되기 때문이다.

오늘날, 온갖 체계적 도덕이 잊혀졌기 때문에 과거에는 그토록 많은 여성이 당연하게 실천했던 사후의 불변성[32]에 내재해 있는 도덕적 위대함이 느껴지지 않는다. 하지만 진정한 인간 본성에 대한 인식이 깊어질수록 우리는 그러한 배려를, 고귀한 교육을 받은 모든 남성들 사이에서, 심지어 젊어서도 손쉽게 실현할 수 있는 고귀한 완성의 원천으로 제시한다. 사실, 의도적인 수절은 마음에 대해서뿐만 아니라 정신과 육체에 대해서도 독신생활(célibat)[33]의 중대한 도덕적 위험에 노출되지 않고도

---

31) 배우자가 죽은 다음에도 끝까지 결혼하지 않음으로써 엄격한 의미에서의 일부일처제를 지켜나가는 것을 의미한다. 결혼하지 않은 독신생활과 의미의 혼동을 피하기 위해 앞으로 veuvage를 이렇게 옮기기로 한다.

32) 한 번 결혼한 남자에 대한 사랑이 변하지 않는 것을 의미하는 것으로, 이를 지키기 위해 남편이 죽고 나서도 재혼하지 않고 독신으로 살아가야 한다고 말한다.

정절의 온갖 본질적 장점을 제공해준다. 죽음을 통하여 더 감동적인 것으로 변하고 더욱더 고정되는 기억에 대한 영원한 찬미는, 무엇보다도 철학적 성격을 지니는 위대한 영혼으로 하여금 합당한 사적 감정의 귀중한 공적 반응을 이용함으로써 더욱더 인류에게 실질적으로 봉사할 수 있도록 해준다. 이렇게 해서, 진정한 의미에서 개인의 행복은 공동선과 협력하여 양자를 건전하게 느낄 수 있는 모든 사람에게 그런 의무를 지우게 된다.

게다가 가장 완전한 관계의 성스러운 지속은 그것이 보장해주는 내밀한 만족을 넘어 훨씬 더 높은 곳으로 확장됨으로써 당연한 보상을 받는다. 만약 한 사람이 죽더라도 그 관계가 살아남는 것이라면, 다른 한 사람이 죽고 난 다음 죽음으로도 갈라놓을 수 없었던 두 사람을 합장(合葬)함으로써 공식적인 예의를 갖추어 그런 관계를 보장해주지 말아야 할 이유가 어디에 있겠는가? 그럴 만한 가치가 있는 결혼의 엄숙한 영속화를, 이따금 공적인 감정의 참된 기관들을 통해 가치 있는 것으로 평가한다면 미리 구별하여 인정할 수도 있을 것이다. 이러한 영속화는, 여기서 두 사람에 대한 기억의 최종적이고도 완벽한 동일화의 확실한 담보를 찾게 될 사람에게 새로운 형태의 봉사를 권장할 것이다. 단테[34]와 베아트리체,[35] 라우라와 페트라르카[36] 사이에서 보는 것처럼, 우리

---

33) célibat는 veuvage와 달리, 배우자의 이별과 관련된 것말고 일반적인 독신 생활을 의미한다(280쪽 주 31) 참조).

34) Alighieri Dante(1265~1321) : 이탈리아 르네상스기의 대표적인 시인. 피렌체 사람으로 한때 정치에도 참가하지만 곧 물러난다. 일찍 죽은 베아트리체에 대한 첫사랑이 그의 문학에 커다란 영향을 끼쳤다. 『신곡』, 『신생』등의 작품을 남겼다.

35) Polinar Beatrice(1266~90) : 피렌체의 귀부인으로 24세의 나이로 요절했다. 단테의 『신곡』, 『신생』 등에서 이상과 구원의 여성으로 제시된다.

36) Francesco Petrarca(1304~74) : 이탈리아의 르네상스 시인. 1327년 프랑스의 아비뇽에서 미녀 라우라를 만나 시적인 영감을 받은 것으로 유명하다. 『칸초니에레』, 『고독한 생활에 대하여』 등의 작품을 남겼다.

는 이미 과거에 이러한 유대감에 대한 몇몇 예를 찾아볼 수 있다. 그렇다고 하더라도 이러한 몇몇 예외적인 경우들은, 몇 가지 탁월한 비정상상태에만 한정되는 것으로 보이는 이러한 새로운 제도들에 대한 올바른 개념을 제공해주지 않는다. 최종적 쇄신은 이전의 온갖 가능성을 넘어 도처에서 개인생활을 공공생활에 연결시키는데, 그렇게 함으로써 이 쇄신은 자신들의 고유한 평가가 갖는 지역적 한계들 사이에서 그럴 만한 가치가 있는 모든 마음에게 마찬가지 보상을 해줄 것이다.

실증적인 사랑이 이제부터 정신뿐만 아니라 마음마저도 타락시키게 될 환상들을 애석해하지 않고, 소중한 위안들을 자연스럽게 발견하는 것은 이 때문이다. 이 점에서도 새로운 체제가 관계의 강화를 통해서만 위로할 수 있는 것 속에서 그 우위가 드러난다. 그토록 자랑하는 기독교의 위안은 다른 결합으로 나아가는 경향이 있기 때문인데, 이러한 결합은 결혼의 주된 효용성을 변질시키며, 심지어 모호한 신학적 이상향과는 별로 맞지도 않는 감정의 모호함을 불러일으킨다. 실증주의가 도래하기까지는 어떠한 학설도 수절을 교리(敎理)로 규정짓지 않았으며 합장을 제도화하지도 않았다. 그런데 이런 제도들[37]은 사실 일부일처제에 대한 2중의 극단적인 보완장치이다. 새로운 철학이 항상 어리석은 선입견이나 천박한 조롱에 응수할 수 있는 것은, 이처럼 우리의 도덕적 위대함을 완성하기 때문이다.

그러므로 실증주의는 결혼과 관련된 이론을 온갖 육체적 목표와 무관한 것으로 만드는데, 이러한 기본관계를 사적인 차원에서뿐만 아니라 공적인 차원에서도 도덕적 완성의 주된 원천이며 진정한 인간 행복의 본질적인 토대로 간주한다. 이러한 체계적 순화작업은 어떠한 예외적인 고양도 가정하지 않은 채 단지 인류에 대한 연구가 심화됨으로써 생겨나는 것인 만큼 한층 더 가치 있는 것이다. 이와 같이 결혼의 개인적이고 사회적인 온갖 효용성은, 비록 더 부드러운 것이기는 하지만, 형제관

---

37) 수절과 합장.

계만큼이나 정숙한 것으로 남아 있게 될 결합 속에서 실현될 수 있을 것이다. 특히 남성들 사이에서는 보통 사랑의 초기 단계에는 성적인 본능이 없어서는 안 될 동기를 이루고 있지만, 사랑의 감정은 성적 본능의 만족 없이도 발전할 수 있다. 양측 모두 충분한 이유가 있을 경우 성적 본능의 절제가 오히려 서로간의 애착을 한결 자극할 수 있다.

어머니로서의 여성의 임무

여성에 대한 사회학 이론은 이처럼 결혼의 고유한 목표를 모성과 무관한 것으로 평가한 다음, 모성의 임무를 아내의 성격을 규정하는 도덕적 사명의 필연적 확장으로 보는 태도를 통해 완성된다.

이러한 새로운 양상 아래서, 실증주의는 가정교육 전체의 주된 방향을 어머니에게 맡김으로써 여성의 위엄을 다시 세우게 된다. 제3부에서 지적한 대로, 공교육이란 사실 가정교육의 체계적인 보완일 뿐이다.

자녀교육은 여성의 몫이다. 여성만이 성격을 발달시킬 수 있다

이러한 철학적 결정은, 일반적인 사회의 정상상태에서는 교육을 필연적으로 가정의 울타리 안에서 여성이 자연스럽게 제시하는 영적 권력에 맡긴다는 기본 원칙에서 비롯된다. 그러한 규칙이 현재와 같은 편견에 맞닥뜨린 것은, 중세 말 마음보다 우위를 차지하려는 정신의 혁명적 경향이 생겨난 다음부터이다. 이렇게 해서 현대인들은 점점더 교육의 도덕적 부분을 무시하고 지적인 부분에만 관심을 두기에 이르렀다. 하지만 내가 위에서 지적했던 것처럼, 실증주의는 정신에 대한 마음의 체계적 우위를 통하여 혁명상태를 마감함으로써 도덕교육에 자연스런 우위를 회복시켜준다. 그리하여 현재의 가르침을 이끌어나가기에 별로 적합하지 못하게 될 여성이 중세 때보다도 더욱더 교육의 일반적인 주도권을 장악할 것이다. 교육의 경우 앞으로 항상 도덕이 지배할 것이며, 사춘기 때까지는 유일한 연속적 교육은 미학 훈련으로만 환원될 것이기 때문이다. 기사도 시대의 조상들은 보통 이처럼 여성의 영향 아래서 성장했는데, 당연한 이야기겠지만 그렇다고 해서 결코 그들이 약화된 것은 아니다. 중세의 전사들에게도 그러한 준비는 적합한 것이었는데, 평화로운 사회에서 그것을 두려워할 이유가 어디 있겠는가? 남자들은 이론적이거나 실천적인 가르침에만 필요한 존재가 된다.

위에서 지적했던 것처럼, 도덕교육의 경우 교육이 체계적으로 이루어질 수 있는 나이가 되어서야, 다시 말해 성년에 이르기 바로 직전에 철학자들이 맡아야 한다. 심지어 철학자들의 중요한 도덕적 영향마저도 제한된 사람들에게만 행사되어야 한다. 이렇게 함으로써 철학자들은 이들을 사적이건 공적이건 현실생활 속에서 청년기에 익혔던 원칙들의 당연한 전문적인 적용으로 이끌어가게 된다. 모든 자발적 도덕, 다시 말해 인생 전반에 가장 많은 영향을 미치는 교육인 감정교육은 본질적으로 어머니에게 달려 있다. 내가 이미 제안했던 것처럼, 학자들의 폐쇄성을 제거함으로써 학생들을 항상 가족의 품에 있도록 하는 것이 중요한 이유가 바로 이 때문이다.

진정한 의미에서 철학자들은 이러한 기본 임무를 완수하는 데에서 항상 여성의 자연스런 우위를 특별히 존중해야 할 것이다. 철학자들은 필연적으로 공감적인 존재들이 타인의 내부에서 우위를 차지해야 할 감정들을 개발하는 데 가장 적합하다는 사실을 결코 잊어서는 안 될 것이다. 실증주의 철학자들은, 평범한 지혜를 축성함으로써 마음의 배양을 정신의 배양보다도 한층 더 중요한 것으로 간주한다. 실증철학의 독특한 현실성은, 체계화의 효용성을 과장하지도 못하고 그 본질적인 조건을 등한시하지도 못하게 한다. 특히 도덕에서 사람들은 미리 자연발생적으로 존재하는 것만을 진정한 의미에서 체계화할 수 있다. 이와 같이, 그 어떤 것도 온갖 철학적 원칙에 앞서 다양한 인간적 감정들이 적절하고도 직접적인 발전에서 벗어나지 못하게 한다. 세상에 태어나는 순간부터 시작하여 육체적 발달이 진행되는 기간 내내 지속되는 이러한 기본 임무는 당연히 여성의 몫이다. 이 점에 관한 한 여성의 능력이 너무나 중요한 것이기 때문에, 어머니가 없는 가정의 경우 다른 여성에게 그 역할이 맡겨질 수도 있다. 만약 잘만 선택되어 가족과 충분한 융화를 이룰 수 있다면, 그녀는 아버지보다 훨씬 더 그 임무를 잘 수행할 수 있을 것이다.

감정이 지배적인 영혼들[38]만이 가족의 중요성을 합당하게 이해할 수 있다. 실제로 그들만이, 특히 청년시절에는 대부분의 인간 행동은 그 자체로서보다는 그것이 보여주는 경향과 그것이 불러일으키는 습관 때문에 훨씬 더 많이 평가받는다는 사실을 잘 알고 있다. 감정이라는 측면에서 보면, 무심한 행동이란 결코 존재하지 않는다. 이렇게 볼 때 아무리 하찮은 것이라고 하더라도 어린이의 행동은, 사회성을 개발하고 개인성을 완화시킨다는, 자발적인 동시에 체계적인 성격을 지니는 실증주의 교육 전체의 두 가지 기본 규범을 돕는다. 아무런 중요성이 없어 보이는 행동마저도, 특수한 상황으로 산만해지지 않으면서도, 관찰이 더욱더 집중할 수 있는 마땅한 감정들에 대해 건전한 평가를 내려줄 수 있는 아주 적합한 위치에 있다. 게다가 어린이는 바로 이러한 사소한 노력들을 통해서, 이기적 충동을 점진적으로 공감적 본능에 종속시켜나가기 위한 생애 전체를 지배할 내적 투쟁의 어려운 훈련을 시작할 수 있다.

이러한 다양한 측면에서 볼 때, 마음의 차원에서 아무리 뛰어난 가정교사라고 하더라도 그것은 그 이름에 합당한 어떠한 어머니보다 못할 것이다. 어머니는 종종 자신들의 일상적 결정들을 형성하거나 정당화시

---

38) 여성. 콩트는 여성을 '감정적인 성', '감정에 바쳐진 존재(성)', '감정적인 존재(성)' 등으로 표현하고 있다. 그에 반해, 남성은 '행동이 지배하는 성', '행동에 적합한 존재(성)', '행동적인 성', '활동하는 성'이다. 이러한 표현은 앞으로 아주 자주 나타나는데, 이러한 표현을 굳이 '여성'이나 '남성'으로 바꾸지 않았다.

킬 수 없지만, 보통 최종적인 효용성에 따라 어머니가 행하는 도덕 훈련의 실질적 우위가 드러날 것이다. 다른 어떤 체제도, 선한 감정들의 자연스런 매력과 이기적 영감들의 불안함이 지닌 성격을 아무런 가식 없이 규정지을 수 있는 기회들을 그처럼 잘 포착할 수는 없을 것이다.

어머니에 대한 사회학 이론은 당연히 아내에 대한 이론으로 이어진다. 왜냐하면 자연스럽게 줄어들기야 하겠지만, 모성의 우위는 결혼 적령기에 이르기까지 계속 마음의 발전을 이끌어나갈 것이기 때문이다. 그러므로 어쩔 수 없이 여성에게 지배될 수밖에 없는 남성은 자신의 남은 인생 전체에 대해 여성에 대한 자발적 종속계약을 체결하는데, 이러한 종속으로 남성의 도덕교육이 완전해진다. 행동에 적합한 존재는 감정에 바쳐진 존재의 이로운 영향을 마땅히 감내하는 데에서 주된 행복을 찾는다.

그러므로 실증주의 체제 아래서 여성에게 부여된 사적인 동시에 공적인 기본 임무는 모든 점에서 여성에게 고유한 본성의 거대하고도 체계적인 발전밖에 없다. 그토록 동질적이고 잘 규정된 임무는 그에 부합하는 사회적 입장에 대하여 어떤 심각한 불안감도 남겨놓지 않는다. 다른 어떤 본질적인 경우도, 인위적 질서는 항상 자연질서의 강화와 개선이라는 인간적 기술의 보편원칙을 이보다 더 잘 확인해줄 수는 없을 것이다.

여권에 대한 현대의 궤변.
여성의 삶이 보여주는 가정적인 성격은 권력 분리의 원칙에서 나온다

우리가 살아가고 있는 현대와 같은 변화의 시대에는 항상 여성의 사회적 조건에 대한 궤변적 일탈들이 존재해왔다. 하지만 감정적인 성에게 본질적으로 가정적인 삶만을 맡겨놓은 자연법칙은 결코 심각한 변화를 겪지 않을 것이다. 이러한 법칙은 아주 현실적인 것이기 때문에, 비록 그에 반대하는 궤변들에 대해 충분한 반론을 펴지 못한다고 하더라도 항상 자연스럽게 우위를 차지할 수밖에 없다. 가정의 질서는, 당시 청년다운 열정으로 활기를 띠고 있었으며 어떠한 체계적 방어도 할 수 없었던 정신의 소유자들에게 영향을 행사했던 그리스 형이상학의 치밀한 공격도 잘 견뎌냈다. 그러므로 오늘날 우리가 처한 중대한 정신적 무질서로부터 파괴적 이상향이 헛되이 생겨나는 것을 본다고 해서 아무런 심각한 의구심도 품을 필요가 없다. 이미 아리스토파네스[39]의 힘 있는 풍자가 이러한 유토피아의 헛된 쇄신에 대항하도록 민중의 본능을 충분히 고무시켰다.

물론, 현재의 모든 진정한 사회적 원칙들의 부재는 다신교에서 일신교로 넘어가는 기간보다 더 완벽한 것이기는 하다. 그러나 인간의 이성 또한 이와 마찬가지로 한층 더 발전했으며, 무엇보다도 감정이 더욱 발전했다. 당시에는 여성의 지위가 너무 약했기 때문에, 여성들은 이성에 대해서만 투쟁하면서 자신들의 보호자를 자임하고 나서는 사람들의 현학적 일탈들을 침묵 속에서도 합당하게 거부할 수 없었다. 하지만 다행스럽게도 현대에 들어와서 서구 여성이 누리고 있는 자유는 그들로 하여금 합리적 수정을 거치지 않음으로써 마음의 혼란에서 비롯된 정신의 일탈들을 약화시키기에 충분한 결정적 거부감을 드러내도록 해준다. 오늘날 이러한 무정부주의 경향에서 비롯되는 것으로 보이는 실질적 침해를 억제할 수 있는 것은 오로지 여성의 감정밖에 없다. 한가로움은 특권계급들 사이에서 이러한 위험을 더욱 심각하게 만들었다. 특권계급들 사이에서는 물질적 풍요가 여성의 도덕적 확립에 부정적인 영향을 끼쳤기 때문이다. 하지만 이들 사이에서도 실제로 해악은 거의 심각한 것이 아니거나 아주 제한적인 것이다.

우리는 결코 나쁜 성향들을 감싸줌으로써 남성의 환심을 살 수 없으며, 여성의 경우 그보다 훨씬 더하다. 정말로 무서운 것은 우리의 선한 성향에 호소함으로써 그 방향을 왜곡시키는 유혹이라고 할 수 있다. 그

---

39) Aristophanes(BC 445?~385?) : 고대 그리스의 시인, 극작가.

러므로 여성의 온갖 섬세함에 직접적으로 상처를 입히는 몽상들은, 그것들을 가장 잘 받아들이는 계층들 사이에서도 실질적인 영향력을 행사할 수 없다. 하지만 그러한 몽상의 침해가 아주 심각했던 민중계급 사이에서는 오히려 반감이 훨씬 더 결정적인 것이다. 그런데 그것은 노동자들의 삶이 무엇보다도 남녀 모두에게 자신들의 진정한 상황을 지적해주기 때문이다. 민중계급에게는 무엇보다도 가정의 교의를 강화하는 것이 제일 중요하다. 내가 여성에게 지금 막 부여했던 두 가지 기본 목표에 따라, 실증주의는 이들 사이에서 여성의 사회적 조건에 대한 자연스런 이론을 완전히 허용하는 데 거의 아무런 장애물도 발견할 수 없다.

아주 체계적인 평가에 비추어보건대, 이러한 이론은 다른 모든 사회 이론들을 지배하는 두 개의 기본 세력들 사이의 정상적 분리와 관련된 커다란 원칙에서 비롯된다. 왜냐하면 여성의 삶을 심지어 가족의 차원에서도 어떠한 명령권도 주지 않은 채 가정에만 집중시키는 동기들은, 사실 일반적으로 조절 권력이 지배권력을 전혀 행사하지 못하게 하는 동기들에 한층 더 완전하게 적용될 뿐이기 때문이다. 여성은 도덕적 힘의 가장 순수하고도 자발적인 요소들이기 때문에, 그 힘의 합당한 조건들을 더욱더 잘 충족시킬 수 있다. 여성의 성격을 가장 잘 나타내는 감정적 영향은 사변적 영향보다 훨씬 더 지배적인 성의 일상적 행동에 대한 엄격한 거부를 필요로 한다. 그러므로 철학자들이 실제적인 사업에 종사하는 것을 삼가야 한다는 원칙을 받아들인다면, 여성 또한 사회의 당연한 질서로 자신들에게 선택권이 주어진다고 하더라도 실제 사업에 참여하는 것을 당연히 거부해야 한다. 왜냐하면 여성의 본질적 장점과 영향력의 원천인 감정의 섬세함은 이론적 원칙의 분명함과 일반성보다도 실생활 때문에 변질될 가능성이 훨씬 더 많기 때문이다. 실제적인 권위의 행사는 전체 정신의 일상적 발전과 화합할 수 없다. 왜냐하면 그러한 권위의 행사가 무엇보다도 전문적인 문제들에 더 많은 관심을 보여주기 때문이다. 게다가 이러한 권위의 행사는 이기적 충동들을 발전시킴으로써 감정의 순수성에 훨씬 더 많은 해를 끼친다. 여성의 경우, 너무 부드러운 영혼은 보통 힘이 부족하여 타락시키는 영향력에 충분히 저항할 수 없기 때문에 이러한 위험을 더욱더 피하기 어렵다.

이러한 주제를 깊이 연구할수록 사람들은, 여성의 사회적 상황이 그들의 진정한 사명을 훼손하기는커녕 그 주된 자질을 발전시키고 심지어 완성하는 데 아주 적합하다는 사실을 한층 더 분명하게 인식하게 된다. 모든 점에서, 인간사회의 자연질서는 오늘날 과장된 맹목적인 말들이 지적하는 것보다 훨씬 해롭지 않다. 물질의 우위가 지배하지 않는다면, 도덕적 힘은 왜곡되어 결국 자신의 독특한 목표를 상실하는 것처럼 보일 것이다. 철학자들과 노동자들이 세속적 영향력을 획득한다면, 얼마 가지 않아 그들의 고귀한 정신적 자질들은 변질되어버릴 것이다. 하지만 명령권의 행사는 여성들의 본성을 훨씬 더 많이 타락시킬 것이다. 물질적 풍요로 말미암아 종종 여성에게 아주 부정적으로 작용하는 독립상태와, 심지어 권력 남용마저도 획득하게 되는 상층계급들 사이에서 이러한 경향이 아주 잘 드러난다. 바로 이러한 이유 때문에 우리는 노동자들 사이에서 가장 훌륭한 유형의 여성을 찾게 된다. 그런데 그 이유는 이러한 유형의 여성이야말로 사랑을 더욱 많이 발전시키고 정당한 영향력을 더욱 많이 얻을 것이기 때문이다. 무위(無爲)나 낭비 이상으로 재산은 특권을 부여받은 여성을 도덕적으로 더 많이 타락시킨다.

남녀의 입장은 동일성의 확인보다는 차별화로 나아가는 경향이 있다

다른 모든 경우와 마찬가지로, 이 점에서도 인류의 지속적 진보는 기본 질서를 더욱 잘 발달시켜줄 것이다. 남녀 각각의 사회적 상황은 절대로 남녀의 본성 때문에 금지되는, 평등을 향해 나아가지 않는다. 과거 전체가, 남녀간에는 본질적인 차이가 있다는 사실을 밝히려는 인간의 발전이 보여주는 지속적 경향을 분명하게 확인시켜준다. 서구 여성의 사회적인 상황은 중세 때 상당히 많이 개선되었다. 하지만 이 시기에 여성은, 사제직이 과학적인 기능보다는 차라리 예술적인 기능을 행사하고 있었던 다신교 체제 아래서 남성과 공유하고 있었던 사제의 기능을 박탈당해버렸다. 현대인들 사이에서 카스트 제도의 원칙이 과거와 같은 영향력을 행사하지 못하게 됨에 따라, 여성은 왕정은 물론 다른 모든 정치권력으로부터 배제되어버렸다. 아무리 사소한 것이라고 하더라도, 실천 기능은 산업 분야의 다양한 직업들과 심지어 여성에게 더욱더 잘 어울릴 것 같은 직업에서 점점 그들을 분리시키고 있다. 그러므로 여성의 삶은 가정을 벗어나지 않고, 오히려 가정에 집중함과 동시에, 하나의 합당한 도덕적 영향력을 더욱더 발전시켜나가게 된다. 이러한 두 가지 경향은 서로 대립되기는커녕 반대로 필연적으로 연계되어 있다.

헛된 반동적 유토피아에 대한 논의를 접어둔 채 현실적 질서를 더욱더 잘 느끼기 위해서는 무엇보다도 다음과 같은 사실을 깨닫는 것이 중요하다. 즉 언젠가 여성이 요청하지 않았음에도 불구하고 자신들의 옹호자로 자처하는 사람들이 요구하는 세속적 평등을 획득한다면, 여성을 위한 사회적 보장들은 그들의 도덕적 성격만큼이나 어려워질 것이다. 왜냐하면 이렇게 함으로써 대부분의 직업에서 여성은 일상적으로 활발한 경쟁상태에 종속될 것이기 때문이다. 여성은 이러한 경쟁상태를 견딜 수 없을 뿐만 아니라, 경쟁관계는 사실상 상호적인 감정의 주요한 원천들을 타락시킨다.

남성은 여성을 부양해야 한다

이러한 파괴적인 꿈 대신, 하나의 자연적 원칙이 감정적 성에 대한 행동적 성의 세속적 의무들을 고정시킴으로써 여성의 삶을 폭넓게 보장해준다. 실증주의만이 독특한 현실성을 통해 이러한 원칙을 체계화시킴으로써 거기에 정당한 우위를 부여한다. 하지만 새로운 철학은 결코 인간의 움직임 전체에 대한 포괄적 평가에 따라 자신이 요구하게 되는 그러한 보편적 경향을 창조해내지는 않았다. "남성이 여성을 부양해야 한다." 이것이 바로 인간생활의 자연법칙으로 감정적 성이 지니는 본질적으로 가정적인 삶을 잘 보여준다. 아주 거친 수준의 사회성을 보여주는 이 규칙은 인간의 진보가 이루어짐에 따라 점점 더 발전하고 완성되어 갈 것이다. 여성의 현 상황이 요구하는 모든 물질적 진보들은, 그 결과들이 모든 사회관계와 그 중에서도 특히 봉급문제에 영향을 끼치게 마련인 기본 원칙을 더욱더 잘 적용하는 것으로 돌아간다.

하나의 자연스런 경향에 부합하는 규칙은 조절 권력의 감정적 요소인 여성의 고귀한 목표와 관련되어 있다. 이 경우 그 의무는, 사변적인 계급이 자신의 기본 임무에 완전히 몰두할 수 있도록 이 계급을 부양하게 되어 있는 실제적인 활동계급의 의무와 유사하다. 그런데 여성의 임무가 당연히 가정적인 것으로 집중될 수밖에 없다는 바로 그 사실 때문에, 감정적인 성에 대해 행동적인 성이 담당하는 물질적 의무들은 한층 더 신성한 것이 된다. 생각하는 사람들에 대해 실천하는 사람들이 담당하는 의무는 집단적인 것에 불과하지만, 여성에 대한 이들의 의무는 무엇보다도 개별적인 성격을 지닌다. 하지만 자신이 선택한 배우자에 대해 모든 남성이 특별히 지게 되는 직접적인 책임[40]은, 결코 활동하는 성의 감정적 성 전체에 대한 간접적인 의무[41]를 면제해주지 않는다. 남편이나 부모가 없는 여성의 경우, 그들이 처한 불가피한 종속상태에 대한 보상뿐만 아니라, 무엇보다도 그들이 담당하는 필수불가결한 도덕적 임무에 대한 보상으로라도 사회가 물질생활을 보장해주어야 한다.

그러므로 이 문제에 관한 한 인간의 발전이 나아가는 참된 일반적 방향은 다음과 같다. 즉 여성의 삶을 점점 더 가정적으로 만들어야 하며, 온갖 형태의 외적 노동에서 배제함으로써 이들의 감정적 목표를 한층 더 잘 보장해주어야 한다. 이미 특권층에서는 여성이 온갖 힘든 노동에서 해방되었다. 그것은 남성과 여성 사이의 관계의 문제에서, 노동자들

---

40) 각자의 아내에 대해 모든 남성이 부담해야 하는 개별적인 부양 의무.
41) 여성 전체에 대한 남성의 집단적인 의무.

이 세속적 지도자들의 관습을 모방해야 하는 유일한 경우이다. 다른 모든 것에 대해 서구 민중은 여성에 대한 남성의 실질적인 의무를 지도자들보다도 더욱 잘 느끼고 있다. 민중은, 우리의 산업체제 아래서는 이미 그러한 괴상한 일을 할 필요가 없음에도 불구하고, 여전히 그토록 많은 여성에게 야만적인 노역을 부과했다는 사실을 부끄러워하게 될 것이다. 사람들이 이러한 비열하면서도 종종 불법적인 양상을 띠는 거래를 보게 되는 경우는 특히 지위가 높은 사람들과 부유한 사람들 사이에 이루어지는 거래에서이다. 이러한 거래에서 부도덕함은 한 성의 수치와 동시에 다른 성의 타락을 초래한다. 현대의 관습들은 여성의 진정한 의무를 더욱더 잘 드러내고 결혼의 선택을 한층 더 확장할 것이다. 그렇게 함으로써, 노동자들 사이에서는 이미 거의 사라진 결혼지참금 제도에서 생겨나는 부끄러운 금전적 매수가 빠른 시일 내에 없어질 것이다. 여성에 대한 남성의 도덕적 의무라는 실증주의 원칙은 심지어 특권층들 사이에서도 야만스런 제도의 잔재를 완전히 없애버리게 될 것이다. 그러한 목표에 더욱더 잘 도달하려면, 여성에게 상속을 금지함으로써 감정적인 성에 대한 사회학 이론의 마지막 결과를 실현하는 것으로 족할 것이다. 이것을 폐지하지 않은 상태에서 지참금 폐지는 그 의미를 잃을 것이기 때문이다. 여성이 온갖 물질적 생산활동에 참여할 필요를 제거함으로써, 각 세대가 다음 세대를 위하여 준비해야 하는 노동수단은 오로지 남성에게만 맡겨져야 한다.

그러한 변화 양식은 절대로 어떤 해로운 특권을 구축하는 것이 아니라 중대한 책임감과 관련된다. 보완 조치가 중대한 반대를 불러일으키는 것은 결코 여성들 사이에서가 아니다. 게다가 건전한 교육을 통해 여성은 이러한 조치의 개인적 유용성을 이해함으로써 합당하지 않은 다른 조치들로부터 자신을 지킬 수 있게 된다. 이러한 중요한 규정은, 가정의 새로운 구축을 강화할 수 있는 능력에 대한 보편적 확신을 통해 관습 속에서 자유롭게 우위를 차지한 다음에야 합법적인 것이 될 수 있다.

여성교육은 남성교육과 동일한 것이어야 한다

실증주의 체제 아래서 여성이 사회적으로 어떤 조건에 처하게 될 것인지를 밝히기 위해, 나는 마지막으로 동일한 이론에 따라 여성교육의 본질을 지적하고자 한다.

이 점에 대해, 여성의 기본 임무는 위에서 노동자들에 대해 지적했던 일반교육 체계를 거의 똑같이 남녀 모두로 확장할 의무를 제시하게 되는데, 그렇게 함으로써 온갖 불확실성을 해소시킨다. 이 체계는 어떠한 전문 분야와도 무관하기 때문에, 심지어 과학 연구에 대해서조차도 조절 권력의 공조적(共助的) 요소[42]만큼이나 공감적 요소[43]에도 부합한다. 우리는 노동자들에게 건전한 역사이론이 얼마나 필요한 것인지를 인식하고 있다. 이제 그러한 필요성이 여성으로 확장되어나가면서 생긴 지속성이 유대감을 보완해주지 않을 경우 항상 불완전하게 남게 되는 사회적 감정을 합당하게 발전시켜나갈 수 있을 것이다. 그러한 학습의 필요성과 거기서 비롯되는 도덕적 체계화의 필요성을 남녀 모두에게 인정해야 한다. 그렇다고 해도 사람들은 그러한 체계화가 전제하며, 모두에게 하나의 동등한 중요성을 직접 제공하는, 과학적 준비가 시급하다는 사실을 무시할 수는 없을 것이다. 결국 여성이 모든 기본교육을 주도해야 하기 때문에, 그들은 이러한 교육의 필수적 보완이라고 할 수 있는 체계적인 교육을 받아야 한다. 남성에게 진정으로 필요한 것은 직업교육이라고 불리는 것밖에 없다. 우리는 직업교육이 결국 현명한 이론적 발전에 뒤이어 어떤 적절한 훈련에서 비롯되는 한, 어떠한 독특한 체계화도 지닐 수 없다는 것을 알고 있다. 그러므로 여성은 철학자들과 마찬가지로 노동자들과 동일한 교육을 받게 될 것이다.

하지만 남녀 모두의 동등한 참여를 요구한다고 해서, 나는 절대로 이

---

42) 노동자.
43) 여성.

론적 차원에서 나의 유명한 선구자라고 할 수 있는 콩도르세처럼 남성과 여성에 대한 교육이 동시에 이루어져야 한다고는 생각하지 않는다. 항상 우선적으로 고려해야 할 도덕적 평가에 따라, 우리는 그러한 양성 혼합이 남녀 모두에게 부정적인 결과를 초래하기 때문에 완강히 거부해야 한다. 그들은 사원(寺院), 모임, 살롱 등 모든 활동 분야에서 자유롭게 만날 수 있을 것이다. 하지만 학교에서는 때이른 이성 간의 만남이 남녀 모두의 학습에 분명한 혼란을 초래할 뿐만 아니라, 각자의 참된 성격을 발전시키지 못하게 할 것이다. 양쪽 모두 감정 형성이 충분히 이루어지기까지 이들 간의 관계는 부모의 지속적 감시 아래서 부분적이고도 제한적이어야 한다.

하지만 학습 내용이 동일한데도 남성과 여성의 강의를 따로 진행시켜야 한다는 것은 결코 여성을 위한 특별한 교사가 있어야 한다는 의미는 아니다. 그러한 제도는, 재정적인 어려움 이상으로 불가피하게도 여성을 위한 교육기관이 열등하다는 선입견을 불러일으킴으로써 무엇보다도 여성교육의 본질을 왜곡시킬 것이다. 기본적인 가르침이 남녀 모두에게 진정한 의미에서 동일한 것이 되기 위해서는, 서로 분리되어 수업을 받으면서도 동일한 교사에게 배워야 한다. 이 책의 제3부에서 지적된 구도에 따르면, 각각의 철학자로 하여금 매주 하나, 혹은 두 개의 강의만을 맡도록 함으로써 이러한 두 가지 조건을 손쉽게 조화시킬 수 있다. 현재 교사들에게 주어진 비참할 정도로 과도한 부담을 주지 않고도 그러한 봉사가 쉽사리 늘어날 수 있을 것이다. 더구나 모든 철학자들은 실증주의 교육의 7년 과정을 따라야 하므로, 남녀를 분리하여 가르쳐야 한다는 의무가 교사들에게 매년 따분한 반복을 피할 수 있도록 해줄 것이다. 또한 항상 이러한 2중의 임무를 떠맡게 되는 뛰어난 인간들은, 경험을 통해 방법과 학설의 필연적 동질성을 전혀 변질시키지 않고도 학생들의 자연적 차이점을 고려한 다양한 교육방식을 찾아낼 수 있을 것이다.

모든 사람의 입장에서 보면, 이러한 교육기관의 확립은 여성교육의 위엄을 제고시킴으로써 공무를 담당하는 철학자들의 지적이고 도덕적인 성격에 대해 다행스런 방향으로 작용할 것이다. 이렇게 함으로써, 철학자들은 따분하기 짝이 없는 전문성에서 벗어나 자발적으로 전체적인 관점을 향해 나아갈 것이다. 마음에 대한 정신의 기본적 종속은 가장 합리적이고도 가장 감정적인 본성을 동시에 만남으로써 이들에게 한층 더 친숙해질 것이다. 남성과 여성 모두에게 똑같이 주어지는 동일한 목표는 새로운 철학자들에게 필요한 보편성을 완성시켜줄 것이다. 이처럼 현실적 개념들의 모든 차원을 동일하게 다루고 서로 다른 두 부류의 청중들의 관심을 끌기 위해서는, 철학자들의 개인적 장점이 그들의 사회적 임무와 동일한 차원에 놓여야 할 것이다.

하지만 동시에, 이러한 조건 전체는 철학자들의 수를 감소시키는 경향이 있다. 따라서 철학자들의 모집이 현명하게 이루어지고 그들의 삶이 정당한 보장을 받을 수 있다면, 그러한 구도를 실현하기에 충분할 만큼 뛰어난 사람들을 발견할 수 있을 것이다. 게다가 이들의 모집은 국가 차원에서가 아니라 서구 전체 차원에서 이루어져야 한다는 사실을 놓쳐서는 안 된다. 그리하여 실증주의 교육을 담당할 공직자들은 중세 가톨릭의 고위 성직자들보다 훨씬 더 자주 거주지를 바꿀 수 있어야 한다. 이 모든 고려를 조합함으로써 사람들은, 오늘날 영국 국교회(國敎會)가 초래하는 쓸데없는, 아니 차라리 해로운 비용 지불을 요구하지 않고도 남녀 구분 없이 모든 서구 주민을 위한 실증주의 교육이 폭넓게 형성된다는 사실을 깨달을 수 있을 것이다. 또한 철학적 임무에 종사하는 모든 공직자들은 자신들의 노력에 합당하게 경제적으로 여유 있는 생활을 누릴 수 있어야 한다. 물론, 어떤 사람도 물질적인 문제로 수치를 당하면 안 될 것이다. 오늘날, 그리고 아마도 언제까지나 서구의 선진 5개국 주민들의 정신적 욕구를 충족시키기 위해서는 2만 명 정도의 철학자로 족할 것이다. 이는 2천 개의 지역에 7년 과정의 실증주의 교육을 위한 완전한 기관을 설립할 수 있는 수치이다.

여성과 노동자들의 영향은 결코 철학자들의 개입을 필요로 하지 않을 만큼 체계적이지 못할 것이다. 하지만 이들이 계속 조절 권력 전체에 합류함에 따라, 신학체제 아래서 너무나 번성했던 순전히 사변적이기만 한 계급의 확장 정도가 차후에는 줄어들 것이다. 이제부터 생산활동에 종사하지 않고도 편안하게 먹고살 수 있는 특권은 어떠한 정당한 비난도 불러일으키지 않을 정도로 드문 일이 될 것이며, 또 그럴 만한 자격을 충분히 갖춘 사람들에게만 주어질 것이다. 사람들은 도처에서 여성의 삶과 마찬가지로 철학자들의 삶에 투여되는 비용이 절대로 사회에 짐이 되는 것이 아니라, 오히려 사회의 완성과 진정한 행복의 가장 고귀한 원천이라는 사실을 인식할 것이다. 왜냐하면 그것이 인류의 성격을 규정지어주는, 사변적이고 감정적인 기능들의 정당한 발전을 보장해주기 때문이다.

그러므로 제4부 첫머리에 제시된 기본 원칙에 따르면, 여성에 대한 사회학 이론과 관련된 모든 문제들은 감정적인 성의 자연스런 구축을 위해 여성의 사회적 목적에 입각하여 확실하게 해결된다. 인간의 결합을 주도할 수 있는 감정의 유일한 자발적 기관인 여성은, 물질적 힘의 필연적 지배를 점점 더 도덕적인 것으로 만들 수 있는 조절 권력의 가장 직접적이고도 순수한 요소가 된다. 이런 이유로 해서 여성은 처음에는 어머니로서, 나중에는 아내로서 인류의 도덕교육을 담당하게 된다. 점점 더 가정적인 것이 되어가는 여성의 삶이 출현하고, 점점 더 완전한 형태를 갖추고 나타나는 일반교육에 여성이 참여하기 시작하는 것은 바로 이렇게 해서이다. 그리하여 여성의 상황은 언제나 자신들의 소명을 한층 더 발전시키게 된다.

여성의 특권. 여성의 임무는 그 자체로 하나의 특권이다

이제는 그러한 운명에 대한 자연스런 보상이 어떤 성격을 지니고 있는지를 규명함으로써 이러한 개괄적인 평가를 마무리하기가 쉬워졌다. 어떠한 다른 소명도, 각자의 행복이 바로 자발적인 임무를 발전시키는 것이라는 사실을 이만큼 잘 깨닫게 해주지는 못한다. 왜냐하면 사실 여성이란 모두 사랑한다는 단 하나의 동일한 사명만을 지니고 있기 때문이다. 하지만 사랑이란 무한한 기관들을 인정하고, 경쟁의 두려움 없이 협력을 통하여 확장되는 유일한 것이다. 그러므로 여성이 인간 통합의 감정적 원천을 유지하는 것을 담당할 경우, 자신들의 진정한 소명을 합당하게 느끼고, 그 소명을 자유롭게 따를 수 있을 때만큼이나 행복할 것이다. 여성의 사회적 임무는, 자신들의 자연스런 본능을 개발하고, 각자가 다른 어떤 것보다도 선호하는 감정들을 권장한다는 찬양할 만한 무언가를 지니고 있다. 이처럼, 일반적으로 여성은 최종적 쇄신에 대해 자신들이 처한 상황을 자신들이 바라는 목적에 더욱 잘 적응시킬 것을 요구한다. 그렇게 하려면 여성에게 모든 외적 활동을 면제시켜주든지, 아니면 여성의 정당한 도덕적 영향력을 보장해주어야 한다. 그런데 실증주의 체제는 여성의 삶 속에서 실현될 물질적·도덕적·정신적 개선 전체를 통하여 이러한 2중적인 기원을 직접적으로 만족시킨다.

여성은 남성에게서 존경과 숭배를 받을 것이다

하지만 하나의 행복한 임무에 대한 자연스런 보상의 차원을 넘어서서, 실증주의는 여성의 이로운 도덕적 영향력이 점점 더 많이 불러일으키게 될 지속적 감사를 체계화함으로써 중세 때에는 겨우 그 윤곽만 드러났던 것을 완성한다. 요컨대, 새롭게 등장한 보편학설은 사적인 동시에 공적인 여성숭배를 정당하게 확립할 수 있다. 이것이 기본적인 인류숭배의 항구적인 첫 단계가 될 것이다. 나는 이 책의 결론 부분에서 결국 정치적인 만큼 철학적인 것이기도 한 실증주의의 일반적 중심을 거기에 위치시킬 것이다.

중세 기사도의 발전

이 점에 대해, 기사도 시대의 우리 조상들은 오늘날 여성에 의해서만 이루어질 수 있는 찬양할 만한 시도들을 보여주었다. 하지만 너무 전투적 성향을 띤 사회성 때문이건 지배 학설의 사회적 무능력 때문이건, 이들의 고귀한 노력은 충분하지 못했다. 하지만 이들은 영원히 사라지지 않을 기억을 남겨놓았다. 우리는 현대의 무정부상태로 인해 아주 많이 변질되어버리기는 했지만 서구 관습의 가장 훌륭한 부분을 이들에게 빚지고 있다.

지난 세기의 부정적인 철학은 기사도를 반동적 신념과 관련된 것으로 보고, 결코 되살아나서는 안 되는 것으로 간주했다. 하지만 반동적 신념과 기사도 사이의 이러한 관련은 현실적인 것이라기보다는 차라리 표면적인 것에 불과했으며, 게다가 순전히 일시적인 것이었다. 이러한 관계는, 신학적으로는 그것을 인정하면서도 이러한 찬양할 만한 구축물의 감정적 원천을 충분히 드러낼 수 없었던 현대의 가톨릭 옹호자들이 사악하게도 과장한 것이다. 봉건적 감정은 확실히 기사도의 직접적이고도 자연스런 기원을 이루는데, 나중에 기사도는 당시로서는 발견할 수 없었던 체계적인 비준만을 가톨릭에게 요구했다. 사실, 신학의 원칙은 기사도적 충동에 잘 맞지 않는다. 왜냐하면 신학의 원칙은 인간의 관심을 환상적인 미래 위에 집중시키지만, 기사도는 우리의 모든 에너지를 현실생활로 이끌어가기 때문이다. 항상 신과 귀부인 사이에 자리하고 있었던 중세 기사는, 유일하게 고귀하고도 자발적인 사명을 완전하게 발전시킬 수 있었을 충만한 도덕적 통합을 인식할 수 없었다.

혁명적 변화의 마지막 단계에 이른 우리는 다음과 같은 사실을 느끼기 시작했다. 즉 기사도는 현대의 진정한 체제 속에서 결국 사라져버리는 것이 아니라, 더욱더 평화스런 사회성과 더 인간적인 학설에 따라 한층 우위를 차지할 것이다. 왜냐하면 기사도라는 위대한 산물은, 인류가 문명화되어감에 따라 한층 더 발전하게 될 기본적인 욕망, 다시 말해 약자들에 대한 자발적 보호라는 욕망에 부합하기 때문이다. 고대인의 정복활동에서 중세 전사들의 방어체제로 이동하면서 그러한 기본적 욕망이 최초로 전면적으로 드러났는데, 그러한 드러남은 당시의 지배적 신념들에 의해 비준되었다.

하지만 현대사회의 질서가 보여주는 이러한 위대한 세속적 성격이 합당하게 체계화되고 도덕적인 것이 된다면, 기사도의 영향은 평화적 삶이 결정적으로 우위에 있기 때문에 그 어느 때보다도 확장될 것이다. 그런데 우리의 문명이 통상적 억압에 대해 가져다주는 행복한 변화에 따라 기사도적 감정은 목표를 변화시킬 것이다. 물질적 힘이 군사적인 것에서 산업적인 것으로 변화함에 따라, 이제는 사람에 대해서가 아니라 무엇보다도 재산에 대해서 행사된다. 이러한 결정적 변화는 위험의 심각성을 감소시키든가 보호를 점점 더 효율적인 것으로 만듦으로써 많은 이점을 제공해준다. 하지만 이러한 변화가 자발적이고 심지어 체계적이기까지 한 보호를 필요로 하지 않는 것은 결코 아니다. 파괴적 본능이란 항상, 어떤 양식으로든 거기에 몰입할 힘이 있는 모든 사람들 사이에서 생생하게 느껴진다. 이와 같이 실증주의 체제는 자연스럽게, 도덕적인 체계화의 일반적인 보완으로 세속적인 지도자들 사이에서 기사도적 관습의 합법적 발전을 마련해준다. 이런 지도자들 가운데 자신들의 영웅적 선구자들[44]의 경우와 마찬가지로 관대함에서 생기를 부여받았다고 느끼는 사람들은, 칼이 아니라 재산과 행동을, 그리고 필요한 경우 자신들의 권력 전부를 억압받는 자들을 보호하는 데 바칠 것이다. 중세 때와 마찬가지로, 이러한 자발적 임무는 무엇보다도 세속적 집행에 노출되어 있는 계급, 다시 말해 여성·철학자·노동자에 대해서 수행될 것이다. 사람들은 사회적 감정을 통해서 가장 많은 발상을 얻은 제도가 사회성을 가장 많이 발전시키게 될 체제와 무관하게 남을 것이라고 가정할 수는 없다.

---

44) 중세의 기사들.

이러한 첫번째 양상 아래서 보면, 기사도적 관습의 궁극적 재구축은 정신적으로나 사회적으로 새로운 상태에 적합한 양식에 따라 위대한 중세제도를 혁신시킨 것일 뿐이다. 당시와 마찬가지로 오늘날에는, 약자들에 대한 강자들의 헌신은 도덕에 대한 정치의 종속에서 비롯되는 당연한 결과로 나타날 것이다. 조절 권력은 당연하게도 자신이 엄격한 사회적 의무를 향해 이끌어가야 할 지배권력 속에서 관대한 후견인을 만나게 된다. 하지만 이러한 일반적 임무를 넘어 중세 기사도는 여성에게 더 전문적이고 내밀한 목표를 제시하는데, 거기에서 실증체제의 우위가 한층 더 완전하고도 분명하게 드러난다.

여성숭배의 최초의 형태를 확립하는 데에서, 봉건적 감정은 가톨릭의 원칙에서 거의 도움을 받지 못했으며, 심지어 여러 가지 문제에서 방해받기까지 했다. 기독교적 관습은 진정한 의미에서 상호적인 사랑에 직접적으로 대립되는 것이었다. 그리하여 기독교적 관습은 진정한 사랑에 없어서는 안 될 일상적 순수함을 미리 규정함으로써 상호적인 사랑의 발전에 간접적 영향력만 행사하게 되었다.

완전히 다른 양상 아래서 기사도적 공감이 출현할 수 있었던 것은, 단지 개인의 구원에 호의적이지 못한 불가피한 결함 때문에만 결혼을 인정했던 체제, 즉 그것이 지니고 있었던 이기적 오만과의 끊임없는 투쟁을 통해서였다. 순수함이라는 이로운 처방 자체도 그 주된 도덕적 효용성을 상당 부분 손상시켰던 이해관계와 관련된 동기들로 변질되었다. 이것이 바로, 우리의 관대한 조상들의 찬양할 만한 인내심에도 불구하고, 중세 때에는 특히 공적인 관습에서 여성숭배가 불완전하게 나타날 수밖에 없었던 이유이다. 가톨릭의 경험적인 주장들에도 불구하고, 만약 봉건적 상황이 다신교 체제 아래서 전개될 수 있었더라면 기사도적 감정이 더욱 우위를 차지했을 것이라고 생각할 합당한 이유가 있다.

완전한 체계화를 통해 여론들이 항상 그 관습을 돕게 되는 여성숭배의 충만한 발전은 실증체제로만 가능해진다. 실증체제 아래서, 새로운 숭배는 사랑을 여성의 주된 속성으로 삼는다. 그렇게 함으로써 새로운 숭배는 순수함을 행복과 완성의 주된 조건으로 보고, 마침내 그것을 진정한 원천과 본질적인 목표에 연결하여 정당하게 평가하도록 해줄 것이다. 인간 본성에 대한 연구를 심도 있게 진행하다 보면, 우리의 무정부 상태가 이러한 중요한 주제에 대해 거친 마음과 결합한 피상적인 정신에 불러일으키게 될 헛된 궤변들이 아무런 어려움 없이 제거될 것이다. 현명한 의사인 휴펠랜드(Hupeland)는 이미, 중세 기사들의 유명한 활력이 일상적 절제가 갖는 육체적 위험들에 대한 온갖 심각한 반대를 미리 일소해버렸다는 사실을 지적했다. 실증적인 평가는 그러한 문제를 다양한 양상으로 분할하지 않는다. 그렇게 하지 않더라도 그러한 평가는, 처음에는 온갖 심오한 사랑의 조건인 순수함이 개인과 인류의 도덕적 진보에 대해서보다는 차라리 물질적이고 지적인 완성에 한층 더 중요하다는 사실을 쉽사리 확인할 수 있을 것이다.

제4부의 지적에 따르면 실증주의는 마음뿐만 아니라 정신도, 사적이거나 공적인 모든 현실생활 속에서 감정적 성에 대한 행동적 성의 개인적이고도 집단적인 숭배를 합당하게 체계화할 수 있게 한다. 사랑하고 사랑을 받기 위해 태어났으며 온갖 실질적 책임감에서 해방되어 있고 자유롭게 가정의 성소로 물러나 있는 서구의 실증주의 여성은, 충만하게 느껴지는 감사와 더불어 순수하고도 일상적인 존경을 받을 것이다. 인류의 자발적인 사제로서의 여성은 더 이상 자신들의 세심함을 극복할 필요도 없고, 복수의 신과 벌이는 무시무시한 경쟁심을 극복할 필요도 없다. 우리는 각자 어린 시절부터 남성에게서든 여성에게서든, 사적이든 공적이든 인간 행복과 인간 완성의 주된 원천을 보는 것을 배우게 된다.

우리 조상들이 현실성이 없는 신비로운 목적을 추구하느라고 잃어버렸으며, 나중에는 우리의 혁명적 관습이 무시해버렸던 이러한 모든 감정의 보고(寶庫)들은, 당시에는 타락의 환상과 아무런 관련이 없었던 주민들에게 소중하게 받아들여졌으며 그들의 진정한 목표에 적용되었다. 행동을 하기 위해 태어났으며, 스스로 알려진 세계의 지도자라고 생각하는 사람들은, 감정생활을 위주로 하는 사람들의 행복한 도덕적 영향력을 정당하게 감내하는 데에서 자신들의 최고 행복을 찾도록 한다. 요컨대 남성의 무릎은 이제 여성 앞에서만 구부러질 것이다.

이러한 지속적 숭배는 당연하게도 감정적인 성이 행동적인 성에게 제공하는 현실적인 혜택에 대한 정확한 일상적 평가에서 비롯되는 내밀한 감사에서 나온다. 친근한 확신은 모든 실증주의자들에게 다음과 같은 사실을 깨닫도록 해줄 것이다. 즉 사적이건 공적이건 진정한 인간 행복은 바로 정신의 개량에 달려 있으며, 정신의 개량은 처음에는 어머니로서 나중에는 아내로서 여성이 남성에게 끼치는 영향에서 비롯된다. 그러한 일상적 감정은, 자신의 사회적인 위치로 말미암아 이해관계와 관련된 경쟁이 모두 금지된 성에 대한 부드럽고도 실질적인 숭배로 이어질 수밖에 없다. 여성의 임무가 더욱더 잘 이해되고 한층 더 발달함에 따라, 각각의 여성은 남성에 대해 인류의 가장 훌륭한 화신(化身)이 될 것이다.

실증주의 종교에서 기도는 사라지는 것이 아니라 오히려 순화되고 강화된다

하지만 자발적 감사에서 비롯되는 여성숭배는 나중에 체계적 평가를 거친 후 행복과 완성에 이르기 위한 새로운 수단으로 인정받을 것이다. 행동적인 성의 도덕적 불완전성은, 그들로 하여금 끈질긴 훈련을 통하여 자신들에게는 너무나 부족한 부드러운 감정들을 개발하게 한다. 사적이며 공적인 여성숭배의 친근한 실천보다도 이러한 중요한 조건을 더욱 잘 충족시켜주는 것은 없다. 가톨릭이 기도에서 끌어내렸던 귀중한 도덕적 효용성을 실증주의가 정당하게 재발견하는 것은 바로 이렇게 해서이다.

오늘날 대략적인 평가에만 그칠 경우, 이러한 종교적 용법은 처음으로 인간들에게 그것을 초래했던 환상적 이익들과 분리될 수 없다. 비록 신학이 이룬 체계화가 그것을 전적으로 인정하지는 않겠지만, 가톨릭이 이룬 체계화는 항상 종교적 용법을 환상적 이익들에서 분리시켜놓으려 한다. 성(聖)아우구스티누스[45] 이후, 모든 순수한 영혼의 소유자들은 기독교적 이기주의를 통해 기도하는 것(prier)이 요구하는 것(demander)이 아닐 수 있다는 사실을 점점 더 잘 깨달을 수 있었다. 인간 본성에 대한 진정한 이론이 우위를 차지함에 따라, 사람들은 더 나은 원칙에 따라 실증주의 체제가 한층 더 발전시킬 고귀한 기능을 더욱 잘 깨닫게 될 것이다. 인류의 정상상태에서 기도라는 것은 온갖 개인적 타산과 상관없이 진정한 도덕적 목적에 따라 항상 일반적인 감정과 관련된 관대한 감정의 개인적이거나 집단적인 엄숙한 토로가 될 것이다. 실증주의는 기도의 일상적 실천을 보통 실생활이 불러일으키는 이기적 충동들과 편협한 생각들을 타파하는 데 적합한 것으로 간주하게 될 것이다. 기도를 적극적으로 권장해야 하는 것은 남성이다. 왜냐하면 남성은 일상적인 삶 때문에 한층 더 멀어지게 되는 전체적인 사고와 이해관계를 떠난 감정을 향해 나아가야 할 필요를 여성보다 더 많이 지니고 있기 때문이다.

기도의 효용성을 한층 더 잘 보장하기 위해서는 무엇보다도 그 대상을 분명하게 설정하는 것이 중요하다. 그런데 이러한 조건은, 신에 대한 숭배보다도 훨씬 더 이로운 것일 수 있는 여성숭배로 자연스럽게 충족된다. 분명히 말해, 인간의 기도는 결국 무엇보다도 인류를 고려하는 것이어야 한다. 나는 이 점에 대해서 이 책의 마지막에 가서 다시 한 번 특별히 지적하고자 한다. 하지만 만약 이렇게 해서 사람들이 이런 태도를 집중화하려 한다면, 목적이 너무나 모호하기 때문에 그러한 습관이 지니게 될 행복한 도덕적 효과들을 실현할 수 없다. 아마 여성의 사랑은 이러한 급작스럽고도 직접적인 확장을 지니고 있을지도 모른다.

---

45) Aurelius Augustinus(354~430) : 로마 교회의 신학자. 마니교 신자였던 그는 가톨릭으로 개종하여 교부철학을 집대성한다. 『신국』(神國), 『고백록』 등의 저서를 남겼다.

어쨌든 행동적인 성은 심지어 모든 것을 일반화시키는 경향을 지닌 사유계급들 사이에서도 그처럼 직접적으로 확장된다고 주장할 수 없다. 그러므로 처음에는 사적인 것이었다가, 나중에는 공적인 것으로 변하는 여성숭배만이 인간으로 하여금 인류에 대한 실질적인 숭배를 준비하게 해준다.

아내로서나 어머니로서나 여성들 사이에서 사랑하는 성에 대한 사적인 숭배 속에서 온갖 침해로부터 자신의 마음을 지켜줄 수 있는 특별한 감정의 합당한 대상을 찾지 못할 만큼 불행한 사람은 아무도 없다. 여성숭배가 잘 확립될 경우, 개인적 숭배를 파괴하는 것처럼 보이는 죽음마저도 그 숭배를 한층 더 순화시키는 동시에 강화시킨다. 실증주의가 과거 전체와 심지어 미래에 대한 현재의 관계를 분명히 깨닫게 해주는 것은 단지 집단생활 속에서만이 아니다. 실증주의의 친근한 학설은 모든 개인과 모든 세대를 연결해준다. 그렇게 함으로써, 이 학설은 개인생활이 공공생활과 밀접하게 관련될 체제 속에서 하찮은 시민 한 사람 한 사람에게까지 가장 사랑스런 추억을 활기차게 만들어줄 것이다.

아주 교양 있는 사람들은 이미 마치 눈앞에 없는 친구들이라도 되는 것처럼 중세와 고대의 뛰어난 선구자들과 함께 살아가는 데 익숙해져 있다. 이들보다 훨씬 더 활기찬 마음의 소유자들이 이러한 이상적인 반항을 하지 못할 이유가 어디에 있겠는가? 공공생활은 이미 많은 국민들 사이에서 중요하게 받아들여지고 있는 역사적 인물에 대해 특히 실질적 영향력이 현저한 인물일 때, 공감과 반감의 빈번한 예들을 우리에게 보여준다. 각자가 느끼는 관계들에 대해 그러한 감정적 능력을 사적인 목적으로 확장시키는 것을 그 무엇도 가로막지 못할 것이다. 지금까지 우리의 도덕교육은 그다지 적합하지 못한 체제 아래서 이루어져왔다. 그리하여 우리는 오늘날 사고와 감정을 항상 인간생활에 집중시키는 것으로는 도덕교육의 실증적 쇄신이 지니는 일상적 효용성을 충분히 이해할 수 없다. 죽은 사람들과 함께 살아간다는 것은 인류의 가장 소중한 특권들 가운데 하나이다. 인간의 사고가 확장되고 감정이 순화됨에 따라, 인류는 그러한 특권을 한층 더 발전시켜나갈 것이다.

실증주의는 인류에게 공적인 분야뿐만 아니라 사적인 분야에서도 자발적인 동시에 체계적인 발전을 제공해준다. 또한 실증주의는 우리로 하여금 아직 태어나지도 않은 미래인들과 함께 살아가도록 해주는데, 이를 통해 인류를 미래로 확장시킨다. 과거에는 이런 일들이 불가능했는데, 그것은 다양한 인간의 운명 전체를 단 하나의 시각 속에 포괄할 수 있는 진정한 역사이론이 없었기 때문이다. 우리는 인간의 마음이란 이상적이지만 않다면 객관적 토대가 없는 감정들까지 감당할 능력이 있다는 사실을 무수한 예들을 통하여 보아왔다. 과거에 다신교를 믿는 사람들의 친근한 환상들과 일신교를 믿는 사람들의 신비한 감정들은 하나의 자연스런 경향을 보여주었다. 미래는 하나의 일반철학이 더 현실적이고 고상한 목적을 제공함으로써 그러한 경향을 이용할 것이다. 이처럼 불행하게도 개인적 감정의 합당한 대상을 지니지 못한 사람들마저도, 우리의 선구자들 사이에서 자신들의 본성에 적합한 하나의 유형을 선택함으로써 여성에 대한 사적인 숭배를 적절하게 구축할 수 있을 것이다. 탁월한 상상력을 지닌 사람들은 훨씬 더 완전한 이상을 구축함으로써 미래를 향한 길을 개척할 것이다. 사실, 이것은 기사도 시대의 우리 조상들이 자신들의 천진난만한 무지에도 불구하고 자주 행했던 것이다. 건전한 역사이론의 습관이 이 점에 대해 우리의 자연스런 능력을 높이지 않을 이유가 어디에 있겠는가? 실증주의 학설은 과거에 대해서와 마찬가지로 미래에 대해서도 마음의 자발적인 변덕을 억제할 수 있는 객관적 법칙을 그러한 능력에 부과한다. 그리하여 그 학설을 무기력하게 만드는 온갖 일탈들에서 이러한 다행스런 능력을 지켜줄 수 있으므로, 그러한 능력을 더욱 확장시켜나갈 것이다.

인류숭배의 준비단계인 여성숭배

나는 여성에 대한 사적이고 개별적인 숭배라는, 때로는 현실적이고 때로는 이상적인 구축을 강조했다. 왜냐하면 다른 방식으로는 여성에 대한 공적이고 집단적인 숭배가 중대한 도덕적 효용성을 지닐 수 없을 것이기 때문이다. 남성의 모임은 많은 부분 그들의 고유한 감정들을 강화시키고 발전시키겠지만, 그러한 감정들을 불러일으키지는 못할 것이다. 그러므로 만약 각자가 독자적으로 우리의 중요한 감정들을 주도하는 여성에 대한 부드러운 일상적 숭배를 경험하지 않는다면, 이렇게 이루어진 군중들은 인류의 사원에서 여성을 위한 공염불만을 반복하는 데에서 그칠 것이다. 하지만 날마다 여성에 대한 비밀스런 존경심을 성실하게 드러내는 사람들은 여성의 엄숙한 도움에 힘입어 각자의 감정들을 가장 이로운 정열로 고양시킬 수 있을 것이다.

나는 영원한 동반자에게 보낸 마지막 편지에서 다음과 같이 말했다. "감정에서 생겨날 수 있는 가장 중대한 고통 한가운데서도, 나는 끊임없이 행복의 진정한 본질은 항상 마음을 합당하게 채우는 것이라는 사실을 깨달았습니다." 그녀의 죽음으로 말미암아 우리가 결정적으로 이별한 뒤에 내가 날마다 겪었던 경험은 인간 본성의 진정한 이론에 부합하는 이러한 평가를 더욱 잘 확인시켜주었다. 사람들이 성실한 집단적인 실천을 합당하게 준비할 수 있는 것은 이러한 개인적 습관들을 통해서이다.

실증주의의 독특한 능력은 여성에 대한 사적인 숭배보다는 공적인 숭배에 대해 훨씬 더 결정적이다. 왜냐하면 사회적 관점의 체계적 우위만이 여성의 기본 목표에 경의를 표하도록 해주기 때문이다. 중세의 커다란 모임에서 기사들은 다양한 개인적 감정들을 드러내기는 했지만, 그렇다고 해도 결코 사적인 숭배의 단순한 집단적 연장을 넘어서지는 못했다. 이러한 숭배는 다른 숭배의 서곡으로 남아 있었다. 하지만 그것은 무엇보다도 인간통합의 기본 원칙의 자발적 기관이자 조절 권력의 최초의 요소인 감정적 성의 사회적 임무에 대한 민중의 감사를 직접적으로 증명하는 것이었다. 그런데 중세 때에는 현실적 관계 전체를 포괄하는, 진정한 의미의 사회이론이 없어서 그러한 평가가 불가능했다. 그것은 심지어 신이 인류의 자리를 차지하고 있었던 지배적 학설과도 화합할 수 없었다.

예외적인 여성 잔 다르크

이러한 영광은 실증주의에 너무나 잘 부합하기 때문에 실증주의는 비정상상태까지 그것을 확장시킬 수 있다. 확실히 여성에 대한 공적 숭배는 사적 숭배와 마찬가지로 무엇보다도 여성의 특성을 규정해주는 감정적 소명과 관련되어 있었다. 하지만 사변의 영역에서건 여성적 유형과 거의 아무런 상관이 없는 실질적 행동의 영역에서건, 이와 마찬가지로 진정으로 인류에게 봉사할 수 있는 예외적 본성들을 당연히 존중할 줄 알아야 한다. 신학정신의 절대적 성격은 그 정신으로 하여금 자신의 중요한 사회적 처방들을 심각하게 손상시켰을 유연성을 지니지 못하게 했다. 또한 가톨릭은 진심에서 우러나오는 아쉬움에도 불구하고, 처음에는 여성에 대한 엄숙한 기억들을 전혀 인정하지 않았다.

당시로서는 사실 여성숭배는 정치에 유용한 것보다는 훨씬 더 도덕에 유해한 것으로 간주되었다. 15세기에 프랑스를 구했던 영웅적 처녀[46]에 대한 찬양할 만한 이야기 이상으로 가톨릭의 필연적 무능력을 잘 보여주는 것은 없다. 너무나도 당연한 시성(諡聖)[47]을 위대한 루이 11세[48]가 합당하게 청원했으며, 교황청 당국은 이를 당연히 받아들였다. 하지

---

46) 오를레앙의 처녀인 잔 다르크(Jeanne d'Arc, 1412~31)를 말한다. 백년전쟁 당시 16세의 나이로 영국군에 대항하여 오를레앙 성을 탈환함으로써 프랑스군의 항전의식을 고취한다. 체포된 그녀는 마녀라는 낙인이 찍혀 화형에 처해지지만, 1456년 샤를 7세에 의해 복권된다. 하지만 1909년에 와서야 시복(諡福)되고, 1920년에야 시성(諡聖)된다.

47) 가톨릭에서 성인품(聖人品)에 올리는 것.

48) Louis XI(1423~83/재위 1463~83) : 귀족의 세력을 꺾고 왕권을 강화하여 거의 현재와 같은 수준으로 프랑스의 영토 통합을 이룩하였다.

만 그러한 시성은 결코 어떠한 실질적 축성을 가져오지는 못했다. 게다가 시성의 취소는 얼마 지나지 않아 사제들로 하여금 자발적으로 이러한 위대한 기억에 대해 거리를 두게 만들었다. 왜냐하면 그에 대한 기억이 무엇보다도 자신들의 사회적 무능력을 일깨워주었기 때문이다. 그러한 행동에는 어떤 우발적인 것도, 심지어는 어떤 비난받을 만한 것도 포함되어 있지 않다. 왜냐하면 그 행동은 처음에는 여성적 관습을 왜곡시켰을, 그러한 축성의 도덕적 위험에 대한, 당시로서는 아주 당연했던 의구심에서 비롯된 것이기 때문이다. 하지만 규칙을 훼손하지 않고서 비정상상태를 영광스럽게 하지 못하는 어떤 절대적인 학설에 대해서는 타협이 불가능하다.

실증주의는 전사로서의 여성의 삶이 다른 어떤 것보다도 그들의 진정한 소명에서 멀어진 것이라고 보고, 가톨릭보다도 더 비난한다. 하지만 실증주의만이, 신학의 무능력 때문에 버림받았다. 그리고 심지어 프랑스에서조차 형이상학적 파렴치에 의해 더럽혀졌던 어디에도 견줄 수 없는 처녀에게 합당한 존경을 표할 수 있다. 잔 다르크의 영광스런 순교 축일마다 행해지는 그녀에 대한 엄숙한 축성은 더 이상 국가적인 차원에 한정되지 않고, 서구 전체로 확장될 것이다. 그것은 엄청난 혜택으로, 그것이 없이는 엘리트 국민들의 당연한 중심[49]이 유럽에 대한 사명을 완수하는 데 없어서는 안 될 독립상태가 훼손되어버릴 것이다. 게다가 다소 볼테르식의 파렴치에 동의했던 서구 전체가 실증주의의 교정작업에 똑같이 기여하게 될 것이다. 이러한 특별한 예찬은 여성적 관습을 손상시키기는커녕, 비정상상태의 성격을 규정하고 어떤 극찬의 조건들을 드러냄으로써 그 관습을 한층 더 강화시킨다. 사람들은 이러한 예찬 속에서 유일하게 규칙을 약화시키지 않고도 예외적인 경우들을 잘 평가할 수 있는, 실증주의의 상대주의 정신이 제공하는 도덕적 장점들을 새롭게 확인할 것이다.

---

49) 유럽의 당연한 중심은 곧 프랑스를 뜻한다.

남성에 의한 실증적인 여성숭배에 대한 지적은, 다른 성에서도 유사한 욕구를 만족시키는 방법에 대해 아주 미묘한 문제를 불러일으킨다. 즉 남성이 이러한 자연적 전조(前兆) 단계를 통한 준비과정을 거치지 않고서는 인류에 대한 현실적 숭배로 직접 고양될 수 없다면, 여성 또한 비록 더 사랑스럽기는 하지만, 마찬가지로 이러한 준비과정을 거쳐야 할 것이다. 하지만 그러한 준비과정은 확실히 다른 방향을 취함으로써 남녀 모두에게 자신들의 본성 때문에 불충분한 것으로 남아 있는 도덕적 자질들을 한층 더 발전시켜나갈 것이다. 왜냐하면 인류는 우리 '마음'의 행복한 모호성이 친근하게 보여주는 것처럼, 사랑만큼이나 힘도 성격을 규정하기 때문이다.

남성이란 자연상태에서는 충분한 사랑을 지니고 있지 못하기 때문에, 이러한 관계 속에서 여성으로부터 생겨나는 감사의 숭배가 남성에게 자발적으로 확보해주는 지속적인 훈련이 필요하다. 반대로 힘이 부족한 감정적인 성은 자신의 전문적 준비과정을 인류에 대한 최종적 숭배로 이끌어감으로써, 사랑보다는 차라리 용기를 더 개발하게 될 것이다. 하지만 내가 남성으로서 가진 무능력은, 나로 하여금 여성의 마음에 자리한 내밀한 욕구를 더욱 면밀하게 조사하지 못하도록 한다. 철학적인 빛이 나에게 눈에 띄지 않는 이러한 틈바구니에 주의하도록 하지만, 그것을 메울 수 있게 해주지는 않는다. 그러한 작업은 여성만이 수행할 수 있을 것이다. 나는 그러한 작업을, 모든 사람들이 똑같이 그녀의 요절을 슬퍼하기를 바라는 뛰어난 여자 동료에게 맡길 수 있었을 것이다.

제4부 전체는 나로 하여금 철학자로서 그녀와의 완전한 이별을 심각하게 느끼게 만든다. 분명히 말해, 나는 실증주의가 당연히 여성을 현대의 위대한 움직임에 합류시킬 수 있는 기본 능력을 지니고 있다는 사실을 확인했다. 사실, 실증주의는 여성이 결정적인 체제 내에서 지니는 고귀한 자연적 임무에 따라, 가정적이고 사회적인 모든 기원들을 가톨릭보다도 더 잘 실현할 수 있다. 하지만 이러한 설명은 유일하게 그것을

여성의 본성과 습관에 폭넓게 적용시킬 수 있는 여성에게서 나와야 한다. 만약 그렇지 못하다면, 여성이 그러한 평가를 충분히 맛보지 못하게 함으로써 그들의 적극적인 동의를 얻어낼 수 없을 것이다. 지금까지 다각도로 지적했던 것처럼 실증주의에 대한 여성의 친근함에도 불구하고, 그때까지 사람들은 여성을 새로운 철학을 결코 이해할 수 없는 존재로 간주할 것이다.

내가 이 연구 전체를 헌정(獻呈)했던[50] 소중하고 사랑스런 여자친구가 이러한 어려움을 완전히 제거해주었다. 이러한 예외적인 헌사가 과장된 것일 수는 있겠지만, 이러한 슬픈 헌사를 쓴 지 5년이 지난 지금, 나는 오히려 그것이 없었더라면 실증주의의 도덕 발전이 아주 지연될 수밖에 없었을 그녀의 고결한 영향력이라는 부채에 대해 내밀한 감사의 마음을 제대로 표현하지 못한 게 아닌지 두려울 따름이다.

탁월한 정신과 마음을 소유한 드 보는 실증철학이 이미 중세 말엽부터 혁명적 변화로 인해 아주 많이 변질되어버린 여성의 영향력을 합당하게 재구축할 수 있는 능력을 지니고 있다는 사실을 깨달았다. 하지만 도처에서 특히 자신의 가족들에게 무시당했던 위대한 영혼은 자신을 온갖 신랄함에서 보호해주었다. 가당치도 않을 뿐만 아니라 이상스럽기까지 한 불행에도 불구하고, 아주 예외적인 그녀의 순수함은, 이성이 결혼에 관한 참된 이론을 느끼기도 전에 온갖 반도덕적인 궤변에서 그것을 충분히 보호해줄 수 있었다. 이 점에 대해, 그녀가 발표한 유일한 글 속에는 자신의 운명으로 인해 아주 감명 깊게 들리는 다음과 같은 찬양할 만한 격언이 포함되어 있다. "자신들이 느끼고 있던 슬픔을 퍼뜨리는 것은 위대한 마음의 소유자들로서는 가당치 않다." 실증주의에 입문하기 전에 나왔던 이러한 새롭고 매력적인 이야기 속에서는, 여성의 진정한 소명에 대하여 어떤 평자들에게는 너무나 결정적인 것으로 보이는

---

50) 콩트는 『체계』 전체를 드 보에게 바치면서 제1권의 첫 부분에 그녀에 대한 장문의 헌사(獻辭)를 넣었다.

다음과 같은 독특한 견해가 발견된다. "여성의 진정한 역할이란 남성에게 가정의 보살핌과 부드러움을 주고, 그에 대한 당연한 보상으로 남성으로부터 노동이 제공하는 모든 생존수단을 받는 것이 아니겠는가? 나는 여성이 자신의 지성을 밖으로 퍼뜨리기 위해 삶을 탕진하기보다는 차라리 그리 넉넉하지 못한 집안의 어머니가 어린 자식의 옷가지를 널어 말리는 것을 보았으면 한다. 물론, 자신들의 재능을 가지고 가정의 한계 밖으로 뛰쳐나온 탁월한 여성은 예외로 하고자 한다. 이들은 사회 속에서 자유롭게 발전해야 한다. 왜냐하면 드러남이라는 것은 뛰어난 지성들의 진정한 불꽃이기 때문이다."

장점뿐만 아니라 아름다움도 두드러졌던 젊은 여성의 깨달음은 이미 우리의 무정부주의적 유토피아를 거부하고 있다. 게다가 그녀가 죽어서 미완으로 남을 수밖에 없었던 더 광범위한 주제를 다룬 책을, 같은 시대의 여자 웅변가[51)가 가정의 교의에 가한 침해들을 직접 수정하려 했다. 재능은 미덕만큼이나 이 웅변가 이상으로 그녀를 고양시켰다. 이러한 특권을 받은 영혼을 감정이 고귀하게 지배하기는 하지만, 이성에 대해서도 온갖 정당한 영향력을 유지한다. 실증주의에 대한 연구에 착수할 무렵, 그녀는 나에게 다음과 같은 편지를 보냈다. "나는 만약 인간 본성이 정열에 이를 수 없는 드높은 목적을 지향하지 않는다면, 그것이 얼마나 약한지 누구보다도 잘 알고 있어요." 얼마 지나지 않아 우리의 우정의 우아한 발로가 절정에 달했을 때, 그녀의 여성적인 필치는 거의 자신도 모르는 사이에 다음과 같은 심오한 도덕적 소견을 피력했다. "우리 인간에게는 다른 어떠한 동물보다도 더욱더 감정을 발전시켜나갈 의무가 있어요."

이러한 자발적 준비과정을 거친 나의 성스러운 클로틸드가 당연하게도 실증주의의 도덕적 능력을 인식했다고 해서 놀랄 일은 아니다. 하지

---

51) 콩트는 여기서 프랑스의 여류소설가인 조르주 상드(Georges Sand, 1804~76)를 말하고 있다.

만 아쉽게도 그녀는 생애의 마지막 한 해만을 이 연구에 바칠 수 있었다. 죽기 몇 달 전에, 그녀는 이 주제에 관해 나에게 다음과 같은 편지를 보냈다. "만약 제가 남자였다면, 당신은 저에게서 열광적인 제자를 보셨을 겁니다. 그 대신, 저는 당신에게 성실한 찬미자를 바칩니다." 같은 편지에서, 그녀는 새로운 철학의 도덕적 원칙들이 자리잡게 하는 데 자신이 어떻게 참여할 수 있을지를 설명한다. "여성은 항상 자신의 열정을 어느 정도 잃어버릴 위험에 처하게 될지라도 개혁자들의 행렬 뒤를 겸손하게 따르는 것이 더 나아요." 또한 그녀는 여기서 다음과 같은 매력적인 이미지로 우리의 정신적 무정부상태를 평가한다. "우리는 모두 진실의 문턱 위에서 한쪽 발을 공중에 들고 있습니다."

실증주의를 남쪽 지방의 국가에 소개하는 것은 여성의 몫이다

지금까지 수많은 엘리트 여성에게 분산되어 나타났던 모든 자질들을 한데 모아놓은 듯한 나의 동료는, 나중에 여성의 중요한 임무를 이루게 될 이성에 대한 감정의 정상적 영향을 실현함으로써 여성을 최종적 쇄신에 연결시킬 수 있었을 것이다. 그녀의 귀중한 발전이 끝났을 때, 나는 비록 폭넓기는 하지만 그녀의 지적이고 도덕적인 본성에 부합하는 하나의 뚜렷한 목표를 그녀의 실증적인 협력 전체에 부여하고자 했다. 사회에 대한 여성의 최종적 개입과 유사한 양식에 따라 서구에 실증주의가 도래하는 데 여성이 참여할 수 있을지를 더욱더 잘 규명하기 위해, 나는 여기서 이 점을 지적해야 하리라고 본다. 그것은 바로 남쪽 지역에 위치한 두 개의 큰 국가[52]의 국민들과 관련되어 있다. 다른 모든 경우에, 그것은 해방된 분위기에 놓여 있으면서도 아직은 해방이 지체되어 있는 개인들로 한정된다. 하지만 여기서 이미 확인되었던 빈번한 성공들은 나로 하여금 지금부터 지적하고자 하는 수단들의 집단적 효용성을

---

52) 이탈리아와 스페인.

미리 확인하게 해준다.

북쪽에 위치한 두 국가[53]의 경우, 서구의 정신적 해방은 당시로서는 경험적일 수밖에 없었던 독창성에 따른 온갖 위험들과 더불어 시작되었다. 거기서는 신교의 합법적 영향으로 형이상학의 정지가 견고해졌다. 따라서 이후에 나타났던 진보들을 많은 부분 혼란에 빠뜨렸으며, 오늘날 결정적인 혁신에 중대한 장애가 되고 있다. 다행스럽게도, 개혁적이라고 자임하는 이러한 현상의 영향을 받지 않았던 서구 공화국의 정상적인 중심[54]은 나중에 볼테르의 영향으로 단번에 완전한 해방으로 넘어감으로써 이러한 처음의 지체를 만회했다. 이러한 해방으로 인해, 프랑스는 결국 공동의 최종적 쇄신의 자연스런 주도권을 다시 장악했다. 이렇게 해서 신교의 일관성 부재와 변덕을 피할 수 있었지만, 프랑스 국민들은 혁명적 형이상학의 완전한 우위가 불러일으킨 무정부주의적 경향들에 노출되었다. 현재 이러한 체계적 부정은 해롭게도 연장되어 자신이 아주 유용하게 준비하고 있는 결정적인 재조직화에 중대한 장애가 되고 있다.

그러므로 사람들은 서구 해방이 필연적으로 남쪽의 두 국민들에게 확장됨으로써 이들 사이에서 더욱 행복하게 달성되기를 기대할 수 있다. 왜냐하면 지금까지 가톨릭은 이 국민들 사이에서, 처음에는 신교에 나중에는 이신론에 더욱더 잘 저항해왔기 때문이다. 프랑스가 칼뱅[55]주의를 뛰어넘었는데, 이탈리아와 심지어 스페인이 볼테르주의를 넘어서지 못할 이유가 어디 있겠는가? 자신들의 명백한 지체상태에 대

---

53) 영국과 독일.

54) 프랑스.

55) Jean Calvin(1509~64) : 프랑스의 종교개혁가, 신학자. 1536년 『기독교 강요』를 출간하여 신교의 교리를 체계화했다. 예정설(豫定說)에 기초한 엄격한 금욕의 윤리를 만들어 신의 절대주권을 주장한다. 칼뱅주의는 그의 종교사상 전체를 이르는 것으로 성서중심주의와 신의 절대주권에 따른 예정설과 금욕설을 기초로 한다.

한 당연한 보상으로, 남쪽 나라 국민들은 어떠한 부정적 단계를 거치지 않고도 가톨릭에서 실증주의로 직접 넘어갈 수 있을 것이다. 사전에 이루어져야 할 해방이 없었기 때문에 이들 사이에서 새로운 철학이 태어날 수는 없을 것이다. 하지만 새로운 철학이 그 자연스런 중심부에서 충분히 무르익고 나면, 이들 사이에서도 단번에 우위를 차지할 것이다. 실증주의는 어떠한 직접적인 비판에 몰두하지 않고도 현재의, 혹은 과거의 모든 사회적 기능들에 대해 가톨릭과 직접적인 경쟁관계에 놓이게 될 것이다.

온갖 시적인 기념비들은 적어도 이탈리아의 경우, 루터[56]의 종교개혁이 있기 전에 서구의 신앙이 북쪽에서보다는 남쪽에서 더욱 타락했다는 사실을 보여준다. 남쪽에서는 가톨릭의 반동적 저항이 기독교 신앙에 생기를 불어넣을 수 없었던 것이다. 시대에 뒤떨어졌다는 비난을 받는 이 국민들이 가톨릭 체제에 진정으로 집착하는 것은, 단지 자신들의 도덕적이고 사회적인 욕구에 대해 어떠한 현실적 만족도 느낄 수 없기 때문이다. 신교로 개종한 북쪽 나라들에서 이루어진 산업상의 발전으로 아주 많이 손상되어버린 우애의 본능들이 변화함에 따라, 여기서는 마음이 다른 곳에서보다 더욱더 실증주의 쪽으로 기울어지게 되었다. 동시에 두 가지 힘[57]의 정상적 분리에 기초하여 정신은 새로운 정치학의 기본 원칙에서 덜 유리되어 있다.

이와 같이 실증주의가 필연적으로 중세의 특징을 이루는 모든 조건들을 가톨릭보다 더 잘 충족시킬 능력을 지니고 있다는 사실을 깨닫자마자, 실증주의는 여기서도 결정적 영향력을 획득할 것이다. 이러한 평가는 이성보다는 감정에 더 많이 의존하는데, 그것은 이러한 조건들이 주

---

56) Martin Luther(1483~1546) : 독일의 종교개혁가, 신학교수. 1517년 교황청의 면죄부 판매를 반박하는 95개 항의 항의문을 발표한 것을 계기로 독일에서 종교개혁의 실마리를 제공했으며, 1522년 성서를 독일어로 번역했다.

57) 영적 권력과 세속권력.

로 도덕적인 것이기 때문이다. 그러므로 그러한 전파의 사명은 여성적인 재능의 고유한 본성에 폭넓게 부합한다. 영국과 특히 중세 이후 모든 게르만 국가들의 영원한 전위대 역할을 맡고 있는 네덜란드에 실증주의를 도입한 것이 남성이었다면, 실증주의가 이탈리아와 스페인에 스며드는 것은 여성을 통해서이다. 이탈리아와 스페인에 실증주의가 도입되는 것은 틀림없이 프랑스 남성에 의해서가 아니라 탁월한 프랑스 여자에 의해서일 것이다. 왜냐하면 마음에 더욱 잘 호소할 수 있는 것은 마음이기 때문이다. 이러한 대략적인 지적이 내가 그러한 임무를 부여했던 탁월한 자질을 지닌 동료의 가치를 높이 평가하게 해주기를, 그리고 그녀에게 어울릴 만한 경쟁자들이 많이 생겨나기를!

하나의 결정적 예가 여성의 마음을 철학적 움직임에 결부시키고자 하는 나의 당연한 희망을 확인시켜준다. 오늘날 이 철학적 움직임은 여성의 마음에 그들이 장차 맡아야 할 정상적 임무의 서곡인 고귀한 사회적 사명을 부여한다. 이러한 최초의 조합은, 비록 특별하게 보이기는 하지만, 공동의 동의를 미리 앞서 나아간다. 왜냐하면 특권을 받은 존재들만이 다른 사람들보다 먼저 보편적 변화를 겪을 것이기 때문이다. 그렇게 함으로써, 이들은 그 변화의 최선의 기관이 될 것이다. 불행으로 인해 무르익은 찬양할 만한 도덕적이고 정신적인 본성을 제외한다면, 내 성스러운 동료는 실증주의에 대한 입문에 특별히 이롭게 작용하는 어떠한 성향도 보여주지 않았다. 노동자였거나 문맹자였더라면, 그녀는 아마도 새로운 철학의 기본 정신과 사회적 목표를 더욱더 쉽게 포착할 수 있었을 것이다.

제4부 전체에 따르면, 조절 권력의 가장 체계적인 요소[58]는 가장 공조적인 요소[59]에 대해서도 가장 공감적인 요소[60]에 못지않은 친근함을

---

58) 철학자들.
59) 노동자들.
60) 여성.

지닌다. 여성의 동의만이 철학자들로 하여금 처음에는 민중의 연합 위에 기초한 도덕적 힘의 조직화를 완성하게 해준다. 오늘날 이러한 협력은 혁명을 마감해야 할 쇄신의 추진력을 구축함으로써 이미 최종적 질서를 시작했다고 할 수 있다. 왜냐하면 여기서 각각의 조절 요소는 미래의 정상적 목표와 지배권력에 대한 당연한 성향에 맞추어 행동할 것이기 때문이다. 이렇게 해서, 다른 두 개의 요소를 결합시켜야 하는 요소는 가족의 테두리 안에서 이미 모든 도시에서 강력한 공적 조합의 후원을 받는 사회적 사명을 완수하기 위한 행복한 사적인 도움을 발견할 것이다. 실질적 정부와는 전혀 무관한 모든 영향이 전문적인 정치를 보편 도덕의 지속적인 규칙에 종속시키는 데 기여할 것이다. 예외적인 경우, 민중의 적극적 참여는 다른 두 개의 조절 요소들에게 사변적이거나 감정적인 성격을 왜곡시키는 온갖 직접적 개입을 면하게 해줄 것이다. 온갖 명령을 한결같이 배제함으로써 이러한 성격을 변할 수 없는 것으로 만드는 일이 무엇보다도 중요하다.

하지만 이러한 2중의 기본적 지지는 도덕적 힘을 중세 때보다도 훨씬 더 효율적인 것으로 만듦으로써 그 체계적인 기관에 어려운 조건들을 부과할 것이다. 무엇보다도 인류의 사제[61]가 지니게 될 마음은 항상 전체 정신에 부합해야 한다. 철학자들이 여성의 동의와 민중의 연합을 획득하려면, 여성만큼이나 공감적이고 순수해야 하는 동시에 노동자만큼 힘있고 근심이 없어야 한다. 드물기는 하겠지만 이러한 정신적인 협력이 없다면, 새롭게 나타난 이론적인 힘은 결코 실증적인 체계화가 보여주는 사회적 영향력을 획득할 수 없을 것이다. 이러한 내외적인 온갖 수단들에도 불구하고, 새로운 이론적 힘은 얼마 지나지 않아 다음과 같은 사실을 깨달을 것이다. 즉 인간 본성의 극단적인 미완성은 개인성에 대한 사회성의 일상적 우위라는 실증주의의 독특한 사명에 영원한 장애물을 가로놓게 될 것이다.

---

61) 철학자들.

제5부
실증주의의 예술적 능력

실증주의는 미완성상태에 있을 때는 상상력에 이롭지 못하다. 그러나
실증주의가 완성상태에 이르면 상상력에 이로운 방향으로 작용한다

나는 지금까지 혁명을 마감할 수 있는 유일한 철학의 기본 정신과 사
회적 목표를 규정한 다음, 이러한 체계적 충동이 노동자들의 적극적 협
력과 여성의 긴밀한 동의에 힘입어 어떻게 결정적 영향력을 획득하는지
를 충분히 설명했다. 하지만 이러한 3중의 협력에 기초한 쇄신의 추진
력은, 하나의 커다란 보완조건을 충족시키지 못할 경우 인간적인 요소
전체를 충분히 포괄할 수 없을 것이다. 이제 나에게는 이러한 조건의 필
연적 능력을 평가하는 일이 남아 있다.

행동을 잘 이끌어나가기 위해 이성은 단지 감정에 종속되기만 해서는
안 된다. 더 나아가서, 이성은 감정에 의해 수동적으로 지배당하지 않고
상상력을 조절하면서 감정을 자극할 필요가 있다. 이것이 바로 인간 본
성의 정상상태이다. 예술적 기능은 너무나 중요한 것이기 때문에 인류
의 최종적인 체제에서, 나아가 그 체제를 건설해야 하는 체계화 속에서
결코 무시되어서는 안 된다. 실증주의는 이러한 보완조건들을 너무나
잘 충족시켜준다. 그리하여 경험의 차원에서 제기되는 여러 가지 주장
에도 불구하고 나는 아무런 어려움 없이, 중세 말엽부터 그렇게도 헛되
이 일반적 방향과 고귀한 목적을 추구해온 현대 예술을 정당하게 구축

할 수 있는 실증주의의 직접적 능력이 어떤 성격을 지니는지를 규정할 수 있을 것이다.

새로운 철학이 보통 반예술적 경향을 띤다는 비난은 사람들이 그것을 과학적인 전조 단계와 혼동할 경우에 생겨난다. 그런데 오늘날 새로운 철학을 과학적인 전조 단계와 구분할 수 있는 판단력을 갖춘 사람들이 거의 없다. 이러한 비난이 실증정신에 실제로 맞아떨어지는 것은 현재의 학자들이 해롭게도 연장하고 있는 준비기 동안에만 그러하다. 사실 이 기간 동안에는 전문성이 분산되어 있기 때문이다. 편협한 시각, 너무 분석적인 행보, 추론의 남용만큼 예술에 대립되는 것은 없다. 이들은 모두 예술적 경향의 최초의 원칙인 도덕적 전개에 아주 부정적으로 작용하는 우리의 과학적인 체제에 부응한다. 하지만 실증정신은, 여러 분야에 적용될 수 있는 나의 법칙에 의해 한층 더 높은 탐구로 넘어가면서 확장되고 정돈되어감에 따라, 초기 단계의 해악들을 버리게 된다. 실증주의가 진정한 최종 목표인 사회적 사변에 이를 경우, 그 독특한 현실성은 실증주의로 하여금 감정적 고려사항과 예술 개념을 동시에 포괄하게 한다. 그렇게 함으로써, 개인적이며 무엇보다도 집단적인 인간 현상의 진정한 전체적 윤곽이 드러난다. 이와 같이 자신이 처음에는 거부했던 두 가지 차원의 인상들과 일치하는 미학 원칙의 자연스런 매력은 실증주의로 하여금 직접 예술 개념에 몰두하게 한다. 그리하여 마침내 우리의 개인적이거나 사회적인 구축 속에서 정상적 목표를 인식하게 한다. 이렇게 해서, 더 완전하고 체계적인 교양이 감정과 상상력, 현대 이성 사이에 오랫동안 지속되어왔던 예비적 분리상태를 자연스럽게 해소한다.

논의가 여기까지 도달한 지금, 주의 깊은 독자라면 누구나 새로운 철학이 이른바 예술에 반한다는 평가를 귀담아들을 필요가 없다는 점을 알게 된다. 물론, 실증주의는 예술에 하나의 중요한 목표를 직접 부여하지 않는다. 하지만 실증주의의 기본 원칙과 독특한 목적, 본질적 수단에 비추어볼 때, 그 간접적 영향은 다른 어떤 것에 못지않게 예술에 호의적이다. 이제부터는 정신을 마음에 종속시킬 수 있는 철학만이 우리의 예술적 능력을 발전시킬 수 있을 것이다. 왜냐하면 그러한 철학만이 예술적인 능력의 진정한 원천인 감정에 인간통합의 체계적 주도권을 부여할 수 있기 때문이다. 예술에 너무나 호의적이지 못했던 혁명상태를 마감하게 된 사회적 학설은 거기에 탁월한 능력과 군건한 토대를 마련해준다. 이러한 준비는 고정된 확신과 성격이 규정된 관습을 확립함으로써 이루어지는데, 그러한 확신과 관습이 없다면 시는 회상시키고 자극할 위대함을 지니지 못하게 된다. 실증주의는 노동자들로 하여금 사변적이고 감정적인 능력들의 일상적 발전 속에서 진정한 행복을 찾게 한다. 실증주의는 특히 예술적 근거를 갖는 교육에 의해 예술에 당연한 청중을 확보해준다.

하지만 이 점에 대해 새로운 철학의 당연한 능력을 느끼려면, 가정의 구축을 강화함으로써 이 철학의 여성적 효용성과 감정적인 성의 사회적 위엄을 제고시키려는 경향을 고려해보기만 해도 좋을 것이다. 왜냐하면 모든 사회 요소들 중에서 그리고 실증주의 체제 속에서, 강화되고 발전된 본성에 의해서건 상황에 의해서건, 가장 예술적인 성향을 보여주는 것은 확실히 여성이기 때문이다. 선(善)에 대한 우리의 본능은 보통 여성에게 그 최초의 발전을 빚지고 있지만, 여성은 사실 미(美)의 감정에 대해 훨씬 더 많은 것을 가르쳐준다. 왜냐하면 여성은 그것을 경험하는 것만큼이나 그것에 영감을 불러일으키는 데에도 적합하기 때문이다.

여성의 모습은 우리에게 육체적이고 지적이며 무엇보다도 도덕적인 온갖 종류의 미를 동시에 보여준다. 여성의 행동은 의도하지 않았던 모든 관심사에 대해서도 이상적 완성을 자발적으로 탐구함으로써 미화된다. 이 점에 대해, 온갖 외부 활동과 무관한 여성의 가정생활은 자신들의 자연스런 성향을 한층 더 발전시켜나갈 것이다. 왜냐하면 감정에 바쳐진 존재는 도처에서 자발적으로, 처음에는 현실적이지만 나중에는 이상적인 성격을 갖게 되는 최선의 것을 찾으려 하기 때문이다. 그러므로 여성을 조절 권력의 제일 중요한 요소로 삼으며 기본 교육의 주도권을 여성에게 부여하는 학설에, 예술에 반하는 경향을 띤다는 혐의를 씌운다는 것은 전혀 터무니없는 일이다.

이러한 선입견을 떨쳐버린 다음, 우리는 강력한 수단들과 심지어 새로운 기관들이 생겨나는 체계적 구축물과 정상적 목표를 예술에 부여함으로써 예술을 현대 질서 전체에 합류시킬 수 있는 실증주의의 당연한 능력이 지닌 성격을 검토해야 한다. 게다가 예술적 요소의 궁극적 임무는 민중적 요소와 여성적 요소와 마찬가지로 쇄신의 충동에 대한 현재의 참여로 이미 시작되었다고도 할 수 있다.

예술적 재능은 삶을 장식하는 것이지 지배하는 것이 아니다

여기서 이러한 보완적인 평가를 개괄적으로 추적해보기 전에, 우리의 정신적이고 도덕적인 무정부상태가 보여주는 너무나 당연한 반응에 따라 그 힘을 과장함으로써 오늘날 예술과 관련된 모든 일반개념들을 왜곡시켜버리는 중대한 일시적 일탈을 수정하는 것이 무엇보다도 중요하다.

호메로스에서 코르네유에 이르기까지 모든 탁월한 예술적 재능의 소유자들은 항상, 예술이란 무엇보다도 인간생활을 기쁘게 하고 또 그렇게 함으로써 그것을 개선시키려는 것으로 간주했을 뿐, 결코 인간생활을 이끌어가는 것으로 보지는 않았다. 사실, 정상적인 정신의 소유자라면 아무도 언젠가는 지적인 우위가 상상력에 속하게 될 것이라고 단정적으로 가정할 수는 없을 것이다. 또 그러한 견해는 주관적 영감을 객관적 개념들보다 우위에 둠으로써 광기를 정상적 정신 유형으로 간주하는 것과 마찬가지였다. 인간의 재현 능력과 표현 능력은 당연히 개념과 조합 기능에 속한다. 이러한 정태적 법칙은 변경할 수 없는 것으로서 어떠한 실질적 변질도 겪지 않았다. 사람들은 심지어 우리의 다양한 내적인 조작들의 기본적 조화를 깨뜨리지 않고도 외적인 관계를 타락시킬 수 있는 두뇌의 혼란 속에서도 그러한 법칙을 확인할 수 있었을 것이다.

비록 헛된 오만이 이미 고대 후기의 시인들에게 현재의 자만에 버금가는 몇 가지 실수를 범하게 했지만, 지배적 신앙들의 예술적 능력에도 불구하고 예술은 결코 다신교 사회의 조정자로 간주된 적이 없었다. 반대로, 당시로서는 신권정치의 보호에서 벗어난 것이라고 하더라도 예술의 사회적 영향력이 얼마나 하잘것없었는지를 확인하기 위해서라면, 『일리아스』[1]와 특히 『오디세이아』[2]만으로도 모자람이 없을 것이다. 다신교가 쇠퇴할 무렵, 플라톤의 유토피아는 온갖 지적인 개입에서 체계적으로 떨어져나온 사회상태의 개념을 지시해준다. 비록 예술의 진정한 목표가 모든 사람에게 더 잘 느껴지고 있었지만, 중세의 일신교 체제는 이러한 예술적 요청들을 더 잘 거부했다. 하지만 이러한 질서가 와해되기 시작했을 때, 사람들은 심지어 어디에도 견줄 수 없는 단테에게서조차도 일탈의 싹들을 보게 되었다. 그런데 지난 5세기 동안의 혁명적 변화는 항상 이러한 싹들을 발전시켜왔으며, 또한 여기서부터 시적 오만이 보여주는 현재와 같은 착란이 생겨났다.

아직은 실증상태를 충분히 느낄 수 없지만, 신학적 상태의 현실적 한계에 이른 서구의 공화제는 점점 더 모든 점에서 지금까지는 불가능했던 부정적인 상황 속에 자리하게 되었다. 공화제 아래서 계속적으로 증가하는 불신 때문에 과거에는 잘못된 야망들을 억제해주었던 온갖 규칙들과 제도들이 약화되었다. 이처럼 사회적 원칙들이 점진적으로 해체됨에 따라, 매혹된 국민들이 그것을 통해 예술의 발전을 보상받았던 순진한 찬미는 다양한 예술가들과 무엇보다도 이들의 자연스런 지도자 격인 시인들 사이에서 해로운 정치적 오만을 불러일으켰다. 순전히 비판적이기만 했던 임무 전체는 진정한 의미에서 시를 거부했지만, 현대 예술은

---

1) 트로이 전쟁을 다룬 호메로스의 서사시.
2) 트로이 전쟁이 끝난 후 오디세우스의 이타카 귀환을 다룬 호메로스의 서사시.

14세기에 처음 생겨났을 때부터 과거체제를 완전히 폐지하는 일에 점점 더 적극적으로 가담해왔다. 하지만 엄청난 위기의 전주곡인 혁명으로 부정적 학설이 완전히 형성되고 그 성격이 규정되지 않은 상황에서, 예술의 영향은 단지 형이상학자들과 법학자들이 이끌었던 와해의 움직임의 자연스런 보조자로 남게 되었다. 18세기에 와서 이러한 태도는 변하여 시적인 야망들이 우위를 차지하기 시작했다. 이 시기에는 이미 체계화된 부정적인 태도가 결정적으로 확산되어갔다. 그리하여 엄밀한 의미에서 학자들은 와해의 움직임을 정신적으로 주도하는 데 있어서 점점 더 단순한 문학가들로 대치되었다. 이들은 철학자들이라기보다는 차라리 시인들이었지만, 사실 아무런 진정한 소명도 지니고 있지 못했다. 커다란 위기의 도래는 자연스럽게도 이러한 모호한 계급에 그 위기의 혁명적 우위가 제공하는 정치적 이익들을 보장해주었는데, 이러한 우위는 직접적인 재조직화가 우위를 차지하기 시작할 때까지 존속한다.

문학가들의 정치적 영향력은
무정부상태의 비탄할 만한 표시이고 원천이다

이것이 바로 예술적인 것을 지향하는 현학 취미의 지배에 기초한 우리 시대의 무정부주의적 유토피아들을 설명해주는 동시에 그것을 거부하는 역사적 계보이다. 통제할 수 없는 오만이 보여주는 이러한 꿈들은, 항상 예외적인 경우들을 절대적인 것으로 인정하려는 형이상학정신의 소유자들 사이에서만 그럴듯해 보인다. 철학자들이 명령권으로부터 소외되어 있다면, 시인들은 그보다 훨씬 더하다. 왜냐하면 시인들이 그에 상응하는 환경을 한층 더 잘 반영하도록 해주는 정신적이고 도덕적인 변덕이 그들에게 온갖 지배적 권위를 금지하기 때문이다. 엄격하고도 체계적인 교육만이 중요한 확신이 없는 시대에 더 많이 개진되는 시인들의 자연스런 해악을 충분히 억제할 수 있다. 지적인 힘의 보조적 구성원인 시인들이 진정한 소명을 따를 수 있는 것은 철학자들보다 훨씬 더 철저하게 세속적 우선권을 거부함으로써 가능하다. 철학자들에게 적합하지 않은 것은 행동뿐이며, 그들에게 적합한 것은 자문(諮問)이다. 일반적으로 시인들은 그 반대이다. 이상화하고 고무시키는 것이 시인들의 두 가지 자연스런 임무로서 그것을 합당하게 수행하기 위해서는 배타적 집중화가 필요하다. 이러한 기능은 자신에게 맡겨진 모든 사람을 진정으로 흡수할 수 있을 만큼 충분히 고상하고 광범위하다. 또한 예술적 야망의 방향 상실은 뚜렷한 관습과 현실적 확신이 없기 때문에 진정한 예술에 맞지 않는 상황이 일시적으로나마 생겨난 다음에야 비로소 폭넓게 출현했다. 보편학설과 사회적인 방향의 우위로 말미암아 다시 진정한 의미의 시가 가능해진다면, 실패했거나 길을 잘못 든 시인들은 자신들의 공공생활에 다른 흐름을 부여하게 될 것이다. 그러한 돌파구에 이르기까지는 예술적 본질들은 현실적 우위에 더 이로운 비참한 정치적 소요 속으로 계속해서 사라지거나 타락해버릴 것이다.

인간 본성의 정상상태는 이성을 감정에 종속시키는 것만큼이나 상상력을 이성에 종속시킨다. 이러한 기본 질서의 발전이 연장되는 것은 마음과 정신에 동시에 부정적이다. 이른바 상상력의 지배는, 만약 그것이 인류가 처해 있는 현실적 조건들과 잘 화합하지 못한다면 이성의 지배보다 훨씬 더 위험해질 것이다. 하지만 비록 환상적인 것이라고 하더라도, 단순한 상상력만을 추구하는 것은 자발적이고도 중대한 감정들을 인위적이고 아주 자주 기만적이기까지 한 열광으로 바꾸어버림으로써 개인생활을 심각한 혼란에 빠뜨릴 것이다. 더욱이 어떠한 사회적 장벽도 예술적 야망들을 억제하지 못하게 된다면, 상상력의 해로운 우위는 공공생활마저도 변질시킬 것이다. 그럴 경우, 예술은 인류를 매혹시키고 개선시킨다는 진정한 목표를 상실할 것이다. 삶의 목적이 된 예술은 자신의 대변기관들과 민중을 도덕적으로 타락시킴으로써 얼마 지나지 않아 자신마저도 타락할 것이다.

그리하여 그것은 어떠한 도덕적 경향도 지니지 못한 채 점점 더 관능적인 장식이나 심지어 기술적인 어려움으로 축소되어버릴 것이다. 합당하게 종속될 경우 현대의 관습들의 상당 부분을 완성시켜주는 예술적 성향들은, 반대로 자신들의 정당하지 못한 영향력을 행사하려 할 경우 타락시키는 것으로 변할 수 있다. 사람들은, 몇 세기 동안 남성의 목소리를 아름답게 하려는 목적만을 따르다가 이탈리아가 어떤 가증스런 짓을 하게 되었는지를 잘 알고 있다. 이 정도 타락할 경우, 공감적인 본능들을 발전시키기에 적합한 예술은 오히려 가장 천박한 이기주의를 직접적으로 불러일으킬 수 있다. 그렇게 함으로써, 예술은 소리나 형태를 맛보는 것을 자신의 주된 행복으로 삼았던 사람들 사이에서 전적으로 사회적 무관심을 불러일으킬 것이다. 이것이 바로, 현실적인 경우라고 하더라도 예술적 경향들의 사적이고 무엇보다도 공식적인 우위에 내재한 내밀한 위험이다. 그런데 이러한 위험은 정신적인 것이라기보다는 훨씬 더 도덕적인 것이다. 하지만 기본 질서의 위반은 곧바로 오랜 훈련을 통해 쉽사리 익숙해질 수 있는 하찮은 것들의 불가피한 승리에 이르게 된다는 점을 인식해야 한다.

이렇게 해서, 우리는 차츰차츰 분명히 사회적 범용함으로 향하는 영향력의 부끄러운 지배 아래에 놓이는데, 이러한 지배는 철학이나 도덕에 못지않게 예술에도 부정적이다. 느끼지도 않고 믿지도 않는 것을 표현하려는 유감스런 능력은, 오늘날에 와서 온갖 과학적 개념과 예술적 창조로 나아가지 못하는 재능의 소유자들에게 일시적 영향력만을 보장해준다. 우리의 혁명적 상황이 초래한 정치적 비정상상태는, 이러한 가당치 못한 승리가 충분한 능력을 배양하여 해로운 충동을 억제할 수 있는 사람들의 손에 떨어지지 않을 경우 도덕적으로 해로운 것으로 변해버릴 것이다. 시인들이 가장 일반화되어 있으며, 그로 인하여 더욱 고귀한 야망을 지닐 수 있다. 따라서 시인들은 엄밀한 의미에서 예술가들보다 이러한 위험에 더 많이 노출되어 있다. 하지만 전문 예술에 대한 교육은 오늘날 그토록 많은 재능 있는 사람들을 더럽히는 금전적 탐욕 때문에 이러한 악을 훨씬 더 타락한 또 다른 형태로 재생산한다. 순진하게도 온갖 규칙이 없다는 사실이 이제부터 진정한 의미에서 예술적 창조자들과 타인들의 산물을 즐기는 단순한 기관에 불과한 사람들에게 같은 명칭을 부여해 유치한 허영심이 생겨나도록 하는 이유가 바로 이 때문이다.

이것이 바로, 현대에 들어와서 기나긴 변화가 진행되는 동안 시적인 야망의 점진적 방향 상실을 초래하는 필연적 결과들이다. 나는 여기서 아무런 주저 없이, 오늘날 예술의 본질과 목표에 대한 모든 건전한 평가를 가로막는 일탈의 성격을 규정해야 할 것이다. 하지만 이러한 엄격한 전조는, 이미 개인 차원에서 볼 때 현재 체제가 실질적인 소명 전체에 얼마나 상반되는 것인지를 깨닫고 있는 진정한 의미에서 예술적 영혼의 소유자들에게 충격을 주지는 않으리라고 본다. 과장된 수사(修辭)에도 불구하고, 예술의 진정한 발전을 위해서는 적어도 뛰어난 사람들을 격려하는 것만큼이나 그렇지 못한 사람들을 억압할 필요가 있다. 참된 취향은 결코 반감이 없이는 존재할 수 없다. 예술은 무엇보다도 인간 내부의 완성을 향한 친근한 본능을 개발한다는 바로 그 사실 때문에, 예술에 대한 성실한 감상자들은 함량 미달의 온갖 예술품으로부터 엄청난 충격을 받는다. 수세기가 지나더라도 약화되지 않을 찬양을 불러일으킬 예술적 걸작품들의 행복한 특권은, 그것을 변질시키는 새로움에 대한 취향을 유지할 필요성으로부터 우리를 지켜준다. 여기서 감히 나 자신의 개인적 인상을 말하자면, 단언컨대 나는 13년 전부터 기질만큼이나 이성에 의해서도, 매일같이 엄청난 양으로 쏟아져나오는 현대 작품에 대해서는 어떠한 호기심도 느끼지 않은 채 서구의 위대한 시인들의 작품으로만 내 일상적인 독서를 한정해왔다.

예술이론

이러한 사전 정지작업을 거친 다음, 실증주의의 예술적 능력이 어떤 성격을 지니는지를 직접적으로 규명해야 한다. 우선, 어떻게 해서 실증주의가 지금까지는 행복한 부분적인 조망에만 만족해왔던 예술에 대한 진정한 일반이론을 자연스럽게 구축해왔는지를 지적해야 할 것이다. 이러한 예술의 체계화는 이 책의 제1부와 제2부에서 새로운 철학에 부여된 주관적 원칙, 객관적 교의, 실천적 목적에서 동시에 생겨난다.

예술은 사실에 대한 이상화된 재현이다

예술이란 항상, 실제로 존재하는 것을 이상적으로 재현하는 것으로서 완성을 지향하는 우리의 본능을 배양한다. 그러므로 예술의 영역은 과학의 영역만큼이나 광범위하다고 할 수 있다. 예술과 과학은 각자 자신의 방식대로, 다시 말해 하나는 아름답게 함으로써 다른 하나는 평가함으로써 현실 전체를 포용하고자 한다. 이들의 사유는 각각 여러 분야를 포괄하는 나의 법칙에 따라 가장 단순하면서도 외적인 사변들을 가장 복잡하면서도 인간적인 사변으로 고양시킨다고 하는 동일한 자연스런 흐름을 따른다. 이처럼, 우리가 이미 제2부에서 선(善)의 단계를 구축하는 것으로 인식했던 진(眞)의 기본 단계는 미(美)의 단계와 일치하게 된다. 그렇게 함으로써 철학, 정치, 시라는 인류의 세 가지 위대한 창조물 사이에 아주 긴밀한 조화가 확립된다. 사실, 더 복잡하고 불규칙한 현상에 대해 더 잘 포착할 수 있는 질서와 위대함이라는 미의 최초의 성격들을 우리에게 드러내주는 것은 바로 초자연적 성격을 띠는 비유기적인 측면이다.

이러한 초기 단계를 느끼지 못하는 영혼의 소유자들은 더 높은 단계의 미를 진정으로 깨달을 수 없을 것이다. 하지만 철학이 비유기적 연구를 자신의 인간적인 목표에 도달하는 데 없어서는 안 될 준비과정으로 간주한다면, 시는 더욱더 이런 방향으로 작용하게 된다. 이 점에 관한 한, 시가 보여주는 경향은 정치가 보여주는 경향보다 훨씬 더 분명하다. 정치란 처음에는 물질적 완성에서만 만족하지만, 나중에는 물리적 완성에 더 나아가서는 지적인 완성에 오랫동안 머물러 있다가, 마침내 도덕적 완성이라는 중요한 목표로 직접 나아간다. 시는 이러한 세 가지 사전 단계를 더욱 재빨리 섭렵하며, 더 적은 노력을 들이면서도 도덕적 아름다움에 대한 사색으로 고양된다. 그러므로 당연히 감정이 시의 중심영역을 이룬다. 시는 감정 속에서 자신의 목적과 수단들을 발견한다. 모든 인간 현상 가운데 감정 현상이 가장 가변적이며, 그렇기 때문에 가장 개선의 여지가 많을 뿐만 아니라 가장 이상화될 여지가 많다. 그것은 감정들이 보여주는 고도의 복잡성 때문인데, 이러한 복잡성은 실증적인 법칙에 따라 더욱더 커다란 미완성을 규정한다. 그런데 표현은 아무리 불완전하다고 하더라도 본질적으로 외부로 넘쳐나오려는 기능들에 대해 많은 영향을 끼친다. 표현의 효용성이 사고에 대해서도 인정된다면, 어찌하여 표현으로 나아가고자 하는 경향을 더 많이 지니고 있는 감정들을 발전시키지 않을 수 있겠는가?

그러므로 모든 예술적인 교육은 비록 그것이 단순한 모방에만 그친다고 하더라도, 우리의 공감과 반감을 알맞게 자극할 경우 유용한 도덕적 훈련이 될 수 있다. 하지만 만약 모방이 엄격함을 벗어나 합당하게 이상화된다면, 그 능력은 훨씬 더 완전해질 것이다. 그럴 경우, 예술은 가장 활기찬 유형들의 구축이라고 하는 자신의 독특한 사명으로 고양된다. 그런데 그러한 유형들에 대한 친근한 사유는 우리의 감정들뿐만 아니라 사상들까지 완성할 수 있다. 이러한 이미지들에 대한 과장은 그 목표를 완수하기 위한 필요조건이 된다. 왜냐하면 이러한 이미지들은 현실을 뛰어넘어 우리로 하여금 그것을 개선하도록 해주기 때문이다. 개인생활에 대해 이미 아주 유효해진 이러한 인위적 감정들은 대상의 중요성에 의해서건 개인적인 인상들의 경쟁에서 생겨난 상호 자극에 의해서건 공공생활에 대해 훨씬 더 강력한 것이 된다.

시는 철학과 정치 사이의 중간단계이다

이런 식으로 실증주의는 시로 하여금 철학과 정치 사이에서 어느 하나로부터 해방되어 다른 하나를 준비하는 위치를 정하게 함으로써, 보편적인 감상을 설명하고 강화한다.

인간생활 전체의 최고 원칙이라고 할 수 있는 감정 자체는, 철학이 인류를 지배하는 외부 질서 위에 건설하는 객관적 교의에 종속된다. 하물며 상상력은 당연히 그러한 교의에 복종하게 마련이다. 이상이란 항상 현실에 종속되는데, 그렇지 않을 경우 그것은 무능력과 일탈의 위험에 빠져버릴 것이다. 정치가 자연질서를 개선시키려면 무엇보다도 그 질서를 있는 그대로 파악해야 한다. 시는 실제로 개선시킬 수 있다고 주장하는 것이 아니라 개선을 상상하는 데에서 그친다. 하지만 시 또한 자연질서에 대한 정확한 인식을 요구한다. 분명히 말해, 시적인 허구들은 정치가 고려할 수 있는 가능성을 넘어서게 마련이다. 하지만 시적인 허구들은 존재하는 것에 대한 평가라는 동일한 필연적 원천에서 비롯된다.

우리의 인위적 완성은 모든 것에 앞서 끊임없이 존중해야 하는 자연질서를 현명하게 변경시키는 것으로 이루어질 수밖에 없다. 하지만 우리의 상상적인 미화는 비록 그것이 한층 더 광범위하기는 하지만, 실증철학이 시와 정치에 똑같이 부여하는 이러한 기본 법칙에 여전히 종속되어 있다. 이러한 필요성은 외부의 현실에 대해 오늘날과 다른 생각을 품고 있었던 가장 시적인 시기조차도 계속 우리의 상상력을 규제해왔다. 개인적 발전은 항상 이상을 현실의 연속적 개념들에 종속시키려는 경향을 지닌 어린이를 제시함으로써 매일같이 이러한 불가피한 행보를 다시 취한다.

하지만 시는 한편에서 보면 자신의 유형들을 구축하는 데에서 철학에 의존하지만, 다른 한편에서 보면 그 목표에서 정치에 영향을 끼친다. 모든 인간 활동에서 마치 상상력이 사유를 전제로 하는 것처럼 실제적 집행은 상상력을 전제로 한다. 인간은 마음속에 지니고 있는 것만을 자신 밖에서 구축할 수 있다. 아무리 사소한 것이라고 하더라도, 기계적이거나 기하학적인 작업들에 없어서는 안 될 내부의 유형은 항상 그것이 앞질러가면서 준비하는 현실보다 더 낫다. 그런데 시를 단순한 작시법(作

詩法)과 혼동하지 않는 모든 사람들 사이에서 그러한 발명이 가장 기초적이면서도 보편적인 임무 속에서 평가되는 예술적 이상을 구성한다는 것은 의심할 여지가 없다. 무엇보다도 예술과 과학이 대상으로 삼고 있는 사회현상으로 직접 확장되는 이러한 기능은, 진정한 의미의 체계화가 없어서 사회현상 속에서 자주 무시되고 있으며, 심지어 거의 시작되지도 않았다고 말할 수 있을 정도이다. 사회현상에 대해서 합당하게 정돈된다면, 그러한 기능은 유토피아들을 조절하게 된다. 다시 말해, 이러한 기능은 과거가 미래에 대해 지적하는 대로 현실적인 질서에 유토피아들을 종속시킬 것이다. 왜냐하면 유토피아들이 엄밀한 의미의 사회적 예술에 대해 가지는 관계는 기하학적이고 기계적인 유형들이 그에 대응하는 기술들에 대해 가지는 관계와 마찬가지이기 때문이다. 아주 사소한 구조들에 대해서도 불가피한 것으로 받아들여지는 유토피아들을 어려운 구조물들에 대해서 어떻게 피할 수 있겠는가?

게다가 정치적 기술이 경험적인 상태에 처해 있기는 하지만, 정치의 모든 커다란 변화는 한두 세기 전만 하더라도 유사한 유토피아를 앞세웠다. 그런데 예술가들에게 이러한 유토피아들을 불러일으킨 것은 인류의 상황과 욕구들이 보여주는 혼란스런 본능이다. 실증주의는 유토피아들을 추방하는 것이 아니라, 오히려 그것들을 정상적인 체제에 합류시키려 한다. 이를 위해, 실증주의는 다른 모든 예술과 마찬가지로 유토피아들로 하여금 계속 현실 법칙들을 따르도록 함으로써 그 발전과 영향력을 동시에 용이하게 한다. 하지만 이러한 체계적 인정은 정치적 시의 위험들을 제거할 것이다. 현재 이러한 정치적 시가 혼란의 원인으로 변해버린 것은 진정한 의미의 철학적 원천이 없기 때문이다. 우리는 철학적 원천이 없기 때문에 이러한 순진한 일탈들에 대해 관대한 태도를 취할 수밖에 없다.

이러한 실증주의 이론 전체는, 예술적 기능 전체의 통상적 명명에 내재해 있는 행복한 모호함에 따라 즉각 요약될 수 있다. 탁월하게도 그것을 '예술'이라고 명명함으로써, 우리의 말의 기원이 되며 오만한 교양인

이 생각하는 것보다 훨씬 더 깨인 민중의 본능은, 철학보다 정치에 더 가깝기는 하지만, 시가 양자 사이에서 지니는 여러 가지 진정한 입장을 모호하게나마 깨닫게 되었다. 기술적 예술은 미학적 예술이 단지 상상하기만 하는 완성들을 실제로 실현하려 한다. 하지만 시는 이미 우리의 감정들을 변경함으로써 간접적이기는 하지만, 중요한 개선을 완수하고 있다. 만약 사람들이 아주 자주 유산되기는 했지만 시의 최초의 시작이라고 할 수 있는 웅변을 시와 분리시키지 않는다면, 시는 가장 어렵고도 결정적인 행동을 전문적으로 수행함으로써 자기 마음대로가 아니라 자연스런 법칙에 따라 우리의 정열을 자극하거나 진정시킬 것이다. 그럴 경우, 시는 사람들이 항상 느꼈던 대로 도덕의 강력한 보조자가 된다. 그러므로 시는 사유보다는 차라리 행동과 관련되어 있다. 왜냐하면 시는 무엇보다도 가장 폭넓고 가장 중요한 완성만을 생각하기 때문이다.

그에 비하면, 물질적이고 육체적이며 심지어 지적인 예술은 그 효용성에도 불구하고, 단지 부차적인 과정이나 준비과정에 불과하다. 현대사회의 발전이 시작될 무렵, 아주 자주 우리 서구어의 관용적 표현 속에서 시를 '과학'이라고 불렀는데, 사실 이 시기에는 엄밀한 의미의 과학은 거의 느껴지지도 않았다. 하지만 과학적 재능과 예술적 재능이 자유롭게 발달함에 따라, 사람들은 그들 사이의 독특한 차이를 더욱 잘 이해할 수 있으며, 도처에서 시적인 기능 전체에 대해 '예술'이라는 이름이 우위를 차지하게 되었다. 하지만 이러한 역사적 변화는 무엇보다도 이상화의 실증주의적 성격을 감상과 실현의 매개물로 굳건하게 자리잡게 한다.

예술은 인간 본성의 구성요소들을 조화로운 행동으로 나아가게 한다

이렇게 해서, 사람들은 예술이 인간통합의 가장 자연스럽고도 완전한 재현이라는 사실을 이해하게 된다. 예술은 감정, 사고, 행동이라는 독특한 인간 현상의 세 가지 차원과 직접적으로 관련되어 있기 때문이다. 예술의 원천은 인간의 다른 두 가지 일반적 창조물[3])의 원천과 다르며, 훨씬 더 분명하게 감정 속에 존재한다. 예술은 사고를 기반으로 하며 행동을 목적으로 한다. 바로 여기서부터 우리의 개인생활과 사회생활의 모든 부분에 영향을 끼칠 수 있는 예술의 행복한 능력이 생겨난다. 그리하여 모든 계층과 모든 연령층의 사람들을 동시에 매혹시킬 수 있는 예술만의 특권이 생겨난다. 예술은 너무 추상적인 이론가들의 사유를 부드럽게 현실로 이끌며, 고귀하게도 실천가들을 이해관계와 무관한 사변들로 이끌어간다. 예술이 지닌 매개자로서의 본질은 감정과 이성 사이의 자연스런 교류를 훨씬 더 잘 배양하게 해준다. 예술은 또한 너무 지성적으로 행동하는 사람들 사이에서는 감정을 자극하며, 아주 감정적인 영혼의 소유자들 사이에서는 사색의 취향을 개발시킨다. 그러므로 예술을 인류의 자연스런 반영으로 보는 유명한 격언은 예술의 현실성을 더욱 잘 드러내게 되는데, 그것은 예술을 암시적으로 드러내는 공공생활에만 부합하는 것은 아니다.

예술은 바로 생활에서 나온 것이기 때문에, 우리는 그것이 그려내고 변화시키는 생활 전체로 예술을 확장시켜야 한다. 이러한 사회학적 조화의 생물학적 원천까지 거슬러 올라가다 보면, 사람들은 그 조화가 근육체계와 신경체계 사이의 필연적 관계에서 생겨난다는 사실을 깨닫는다. 처음에는 의도적인 것이 아니었지만 나중에는 의도적인 것으로 변한 우리의 움직임들은 무엇보다도 도덕적 성격을 띠는 내적 인상을 표현하며 그에 반응하는데, 그렇게 되는 이유는 그러한 내적 인상에서 우리의 움직임이 생겨나기 때문이다. 이것이 바로 진정한 예술이론의 최초의 싹이다. 동물계 전체에서 모든 표현은 다소 의미를 지닌 몸짓으로 한정되는데, 인간에게 이러한 몸짓은 예술적 발전의 자발적 기원이다.

---

3) 철학과 정치.

예술의 3단계 : 모방, 이상화, 재현

이러한 기본적 한정은 곧바로 세 가지 기본 단계나 양식을 구분함으로써 예술에 대한 정태적 개념을 완성한다. 형이상학은 헛되게도 모방과 창조를 구분하려 했지만, 모든 예술은 모방하면서 이상화시킨다. 현실이 항상 이상의 당연한 원천을 제공하기 때문에, 예술은 무엇보다도 순전히 모방적인 것이라고 할 수 있다. 개인적이건 집단적이건 유년기에는 동물들과 마찬가지로 아주 사소한 행동으로만 제한된 맹목적 모방이 예술적 능력의 최초의 표현이다.

하지만 유치한 허영심을 보여주는 주장들에도 불구하고, 재현이 지금에 와서 예술이라는 이름을 얻을 수 있게 된 것은, 그것이 아름다워짐으로써, 다시 말해 완성됨으로써 한층 더 현실에 충실해졌기 때문이다. 그리하여 재현은 처음에는 경험적 혼합으로 변질되어버린 몇 가지 중요한 특징들을 더욱 잘 드러내준다. 고대에 최초의 걸작들이 나타난 이후 예술적 발전의 성격을 점점 더 잘 보여주는 이상화는 바로 이것으로 이루어져 있다. 이러한 두번째 단계의 탁월함을 무시해서도 안 되겠지만, 그것 없이는 예술의 진정한 원천도, 심지어 그 고유한 본질도 이해할 수 없는 첫번째 단계의 필요성을 망각해서도 안 된다.

이와 같이, 특히 이상적 창조로 성격이 규정되는 예술의 구상은 세번째 기능으로 완성되는데, 그것은 첫번째 양식에 대해서는 반드시 필요한 것은 아니지만 두번째 양식에 대해서는 반드시 필요한 것이다. 왜냐하면 두번째 양식에서는 그것 없이는 재현 자체가 불가능해질 엄밀한 의미에서 '표현'(expression)이 부족하기 때문이다. 이렇게 해서, 소리나 형태에 따라 당연히 언어가 최후의 예술적 조작으로 남는데, 그것이 항상 이전의 조작에 비례하는 것만은 아니다. 그러한 예술적 조작이 불완전한 것으로 남는다면, 시인은 소통의 불완전함으로 인해 자신의 탁월함이 충분히 드러나지 않는다고 하더라도 숭고한 창조물을 지어낼 수 있다. 반대로, 위대한 문체의 재능은 부당한 탁월함을 확보해줄 수 있겠지만, 이 경우 그 탁월함은 일시적 차원에 머무르고 만다. 우리는 너무나 오랫동안 부당하게도 라신[4]이 코르네유에 대해 차지했던 탁월함에서 이 점을 확인할 수 있다.

예술이 최초의 모방에서 그쳐버린다면, 모방이 그 역할을 대신하기 때문에 예술은 전문 언어의 필요성을 느끼지 않을 것이다. 하지만 어떤 특징들은 강조하고 다른 많은 특징들은 제거하거나 변경시킴으로써 재현이 이상화될 때, 그림은 단지 표현에 관련된 보완적 작업을 통해서만 그것을 드러낼 수 있는 예술가에게만 직접적으로 이해된다. 이와 같은 최종 작업 없이는 예술이 무산되거나 적어도 실패하는데, 이러한 작업에서 시인은 처음에 기호들을 외적 본질에 적응시킨 것처럼 내적 유형에 맞춘다. 이렇게 해서 사람들은 "노래는 과장적인 수사를 매개로 하여 가사에서 파생되어나온다"라는 그레트리[5]의 원칙을 인정할 수 있다. 이 법칙은 나중에 다른 전문 예술로 확장된다. 사람들은 웅변적 화성법을 산문에 작시법을 적용한 것으로 간주함으로써, 그러한 원칙을 가장 일반적인 예술에 적용할 수 있을 것이다. 하지만 새로운 철학의 성격을 특징짓는 역사정신은, 적어도 예술과 언어가 동시에 형성되었던 시대에 대해 그레트리의 인과관계를 차라리 반대 방향에서 파악함으로써[6] 이러한 개괄적 고찰들을 수정한다.

그것이 어떤 것이건 우리의 표현 능력은 항상 예술적 기원을 지니는데, 그것은 우리가 강렬하게 느낀 다음에만 표현할 수 있기 때문이다. 또한 무엇보다도 처음에는 모든 재현의 주된 활력소인 감정들의 힘이 더 낫기 때문에, 이러한 능력들은 사고보다는 감정과 더 많은 관련을 맺고 있다. 공적인 필요의 영향 아래서 지성이 감정을 그토록 많이 침범했

---

4) Jean Baptiste Racine(1639~99) : 프랑스 고전주의 시대의 대표적인 극작가. 『앙드로마크』, 『페드르』 등의 작품을 남겼다.
5) André Modeste Grétry(1741~1813) : 벨기에의 작곡가.
6) 노래가 가사에서 나오는 것이 아니라, 가사에서 노래가 나오는 것으로 파악한다는 의미이다.

던 가장 발전된 언어들에서조차, 사람들은 아무리 하잘것없는 언어 표현이라 하더라도 거기서 음악적 부분을 느낌으로써 이러한 당연한 원천을 매일같이 확인할 수 있다. 가장 메마르게 보이는 수학 논문에 섞여 있는 어조들을 자세히 검토하다 보면, 사람들은 지체없이 어쩔 수 없는 웅변가로서의 성격을 알아볼 수 있을 정도로, 어조들이 정신이 아니라 마음에서 비롯된다는 사실을 깨달을 것이다. 생물학은 음성과 관련된 것이건 몸짓과 관련된 것이건, 표현이 생겨나는 근육반응을 무엇보다도 뇌의 감정적 부분이 요청한다는 사실을 상기시킴으로써 쉽사리 이러한 법칙을 설명한다. 뇌 가운데 사변을 담당하는 부분은 너무 무력하기 때문에 꼭 필요해 보이지 않는 근육반응을 불러일으키지는 않는다.

이렇게 해서, 사회학은 무언가를 드러낸다고 하는 공동의 필요성을 만족시키기 위하여 인류의 예술적 발전 속에 존재하는 자발적이고 보편적인 것을 수집하는 일을 모든 언어의 토대로 보고자 한다. 각각의 전문 예술은 처음에는 이러한 공동영역을 개발하고 나중에는 그것을 성장시킨다. 하지만 그러한 조작이 민중의 본능에서 나온 것이건 특별한 기관으로부터 나온 것이건 본질에는 변함이 없다. 항상 결과는 마음에 대한 정신의 반항에도 불구하고 심지어 오늘날조차 대개 이성보다는 감정에 의존한다. 이와 같이 말은 노래에서 생겨나고 글쓰기는 그림에서 생겨나는데, 우리는 무엇보다도 우리에게 가장 많은 영향을 끼쳤던 것을 표현하기 때문이다. 나중에 사회적인 필요에 의해 일상적 소통의 본질적 주체들인 노래와 그림 가운데 실생활과 관련되었거나, 그에 따르는 정도로 사유생활과 관련된 부분의 용법과 범위가 증가했다. 그리하여 처음에는 기호에 영감을 불어넣었던 감정적 의도는, 표현을 더 신속하고 덜 분명하게 해주는 이러한 실제적 목표 아래서 차츰차츰 사라져버렸다.

이리하여 사람들은 결국 기호의 기원을 그 자발적 보편성을 설명할 수 없는 자의적 협약으로 돌리게 된다. 대강 말해서, 바로 이것이 예술 기능 전체와 관련된 것으로 간주되는 인간 언어에 대한 사회학 이론이다. 언어는 다른 동물들에게서도 예술 기능과 일치하지만, 사실 다른 어떤 동물도 엄밀한 의미에서 예술로 볼 수 있을 정도로 자신의 노래나 몸짓을 충분히 미화시키지 못한다.

일반성의 감소와 강도의 증가라는 원칙에 따른 예술의 분류

모든 정태적 양상 아래서 예술철학의 성격을 규정하려면, 지금으로서는 예술의 단계를 지적하는 것으로 족할 것이다. 이론의 단계와 실천의 단계 사이의 매개체로서의 예술의 단계는 또한 점점 더 일반성이 줄어드는 동일한 기본 원칙 위에 기초해 있는데, 오래 전부터 나는 그 원칙을 모든 실증적 분류의 보편적 조정자로 간주해왔다. 우리는 그러한 원칙이 미(美)의 단계를 제공해준다는 사실을 이미 알고 있다. 본래 이 단계는 처음에는 진(眞)을 위해서 확립되었지만 나중에는 선(善)으로 확장되었다. 우리는 또한 나의 철학 연구[7]에 따라, 과학적 체계와 산업적 체계에 적합한 질서에 부합하는 개념과 연속의 순서에 따라 다양한 예술을 정리하는 데 그러한 원칙을 적용해볼 수 있을 것이다.

사실, 동시에 점점 더 기술적인 것으로 변해가는 다양한 표현 수단들의 일반성의 감소와 힘의 증가에 따라 이러한 분류가 이루어진다. 제일 높은 단계에서는 이론적 배열과 직접 연결되어 있는 예술적 배열은, 제일 낮은 단계에서는 즉각 과학과 산업 사이에서 예술이 취하는 진정한 지적인 입장에 부합하는 실천적 배열과 관련된다. 덜 일반적이고 더 기술적인 것이 됨으로써, 예술이란 비록 항상 인간과 관련된 것이기는 하지만, 그것은 인간의 가장 탁월한 속성들과 좀더 간접적으로만 관련되며, 비유기적 본성에 더 가까이 다가섬에 따라 무엇보다도 단순히 물질

---

7) 『강의』. 콩트의 두 대작 중에서 먼저 나온 『강의』는 실증철학에 관한 연구이고, 이 책이 서문을 이루고 있는 『체계』는 도덕이나 정치에 대한 실증철학의 적용을 다루고 있다.

적 아름다움만을 표현하게 된다.

시

이러한 모든 분류 조건을 충족시키는 예술의 단계를 구축하려면, 가장 일반적이고 가장 덜 기술적인 예술, 즉 엄밀한 의미에서 시를 다른 모든 예술의 토대가 되는 제일 중요한 것으로 간주해야 한다. 비록 시의 고유한 인상은 가장 무기력한 것이지만, 시의 영역은 개인적이고 가정적이고 사회적인 인간생활 전체를 포괄하기 때문에 범위가 가장 넓다고 할 수 있다. 다른 전문 예술과 마찬가지로 시의 영역은 사고보다는 행동, 특히 감정을 표현한다. 하지만 시의 영역만이 우리의 아주 추상적인 개념들에 영향을 끼치는데, 시는 그러한 개념들을 더 잘 형식화하는 데에서 그치지 않고 아름답게 만들려고 한다.

사실, 시의 영역은 다른 어떤 것보다도 더 대중적이다. 그것은 우선 시가 지니는 더욱 완전한 능력 때문이며, 다음으로는 일상 언어에서 직접 따온 것이므로 모든 사람이 다 이해할 수 있다고 하는 표현 수단의 본질 때문이다. 확실히 작시법은 진정한 의미에서 모든 시에 반드시 필요하지만, 결코 작시법 자체가 어떤 전문 예술을 구성할 수 있는 것은 아니다. 그 분명한 형태에도 불구하고, 시어는 통속적 관용어의 단순한 완성에 불과하다. 그것은 가장 좋은 형식들에 의해서만 이러한 관용구와 구분된다. 그 기술적 부분은 단 며칠 동안의 훈련만으로도 쉽사리 습득할 수 있는 운율법으로 축소된다. 보편적 언어와 맺고 있는 관계가 너무나 긴밀한 것이기 때문에, 시적인 재능은 결코 죽은 언어나 외국어로는 성공적으로 표현될 수 없다. 물론 시 예술이 더 많은 일반성, 자발성과 대중성을 지니고 있다는 사실말고도, 이 탁월한 예술은 이상화라는 공동의 독특한 기능에서 다른 모든 것보다 더 높은 곳에 위치한다. 시는 모든 예술 장르 가운데 가장 많이 이상화시키고 가장 적게 모방하는 예술이다.

이러한 여러 가지 이유로 시 예술은 항상 다른 예술을 지배해왔다. 그리고 예술적 선호로 표현에 너무 많은 중요성을 부여하지 않고 이상화와 관련될 것이기 때문에 시 예술의 탁월함이 한층 더 두드러질 것이다. 사실 다른 전문 예술들이 시를 뛰어넘을 수 있는 것은 표현의 영역에서만 가능하다. 이를 위해 전문 예술들은 자신들에게 합당한 것임에도 불구하고, 거의 항상 시에서 차용하는 주제에 더 많은 힘을 부여한다.

음악

이러한 최초의 예술 형태는 적절한 친소관계에 따라 정렬되는 다른 예술의 분류를 용이하게 해준다. 처음에는 그 예술들이 관계하는 감각에 따라 분류해야 한다. 이렇게 함으로써 예술영역은 사회성의 감소에 따라, 갈 이후의 생물학자들이 전문적 감각들 사이에 부여했던 영역과 일치한다. 인간은 진정한 의미에서 예술적 성격을 지니는 두 개의 감각만을 가지고 있다. 청각과 시각이 그것으로서 이들만이 우리를 이상화의 단계로 높일 수 있다. 후각은 비록 충분히 종합적인 본질을 띠고 있지만, 인간의 경우 너무 약해 거기에 어떤 예술적 효과를 연결시킬 수는 없다.

여기서 말하는 인간의 두 가지 감각은 자연 언어의 두 가지 양식과 부합하는데, 하나는 소리와 관련된 것이고 다른 하나는 몸짓과 관련된 것이다. 덜 미학적이기는 하지만, 시각이 형태와 관련된 세 가지 예술[8]을 포괄하는 데 반해, 청각은 음악 예술과만 관련된다. 시각과 관련된 세 가지 형태 예술은 음악보다 더 기술적이지만, 그 적용 영역은 음악보다 폭넓지 못하다. 동시에 이들은 오랫동안 음악과 혼동되어왔던 시적인 원천에서 너무 멀어져 있다. 사람들은 또한 의도성이 없는 감각에 호소

---

8) 회화, 조각, 건축.

하는 것으로 음악의 성격을 드러낼 수 있다. 이것은 감정들을 의도적인 경우보다는 덜 제한적이지만, 더 자발적이고 심오한 것으로 만드는 데 기여한다.

마지막으로 이러한 차이는 또한 소리 예술과 형태 예술의 주된 영역인 시간과 공간의 차이와 관련된다. 왜냐하면 하나는 무엇보다도 계기성(繼起性)을 표현하는 데 반해 다른 예술들은 공존성(共存性)을 표현하기 때문이다. 이러한 모든 양상 아래서, 음악은 확실히 전문 예술 가운데 으뜸가는 자리를 차지하고 있으며, 우리의 예술적 단계의 두번째 항목을 차지한다. 이해관계와 관련된 현학적 언동이 기술적 필요성을 과장하겠지만, 음악 예술은 감상하는 데에서나 창조하는 데에서 다른 세 가지 예술보다 전문적 훈련을 많이 요구하지 않는다. 또한 그것은 모든 점에서 더 대중적이고 사회적이다.

회화, 조각, 건축

동시에 제시되기 때문에 무엇보다도 즉각적 감각에 호소하는 세 가지 예술에 대해 말하자면, 동일한 분류 원칙에 의해 회화가 으뜸가는 위치를 차지하고, 건축이 마지막 자리를 차지하며, 조각이 두 예술 사이에 위치한다. 오직 회화만이 데생의 힘에 채색의 힘을 부여함으로써 시각적 표현의 모든 수단을 발전시킨다. 사적인 것이건 공적인 것이건 회화가 차지하는 영역은 다른 두 예술이 차지하는 영역보다 광범위하다. 회화는 사람들이 아주 자주 그것에 비유하는 시에 한층 더 가깝다. 비록 음악보다 더 기술적 숙련을 필요로 하며 어렵긴 하지만, 조각이나 건축보다는 예술의 충동이 덜 억압된다. 게다가 두 예술, 즉 조각과 건축은 가장 많이 모방하며 가장 적게 이상화하는 예술이다.

마지막으로, 건축은 조각에 비해 훨씬 더 예술에서 멀리 떨어져 있다. 건축에서는 기술적 방법들이 더 우세하며, 대부분의 건축물은 예술이라기보다는 산업의 견지에서 관찰되어야 한다. 거의 물질적인 아름다움으로만 한정된 건축은, 종종 모호한 인위적 수단을 통해서만 도덕적 아름다움을 표현한다. 하지만 그 고유한 인상들의 영속성과 힘으로 인해, 건축은 항상 각각의 사회 발달 국면이 보여주는 가장 위엄 있는 형식인 거대한 공적 축조물들에 의해 예술의 차원에 속한다. 이러한 고귀한 목표를 찬란한 성당들보다 잘 드러내주는 것은 지금까지 없었다. 성당 건축의 경우, 중세적 감정들이 기념비로 이상화되는 과정에서 건축은 공동의 토대를 통해 모든 예술을 조합하는 건축의 당연한 능력을 아주 적합하게 실현했다.

예술에 이로운 조건들은 지금까지 결코 조성된 적이 없다

이러한 개괄적 지적들은 다양한 정태적 양상 아래서 검토된 예술의 기본 이론을 체계화하려는 새로운 철학의 자연스런 경향을 충분히 보여준다. 여기서는 무엇보다도 실증주의가 인류의 최종적 체제 속에서건 그러한 체제를 향해 나아가는 발전 과정에서건 예술가들에게 부여하는 고귀한 사회적 목표를 깨달아야 한다.

새로운 철학의 성격을 규정지어주는 역사이론에 따라, 사람들은 다음과 같은 사실을 인식하게 되었다. 즉 강한 편견에도 불구하고, 지금까지 예술의 발전은 과학 분야와 산업 분야의 발전과 마찬가지로 모든 본질적 조건들의 협력을 기초로 한 준비단계에 불과했다.

다신교 시대에도 그렇지 못했다

사람들은 최초의 학설이 구축되는 과정에서 필연적으로 나타나게 된 상상력의 우위에 따라 고대인들이 가졌던 예술적 성향들을 강조했는데, 이는 오히려 나쁜 결과를 초래했다. 다신교는 사람들이 그 신앙을 이해할 수 없게 된 다음부터는 예술작품으로 간주되었다. 하지만 다신교 신앙의 오랜 지배는 다음과 같은 사실을 확인해주기에 모자람이 없다. 즉 신앙이란 전혀 예술적 산물이 아니며, 나의 발전이론에 따르면, 당시로서는 유일하게 적합했던 즉각적 양식에 따라 인류의 철학적 재능에서 생겨났던 것이다. 다른 한편에서 보면, 시는 자신의 지속적 목표에 따르는 이러한 신념들을 미화시키기만 했다. 그런데 다신교 철학의 본질은 이러한 임무를 이후의 다른 모든 체제 아래서보다 예술의 발달에 더욱 호의적으로 작용하게 했다. 또한 개인적이건 집단적이건, 우리의 예술 교육이 자신의 뿌리를 발견하는 것은 신학의 시대이다.

하지만 예술은 고대 질서와 아무 상관이 없다. 예술이란 신권정치에서 완전히 벗어난 다음에야 비로소 자유롭게 생겨날 수 있었던 것이다. 왜냐하면 신권정치는 다양한 믿음들의 당연한 부동성만을 인정함으로써 더 낮은 단계의 융합을 통해 신권정치의 모든 결과들을 억압했기 때문이다. 게다가 고대인들의 사회성은 본질적으로 예술에 대해 덜 호의적이었다. 왜냐하면 고대인들의 경우, 가정적이거나 개인적인 감정들을 거의 담아내지 못하는 공공생활만이 힘차고도 집요한 관습에 따라 예술에 거대한 영역을 제공했기 때문이다.

하지만 사람들은, 심지어 누구에게도 견줄 수 없는 호메로스조차도, 합당한 예술적 주제가 없었기 때문에 자신의 예술적인 재능을 전쟁터를 묘사하는 데 바친 것을 아쉬워하고 있다는 사실을 깨달을 수 있다. 전쟁터에서의 삶이 보여주는 유일하게 위대한 사회적 양상은, 다시 말해 일련의 정복으로 생긴 로마 제국과의 동화 현상을 아직 제대로 느낄 수 없었다. 그것을 깨달을 수 있었을 때 고대체제는 이미 종말을 향해 치닫고 있었으며, 이러한 고귀한 정치 덕택에 다만 베르길리우스[9] 같은 사람이 "평화의 법을 부여하라"(Pasis imponere morem)는 독특한 시구(詩句)로 요약될 수 있는 몇몇 찬양할 만한 시를 지었을 따름이다.

---

9) Vergilius(BC 70~19) : 로마의 서사시인. 『아이네이스』 등의 작품을 남겼다.

중세에도 그렇지 못했다

경험 차원에서 비롯되는 선입견들에도 불구하고, 중세의 사회체제가 오래 지속되었더라면 예술에 훨씬 더 호의적이었을 것이다. 하지만 그 것은 중세의 지배적인 믿음에 따른 것은 아니다. 왜냐하면 중세의 믿음 들이 보여주는 반(反)예술적 경향이 기독교를 통하여 다신교의 교의를 부자연스럽게 축성하는 이상한 모순을 범했기 때문이다. 각자에게 개인 적이고 환상적인 목적을 부과함으로써, 일신교 신앙은 개인생활과 관련 된 시만을 권장했다. 개인생활은 가장 내밀한 감정 속에서 언어만으로 는 충분하지 못한 찬양할 만한 신비로운 작품들로 이상화된다. 다른 모 든 점에서 가톨릭이 예술의 발전에 기여할 수 있게 된 것은, 사제제도가 기독교 신앙의 지적이고 도덕적인 해악을 충분히 억제할 수 없어 예술 이 더 나은 대접을 받을 수 있도록 준비해주었기 때문이다. 하지만 가톨 릭의 사회성은 고대의 그것보다 훨씬 더 예술적이었다. 비록 공공생활 은 여전히 군사적 성격을 띠고 있었지만, 그것은 무엇보다도 방어적인 것으로 변하여 시에 아주 호의적으로 작용했던 높은 수준의 도덕성을 획득했다. 마지막으로, 여성의 정당한 해방이 모든 가정적인 감정들을 발전시킬 수 있게 했다.

사회적 헌신과 폭넓게 양립할 수 있는 개인적 위엄에 대한 새로운 감 정은 개인생활의 전적인 이상화를 가능하게 했다. 더욱이 이러한 세 가 지 속성들을 요약하고 있는 서구의 찬양할 만한 기사제도는 도처에서 과거의 다른 어떤 시대보다도 더욱더 잘 받아들여질 수 있는 예술의 자 유로운 발전을 초래했다. 그런데 중세가 모든 점에서 엄청난 변화의 시 대일 수밖에 없었기 때문에, 현대 예술의 잘 알려지지 않은 원천인 이 러한 일반적 충동은 충분히 지속되지 않았다. 그러나 언어와 사회가 아 주 잘 형성되자 체제의 예술적 능력이 마침내 지속적인 결과에 도달할 수 있었다. 이리하여 부정적 움직임이 점진적으로 우위를 차지함에 따 라 가톨릭과 봉건제의 상황이 근본적 변화를 겪게 되었다. 이처럼 예술은 믿음과 관습을 이상화시켰는데, 이들의 몰락이 감지됨에 따라 시인들과 민중은 온갖 예술적 인상에 요구되는 내밀한 확신을 가질 수 없게 되었다.

현대에 와서는 그보다 더 못하다

우리를 중세에서 분리시켜주었던 기나긴 혁명 기간은 얼마 가지 않아 점점 줄어들게 된 추진력에, 정신적이거나 사회적인 온갖 영향력이 더 많이 참여하게 되는 적극적 붕괴에서 비롯되는 간접적 자극을 연결시킨다. 부정적 목표가 결코 예술에 부합하는 것은 아니지만, 예술은 기독교의 멍에에서 해방되어야 할 필요성을 느낀 나머지 처음부터 많은 부분 현대의 해방을 도왔다. 어디에도 견줄 수 없는 단테의 작품은 이러한 두 가지 모순적 충동들이 예외적으로 어떻게 협력하는지를 분명하게 보여준다. 모든 것이 변화되고 심지어 왜곡되기까지 했던 이러한 반예술적 상황은 완전한 이상화에 도달하기 전에, 자신의 주위에서는 찾을 수 없었던 고정적이고 두드러진 관습을 고대의 유형들에 대한 기억 속에서 찾음으로써 예술로 하여금 인위적인 돌파구를 찾게 해주었다.

이와 같이, 고전적 체제는 몇 세기 동안 예술의 발전을 이끌 수 있었던 유일한 수단이었다. 하지만 이 체제는 중세 예술의 성격을 이루고 있던 독창성과 대중성을 허락해주지 않았다. 그토록 호의적이지 못한 상황 속에서도 나타날 수 있었던 뛰어난 걸작들은 우리의 예술적 기능이 자발성을 지닌다는 사실에 대한 탁월한 증거가 된다. 도처에서 이러한 인위적 기교가 생명을 다하고 난 다음부터, 부정적 움직임의 완전한 쇠퇴는 의심 자체의 이상화라는 위대한 일시적 조작만을 예술에 허용해주었다. 어떠한 지속적 배양도 포함하지 않은 이러한 극단적 속성은 무엇보다도, 바이런과 괴테의 뛰어난 노래를 통하여 프랑스에서 철학적인 모습으로 생겨난 완전한 해방을 신교 사회로 확장시켰다.

그러므로 과거 역사 전체에 비춰볼 때, 예술의 발전은 어떤 체계적 충동으로부터 생겨난다기보다는 인류의 자발적 경향에서 비롯된다고 할 수 있다. 지금까지 이러한 충동의 정신적 조건들은 결코 사회적 조건들과 동시에 충족될 수 없었다. 오늘날에는 이 두 가지 조건이 모두 부족하다. 하지만 어떤 것도 우리의 예술적 능력의 몰락을 예고하지 않는다. 예술은 항상 이러한 온갖 장애들을 극복하고 성장했을 뿐만 아니라, 점점 더 보편적인 삶과 합치되어왔다.

고대에는 예외적인 민중에게만 한정되어 있던 예술은 기본 질서와 아무런 관련이 없었기 때문에, 예술의 향유는 심지어 내세의 삶에 입각한 이상향 속에도 나타나지 않았다. 중세 때에는 도처에서 이러한 부드러운 본능들을 인간의 가장 고귀한 위안물 가운데 하나로 간주하고자 하는 순진한 경향이 생겨났다. 당시에는 이러한 예술의 향유가 천국에서 지내는 삶의 중요한 소일거리로 간주되었다. 그 다음부터 서구 사회의 모든 계급이, 처음에는 시 그리고 나중에는 전문 예술, 그 가운데서도 특히 가장 사회적인 예술[10]에서 이러한 고귀한 즐거움을 점점 더 많이 맛볼 수 있었다. 단지 추측에 불과한 것이지만, 예술가들의 영향력이 한층 더 증가했다. 현재와 같은 무정부상태 속에서 예술가들의 영향력이 증가함에 따라 이들은 자신들의 본질과는 상반된 정치적 우위까지 얻게 되었다.

실증주의 아래서는 그 조건들이 모두 이롭게 변할 것이다.
고정된 원칙들과 더 고귀한 정신문화가 존재할 것이다

그러므로 이러한 모든 징조들을 통하여 우리는 미래가 예술의 발전에 중요한 시대라는 사실을 알게 된다. 과거의 역사는 지금까지 다른 곳에서와 마찬가지로 인류에게도 필수적인 준비단계에 불과했다. 오랜 유년기 동안 진행되어왔던 자연스런 준비에 따라 우리의 정신적이고 도덕적

10) 음악.

인 활기는, 오늘날 똑같이 해체되어가고 있는 과학문화와 산업문화처럼 예술문화를 정당하게 체계화할 것이다. 예술이 현대 질서 전체에 완전히 통합되지 않고서는 최종적 쇄신이 이루어지지 않을 것이다. 과거의 예들이 모두 이러한 통합을 준비해왔다고 할 수 있다. 실증주의는 더 나은 이론적 토대 위에서 중세 사람들이 원했던 위대한 사회 건설을 다시 지향하게 된다. 그렇게 함으로써, 실증주의는 또한 고전주의 시대의 영향이 방해했던 찬양할 만한 예술적 충동을 새롭게 해줄 것이다. 이렇게 다시 확립된 예술적 충동은 앞으로 최종적 체제 전체와 즉각적이면서도 체계적인 깊은 유대관계에 따라 더욱더 발전할 수밖에 없을 것이다. 여기서 나는 새로운 철학의 예술적 능력이 어떤 성격을 지니는지를 충분히 규정하기 위해서 바로 이 점을 지적해야 하리라고 본다.

앞으로 안정적이고 공통된 확신들의 유일한 원천인 분명하고도 지속적인 관습에 토대를 마련해줄 실증주의는 이미 현대 예술의 발전에 없어서는 안 되는 것이 되었다. 개인적이건 가정적이건 우리의 사회생활이 진정으로 이상적인 것이 되기 위해서는 시인이나 독자 모두가 이러한 전제조건을 충족시켜야 할 것이다. 깊이 느껴지고 모든 사람과 즉각 공유할 수 있는 감정들만이 예술적인 것이 될 수 있다. 사회에 지적이고 도덕적인 성격이 결핍될 경우, 사회를 묘사하고자 하는 예술 또한 그러한 성격을 지닐 수 없을 것이다. 마찬가지로 예술 또한 너무나 자연스러운 나머지 아무런 위대한 목적을 지니지 않을 때조차도 결코 무기력하게 남아 있지 않는 능력의 막연한 배양으로만 축소되어버린다. 이처럼 실증주의의 예술적 효용성은 유기적 움직임의 직접적 우위를 통해 혁명을 마감할 수 있는 실증주의 자체의 능력에서 생겨날 것이다.

하지만 모든 재조직화에 공통적인 이러한 당연한 영향력을 넘어서서, 우리는 여기서 실증주의의 재구축이라는 원칙이 주로 예술의 발전에 호의적으로 작용한다는 사실을 깨달을 수 있어야 할 것이다. 이를 위해 예술에 가장 적합한 의견과 관습이 우위를 차지하도록 해야 할 것이다.

사람들은 감정을 인간통합의 필연적 토대로 간주하며, 특히 도덕적 차원에서 보편적 완성을 인간존재 전체의 유일한 목적으로 삼는 체제보다 더 예술적인 체제를 구축하는 것은——오로지 굳건한 확신 위에 적극적 관습을 확립함으로써——우리를 더욱 공감적이고 공조적으로 만들어주기 위해서라는 사실을 깨달을 것이다. 실증주의는 타인의 행복에 협력하는 데에서 개인의 주된 만족을 찾게 함으로써 결국 예술을 최선의 목표를 향해 나아가게 한다. 그 목표란 지금까지 유일하게 주제를 제공해왔던 증오와 억압의 본능들보다 훨씬 더 예술적 성격을 띠는 관대한 감정을 함양하는 것이다. 이러한 함양이 우리의 주된 목적이 될 경우, 시는 최종적인 체제 전체에 직접적으로 합쳐질 것이다. 더 나아가 그렇게 함으로써 시는 이전에는 불가능했던 위엄을 획득할 것이다. 새로운 철학은 과학에 뿌리를 내리고 있다. 과학은 인간 지혜의 객관적 토대를 구축함으로써 무엇보다도 우리의 지속적 관심을 불러일으키는 예술과 산업에 하나의 필수적 토대를 마련해주려는 진정한 임무를 수행할 것이다. 새로운 철학은 절대적인 것을 상대적인 것으로 바꾸어놓고 모든 것을 인류로 귀착시킴으로써 진(眞)에 대한 연구를 선(善)과 미(美)의 발전에 반드시 필요한 것으로만 한정할 것이다. 이러한 목표를 넘어선다면, 과학의 함양은 쓸데없는 사유로 인하여 인간의 개인생활이나 집단생활의 주된 목표로부터 등을 돌리게 될 것이다. 현실에 대한 이상의 당연한 종속은, 예술로 하여금 지금까지 절대적인 것의 지배로 금지되어왔던 행복한 체계적 반응에 아무런 영향력을 행사하지 못하게 할 것이다.

아무리 사소한 사건이라고 하더라도, 사람들이 우리의 모든 욕구를 만족시켜줄 정도의 진실에 이른다면, 항상 어느 정도의 이론적 자유가 남겨진다. 우리는 과학적 개념을 미화시키기 위해 그러한 자유를 아무런 제한 없이 누리게 됨으로써 그 유용성을 증대시킬 것이다. 하지만 진(眞)에 대한 미(美)의 영향력은 무엇보다도 인류와 직접 관련된 탁월한 연구에 적합하다. 미(美)에 관한 연구에서는 정확성이 보다 덜 가능하며 덜 중요하다고 할 수 있다. 그렇기 때문에 여기서는 예술적 적합함이 중요한 역사 유형들의 기본적 발전 속에서 과학적 개념들을 더욱 변화시킬 것이다. 보편적 완성을 지향하는 존재는 당연하게도 우리 내부의 완성을 지향하는 일상적 본능을 개발하는 데 가장 적합한 지적인 함양을 선호할 것이다.

교육의 영향

가장 힘있고 감정적인 원칙과 밀접한 관련을 맺고 있는 우리의 정신적 능력에 대한 실증철학의 이러한 성향은 무엇보다도 새로운 교육에서 잘 드러날 것이다. 제3부에서 이미 지적했기 때문에, 독자들은 이러한 교육이 인간 발전에 대한 진정한 이론이 요구하는 것처럼 과학적인 것 이상으로 예술적인 것이 된다는 사실을 알고 있을 것이다. 과학이 개입하는 것은 오로지 감정의 직접적 주도 아래서 예술이 자발적으로 밑그림을 그려주는 일을 결정적으로 체계화하기 위해서이다. 예술의 발전이 과학의 발전에 앞서기 때문에, 실증주의의 행보가 집단적 입문을 재생산하는 것을 목적으로 하는 개인교육에서도 사정은 마찬가지이다. 무엇보다도 먼저 시적인 가르침을 고려하고자 하는 경향은, 오늘날 불합리한 고전적 체제가 봉쇄해버린 유일하게 합리적인 교육을 구축하고 있다. 게다가 사람들은, 보통 모든 예술에 대한 해로운 평가와 심지어 깊은 혐오감으로만 이어지게 될 연구 속에서 그러한 주장이 얼마나 환상적으로 남아 있는지를 잘 알고 있다. 그 예술적인 무용함의 성격을 규명하기 위해서는, 아마도 어떠한 시적 감정도 지니고 있지 않았을 능숙한 작시법 전문가들이 공식적인 찬양을 통하여 한 세기 동안이나 프랑스 현학자들의 신으로 간주되었다는 사실을 상기시키는 것으로 족할 것이다. 지금까지 잘못 시도되었던 것을 실현함으로써, 실증주의 훈련은 남녀를 통틀어 아무리 보잘것없는 노동자라고 하더라도 유년시절부터 프랑스뿐만 아니라 유럽 전체에서 진정한 의미에서 시의 온갖 아름다움을 다 맛볼 수 있게 해줄 것이다.

예술의 발전이 진지하고 효율적으로 되는 것은 무엇보다도 사회성의 양식을 보여주는 산물들에 적용되는 과정을 통해서이다. 게다가 나는 고대인의 삶이 보여주는 독창적 이상화를 검토함으로써 어떻게 젊은 실증주의자가 나중에 자신의 시적 교육을 완성하는지를 지적했다. 젊은이의 교육은 결코 기본 예술에만 국한되어서는 안 되며, 소리나 형태를 통해 더 많은 힘을 가지고 자신의 주된 창조물을 표현하는 전문 예술로까지 확장되어야 할 것이다.

이렇게 해서, 예술적 사유와 명상은 자체의 매력을 넘어 실증주의 교육 전체에 과학적 사유와 명상을 준비하게 될 것이다. 인류 전체의 경우와 마찬가지로 개인의 경우에도, 이미지들의 조합은 처음에는 모두가 약화된 이미지들에 불과했던 기호들의 조합에 토대 구실을 한다. 예술은 우리의 관심을 불러일으키는 모든 것을 재생산할 수 있는 능력을 지니고 있다. 따라서 실증주의 교육의 자발적 부분은 자연스럽게도 예술의 과학적 부분이 체계화해야 할 중심 개념들을 친근하게 만들어줄 것이다. 이러한 자연스런 준비과정은 무엇보다도 역사 연구에서 느껴지는데, 이 연구들은 이미 사회의 다양한 단계들과 그 본질적인 주동자들의 시적 표현에 익숙해져 있는 지성을 통해서만 접근할 수 있을 것이다.

예술과 종교의 관계

기본적으로 실증주의 교육에 참여함으로써, 예술은 항상 실질적인 행동으로 변질되는 감정과 원칙 쪽으로 개인과 계급 전체를 이끌어가려는 실증주의 교육이 필요로 하는 불가피한 보완에 여전히 기여하게 된다. 이러한 중요한 임무와 관련된 사적이거나 공적인 온갖 엄숙함 속에서, 실증주의는 과학적 설명보다는 예술적 인상을 더 많이 사용할 것이다. 심지어 이러한 우위는 엄밀한 의미에서 교육보다 훨씬 더 두드러지게 될 것이다. 사실, 인간의 지혜가 자리하고 있는 보편적 토대가 체계화되고 나면, 거기에 호소하는 것만으로도 충분할 것이다. 철학자가 갖는 사제로서의 직위는 개념이 아니라 본질이 특히 예술적 성격을 띠는 설명에 몰두하게 된다.

혁명적 경험주의는 이미 현대 예술의 사회적 기능에 대한 막연한 느낌을 공적인 축제들의 주된 조정자로 보고 이를 부추겼다. 하지만 혁명 초부터 이러한 주제에 대해 행해졌던 모든 시도들이 보여준 잘 알려진 공허함은 정치로는 충족시킬 수 없을 임무에 대한 배타적인 특권을 철학에 부여하는 데 아주 적합하다. 모든 축제들은 현실적 감정의 엄숙한 표현이기 때문에 자발성이 항상 그 선결 조건을 이룬다. 그러므로 축제에서 명령의 힘은 무능하며, 충고의 힘은 이미 존재하는 성향들의 체계적 표현 수단으로만 개입한다. 가톨릭이 몰락한 다음부터 우리는 더 이상 진정한 의미의 축제를 지니지 못하게 되었다. 그러다가 실증주의의 자연스런 영향 아래서 다시 생겨날 수 있게 된 것이다. 그때까지는 세속권력이 헛되게도 관객들이 연출을 담당하는 소란스런 경쟁의 한가운데에 아무런 위엄이 없는 흉내만을 계속해서 배열할 것이다. 세속권력이 존재하지 않는 감정에 어떤 자의적 형식을 부과할 경우, 그 권력의 경험적 주장들은 자주 억압적으로 변해버린다. 어떠한 사회적 조작도 이것만큼 분명하게 자신이 생겨나게 된 경향들을 유일하게 조절할 수 있는 영적 권력의 독특한 능력 아래 놓일 수 없을 것이다. 그런데 그 임무는 본질적으로 미학적이다. 왜냐하면 사적인 것까지 포함을 하지만, 무엇보다도 공적인 성격을 띠는 모든 현실적 축제는 사실, 예술을 그에 대응하는 감정들이 음성이나 몸짓을 통하여 이상화를 향해 나아가는 것으로 만들기 때문이다. 어떠한 기능도 그보다 더 미학적일 수는 없을 것이다. 왜냐하면 예술적 표현이란 보통 기본 예술의 주도 아래서 네 가지 전문 예술의 긴밀한 조합을 요구하기 때문이다. 이렇게 해서, 세속적 일상은 진정한 의미에서의 시인이 없을 경우 하찮은 화가나 조각가에게 의지해서라도 항상 자신의 공식적 우위를 자유로운 예술의 자문에 종속시킨다.

실증주의의 예술적 능력을 확인하기 위해서는, 이 책의 제4부에서 지적한 '여성' 숭배와, 결론 부분에서 특별히 다루게 될 '인류' 숭배를 떠올리는 것으로 충분할 것이다. 사실, 이 둘은 모두 공적인 동시에 사적인 모든 실증주의 축제의 진정한 원천을 이룰 것이다. 그러므로 전문 연구의 단순한 준비단계에 불과한 이 책의 당연한 한계 내에서 내가 이미 그 대강의 모습을 보여주었으며, 곧 보완하게 될 주제에 대해 어떠한 직접적 지적도 필요치 않으리라고 본다.

사회적 위엄을 강화시켜줄 기본 임무를 예술에 부과함으로써, 실증주의 체제는 무엇보다도 지금까지는 거의 다루어지지 않았던 역사 영역 전체를 예술에 부여하여 새롭고도 일반적인 수단들을 확보해줄 것이다.

역사적 유형들의 이상화

현대적 영감의 결핍으로 말미암아 고전적 충동 아래서 고대의 유형으로까지 거슬러 올라갈 수밖에 없는 현대시는 인류가 이미 지나온 단계들을 이상화하기에 이르렀다. 이것은 우리의 위대한 코르네유가 보여주는 주된 성격이다. 그는 자신의 드라마 전체를 로마 시대에 대한 다양하고 탁월한 묘사에 바친다. 계속적으로 증가하는 역사정신의 우위를 통해, 오늘날 서사시 분야에서 월터 스콧[11]과 만초니[12]의 뛰어난 걸작들에 의해, 후세에 대해 덜 완전하기는 하지만 유사한 시도들이 계속해서 생겨났다. 하지만 이러한 부분적 재현은, 실증주의가 예술적 재능에게 과거와 심지어 미래에 친근하게 다가갈 수 있도록 하여 부여하게 될 새로운 영역의 자발적 징조들만을 구축

---

11) Walter Scott(1771~1832) : 영국의 낭만주의 시인, 소설가. 『호수의 여인』, 『아이반호』, 『부적』 등의 작품을 남겼다.
12) Alessandro Manzoni(1785~1874) : 이탈리아의 작가. 『자유의 승리』, 『약혼자들』 등의 작품을 남겼다.

할 수 있다.

이러한 엄청난 영역이 시에 주어지는 것은, 철학이 전체를 포괄할 수 있을 경우에만 가능하다. 그런데 지금까지는 신학과 형이상학의 절대정신이 무엇보다도 이들을 합당하게 이상화시키기에 충분할 만큼 사회의 다양한 단계를 이해하는 것을 막았다. 반대로, 항상 상대적 성격을 지니는 실증주의는 주로 인간생활에 합당한 모든 양식에 대한 내밀한 사유를 친숙하게 만들어줄 역사이론이 성격을 규정한다. 신앙심 깊은 일신론자는 다신교나 물신숭배의 관습을 잘 이해하지 못할 뿐더러 그것을 성공적으로 그려내지도 못할 것이다. 과거의 모든 상태의 계보에 익숙해져 있는 실증주의 시인은 어떠한 시대와도 자신을 동화시킬 수 있을 것이다. 그리하여 그는 각자가 자신의 내부에서 자연스럽게 그 등가물을 발견하게 되는 단계에 대한 우리의 공감을 일깨울 수 있을 것이다. 이렇게 함으로써 우리는 고대에 대해, 어떤 의무감이 기독교도들에게 불러일으켰던 불가피한 조심성으로 말미암아 찬양할 만한 예술적 효용성을 약화시키지 않고도 이교(異敎)의 신앙을 유지시켜나갈 수 있을 것이다.

그러므로 새로운 예술은 그들 가운데 불과 몇몇만이, 특히 호메로스와 코르네유가 이미 충분히 이상화시켜놓은 앞선 시대들을 모두 정당하게 되살리는 임무를 부여받을 것이다. 새로운 예술은, 자신에게 예술적 효용성을 제공해줄 동일한 체제가 민중에게도 마찬가지로 그것을 맛보게 해주기 때문에, 그러한 기원이 보여주는 예술적 효용성에 더욱더 기대를 걸게 될 것이다. 서사적이거나 극적인 행복한 작품들의 고갈되지 않을 이러한 연속은, 한편으로는 실증주의 교육 전체와 다른 한편으로는 '인류'에 대한 체계적 숭배와 밀접하게 관련된다. 그렇게 함으로써, 사회의 모든 단계에 대한 평가를 용이하게 해줄 뿐만 아니라 그들을 영광스럽게 해줄 것이다.

예술은 최고 수준의 교육을 요구한다.
하지만 전문적 훈련은 거의 필요하지 않다

마지막으로, 우리는 다음과 같은 사실을 인식해야 한다. 즉 예술에 더욱 광범위한 수단을 제공해주는 최종적 체제는, 항상 진정한 예술적 재능의 성격을 규정짓는 종합적 경향에 직접적으로 배치(背馳)되는 해로운 전문화를 포기하도록 함으로써 예술에 더 나은 표현 수단을 제공할 것이다.

실증주의는 필연적으로, 노동자들을 위해 구축되었지만 다른 모든 계급에게도 똑같이 적합한 교육체계를 통해 모든 진정한 예술적 임무들을 발전시켜나갈 것이다. 우리는 친숙해진 것들만을 이상화시키고 묘사할 수 있기 때문에, 시는 항상 우리의 사상과 감정 전체에 확실한 방향을 새겨넣을 수 있는 철학 위에만 그 토대를 닦을 수 있다. 또한 호메로스에서 코르네유에 이르기까지 모든 진정한 시인들은 자기 시대의 가장 강력한 일반교육에 참여했다. 예술적 재능의 소유자들은 항상 모든 것을 재현하기 전에 먼저 모든 것을 느껴야만 한다.

우리의 무정부상태로 말미암아 도처에서 경험적 전문성이 활개 치는 오늘날조차도, 철학교육을 받을 필요가 없다고 믿는 자칭 시인들은, 실제로는 신학적인 것이건 형이상학적인 것이건 시대에 뒤떨어진 체계에서 이러한 토대를 차용한다. 형식화시키는 재능의 배양으로만 한정된 이들의 헛된 전문교육은 시인들의 마음뿐만 아니라 그들의 정신에 대해서도 똑같이 해로운 것이다. 이러한 헛된 전문교육은 모든 심오한 확신을 금함으로써, 예술의 중요한 성격인 이상화를 감지할 수 있도록 해주지 않으며 예술의 기술적 부분에 대한 기계적 능숙함만을 발전시킨다. 진정한 의미의 시적인 감정과 상관없이 다만 자신들의 무절제한 야망을 통해 사회를 교란시키기만 하는 작시법 이론가들과 문학가들의 유감스런 증가는 이러한 전문교육을 통해 생겨난 현상이다. 네 가지 전문 예술에 대한 현행의 교육은 더욱더 기술적인 것으로서, 다른 교육을 받지 않은 사람들 사이에서는 모든 점에서 훨씬 더 해롭다. 그 어떤 것도 다양한 예술적 소명으로 하여금 만인에게 공통적인 기본 교육에 참여하지 않아도 되도록 허락해주지 않는다. 그러한 교육이 여성에게 필수적이라는 사실을 인정하고 있는 마당에, 어떻게 시인과 예술가에게도 그러한 교육이 필요한 것이라고 말하지 않을 수 있겠는가?

하지만 성격 자체가 아주 미학적이기 때문에, 그러한 교육은 준비단계로서의 훈련에서 당장 생겨나는 것 이외의 모든 전문교육을 불필요한 것으로 만들어버린다. 다른 어떤 직업도, 기술 작업 아래서 예술적인 열정을 질식시켜서 필수적인 독창성을 소멸시켜버리는 개별 교육에서 벗어나지 못한다. 심지어 산업 분야에서처럼 합당한 모방을 통한 적절한 훈련으로 습득해야 할 기술에 대해서도 직업교육을 고집해서는 안 된다. 음악가나 화가를 양성하도록 되어 있는 공립학교의 잘 알려진 무능력은 이 점에 대한 온갖 설명을 불필요하게 만들어준다. 이러한 교육기관들은 심각한 도덕적 위험을 넘어 온갖 진정한 예술적 소명에 대립될 수밖에 없다. 이와 같이, 시인과 예술가에게는 사실상 자신들이 그 감정과 사고를 재현해야 하는 민중을 교육하도록 되어 있는 보편교육만이 필요하다. 전문성 부족은 오히려 그 교육이 진정한 재능들을 준비하고 드러내는 것을 더욱더 합당하게 해줄 것이다.

이러한 보편교육은, 모든 다양한 예술에 대한 취향을 동시에 발전시킬 것이다. 이들 사이의 밀접한 관계는 단지 하나의 예술만을 느끼는 것을 영광으로 삼고 있는 예술적 소명들을 의심스럽게 만들어버린다. 평가의 보편성은 최근 몇 세기 동안만 하더라도 몇몇 위대한 거장의 성격을 규정지어주었다. 요즈음 그러한 보편성은 사라졌다. 이러한 사실은 예술이 사회적이고 철학적인 목적을 지닐 수 없게 된 시대에는 당연히 어떠한 예술적 우위도 존재하지 않는다는 사실을 충분히 확인시켜줄 것이다. 단순한 애호가들마저도 모든 것을 맛볼 수 있게 된 마당에 어찌하여 진정한 예술가들이 단 한 가지 양상의 이상화와 표현만을 느껴야 한단 말인가?

계급으로서의 예술가들은 사라질 것이다.

그들의 기능은 철학자들로 이루어진 사제계급으로 넘어갈 것이다

　실증주의는 일반교육을 아주 예술적인 것으로 만듦으로써, 예술의 진정한 발전에 서로 어긋나며 다만 범상한 것만이 활개를 치게 하는 모든 전문교육을 제거하게 될 것이다. 같은 맥락에서, 최종적인 체제는 무엇보다도 일반 예술의 경우 조절 권력의 세 가지 요소의 성격을 규정하는 기능들의 자발적 부속물이 된 예술교육에만 헌신하는 계급을 제거해버릴 것이다.

　도처에서 인간 발전을 처음으로 시작했던 신권정치 체제 아래서는 실제적 행동만이 사유생활과 분리되어 있었다. 하지만 다양한 사변 기능들은 나중에 미학적이고 과학적이라고 불려지는 능력들 사이에서 어떠한 구분도 없이 동일한 기관에 통합되어 있었다. 나중에 이루어진 이러한 기능의 분리 현상이 이들의 발전에 없어서는 안 될 요소로 작용했다. 하지만 그것은 이론과 실천의 분리 이외에 다른 위대한 사회적 분할을 인정하지 않는 기본 질서에 모순되는 것이었다. 그러므로 이러한 분리는, 실생활에 대한 필연적 영향력이 분산으로 약화되어버리는 모든 이론적 능력의 새로운 조합을 향해 나아가게 마련이다. 그런데 이 새로운 조합은 최초의 공존보다 더 긴밀하다. 그런데 이러한 최종적인 혼합은 그 다양하고도 중요한 요소들이 부분적으로 충분하게 발전하고 난 다음에야 비로소 이루어질 것이다.

　이러한 필연적 준비단계는 모두 우리를 신권정치적인 상황에서 분리시키는 오랜 시간을 필요로 했다. 예술은 한층 더 신속하게 발전하고 성격이 더욱 독립적이기 때문에, 과학보다 먼저 공동의 흐름에서 떨어져나왔다. 호메로스의 시대에도 사제직은 이미 예술적 성격을 지니고 있지 않았다. 하지만 엄밀한 의미의 철학자들과 곧 이어 순수한 의미의 학자들이 생겨나기까지 사제직은 여전히 과학적 임무를 수행했다. 산업 분야에 대해서만 정상적인 것이라고 할 수 있는 전문성 체제가,

우선은 예술에 나중에는 과학으로 확장된 것은 이런 이유 때문이다. 이러한 예비적 체제만이 유일하게 억압적인 신권정치에서 벗어난 다양한 사변적 요소들의 결정적 발전을 허락해주었다. 하지만 지금 와서는 그 예비적인 체제가 해롭게 연장됨으로써 이러한 모든 부분적인 준비과정이 지향하는 최종 질서에 주된 장애물이 되고 있다. 앞으로는 새로운 원칙에 따른 이들 사이의 긴밀한 조합이 진정한 쇄신의 기본 조건이 될 것이다.

교육 기능에 대해서건 자문 기능에 대해서건 조절 권력의 본질적 기능들을 평가하면서, 사람들은 그러한 기능들이 과학적 능력과 예술적 성향의 일상적 혼합을 필요로 한다는 점을 쉽사리 인식할 수 있다. 민중이 이 두 성격에 모두 참여하고 있는데도 그들의 진정한 정신적 지도자들 사이에서 어떻게 이들이 분리될 수 있겠는가? 하지만 사람들은 이들의 일상적 속성이 미학적이라기보다는 과학적이라고 해서 그들을 시인보다는 차라리 철학자로 부른다. 그러나 이들은 과학만큼이나 예술 또한 느낄 수 있다. 과학이 체계적 교육을 요구하는 데 반해, 전문 예술의 기술적인 부분을 제외한다면 예술은 기본 교육만으로도 충분하다.

다른 한편에서 보면, 높은 수준의 예술적 기능은 어떤 종류의 항구적 교육기관도 필요로 하지 않는다. 왜냐하면 이들의 주된 효용성은 일단 한 번 창조되고 나면 도처에서 우리의 사적이거나 공적인 감정들을 이상화시키고 형식화할 수단을 제공하는 능력을 영원히 지니게 되는 아주 탁월한 작품을 가정하기 때문이다. 그러므로 마땅한 교육을 통해 예술가와 청중이 완성을 느끼고 범상함을 거부하도록 준비하는 것만으로 충분하다. 우리가 종종 보아온 것처럼, 이제부터는 모든 사회계급이 감정 표현이라는 새로운 현실적 필요성에 합당한 예외적 기관을 마련해줄 수 있다. 하지만 이러한 임무는 당연히 누구보다도 철학자계급에게 적합하다. 이들은 자신들의 최종적 성격이 우세해질 경우, 체계적인 것만큼이나 공감적인 것이 될 것이다.

예술적 재능과 과학적 재능의 동일성

사실, 한쪽은 구체적이고 이상적이며 다른 한쪽은 추상적이며 현실적인 조합의 다양성으로 구분되는 예술적 재능과 과학적 재능 사이에는 어떤 유기적 타협 불가능성이 존재하는 것은 아니다. 이 둘은 모두 예비적 발전을 위해 분석적 체제를 사용하며, 둘 다 하나의 결정적 종합을 추구한다. 이들 사이의 타협이 불가능하다고 주장하는 모든 헛된 이론은 온갖 형이상학적 학설의 절대적 경향에 따라, 일시적인 상태에 대한 해로운 축성만을 제공할 것이다. 이 둘을 결코 동일한 기관이 표현할 수 없는 것으로 보이는 이유는, 단지 이들의 독특한 임무가 동시에 행동으로 옮겨질 필요가 없었기 때문이다. 위대한 철학적 노력을 필요로 하는 모든 사회적인 상황은 필연적으로 진정한 의미의 시적인 발전에 적합하지 않다. 그것은 이러한 상황이 기본적인 의견들 속에서 새로운 발전을 요구하기 때문인데, 사실 예술의 경우 거꾸로 그러한 의견들이 고정되어야 한다.

이와 같이 과거 역사 전체를 통틀어 시의 혁명은 결코 철학의 혁명과 공존할 수 없으며, 다만 그 뒤를 잇기만 한다는 사실이 드러난다. 단지 마땅한 환경을 찾을 수 없었던 지적인 유형을 연구하다 보면, 사람들은 쉽사리 동일한 인물이 태어난 시기에 따라 철학이나 시에서 똑같은 성공을 거둔 경우도 있다는 점을 깨닫게 된다. 확실히 디드로(Diderot)[13]는 더 예술적인 시대에 태어났더라면 위대한 시인이 되었을 것이며, 괴테[14]는 다른 공적인 충동 아래서 태어났더라면 뛰어난 철학자가 되었을 것이다. 연역적이라기보다는 귀납적인 성격을 띠는 모든 학자들은 시적

---

13) Denis Diderot(1713~84) : 프랑스 계몽주의 시대의 문인, 철학자. 『백과사전』 편찬의 총책임자였으며, 『라모의 조카』, 『운명론자 자크』를 비롯한 많은 작품을 남겼다.

14) Johann Wofgang von Goethe(1749~1832) : 독일의 시인, 소설가, 극작가. 『젊은 베르테르의 슬픔』, 『파우스트』 등을 남겼다.

인 능력에 대한 분명한 기호들을 제공한다. 추상적이건 구체적이건, 또한 현실을 포착하는 데 적용되건 현실을 이상화하는 데 적용되건, 발명이란 항상 그 주된 경우들이 결코 공존할 수 없는 서로 다른 방향으로 작용하는 동일한 두뇌 기능이다. 위대한 뷔퐁[15]의 찬양할 만한 종합적 재능은 역사적으로 볼 때, 과학정신과 미학정신 사이의 최종적 융합을 위한 자발적 예고로 평가되어야 한다. 비록 전반적인 상황에 따라 그 성격이 어느 한쪽에서 더욱 잘 규정되는 충동이 주어지기는 했지만, 이미 보쉬에[16]가 가장 탁월한 철학과 가장 숭고한 시에 대하여 똑같은 능력을 지니는 더욱더 결정적인 예를 제공한다.

현재와 같은 편견에도 불구하고, 어떠한 자연스런 타협 불가능성도 통상적으로 엄밀한 의미에서 철학적 임무에 몰두하는 계급이 필요할 경우, 가장 훌륭한 예술가가 되는 일을 가로막지 못할 것이다. 그러므로 아주 탁월한 사상가들마저도 자신들의 시대에 가장 필요한 작품을 생산해낸다는 위대한 정신의 소유자들이 갖는 당연한 성향에 따라 과학 활동에서 예술 활동으로 넘어가는 것으로 충분하다. 기술적 필요로 의해 선택된 대가들 사이에서 어떤 배타적 인정이 필요한 것은 단지 전문 예술 분야뿐이다. 그런데 이 경우, 대가들은 보편교육에 대한 자신들의 합당한 참여에 따라 영적 권력의 보조자가 된다. 이러한 예외적인 경우에도, 현재의 전문성은 많은 변화를 겪을 것이다. 왜냐하면 흔치 않은 이러한 상승은, 16세기 이탈리아에서처럼 형태와 관련된 세 가지 예술을 동시에 배양할 수 있을 만큼 모든 예술을 똑같이 감상할

---

15) George-Louis Buffon(1707~88) : 프랑스 계몽주의 시대의 철학자, 박물학자. 『백과사전』의 집필에 참여했으며, 자연주의적인 기계론을 주장했다. 44권으로 된 『박물학지』를 남겼다.

16) Jacques-Bénigne Bossuet(1627~1704) : 프랑스 고전주의 시대의 신학자, 웅변가. 루이 14세가 어렸을 때 그에게 설교를 했으며, 왕권신수설의 열렬한 지지자였다. 신교를 공격하고 교황으로부터 프랑스 가톨릭 교회의 독립을 주장했다. 『신교 교회의 변천사』, 『설교집』 등을 남겼다.

수 있을 정도로 미학적 본성을 충분히 소유한 사람들에게만 주어질 것이기 때문이다.

새로운 철학자들이 지닌 시적인 능력은, 보통 다양한 양식의 이상화를 합당하게 느끼고 잘 깨닫게 해주는 이들의 항구적 성향을 통해서만 드러날 것이다. 그들에게서 미학적 기능이 활성화되는 것은 통상 공적인 축제의 구성에서만 그러하다. 하지만 사회적 필요에 따라 서사적이거나 극적인 탁월한 작품들이 필요해질 경우, 이들 가운데 중요한 사람들은 엄밀한 의미에서 시인이 되기 때문에 순전히 철학적이기만 한 임무는 더 이상 아주 높은 수준의 지성을 요구하지 않게 될 것이다. 이 경우, 체계화와 이상화라는 위대한 작업[17]은 이전보다 더 짧은 주기로 교대하게 될 것이다. 그러므로 사람들은, 수명이 더 길어진다면 이 두 가지 기능을 동일한 기관이 이어서 달성하는 모습을 볼 수 있을 것이다. 하지만 우리의 수명은 너무 짧고 높은 수준의 작품들은 청년다운 활력을 요구한다. 그렇기 때문에, 사람들이 지금으로서는 서로 양립될 수 없다고 생각하는 두 가지 능력이 지닌 기본적 정체감의 성격을 더욱더 잘 규명하기 위해서만 그러한 가정이 허용된다.

여성의 시

덜 어렵고 수효가 더욱 늘어난 작품들에 대해서, 조절 권력은 아주 빈번하게 여성적 요소의 예외적인 작업들을 통하여 예술적 능력을 증명한다. 전문 예술, 특히 형태 예술은 분명히 기술적 능숙함을 요구하는 것으로 여성에게는 허용되어 있지 않다. 왜냐하면 형태 예술은 여성에게는 적합하지 않으며 느린 습득이 여성의 찬양할 만한 자발성을 질식시키게 될 기술적 숙련이 필요한 것처럼 보이기 때문이다. 하지만 강하고 지속적인 절제를 요구하지 않는 시적인 창조에 대해서는 엘리트 여성이

---

17) 철학자로서의 임무나 예술가로서의 임무.

오히려 남성보다 더 적합한 위치에 있다.

여성이 사변적 일에 일상적으로 참여할 수 있게 되는 것은 바로 시적인 창조에서이다. 왜냐하면 과학 분야에서 말하는 성공이란 여성의 진정한 본성과 양립할 수 없기 때문이다. 새로운 일반교육을 받고 여성이 보편적 움직임에 체계적으로 합류할 경우, 이들은 개인생활이나 가정생활과 관련된 모든 종류의 시를 완성할 것이다. 사실, 문화의 영향에 따른 간단한 차이야 있겠지만, 감상 능력이나 창조 능력은 마찬가지이다. 그러므로 자신들이 더욱 잘 느낄 수 있는 모든 작품에 대해 여성이 남성보다 뛰어나지 못할 이유가 어디에 있겠는가? 내가 보기에, 공공생활을 이상화하는 서사적이거나 극적인 위대한 시들만이 여성의 예술적 능력을 넘어서는 것 같다. 하지만 다른 모든 점에서 시적인 교양은 당연히 여성의 것이다. 소명이 예외적일 경우, 시 분야에서 교양은 여성의 사회적 상황과 조화를 이룬다. 우리의 사적인 감정들은, 여성이라는 더욱 순수한 표현 수단에 의해서만 더욱 잘 묘사될 수 있다. 왜냐하면 여성들에게는 표현의 재능이 이상화하려는 경향을 즉각 보충해주기 때문이다. 그러므로 아마도 음악적인 것까지를 포함하는 대부분의 시적 작업들이 사랑하는 성의 사변적 속성이 되지 않는다면, 사람들은 인류의 미학체제를 완전하게 조직화되지 않은 것으로 간주할 것이다. 이러한 여성의 개입은 특히 사적인 시에 지속적 도덕성을 부여하는 데 없어서는 안 된다. 그런데 이러한 도덕성은 여성의 경우에는 쉽사리 도달할 수 있지만 남성의 거친 기질로는 자발적 미학에 상반되는 어떤 노력을 기울이지 않고는 결코 도달할 수 없다. 라 퐁텐[18]의 천부적 영감과 페트라르카의 감미로운 섬세함은 이렇게 해서, 더욱더 순수하면서도 심오한 사랑과 자연스럽게 결합하여 그때까지만 해도 불가능했던 완성을 시적인 소품에 확보해주었다.

---

18) Jean de la Fontaine(1621~95) : 프랑스 고전주의 시대의 우화작가. 『우화집』 12권에서 동물에 빗대 인간의 전형을 풍자적으로 그리고 있다.

민중의 시

조절 권력의 제3의 필수 요소[19)]의 경우, 예술적 능력이 덜 분명하게 마련이다. 왜냐하면 이들은 행동상의 목표로 인해 시적인 작품들이 전제하는 사유생활에서 한층 더 멀어지기 때문이다. 하지만 힘과 무관심이 현실적 영감의 주된 원천을 이루는 범위가 넓지 않은 모든 작품은, 여성보다는 더욱이 철학자들보다는 노동자들에게 한층 더 잘 어울린다. 서구 민중이 실증주의 교육을 통해 합당한 교양을 함양하게 될 경우, 수많은 예에서 볼 수 있는 것처럼 자신에게 어울리는 성향의 시적이거나 음악적인 행복한 대변기관이 될 것이다.

실증주의 체제에서 예술의 최종적 재조직화는 이와 같다. 몇몇 전문적 거장들의 경우를 예외로 한다면, 엄밀한 의미에서 예술가계급은 더 이상 존재하지 않는다. 그 대신, 일반교육을 통하여 모든 양식의 이상화를 깊이 있게 감상할 수 있을 것이며, 조절하는 세 요소들 사이에서 이러한 이상화 양식의 배양이 이루어질 것이다. 정부와는 상관없는 세력들 사이에서 시적인 작업을 기본적으로 분배하는 데에서 철학자들은 공공생활과 관련된 모든 속성을 집행하게 되는 반면, 사적이고 개인적인 작품들의 경우에는 무엇보다도 이들이 사랑이나 힘을 요구함에 따라 여성이나 노동자들에게 속하게 된다.

이렇게 해서, 인류에게 가장 적합한 정신적 훈련은 인간 본성이 가장 잘 드러나는 계급에서 한층 더 발전한다. 이러한 부드러운 협력은, 개인적 지위와 재산에 대한 지속적 관심으로 인해 본래 수동적이다. 게다가 예술활동을 보편적 실증주의 교육으로 증대될 수 있는 즐거움으로만 한정시키는 사람들만을 배제한다. 우리의 이상화 기능은 위대한 사회적 임무와의 밀접한 관련으로 해서 직접 자신들의 고귀한 감정적 목표를 향해 나아갈 것이다. 예술은 자연스런 매력을 변질시키는 전문성을 버

---

19) 노동자계급.

림으로써, 오로지 표현에만 몰두하는 모든 사람이 노출되어 있는 도덕적 해악들을 더 이상 제공하지 않을 것이다.

현재와 같은 위기에서 가지는 예술의 가치

예술이 인류의 최종적 체제에 어떻게 정상적으로 연결되는가 하는 문제를 살펴본 지금, 나는 예술이 어떤 방식으로 실증주의적 쇄신이라는 현재의 움직임에 기본적으로 참여하는지에 대해 언급하고자 한다. 개혁적 충동의 세 가지 필수 요소에 대해, 우리는 이미 다음과 같은 사실을 알고 있다. 즉 각각의 요소가 오늘날, 덜 규칙적인 양식이기는 하지만 한층 더 분명하게, 결정적 조직화가 부여하는 본질적 임무를 수행함으로써 실증주의의 쇄신에 협력한다. 그런데 재구축의 체계적 주도권을 장악하고 있는 철학자들 사이에서 이러한 자유로운 행보는, 마찬가지로 재구축을 강화하는 노동자들 사이에서, 그리고 심지어 그것을 비준하는 여성들 사이에서도 적합하다. 재구축은 이러한 3중의 유기적 기능의 예술적 보완으로 똑같이 확장되어야 한다. 우리는 직접 검토함으로써 이러한 필연적 유사성에 이의를 달 것이 없음을 알 수 있다.

철학이 제공하는 토대에 입각한 정상적 유형의 건설

예술의 주된 기능은 항상 과학이 토대를 제공하는 유형들을 구축하는 것이다. 이러한 조작은 무엇보다도 새로운 체제의 시작에 없어서는 안 된다. 철학이 다양한 본질적 개념들을 충분히 발전시켜나가겠지만, 이들 개념은 아직 너무 막연한 상태에 있기 때문에 지금으로서는 자신들의 실질적인 목표에 충분하다고 할 수 없다. 왜냐하면 과거에 대한 체계적 연구도 우리에게 미래에 관한 일반적 성격만을 직접 제공할 수 있기 때문이다. 심지어 아주 사소한 현상에 대해서도, 과학적인 한계 설정은 진정한 의미에서 증명에 따른 한계를 극복하지 않고서는 완전한 것이 될 수 없다. 그러므로 사회학의 탐구에서, 그 결과들은 가장 친근한 보편성을 향해 나아가는 개념들이 요구하는 정도의 충만함, 분명함, 정확함보다 더 낮은 위치에 놓이게 된다. 그러므로 철학의 불가피한 틈을 메워 정치에 영감을 불어넣는 것은 시이다. 다신교 시대 초기에 시는 이미 체계적 신학의 불완전한 창조물에 대해 이러한 자연스런 임무를 수행했다. 또한 상상력의 영향이 덜한 객관적 평가를 완성하는 것도 철학보다는 훨씬 더 시에 많은 몫이 있다. 나는 이 책의 결론 부분에서 실증주의의 중심 개념에 없어서는 안 될 시적인 기능을 지적하고자 한다. 그렇게 되면, 독자들은 동일한 설명을 다른 모든 중요한 경우로 확장시킬 수 있을 것이다.

인간의 미래에 대한 그림

이러한 위대한 임무를 완수하기 위하여, 실증주의 예술은 자연스럽게 이상화에 도달할 수 있는 모든 양상 아래서 느낄 수 있는 인간 쇄신의 예상되는 밑그림들을 미리 제공할 것이다. 이것이 바로 첫번째 참여를 발전시켜나감으로써 생겨나는 개혁적 충동에 대한 실증주의 예술이 주는 두번째 일반적 기여가 될 것이다. 다른 모든 시적 구성과 마찬가지로, 이러한 새로운 임무는 사실 이상을 현실에 종속시킴으로써 유토피아들을 통제하는 것으로 돌아간다. 현재의 무정부상태가 유토피아에게 확보해주는 것처럼 보이는 사변의 자유는 결국 그들의 감정 발전을 많은 부분 제한할 것이다. 왜냐하면 그러한 자유는 정신의 조화라는 공동의 요구를 깨달을 수밖에 없는 정신을 지닌 아주 몽상적인 기질의 소유자들 사이에서도 일탈의 의구심을 불러일으키기 때문이다. 하지만 상상력의 영역이 이성의 영역을 발전시키고 활성화시키는 것으로만 한정될 경우, 아무리 오만한 사상가들이라 할지라도 현실을 변질시키기는커녕 과학으로는 규정되지 않는 현실의 중요한 성격을 더욱 잘 드러내주는 매력을 기꺼이 받아들일 것이다.

이처럼 실증주의는 유토피아에 진정한 목표를 부여함으로써 이러한 현대적 성격의 시적인 구성을 아주 많이 자극하게 된다. 이는 사회학의 영감 아래서 서구 민중 전체가 인류의 정상상태로 나아가게 하는 데 많은 도움을 줄 수 있기 때문이다. 다섯 가지 예술 양식은 모두 각각의 양식에 알맞은 이상화 방식에 따라 인간으로 하여금 개인, 가정, 사회의 차원에서 새로운 삶의 매력과 위대함을 미리 느끼게 함으로써 이러한 이로운 충동에 참여하게 만든다.

과거와의 비교

위대한 재구축 속에서 예술이 행하는 이러한 두번째 일반적 기여는 당연히 세번째 기여를 불러일으킨다. 이 기능은 오늘날 미래를 예견하지 못하게 하는 과거의 헛된 파편들로부터 서구인들을 떼어놓는 데에서 그 필요성이 결코 덜하지 않다. 내가 이제 막 지적했던 예상되는 밑그림을 비교해보는 것으로 충분할 것이다. 14세기에 현대적 변화가 막 시작되었을 무렵부터 예술은 종합적 본질에는 잘 들어맞지 않는 비판적 의도 아래서 발전했다. 그러므로 예술의 유기적 발전은 몰락한 체제나 임시 단계에서 우리에게 남겨진 의견과, 특히 관습에 대해 현재 상황이 요구하는 부차적 투쟁과 폭넓게 화합할 수 있다.

이러한 보완적 동요는 가장 내밀한 과거의 뿌리와 관련된 것이다. 그런데 그것은 결코 어떤 직접적 비판을 요구하지 않고도 달성될 수 있기 때문에 실증주의 예술의 위대한 사명을 그만큼 덜 변질시킬 것이다. 신학에 대해서도 그리고 형이상학에 대해서만이라도, 이제부터 우리는 철학적이거나 하물며 시적인 어떠한 논의도 필요로 하지 않는다. 지금 모든 것은, 그에 따라 가톨릭과 실증주의가 동일한 도덕적·사회적 욕구들에 부합하게 되는 대립 양식들 사이에 종종 은폐되어 있는 단순한 경쟁으로만 귀착한다. 그런데 이미 과학적 토대가 닦여진 이러한 보조적 임무는 무엇보다도 예술의 영역에 속하는데, 그것은 그 임무가 이성보다는 감정에 더 많이 호소하기 때문이다. 제4부의 마지막 부분에서 나는, 두 남유럽 국가 국민들의 실증주의 입문에 대해 나의 성스러운 여자 동료에게 부여했으며, 주로 여성의 예술적 개입에 귀속하게 되는 고상한 협력의 독특한 예를 지적한 적이 있다.

세번째 사회적 기능 속에서, 새로운 시는 미래에 대해 그랬던 것처럼 과거를 이상화함으로써 현재의 사명을 직접 자신의 최종적 임무에 연결시킨다. 모든 측면에서 볼 때 실증주의의 도래는 가톨릭에 대해 세심한 정의(正義)를 요구하기 때문이다. 철학이 인도하는 시는 중세에 걸맞는 체제의 도덕적이고 정치적인 장점을 결코 약화시키는 것이 아니라, 우선은 당연하게도 그것을 영광스럽게 함으로써 최종 질서의 필연적 우위가 가지는 성격을 한층 더 뚜렷하게 규명할 것이다. 이렇게 해서 예술은 과거에 다시 생기를 불어넣는다는 자신의 정상적 의무의 서막을 알리는데, 미래와 과거의 자연스런 관계는 체계적 이성과 사회적 감정의 공동 이익 속에서 아주 친숙한 것이 된다.

그다지 요원한 것은 아니지만, 실증주의 예술이 그것을 통해 최종 질서에 대한 자신의 융합을 개시하게 될 이러한 3중의 임무가 즉각 실현될 것이라고 말할 수는 없다. 왜냐하면 그러한 임무는, 아직 서구 민중들 사이에서나 예술의 표현 수단에 의해 결코 충분히 달성되었다고 할 수 없는 철학적 준비를 요구하기 때문이다. 프랑스에서 대혁명의 두번째 단계를 시작했던 평화세대는, 진정한 의미의 사상가들 사이에서뿐만 아니라 서구인들의 공동 운명을 담당하는 파리 민중들 사이에서, 심지어 그러한 성향들을 더욱더 많이 보여주는 여성들 사이에서도 실증주의가 자유롭게 우위를 차지하도록 해줄 수 있다. 그러므로 이러한 영향 아래서 양육될 다음 세대는 국민의회가 열어놓은 세기가 채 끝나기도 전에, 쇄신된 인류의 새로운 미학적 성격을 드러냄으로써 정신적이고 도덕적인 시작을 자발적으로 완성하게 될 것이다.

이 책의 마지막인 제5부에서, 우리는 실증철학이 다른 어떤 철학보다도 모든 예술의 계속적 발전에 이롭게 작용한다고 보았다. 인류에게 보편적 완성을 향해 나아가게 하는 학설은, 완성을 지향하는 우리의 본능에 가장 적절한 사변들에 아주 긴밀하게 합쳐진다. 이 학설이 그러한 사변들을 현실에 대한 체계적 연구에 종속시키는 것은, 다만 이상(理想)에다 그 견고함과 위엄에 없어서는 안 될 하나의 객관적 토대를 마련해주기 위해서이다. 하지만 이렇게 구축된 예술적 기능은 과학적 기능보다도 인간 지성의 본질과 범위에, 또한 무엇보다도 인간통합의 조직화라는 지성의 본질적 목표에 한층 더 적합한 것이 된다. 왜냐하면 예술적 기능은 즉각적으로 이러한 체계화의 감정적 원칙과 관련되기 때문이다. 감정의 직접적인 배양 이후, 우리를 한층 더 부드럽고 고귀하게 해주는 최선의 방법을 제공할 수 있는 것은 바로 예술이다.

예술의 논리적 영향은 일찌감치 우리를 모든 인간적 구축의 참된 성격과 친근하게 해줌으로써 우리의 체계적 능력을 완성한다. 과학은 오랫동안 분석적인 체제를 더 좋아했다. 반면, 예술은 현재와 같은 무정부 상태에서도 항상 모든 인간 사유의 필연적 목적인 종합에 이르게 된다. 비록 예술이 자신의 본성에 반하여 파괴를 기도할 때도 있겠지만, 어떤 예술작품도 건설을 전제로 하지 않고서는 파괴하지 않는다. 예술이 지닌 건설의 취향과 습관은 이렇게 해서 우리로 하여금 현실의 가장 굳건한 토양 위에서 더욱더 잘 건설하게 한다.

이 모든 이유 때문에 실증주의의 경우 감정에 의해 인도되는 예술은, 나중에 과학이 다만 불가피한 객관적 체계화만을 주도하게 되는 보편교육의 주된 토대가 된다. 실생활은 조절 권력의 규칙적 기능에다 과학보다는 차라리 예술의 성격을 새겨넣음으로써 이러한 최초의 우위를 완성한다. 이렇게 해서, 도덕적 힘의 세 가지 필수 요소는 이제부터 체계화와 분리될 수 없는 이상화의 자발적 기관이 된다.

그러한 융합은 새로운 철학자들에게 모든 예술을 깊이 느끼도록 강요한다. 비록 통상적으로 수동적이기는 하지만, 이러한 능력은 철학자들

중에서도 주도적인 위치에 있는 사람들 사이에서 철학적 노력이 중지되고 시적인 활력이 더욱더 요구되는 시대에 가장 숭고한 행동으로 고양될 수 있어야 할 것이다. 이러한 어려운 보완이 없다면, 철학자들의 임무는 그 본질이 지니고 있으며 그 목표가 요청하는 자유로운 도덕적 영향력을 획득할 수 없을 것이다. 인류의 사제[20]가 신의 사제[21]에 대한 필연적 우위를 발전시켜나가려면, 그의 체계적 이성은 당연하게도 여성의 공감과 민중의 힘과 마찬가지로 시인의 열정과 결합해야 할 것이다.

---

20) 실증주의 철학자들.
21) 기성 종교의 성직자들.

결론

인류교(人類敎)

지금까지의 논의에 대한 요약

"사랑은 우리의 원칙, 질서는 우리의 토대, 진보는 우리의 목표." 지금까지의 기나긴 예비적 고찰에 따르면, 이것이 바로 실증주의가 감정과 이성과 행동 사이의 변경할 수 없는 조합을 통해 인간의 모든 개인생활과 사회생활을 체계화함으로써 시작하게 된 궁극적 체제의 기본 성격이다. 이러한 최종적 체계화는 이전의 모든 가능성을 뛰어넘어, 인간 본성의 서로 다른 부분들의 전문적 발전에 대해서나 그들 사이의 일반적 관련성에 대해서나 다양한 본질적 조건들을 충족시킨다. 실증주의에 오면, 사고와 행동을 직접 매혹시킬 수 있는 사회적 감정의 보편적 우위에 따라, 감정생활의 당연한 우위가 과거 어떤 시기보다도 더욱 잘 보장된다.

마음의 지배는 절대로 정신에 대해 강압적인 것이 아니며, 이제부터는 지성을 사회성에 직접 봉사하게 만들어 그 영향력을 강화하고 그 행사를 규명함으로써 지성을 비준한다. 이렇게 해서, 당연히 감정에 종속된 이성은 자신이 아직까지 획득할 수 없었던 권위를 얻게 된다. 그런데 유일하게도 이성만이 다양한 현상들을 규제하는 모든 자연스런 법칙에 따라 당연히 인간생활 전체를 이끌어가게 마련인 기본 질서를 드러낼 수 있다. 진정한 인간적 지혜가 자리하고 있는 이러한 객관적 토대는 우리의 감정 자체에 깊은 영향을 끼친다. 그런데 우리의 감정은 지혜에 부합해야 한다는 의무감 속에서 자신들의 자발적 변덕을 억제하기에 적합한 불변성의 원천과 공감적 본능의 우위를 향한 직접적 자극을 발견한다. 온갖 쓸데없는 일탈로부터 지켜주는 기본 임무에 고상하게 적용된 과학적 재능은, 우리의 운명에 영향을 끼치는 모든 현실 법칙을 평가하면서, 그리고 특히 개인적이고 집단적인 인간 본성을 연구하면서 가장 폭넓은 자양분을 발견한다. 사회학적 관점의 우위는 결코 추상적 사변들을 없애버리는 것이 아니라, 그러한 사변들의 통합을 구축함으로써 그 위엄성만큼이나 견고함도 증대시킨다.

이러한 최종적 체제는, 이성에게 인간생활 전체에 대한 정당한 영향력 행사를 보장해줌으로써, 앞으로 현실의 지속적 이상화라는 고유 목표에 부여된 상상력의 일상적 발전을 강화하고 발전시켜나갈 것이다. 과학적 기능들은 우리의 모든 개념들의 외적인 토대를 구축하는 데에만 필요할 뿐이다. 하지만 이러한 임무가 일단 완수되고 나면 예술적 기능들은, 그 기능들의 실질적인 행사가 이러한 필연적 토대를 존중하기만 한다면 인간 지성에 더욱 알맞는 것이 된다. 이 필연적 토대는 예술적인 기능들의 일탈을 예고하기에 적합하다. 이러한 독특한 일반 조건 아래서, 예술적 기능은 실증적 체계화로 인해 자신의 감정적 원칙에 가장 잘 맞아떨어질 뿐만 아니라 행동 목적에도 가장 가까운 것으로 권장된다. 새로운 삶과 밀접하게 관련되어 있는 예술적 기능은 보통 실증적인 체계화 과정에서, 직접적으로 감정을 배양시키고 완성을 추구하려는 경향을 더 이상 보여줄 수 없게 될 인간 지성의 가장 부드럽고도 이로운 행사를 구성한다.

처음에는 실생활에서 생겨나는 궁극적 체계화는 기나긴 사변적 준비 과정을 거친 다음, 앞으로 그 직접적 원천이 될 감정적 원칙으로 고양될 경우 더욱 힘차게 실생활로 돌아온다. 이러한 기본적인 사랑은 결코 어떤 무기력 상태를 불러일으키는 것이 아니라, 인간존재 전체를 보편적 완성으로 나아가게 함으로써 항상 가장 완전한 행동으로 우리를 이끌어가게 될 것이다. 이러한 사랑이 인간에게 자연질서를 연구하게 하는 것은, 오로지 우리의 개인적이거나 집단적인 힘들을 자연질서의 인위적인 개선에 더욱 잘 적용하기 위해서이다. 지금까지 물질세계에 대해서조차도 거의 그 윤곽이 잡히지 않았던 이러한 정상적인 목표는, 인간들의 노력의 아주 작은 부분만을 차지할 수 있었다. 그러한 발전은 더 낮은 단계의 완성에 국한될 경우에만 타락시키는 경향을 띠게 될 것이다. 우리의 사변적 지혜가 그 주된 영역을 직접적으로 포용하자마자, 우리의 행동적 지혜는 무엇보다도 자연질서가 더 불완전하면서도 더 변화하지 않는 아주 탁월한 현상들에 적용된다. 이렇게 확대되고 체계화된 우리의 실생활은 무엇보다도 지적인 개선을 추구하며, 그 이상으로 사랑이나 용기에서 도덕적 완성을 추구한다. 이제부터 개인생활과 공공생활은, 그 친근한 시각이 그들의 모든 행위를 고상하게 해주는 동일한 중심 목표로 연결된다.

그러므로 실천의 당연한 우위는 결코 이론에 적대적인 것이 아니며, 이론에 가장 어려운 탐구들을 부여한다. 그렇게 함으로써, 실천의 우위는 그에 대한 인식이 항상 현실적 욕구보다 더 낮은 단계에 남아 있게 되는 우리의 개인적이고 사회적인 본성의 진정한 법칙들을 발견한다. 그러한 일상적 활동은 도덕적 메마름으로 나아가는 것이 아니라, 우리에게 보편적 사랑이 주된 행복을 이루고 있다는 사실을 끊임없이 깨닫게 해준다. 뿐만 아니라, 그것 없이는 다른 것들마저도 모두 무의미하게 되어버릴 가장 강력한 수단이라는 사실을 더욱 잘 깨닫게 해줄 것이다.

이렇게 해서 실증적인 삶 속에서 마음, 정신, 성격은 특유의 자연스런 훈련의 통상적 체계화로 서로를 강화시키고 발전시켜나가게 된다. 공공생활과 개인생활이 폭넓게 연결될 수 있는 것은, 이들이 자신들의 수단의 폭에 의해 달라지는 동일한 본질적 목표를 인정함으로써만 가능하다. 둘 모두 가능한 한 개인성에 대한 사회성의 우위를 목적으로 하고 있다. 각자의 삶은 끊임없이, 그리고 모든 점에서 감정적이고 사변적이고 행동적인 모든 힘들을 이러한 목표로 수렴시킨다.

위대한 인간 문제에 대한 이러한 최종적 입장에 따라, 직접 일반적 해결책을 찾으려 하는 사회적 기술은 이제부터 두 개의 기본 세력들의 정상적 분리를 기본 원칙으로 한다. 두 개의 힘 가운데 하나는 도덕적 성격을 띠는 것으로 충고하는 것을 가리키며, 다른 하나는 정치적 성격을 띠는 것으로 명령하는 것을 가리킨다. 항상 물질적인 힘에 기초하는 정치적 힘의 당연한 우위는 가장 거친 욕망들이 가장 시급하고도 지속적인 것이 되는 우리의 불완전한 본성 속에서 개인성의 자발적 영향을 나타낸다. 이러한 거역할 수 없는 숙명이 없다면, 우리의 개인생활 자체는 일관성과 방향성이 부족해질 것이다. 그리고 우리의 사회생활은 특히 성격도 행동도 상실해버릴 것이다. 이처럼 확신과 설득에 기초한 도덕적 힘은 결코 지배적인 것이 되려 하지 않고 순전히 조절하는 것으로만 남게 된다.

감정과 이성에서 나온 도덕적 힘은 특별히 자신만이 즉각적으로 함양시킬 수 있는 사회성을 나타낸다. 하지만 도덕적 힘은 우리의 가장 탁월한 속성들에 부합한다는 바로 그 사실 때문에, 가장 힘있는 사람들이 지니게 되는 실천적 우위를 획득하지 못한다. 더 많은 위엄을 지니고 있기는 하지만 세력에서는 덜한 도덕적 힘은, 항상 정신적이고 도덕적인 장점에 따른 개인들의 잠재적 분류를 재산이나 지위에 따른 실질적 분류에 대립시킨다. 이렇게 해서 도덕적 힘은 결코 그 평가 원칙들이 우위를 차지하도록 하는 데 이르는 것이 아니라, 실질적 행동으로 변질되어버리는 전체 정신과 의무감을 합당하게 상기시킴으로써 다행스럽게도 모든 사회의 자연질서를 변화시키기에 이른다.

그 필요성이 도처에서 느껴지는 이러한 기본 임무는 조절 권력의 독특한 속성에 따라 체계화된다. 이렇게 해서, 우리는 지적인 부분에서조차 주로 도덕과 관련되어 있는 건전한 일반교육을 통해 현실생활을 준비하게 된다. 이처럼 사변과 감정에 결부된 변화시키는 힘은 항상 행동과 무관한 것으로 남아 있을 때에만 사회성의 합당한 체계적 대변기관이 될 수 있다. 그러므로 그 최초의 임무는 세속적 상승을 향한 우리 내부의 헛된 본능들에 맞서 싸우는 일이다. 그런데 이러한 본능들은 일상적 기원의 불순함에도 불구하고 불가피하게 명령하는 위치에 있는 사람들 사이에서만 이로운 것이 된다. 재산과 지위에 대한 거부는 진정한 이론적 힘의 최초의 토대가 되며, 언제라도 닥칠 수 있는 실천적 힘의 찬탈에 대한 정당한 거부의 중요한 조건이 된다. 이와 같이, 진정한 이론적 힘은 자신과 마찬가지로 정치적인 정부와 무관한 사회적 요소와 자연스런 친근함을 발전시켜나감으로써 주된 일상적 지지기반을 획득한다.

아주 감정적인 본성을 지니고 있기 때문에 변화시키려는 힘의 최초의 자발적 원천으로 간주되는 여성은, 자신들의 수동적 상황 때문에 진정한 영적 권력의 가정적인 보조자들이 된다. 진정한 영적 권력은, 실증주의 체제 내에서 공교육의 필수 불가결한 체계적 보완을 이루는 사교육 전체를 여성에게 맡김으로써 여성을 자신의 본질적 임무에 긴밀하게 연결시킨다. 또한 여성은 아내로서 영적 권력이 단지 확신을 통해서만 조절하게 되는 물질적 영향력을 설득을 통해 완화시킴으로써, 교육의 자문 기능에 더욱 많이 참여한다. 자신들의 본성에 부합하는 공공생활에서 여성은 자발적으로 영적 권력을 도움으로써 여론을 형성한다. 그런데 영적 권력은, 여성에게 제공하는 원칙들에 따라 행동들과, 특히 사람들을 평가함으로써 여론의 체계적 표현기관이 된다. 당연하게도 남성이 온갖 물질적 염려로부터 보호하게 되는 여성이 도처에서, 노동자들 사이에서 그토록 뚜렷하게 드러나는 것처럼 지배에 대해서만큼이나 재산에 대해서도 무관심해질 경우,[1] 이러한 긴밀한 협력은 한층 더 발전할 것이다.

비록 덜 순수하고 덜 직접적이기는 하지만, 철학적 힘에 대한 민중계급의 친밀감은 당연하게도 정치권력과의 불가피한 대립 속에서 시민 차원의 강력한 도움을 철학에 제공한다. 물질적 여유뿐만 아니라 개인적

---

[1] 제3부에서 보는 것처럼 노동자들은 혁명 상황을 제외하고는 결코 지배세력이 되어서도 안 되며, 물질적 재산의 축적에 관심을 기울여서도 안 된다. 콩트는 제4부에서 이 점은 여성의 경우도 마찬가지라고 지적한다.

힘조차도 지니지 못한 노동자들은 예외적인 경우는 있겠지만, 그 효용성이 무엇보다도 권력의 집중화에 달려 있는 실질적 정부에 합당하게 참여할 수 없을 것이다. 반대로, 항상 자유로운 수렴에서 생겨나는 도덕적 힘은 광범위한 하부조직들을 지니고 있으며, 심지어 그런 조직들을 요구하기까지 한다. 그런데 모든 실질적 책임감과 무관한 노동자들은, 자신들을 세속적인 지도자들보다 훨씬 더 전체적인 조망과 관대한 감정을 향하여 나아가게 하는 정신의 자발성과 사적인 무사태평에 따라 자연스럽게 이론적 권력에 연결된다. 이렇게 해서 특히 노동자들을 주요 대상으로 하는 일반교육이 그들에게 자신들의 기원이 무엇인지를 뚜렷하게 규정지을 수 있게 해줄 경우, 이들은 진정한 여론의 중요한 일상적 토대가 될 것이다. 이들의 성향과 마찬가지로, 노동자들의 욕구는 항상 지배계급에 대하여 자신들의 체계적 대변기관이 되는 철학자들로 이루어진 사제계급에 그들을 가깝게 해준다. 이러한 자연적 임무에 대한 반대 급부로, 철학자들은 명령을 끊임없이 도덕성에 종속시킨다는 위대한 사회적 사명에 대한 강력한 도움을 노동자들로부터 받을 것이다. 조절 권력의 정치적 개입을 요구하는 예외적인 경우에, 민중적 요소의 행동적 성격은 철학자들이 여성만큼이나 그들을 왜곡시킬지도 모르는 비정상상태에 떨어지지 않도록 해줄 것이다.

불완전한 본성에 대한 이성의 미미한 영향력은 새로운 사제계급으로 하여금 진정한 이론의 사회적 위엄과 실천적인 것과의 정당한 관계를 충분히 존중하도록 해주지는 못할 것이다. 하지만 이러한 2중의 기본적 유대관계는 모든 도시와 심지어 모든 가정에서 새로운 사제계급에 강력한 지지기반을 제공함으로써 부자들에 대한 가난한 자들의 합법적이고도 도덕적인 영향을 조직화할 것이다. 게다가 보편교육은 지배계급 가운데 가장 뛰어난 구성원들을 자발적으로 일종의 새로운 기사도에 이르게 함으로써 새로운 사제계급에 추가적인 도움을 확보해줄 것이다. 도덕적 힘의 이러한 거대한 조직화에도 불구하고, 개인성의 즉각적인 영향이 아주 뚜렷하게 드러날 것이다. 위대한 인간 문제에 대한 감정적 해결은 항상 우리의 정당한 희망보다 더 낮은 위치에 머무르고 말 것이다. 진정한 운명의 모든 양상에 공통으로 적용되는 이러한 평가는 우리로 하여금, 아주 가변적이고 불완전하기는 하지만 아주 중요한 성향들 속에서 자연질서를 개량하기 위해 우리의 모든 노력을 더욱 집중시키도록 권고한다.

개인적인 것뿐만 아니라 집단적인 것까지 포괄하는 우리의 중요한 진보는, 무엇보다도 우리 자신의 정신적 미완성에 입각하여 우리에게만 속한 이러한 지배를 계속 발전시켜나가는 것이다. 이러한 주된 경향은 고대에는 충분히 드러날 수 없었다. 당시에는 다만 필수 불가결한 지적이고 사회적인 전조를 통해 그것이 드러날 수 있는 준비만 이루어졌다. 게다가 그 목표가 위대한 인간 문제의 직접적 입장과 전혀 양립할 수 없는 것이기 때문에, 그것은 오히려 항상 정치에 대한 도덕의 긴밀한 종속을 요구한다. 하지만 이러한 2중의 목적은 우리 인간에게 너무나 잘 맞아떨어진다.

그렇기 때문에 두 개의 전제조건이 충분히 달성되지 못함으로써 생겨나는 여러 가지 장애에도 불구하고, 인간은 중세 때부터 공개적으로 그러한 목적을 향해 나아가려 했다. 당시로서는 지배적 학설이 충분히 현실적이지도 완전하지도 못했으며, 사회적 성격도 너무 군사적이고 귀족적이었다. 따라서 정치에 대한 도덕의 궁극적 영향을 구축할 수 없었다. 하지만 이러한 찬양할 만한 시도의 필연적 불충분함은 서구 주민들이 기본 원칙을 깨닫지 못하게 했다. 이 원칙은 나중에 그것이 비롯된 의견과 관습들이 돌이킬 수 없을 정도로 몰락한 다음에도 살아남았다. 이러한 원칙의 결정적 우위를 확보해주기 위해, 오랫동안 아주 단순한 연구에만 한정되어 있던 진정한 의미의 철학정신은 광범위하게 체계적인 것이 되기까지 궁극적으로 사회적인 사유들로 확장됨으로써 점진적으로 사변의 영역 전체를 포괄해야만 했다. 이와 동시에, 로마 제국의 합병과 가톨릭적이고 봉건적인 입문으로 준비해온 서구 제국의 주민들 사이에서 산업활동이 군사활동보다 우위를 차지해야 한다는 것은 당연한 일이다. 이러한 2중의 준비작업은 고내체세가 점진적으로 와해됨과 동시에, 우리를 중세에서 분리시키는 기나긴 변화의 와중에 달성되었다. 앞으로는 결정적인 동요가 엘리트 계급으로 하여금 정신적으로나 사회적으로 더 나은 토대에 입각해서, 우리의 신앙심 깊은 기사도 시대의 조상들이 제기한 위대한 문제를 직접 다시 다루도록 한다. 그렇게 함으로써, 이러한 결정적 동요는 오늘날 마침내 실증주의가 체계화하고 공식화하게 되는 근본적 해결을 지향한다.

인류는 실증주의의 모든 양상이 수렴하는 중심이다

이러한 집단적 준비과정의 모든 본질적 단계들은 자발적이거나 체계적인 개인적 입문 속에서도 그와 동등한 단계를 요청하는데, 그렇지 않을 경우 그러한 준비과정은 결코 충분하지 못할 것이다. 하지만 나중에는 인간 쇄신이 보여주는 다양한 양식들과 단계들이 모두 그들 사이의 긴밀한 연관성을 넘어 자연스럽게도 최종적 체제의 기본 통합을 이루기에 합당한 동일한 중심에 도달해야 한다. 이러한 최종적 응축이 없다면, 실증적인 체계화는 가장 현실적이고 가장 안정적인 요소의 보다 나은 동질성과의 유대관계에도 불구하고 신학체제를 완전히 대신하지는 못할 것이다. 그러므로 실증주의는 감정적 원칙, 합리적 토대, 실질적 목적 등에다 감정, 이성, 행동을 동시에 포괄하는 하나의 독특한 중심을 연결해야 한다. 이것이 바로 공적인 차원에서나 사적인 차원에서 실증주의가 결정적으로 영향력을 행사하기 위한 마지막 조건이다.

이러한 조건은 신의 개념을 결정적으로 제거한 인류라는 위대한 개념을 향한 실증주의의 모든 양상들의 자연스런 수렴으로 완전히 충족될 것이다. 그리하여 그것은 최초의 체제가 보여주었던 잠정적 통합보다 한층 더 완전하고도 지속적인 최종적 통합을 구축할 것이다. 이렇게 해서 새로운 일반학설의 확장과 적용은 모든 마음과, 나아가서는 모든 정신이 도달할 수 있는 것이 된다. 이를 위해, 오늘날에는 단지 그 체계적인 대변기관에만 필수적으로 남아 있는 길고도 어려운 과학적 준비단계를 거칠 필요가 없다.

실증주의의 보편적 중심은 정신적이라기보다는 훨씬 더 도덕적인 성격을 띠는 본질에 따라 곧바로 최종적 체계화의 감정적 원칙[2]을 보여준다. 왜냐하면 새로운 대존재(大存在)[3]의 고유한 성격은 필연적으로 서로 분리될 수 있는 요소들로 구성되어 있으므로, 그 존재 전체는 항상 다양한 부분들을 연결하는 상호적인 사랑에 기초하기 때문이다. 여기서는 어떠한 이기적 계산도 결코 그러한 본능을 대신하지 못한다.

사회적 감정의 직접적 우위에 전체 정신의 지속적 발전이 부응하는데, 전체 정신만이 모든 부분적 갈등을 배제함으로써 이러한 위대한 유기체가 생겨나게 된 자발적 협력을 인식할 수 있게 해준다. 그러므로 이성 또한 사랑과 마찬가지로 이러한 최종적 응축에 참여한다. 게다가 이성만이 그 현실적 존재의 내외적인 모든 조건을 드러냄으로써 진정한 의미에서 절대자의 개념을 완성시켜준다.

하지만 행동 또한 감정과 이성에 못지않게 실증주의적 통합의 본질에 본래부터 내재되어 있다. 왜냐하면 가장 복합적인 유기체는 다른 어떤 것보다도 그에 대응하는 환경에 끊임없이 영향을 끼치고 거기에 종속됨으로써 그것을 변화시키기 때문이다. 사랑에서 비롯된 질서의 발전된 모습으로서 필연적 진보가 생겨나는 것은 바로 여기서이다.

그러므로 인류라는 개념은 주관적 동인, 객관적 교의, 실질적 목적이라는 실증주의의 세 가지 본질적인 성격을 직접적으로 응축시키고 있다. 이제부터는 그것을 알기 위한 우리의 사유, 그것을 사랑하기 위한

---

2) 사랑.

3) 'Grand-Être'를 이렇게 옮겼다. '대존재'(大存在)란 '인류교'라고 불리는 실증주의 종교가 설정한 일종의 '절대자'이다. 이것은 숭배의 대상이라는 점에서 전통적 종교의 전지전능한 '절대자'의 개념과 마찬가지이지만, 초월적 신성(神性)이 개입되어 있지 않다는 점에서 보면, 전통 종교의 절대자와 완전히 다른 개념이다.

우리의 감정, 그것에 봉사하기 위한 우리의 행동 등 개인적이거나 집단적인 차원에서 인간생활의 모든 양상들이, 우리가 그 필연적 구성원이라는 사실을 잘 알고 있는 진정한 의미의 유일한 대존재와 관련될 것이다.

바로 이렇게 해서, 실증주의자들은 어떤 신학자들보다도 더욱더 삶을 일상적이면서도 내밀한 진정한 숭배 행위로 인식한다. 인류에 대한 이러한 지속적 숭배가 우리의 모든 감정을 고양시키고 완전하게 드러낼 것이며, 우리의 모든 사고를 위대하게 하고 또한 밝혀줄 것이며, 우리의 모든 행동을 고귀하게 하고 강화시켜줄 것이다. 또한 중세의 커다란 문제는 가능한 한도 내에서 여기서 직접 해결될 것이다. 왜냐하면 여기서는 필연적으로 개인성에 대한 사회성의 성스러운 우위로부터 도덕에 대한 정치의 종속이 생겨날 것이기 때문이다.

이렇게 해서, 실증주의는 마침내 유일하게 완전하고 현실적인 진정한 의미에서 종교가 되어, 처음에 신학에서 비롯되었던 불완전하고 잠정적인 온갖 체계화보다 우위에 서게 될 것이다.

고대의 신권정치의 통합은 그 자체로 불충분할 수밖에 없었다. 왜냐하면 이러한 통합이 보여주는 순전히 주관적이기만 한 본질은 결코 항상 객관적 현실을 따르게 마련인 실생활을 광범위하게 포괄할 수 없었기 때문이다. 예술적 정신이 신권정치의 보호를 결정적으로 극복하게 되었을 때, 감정과 이성으로만 한정된 최초의 체계화는 얼마 가지 않아 지적인 분야라는 두드러진 부분을 버리고, 자발적 소명에 따라 현실생활에 더욱 잘 적응되었다. 아주 사소한 실증주의 개념의 추상적 발전으로 말미암아 엄밀한 의미의 철학[4]이 생겨나면서, 여전히 도덕뿐만 아니라 과학의 유일한 심판자로 남아 있던 사제들은 나중에는 자신들의 이론적 권위를 상당 부분 상실하게 되었다. 비록 당시로서는 철학이 형이상학적일 수밖에 없었지만, 그것은 이미 어떠한 유기적 효용성도 지니

---

4) 여기서 철학이란 우선 고대 그리스 철학을 말한다.

지 못한 채 다신교를 파괴하고 결국 그것을 일신교로 변화시켰던 반(反) 교권적 체계화를 시도했다. 신학의 이러한 극단적 양식(良識) 속에서 사제계급의 사변적 권위는 그 학설의 원칙만큼이나 근본적으로 변질되었다. 그리하여 사제들은 처음에 자신들의 예술적 영향력을 상실해버린 것과 마찬가지로 과학적 영향력마저도 상실했다. 그들은 단지 도덕적 우위만을 유지했지만, 얼마 지나지 않아 그것마저도 지적인 해방으로 인해 손상되어버렸다. 형이상학정신이 지적인 해방의 체계적 기관 구실을 했지만, 실증정신이야말로 그 해방의 현실적 원천이었다.

사회학 법칙들이 발견됨에 따라 과학을 토대로 한 종합이 가능해졌다. 이제 과학은 인류에 대한 연구에 몰두하게 될 것이다

철학에서 분리될 만큼 충분히 성장하자, 과학은 지체없이 신학에 대해서뿐만 아니라 형이상학에도 완전히 상반되는 새로운 사변적 통합으로 나아가려는 필연적 경향을 드러냈다. 게다가 신학정신과 형이상학정신에는 필요 없었던 준비과정의 완만한 연속을 따랐던 이러한 최종적 구축은, 실증정신이 사변의 영역을 점점 더 장악함에 따라 그것으로 하여금 자발적으로 생겨나는 실생활을 체계화하도록 한다. 이러한 2중의 영향력은 나의 역사이론이 구축하는 최근의 진정한 사회과학의 확립으로서만 마침내 완성할 수 있었다. 그러므로 진정한 의미에서 학자는 철학의 위엄으로까지 고양됨으로써 필연적으로 사제로서의 성격을 향해 나아간다. 왜냐하면 이러한 최종적 발전은 거기서부터 즉시 동질적이면서도 완전한 구축물이 생겨나는 감정적 원칙의 체계적 우위로 이어지기 때문이다. 이처럼 인류의 사제들로 간주되는 새로운 철학자들은 고대의 사제계급이 지니고 있던 영향력보다 더욱더 광범위하고 뿌리가 튼튼한 지적이고 도덕적인 영향력을 획득한다. 철학자들이 필연적으로 세속적 권위에서 완전히 배제되는 현상은 이론과 실천 사이의 체계적 분할을 보장해주기 위한 정신적 우위의 기본 조건이 되었다. 충고와 명령이 결코 동일한 기관에서 나오지 않는 체제 아래서는 어떠한 신권정치적 퇴화도 가능하지 않다.

이처럼 개인적이거나 집단적인 지위와 재산을 완전히 거부함으로써, 인류의 사제들은 어디에도 견줄 수 없는 위엄을 획득할 수 있을 것이다. 이를 위해, 이들은 신권정치가 막을 내린 다음부터 계속 분리된 채로 남아 있던 미학적이면서도 과학적인 성격을 동시에 지니는 지적인 영향력과 도덕적인 영향력을 다시 합쳐놓는다. 이처럼, 이성과 상상력과 감정은 서로 결합하여 보편도덕의 진정한 법칙에 따라 실천적인 행동의 필연적 지배를 크게 변질시킨다. 사실, 이러한 지배는 항상 보편적인 도덕법칙에서 멀어지려 한다. 이러한 새로운 조절 권력은, 그 체계화가 최종적 체제의 직접적 발전을 앞서 나가고, 또한 그것을 준비함에 따라 더 많은 영향력을 획득한다. 그에 반해, 신학은 몰락할 무렵에 가서야 겨우 통합에 이른다. 그러므로 실증주의 사제계급은 과학이 인류를 연구하게 하고, 시가 인류를 노래하게 하고, 도덕이 인류를 사랑하게 해준다. 그리하여 이들은 거역할 수 없는 협력에 따라 정치가 끊임없이 인류에게 봉사하도록 함으로써 우리 자신의 완성과 관련된 모든 기능들을 일거에 쇄신시키려 한다.

그러한 사명은 현실과학에 이전에는 전혀 지닐 수 없었던 위대함과 견고함을 확보해준다. 왜냐하면 그러한 사명만이 우리로 하여금, 대존재에 대한 완전한 숭배가 인간존재 전체를 성격지어주는 진정한 의미에서 대존재의 본질과 조건을 깨닫게 해주기 때문이다. 이러한 기본적인 성격 규정은 직접적으로는 사회학 연구만을 요구하는 것처럼 보인다. 하지만 그것은 필연적으로, 처음에는 외부세계와 관련되지만 나중에는 개별적 인간과 관련되는 논리적이고도 과학적인 2중의 준비과정 위에 기초하게 되어 이러한 탁월한 현상들의 환경과 동인을 느낄 수 있게 된다.

신학자들의 숭배와는 달리 실증주의자들의 숭배는, 절대로 그 존재를 증명할 수도 없고, 또한 그것을 어떠한 현실적인 것에 비교할 수도 없는 절대적이고 고립적이며 이해할 수 없는 존재를 대상으로 삼는 것이 아니다. 어떠한 신비도 새로운 절대자의 성격을 규정하여주는 자명함을 변질시키지 않을 것이다. 우리는 사유할 수 있는 것 가운데 가장 복잡한 삶을 지배하는 다양한 자연법칙에 대한 충분한 인식을 통해서만 그 절대자를 합당하게 노래하고 사랑하며, 또 거기에 봉사할 수 있을 것이다.

인류의 정태적 측면들

이 절대자는 아주 복잡한 성격을 지니고 있기 때문에 내적인 유대감과 모든 생명체에 속한 외적인 종속이라는 2중의 속성을 어떤 다른 유기체보다도 더 잘 마련해준다. 비록 시간적으로나 공간적으로 엄청나게 확장되었지만, 그 현상들 각각에 대한 정확한 평가는 우리에게 보편적 합의를 드러내준다. 또한 그 절대자의 삶은 각각의 현실생활에 대해 더 하위의 법칙 전체에서 비롯되는 외적인 필요성에 가장 많이 의존한다. 수학, 천문학, 물리학, 화학, 생물학의 차원에서 모든 일상적 숙명에 사회학의 숙명이 합쳐지게 된다. 하지만 특유의 복잡성에 따른 마지막 일반적 결과 때문에, 이러한 위대한 유기체는 다른 모든 것 이상으로 자신이 그 진정한 지도자가 되는 현실세계 전체에 필연적 영향력을 행사한다. 그러므로 이 유기체에 대한 과학적 정의는 그것을 생명력의 모든 주된 속성들을 가장 잘 드러내주는 진정한 의미에서 절대자로 간주하는 것으로 귀착한다.

하지만 오로지 이 유기체에만 속하는 마지막 본질적 성격은, 그 고유한 구성요소들의 필연적 독립성을 체계적으로 평가함으로써 기본 개념을 완성한다. 다른 모든 유기체의 다양한 부분에서 분리되어 살아갈 수는 없지만, 위대한 존재는 실제로 분리할 수 있는 삶들로 이루어져 있다. 이러한 독립성이 결코 어떤 합의를 가로막지는 않겠지만, 그것은 협력만큼이나 그러한 존재의 본질에 반드시 필요한 것이다. 이 존재는 그 구성요소들을 분리할 수 없을 경우, 자신의 우위를 완전히 상실해버릴 것이다. 이러한 두 가지 기본 조건들을 화해시키기 어렵다는 사실은 왜 이러한 최종적 발전이 느린 속도로 진행될 수밖에 없는지를 충분히 설명해준다.

하지만 새로운 대존재는 이전의 절대자처럼 결코 순전히 주관적이기만 한 추상화를 전제로 하지 않는다. 그와 반대로, 대존재의 개념은 정확하고도 객관적인 평가에서 나온다. 왜냐하면 엄밀히 말해 인간이란 형이상학자들의 너무나 추상적인 두뇌 안에서만 존재하기 때문이다. 사실, 지금까지 우리는 그 본성의 복잡함 때문에 인류의 개념을 우리의 과학적 입문의 필연적 항목으로 체계화시킬 수 없었다. 그런데 현실적인 것이라고는 오로지 인류밖에 없다. 이러한 최후의 평가는 기본 기능을 두 가지 차원으로 구분함으로써 절대자의 체계적 개념화를 완성한다. 두 가지 차원이란 각각 행동의 차원과 관계의 차원을 말한다. 사실, 인류에게 직접적으로 행동적인 것은 분리할 수 없는 부분들밖에 없다. 하지만 부분들의 조작이 지니는 효용성은 자발적인 것이건 미리 준비된 것이건 부분들 사이의 협력에 달려 있다. 그러므로 그러한 유기체는 본래 물질적 존재와 관련된 외적인 기능들과 더불어, 무엇보다도 가변적 요소들을 조합하도록 되어 있는 내적인 기능을 동시에 가정한다.

그런데 이러한 필수적 분리는 사실 모든 개인적 유기체에서 '영양(nutrition)의 삶'과 '관계(relation)의 삶'이라는 두 가지 삶의 구분에 입각한 어디에도 견줄 수 없는 비샤[5]의 위대한 이론을 집단유기체로 확장시킨 것이다. 두 개의 사회권력[6] 사이의 정상적 분리의 진정한 체계적 원천을 포착하는 것은 바로 여기이다. 유일하게 지배적 기능을 갖는 세속권력은 개인성에서 빠져나와 기본 질서가 생겨나는 행동을 발전시킨다. 한편, 순전히 조절 기능만을 갖는 영적 권력은 즉각 사회성을 드

---

5) Xavier Bichat(1771~1802) : 프랑스의 의사, 생리학자. 그는 인간 능력을 지성, 정서, 활동이라는 세 가지로 구분한다. 그러므로 『체계』에서 콩트의 영역 구분은 비샤의 이론에서 발상을 얻은 것이라고 할 수 있다.

6) 영적 권력과 세속권력.

러내며 진보를 규정짓는 협력을 구성한다. 이와 같이, 대존재라는 개념 속에서 세속권력은 개인의 영양섭취 장치에 비유할 수 있으며, 영적 권력은 신경 장치에 비유할 수 있다.

인류의 역동적 측면들

이러한 정태적 연구 전체는 나중에 과학으로 하여금 인간 발전에 관한 나의 기본 이론에 따라 대응하는 역동적 삶을 직접 깨달을 수 있게 해준다. 나는 이 점에 대해 이 연구의 제3권[7]에서 자세하게 밝히고자 한다. 우리의 대존재는 절대적이지 않은 만큼 불변의 것도 아니다. 그것은 상대적 본질을 지니고 있어 엄청나게 발전할 수 있다. 한마디로 말해, 그것은 알려진 모든 존재들 가운데서 가장 활기찬 존재이다. 그것은 여러 세대가 지속적으로 이어짐에 따라 점점 더 확장되고 자기 자신을 구축해나간다. 하지만 그 필연적 변화들은 기본 기능만큼이나 불변의 법칙들을 따른다. 이제부터 느낄 수 있게 된 불변의 법칙들은 모두, 설명할 수 없는 어떤 변덕으로 인해 그 수동적 삶이 정지되는 과거의 절대자의 숭고한 무기력보다 더욱더 많은 위엄을 지닐 수 있다. 이처럼 오직 현실과학만이 우리로 하여금 모든 운명을 지배하고 감싸는 이러한 우세한 운명을 깨달을 수 있게 해준다. 아주 사소한 현상들과 마찬가지로, 현재의 성격을 규정하기 위해 미래를 한정할 수 있는 것은 과거에 대한 체계적 연구를 통해서이다. 그러므로 우리는 대존재라는 정상적 개념에서 모든 진보를 요약하고 있는 대존재의 지속적인 형성의 역사로 넘어간다.

고대에는 이 개념이 신학정신의 영향과도 양립할 수 없었으며, 생산자들의 노예상태에 기반을 둔 전쟁활동의 발전과도 양립할 수 없었다.

---

7) 『체계』의 제3권에서는 '사회동학 또는 인간 진보의 일반적 개론(역사철학)'을 다룬다.

당시로서는 아주 제한적이었던 조국이라는 개념만이 인류의 필연적 서곡이 될 수 있었다. 중세 때에는 이러한 초기 형태의 국민성 아래서, 새로운 군사행동이 방어적인 성격을 띠게 됨에 따라, 그리고 초자연적 믿음들이 서구 전체에 공통적인 일신교[8]로 자연스럽게 집중됨에 따라, 보편적 우애의 감정이 생겨났다. 기사도의 발전과 두 개의 기본 세력 사이의 정상적 분리에 대한 최초의 밑그림은 도덕에 대한 정치의 종속을 주장함으로써 위대한 유기체의 직접적 발전을 예고했다. 하지만 당시 이러한 과도기 체제의 군사적이고 귀족적인 성격과 마찬가지로 지배적인 신념들의 환상적이고 이기적인 본성은, 위대한 시대의 중요한 성과였던 개인의 노예상태의 불가피한 폐지를 제외하고는 다른 즉각적인 준비를 허용해주지 않았다.

이처럼 산업적 관습이 우위를 차지함에 따라, 우애의 감정이 진정한 의미에서 보편적 행동에 의지할 수 있게 되었다. 이와 동시에, 합리적 실증성의 결정적 발전은 유일하게 그러한 준비들을 체계화할 수 있는 사회과학의 궁극적 발전을 준비함으로써 진정한 의미에서 대존재라는 개념을 직접 확립할 수 있었다. 이 개념은 특히 과학적 성격을 띤 사변 기능의 경우 체계적인 것이 되었다. 이 기능은 두 세기 전에 이러한 거대하고 영원한 유기체와 관련된 최초의 표현을 불러일으켰다. 신학적이고 군사적인 체계가 불가피하게 와해됨에 따라, 현대의 발전은 다양한 유기적 준비과정을 통해 이러한 집단생활의 성격을 규정짓는 지속적 진보라는 현실적 개념이 생겨나게 했다.

하지만 인류라는 개념이 새로이 기본적 통합을 구축할 수 있게 된 것은, 한편으로 보편적 쇄신의 시급함을 보여주었고, 다른 한편으로 그것을 체계화할 수 있는 철학에 영감을 불어넣었던 결정적 소요가 발생하고 난 다음부터였다. 새로운 대존재에 대한 사유가 항상 그 존재의 점진적 형성을 동반했던 것은 이런 이유 때문이다. 현재 우리가 그에 대해

---

8) 가톨릭.

가지고 있는 개념은 우리의 실증적인 사변들뿐만 아니라, 우리의 사회적인 준비들을 모두 요약하고 있다.

최고의 인류과학과의 결합을 통해
고양된 비유기적이고 유기적인 과학들

이처럼 쇄신된 과학의 직접적인 축성이 지닌 성격을 규정하는 데에서, 나는 앞으로 과학이 최후의 교의와 밀접하게 관련되어 있는 비유기적이고 생물학적인 성격을 띤 불가피한 준비과정에 확보해줄 위업을 굳이 강조할 필요는 없으리라고 본다. 이리하여 아무리 수준이 낮은 부분들이라 하더라도, 논리적 우위에 따라서건 과학적 필연성에 따라서건 하나의 엄숙한 사회적 목표를 부여받는다. 사실, 오늘날 인류교는 특히 프랑스의 경우, 학구적인 체제를 부도덕하고 비합리적인 것으로 보고 이의 완전한 폐지를 요구한다.

이러한 2중의 위험은 기하학자들 사이에서는 실증적 입문의 시작에 대한 맹목적 제한에서 비롯된다. 그리고 생물학자들 사이에서는 자신들의 연구를 어떠한 체계적 토대도 목적도 없는 것으로 구축하려는 경험적인 경향에서 생겨난다. 머지않아 양식과 도덕은 온갖 이론적 전문성을 추방하게 되는데, 이러한 이론적 전문성은 항상 자신을 인간존재 전체에 결부시키는 관점에 따라 인식되고 배양되지 않은 것이다. 사람들은 현재의 무정부상태가 필연적으로 초래하게 되는, 이미 너무나 진전되어버린 백치상태와 이기주의를 다른 방식으로는 억누를 수 없다. 하지만 이러한 없어서는 안 될 순화는 나중에 아주 사소한 주제들에 대해서조차 진정한 의미에서 온갖 과학적 작업들에 대한 공적인 인정을 보장해줄 것이다. 이렇게 해서 해로운 메마름에서 벗어난 수학 연구들은 항상 자신들의 비밀스런 도덕적 능력을, 전혀 뒤흔들어버릴 수 없는 확신의 유일한 현실적 토대로서 드러낸다.

그런데 아주 단순한 사변에 도달할 수 없는 사람들은 아주 높은 차원의 사변에 대해서도 그러한 확신을 얻을 수 없을 것이다. 우리의 모든 개념의 긴밀한 관계가 충분히 느껴진다면, 대존재는 사회학을 경멸하는 기하학자들뿐만 아니라 기하학에 문외한인 공론가(空論家)들마저도 거부하게 될 것이다. 마찬가지로, 위험한 유물론에서 벗어난 생물학 연구는 앞으로 최종적인 과학과 가장 가까우며, 기본 교의를 준비하는 데 가장 적절한 선결 이론들에서 비롯되는 웅장한 위엄을 획득할 것이다. 더 낮은 단계의 활기들을 먼저 느끼지 못한 채 절대자를 이해하려는 사람들은, 생물학을 자신의 독특한 정상적 목표에 관련짓기를 거부할 사람들 못지않게 비난받아 마땅하다. 이제부터 도덕적 증명에 반드시 필요하며 마음의 영감에 합당하게 종속된 모든 건전한 과학 연구는 인류의 사제계급과 밀접한 관련을 맺게 될 것이다. 진정한 의미에서 감정의 지배는 체계적 비준을 통하여 그것을 강화시키게 될 공정한 이성의 발전을 전개시켜나갈 것이다. 자연철학은, 대존재의 자발적인 행동을 조절해야 한다는 명백한 필요성을 넘어 우리의 감정 전체가 지닌 유일한 안정성의 토대를 외부에서 끌어옴으로써 그것을 즉각적으로 완성시킨다.

마침내 인류에 대한 직·간접적 연구에 몰두하게 된 과학은 이제부터 정말로 성스러운 성격을 보편적 숭배의 체계적 토대로 삼을 것이다. 과학만이 우리에게 대존재의 본질과 조건뿐만 아니라, 그 연속적 운명과 경향을 인식할 수 있도록 해준다. 통상 우리의 모든 사변적 세력들의 조합을 요구하는 어마어마한 난관에 맞닥뜨린 성스러운 임무를 수행하는 데에서, 하찮은 과학적 방법들은 아주 높은 수준의 기능들과 항구적인 관계를 통하여 고귀함을 얻을 것이다. 실증적 방법이 보여주는 정확성과 용의주도함은, 이들이 실제적으로 적용되었을 때 나타나는 무익함 때문에 종종 유치하게 보일지도 모른다. 하지만 이들은 우리의 중요한 욕망들의 유효한 발전에서 반드시 필요한 담보물로 존중되고 권장될 것이다. 사람들은 진정한 합리성이 참된 감정과 양립할 수 없는 것이 아니라, 사회적 성격을 띠는 온갖 현실적 관계들을 더 잘 드러냄으로써 감정을 강화하고 발전시키는 데 기여할 수 있다는 사실을 깨달을 것이다.

새로운 종교는 과학보다 예술에 훨씬 더 이로운 것이다

하지만 이처럼 쇄신된 과학이 새로운 숭배로부터 받게 되는 위엄이 아무리 당당한 것이라고 하더라도, 이 새로운 숭배는 필연적으로 시에 더 적극적이고도 친근한 목표를 부여함으로써 그것을 훨씬 더 직접적이면서도 완전한 것으로 인정할 것이다. 이제부터 인류를 칭송하게 될 예술적 재능은 자신의 자연스런 임무를 담당하라는 직접적 요청을 받을 것이다. 과거에 이루어졌던 인류의 모든 발전은 이러한 임무의 필연적 준비과정을 이루는데, 거의 항상 과학보다도 먼저 신권정치의 멍에에서 벗어났던 예술이 이러한 준비과정을 성급하게 달성한다. 예술적 재능은 다신교 체제만을 공공연하게 받아들였다. 왜냐하면 이 체제는 예술적 재능에게 우리의 모든 기초적 감정의 자유로운 이상화를 허용함으로써 인간적 유형에 아주 적합한 신들을 재현하기 때문이다. 예술적 재능은 자신을 평범한 수준으로밖에 발전시키지 않는 일신교적 집중화 현상에 은밀하게 반항하면서, 마침내 중세 말엽부터 당시만 하더라도 암울한 환상만 뒤쫓고 있던 자신의 진정한 영역을 차지하게 되었다. 진정한 대존재에 대한 숭배는 시에 고갈되지 않는 영역을 열어줄 것이다. 이를 위해 대존재에 대한 숭배는, 예술적 재능으로 하여금 고대에는 특히 고상한 시에 거의 호의적이지 못한 미약한 초안의 형태로만 나타났던 우리의 집단생활을 이상화하도록 할 것이다.

새로운 절대자에 대한 시적인 초상과 과거의 절대자와의 비교

우선, 예술은 항상 위대한 과학적 여건들에 부합한다는 유일한 조건 아래서 기본 유형의 직접적 건설에 참여한다. 왜냐하면 과학은 대상이 분명하게 인식되어 사람들이 쉽사리 그것을 사랑하고 열렬히 거기에 봉사할 수 있게 되는 숭배의 욕구에 충분할 정도로 새로운 절대자의 본질과 운명을 규정지을 수 없기 때문이다. 이 점에 대해, 항상 좁은 한계들 속에 포함되어 있는 과학적 재능이 하나의 주제 속에 남겨놓은 불가피한 틈바구니들을 메우는 일은 예술적 재능에 맡겨진다. 예술적 재능의 고유한 성격은 인류의 성격을 한층 더 잘 재현하도록 해주는데, 그것은 예술이 과학보다도 이 일과 더 많은 관련을 지니고 있기 때문이다. 이들의 결합을 통해 다른 모든 살아 있는 존재들과 대존재를 구분하는 독립과 협력이 시의 자발적 속성들을 구성한다. 비록 시의 본질이 과학의 본질보다 체계적이지만, 시 작품은 모든 것들 가운데 가장 개인적인 것으로서 시민의 고유한 재능이 더 잘 드러난다. 왜냐하면 시인은 작품 속에서 다른 장르의 예술가들에 비해 앞선 시대의 사람들과 같은 시대 사람들에게 덜 의존하기 때문이다.

이처럼 최종적 숭배를 시작하게 될 기본적 종합은 반드시 필요한 토대만을 자신에게 제공하는 과학보다 예술에 더욱 적합하다. 시는 다신교적 유형들의 최초의 발전보다는 차라리 이러한 종합에 훨씬 더 많이 참여한다. 왜냐하면 다신교적 유형들에서 시가 보여주는 그토록 찬양할 만한 협력은 실질적인 것이라기보다는 표면적인 것에 불과하며, 사실은 까다로운 신권정치로 구축되는 신화들을 장식하는 것으로 돌아가기 때문이다. 시만이 유일하게 우리가 구축하는 대존재의 모든 본질적 속성들을 합당하게 깨닫게 해주는데, 그렇게 함으로써 시는 마침내 우리를 진정한 인본주의적 관점에 위치시키게 될 것이다. 시는 대존재의 물질적 힘을, 물리적 개선을, 지적 발전을, 그리고 무엇보다도 도덕적 완성을 차례로 노래할 것이다.

모든 종류의 분석에 반감을 갖는 예술은 우리에게 인류의 본질과 조건을 설명해줄 것이다. 그러기 위해 예술은 우리에게 인류의 진정한 운명, 행복과 영광의 원천이 되는 고통스런 숙명에 대항하는 인류의 지속적 투쟁, 완만한 예비적 발전과 높은 수준의 갈망들을 제시해줄 것이다. 새로운 대존재의 필연적 영혼이 될 보편적 사랑의 이야기만이 쇄신된 시에 고갈되지 않을 주제를 제공할 것이다. 그렇게 함으로써, 그 사랑 이야기는 난폭한 욕망에서 출발하여 차츰차츰 가장 순수한 사랑으로 우리를 이끌어가는 찬양할 만한 진보를 개인과 인류 전체에 제시할 것이다.

이러한 위대한 예술적 임무는 종종 비교적인 형태를 취함으로써 과거의 종교에 대한 아무런 전문적 비판도 요구하지 않은 채 새로운 숭배의 우위가 어떤 성격을 지니는지를 규정할 것이다. 진정한 의미에서 대존재의 주된 속성들을 더욱더 잘 나타내기 위해 예술은 아주 빈번하게, 특히 초기 단계에서는 다양한 모습으로 나타났던 앞선 존재들의 필연적 미완성에 그러한 속성들을 대립시킬 것이다. 신학적 유형들의 절대적이고 무한하며 변하지 않을 본성은 결코 선, 지혜, 힘이라는 본질적 조건들을 이러한 유형들에 충분히 관련시키도록 허락해주지 않았다. 우리가 이 조건들의 조합을 알 수 있는 것은 극복할 수 없는 법칙들을 따르는 현실생활 속에서뿐이다.

일신교는 활동적이고 공감적이지만, 위엄이나 도덕성이 없는 신들은 항상 위엄 있기는 하다. 하지만 때로는 무기력하고 무감동하며 때로는 간파할 수 없고 유연성이 없는 신성(神性)으로 대체했다. 새로운 절대자의 성격인 현실성에 따르면, 이 절대자의 상대적이며 가변적인 본성은 우리로 하여금 더욱더 완전하며 무엇보다도 계속 우리를 지배하면서도 우리를 한층 더 고양시키는 경향을 더 많이 드러낸다는 평가를 내릴 수 있게 해준다.

이러한 절대자 속에서, 각 개인은 모든 측면에서 항상 집단적 발전을 따를 수밖에 없는 자신의 운명이 의존하는 더 나은 존재를 깨닫는다. 하지만 이러한 지배는 결코 과거의 전지전능한 신이 지배할 때처럼 우리를 완전히 소멸시키지는 않는다.[9] 왜냐하면 각각 독자적인 가치를 지닌 개인은 이제 자신이 위대한 유기체에 없어서는 안 될 존재임을 깨닫기 때문이다. 그것은 우리의 협력을 통해서만 최고의 존재가 되며, 그 영향력은 다른 알려진 존재들보다 더욱 뛰어나다. 그 존재는 공포 분위기를 조성하여 자신에 대한 우리의 사랑을 위험에 빠뜨리지 않으면서도 항상 우리의 신실한 숭배를 불러일으킨다. 우리는 결코 그것을 완전한 것으로 가정하지 않는다. 다만 우리는 가능한 한 그것을 수정하기 위하여 그 자연스런 불완전함을 세심하게 연구할 따름이다. 우리는 부끄러운 아첨이 아니라, 완성을 향한 적극적 배려를 불러일으키는 부드러우면서도 고귀한 감정으로 그것을 사랑하게 된다. 하지만 처음에는 철학이 지시하는 새로운 숭배의 모든 장점이 시를 통해서만 충분하게 펼쳐질 수 있었다. 괴테와 특히 바이런[10]은 이미 모든 억압적 환상을 극복한 인간의 도덕적 위대함을 깨달았다. 하지만 이렇게 함으로써 그들은 자신들의 혁명적 임무에 부합하는 반항적 유형들에만 도달할 수 있었다. 새로운 신 앞에서 새로운 인간을 합당하게 칭송하려면, 그들의 천재적 재능을 주어진 상황이 억제했던 부정적인 상황에서 벗어나야 하며, 무엇보다도 사회학 법칙 전체가 보여주는 실증적 사유로 고양되어야 한다.

인류의 정태적이고 역동적인 측면을 재현하는 축제의 조직화

마지막으로, 쇄신된 예술이 지닌 사제로서의 사명은 엄밀한 의미에서 숭배의 중요한 부분을 이루는 공적이거나 사적인 축제 체계를 주도함으로써 제3의 일반적인 형태 아래서 전개된다. 이 임무를 완수하기 위해, 인류의 사제들은 사실 과학적 재능보다는 예술적 능력을 활용할 것이다. 왜냐하면 이러한 엄청난 기능은 사실 다양한 성격들의 이상화를 통하여 위대한 유기체의 정태적이고 역동적인 본질을 더 잘 드러내는 것이기 때문이다.

---

9) 전통적 종교의 신은 항상 각각의 신자가 신 앞에서 자신의 의지를 완전히 굽힐 것을 요구한다.

10) George Gordon Byron(1788~1824) : 영국의 낭만파 시인.

그러므로 진정한 사회적 감정에 반드시 필요한 두 가지 요소를 발전시키기 위해서는, 때로는 존재를 때로는 행동을 기념함으로써 기본 존재의 두 가지 필연적인 속성과 관련된 두 가지 종류의 축제를 구성해야 한다. 정태적 축제는 질서를 드러내고 유대감의 본능을 자극할 것이며, 역동적 축제는 진보의 성격을 규정함으로써 연속성이 더 잘 느껴지도록 해줄 것이다. 보편교육의 이러한 2중의 정기적인 보완 속에서 그 교육이 제기할 모든 원칙은, 매혹을 통해서만 가르치려 드는 진정한 예술적 재능에 항상 대립적으로 나타나는 교육적 의도가 없더라도, 한층 더 발전하고 견고해질 것이다. 게다가 그러한 성대한 축제들이 자연스럽게 고정된다고 해도, 실증주의 사제계급이 각각의 현실적 상황에서 비롯된 주된 삽화들을 전문적으로 적용하는 것을 가로막지는 않을 것이다.

당연한 이야기겠지만, 질서의 축제는 진보의 축제보다 덜 구체적이지만 더 엄숙하다. 위대한 유기체에 활력을 불어넣는 사랑의 다양한 기본 기능에 따라, 질서의 축제는 유기체의 정태적 유대감이 어떤 성격을 지니는지 밝혀줄 것이다. 그러므로 가장 일반적이고 가장 엄숙한 것은 인류의 축제[11]로서, 그것은 서구 전체에 걸쳐 여전히 우리의 평범한 삶을 매혹시키는 유일한 보편적 경향을 정례화함으로써 매년 신년행사를 개시한다. 이러한 최초의 엄숙함은 가장 폭넓은 유대감과 직결됨으로써 언젠가는 인간의 모든 부족(部族)에게도 적합해질 것이다. 그것은 같은 달에 열리는 국가, 지방, 도시 등 보다 낮은 단계의 집단과 관련된 세 개의 부수적 축제로 완성될 것이다. 사회관계에 대한 최초의 직접적 기념행사에 이어 연속되는 네 개의 달의 초반에 가족관계와 관련된 네 개의 중요한 축하행사가 있는데, 결혼, 부성(父性), 자식, 우애 등이 그것이다. 다음 달, 즉 여섯번째 달에는 당연하게도 엄밀한 의미에서 하인에게 영광을 돌림으로써 축제를 완성한다.

---

11) 콩트는 매년 초에 신년을 축하하는 성대한 축제를 개최할 것을 제안하면서, 이것을 '인류의 축제'라고 부른다.

이러한 정태적 체계는 개인적일 뿐만 아니라, 사회적이기도 한 인간 본성에 대한 진정한 이론과 건전한 도덕 전체를 동시에 재현할 것이다. 여기서는 순전히 개인적이기만 한 충동들은 그 우세한 위치에도 불구하고 뚜렷하게 구분되어 나타나지 않는다. 왜냐하면 그러한 숭배가 무엇보다도 개인적 충동을 공감적 본능에 더욱 잘 종속시키도록 되어 있기 때문이다. 실증주의 교육이 그에 부합하는 미덕에 많은 중요성을 부여하기는 하지만, 그 미덕이 특별히 기념할 만한 가치를 지니는 것은 아니다. 그러한 기념이 이기심으로 이어질 소지가 있기 때문이다. 이들은 다만, 관대한 감정에 대한 실질적 영향력을 지니고 있기 때문에 인문주의적 숭배의 모든 부분에서 간접적으로 찬양되어야 한다. 그러므로 거기에서는 우리의 속성과 의무에 대한 예술적 그림에 어떠한 진정한 틈도 생겨나지 않는다. 이 도표는 외부세계 전체에 대한 대존재의 필연적 종속을 특별히 드러낼 것을 요구하지 않는다. 사실 이러한 기본적 필요성은, 조절하는 성향을 기념하건 결정하는 사변을 기념하건 요구하는 행동을 기념하건 도처에서 느껴진다. 우리가 살아가는 지구의 움직임에 따라 주기적으로 행해지는 성대한 축제만이 유일하게 우리의 숙명이 외부에 종속되어 있다는 사실을 충분히 상기시켜줄 것이다.

진보를 기념하게 되어 있는 역동적 축제의 경우, 전체는 정태적 축제가 도덕을 재현하는 것처럼 역사를 재현한다. 예술을 통한 인류숭배는 여기서 더욱더 구체화되고 한층 더 활기를 띠는데, 이는 무엇보다도 위대한 발전의 다양한 단계들 가운데 가장 나은 개인적 유형을 찬양하는 것으로 이루어진다. 하지만 사회 진보의 중요한 단계들은 모든 개인적 기념행사와는 별도로 추상적으로 기념되어야 한다. 정태적 숭배와는 무관한 달을 여기에 바침으로써, 같은 시간적 간격을 두고 치러지는 네 개의 축제행사는 물신숭배, 다신교, 일신교라는 과거의 세 단계를 찬양하고 나서 마지막으로 이 기념행사의 정상적 종말인 미래에 대한 축제로 이어진다.

일반적인 시간 연쇄가 이렇게 구축됨으로써, 각각의 달은 대존재의 다양한 발전 양상의 중요한 대표자들에게 바쳐질 것이다. 하지만 나는 이 책의 부분 출판 때 밝힌 바 있으며, 아직도 추상적 숭배와 구체적 숭배를 충분히 구분하지 않았던 전문적 지적들을 여기서 반복하지 않으려 한다. 몇 달 후, 우리의 공화제 상황이 시급해지자 나는 『실증주의 달력』(*Calendrier Positiviste*)이라는 이름으로 서구의 기념행사의 완전한 체계를 구축했던 적이 있다.[12] 우리는 자연스럽게 이 연구의 마지막 권[13]에서 이 문제에 대하여 단정적으로 설명하게 될 것이다. 따로 출판된 소책자의 성공이 그러한 예상의 시의적절함을 광범위하게 확인해주고 있다. 여기서 나는 독자들이 지금은 대다수의 실증주의자 사이에서 사용되는 서구의 신년의 잠정적 구축에 친숙해짐으로써 그러한 예상을 참조했으면 한다.

죽은 사람들에 대한 숭배. 그들의 봉사에 대한 기념

서구의 이러한 개별적 찬양체계는 다양한 지역적 차원으로 확장됨으로써 결국에는 개인생활까지 적용될 수 있을 것이다. 개인생활에 대한 가정의 기념행사는, 실증주의가 자랑스럽게도 가톨릭에서 빌려온 2중의 제도로 더욱더 광범위한 공적 재현과 합쳐질 것이다. 한편, 내가 한 해의 마지막 날로 잡았던 감동적인 축제는 모든 서구인이 사랑하는 사람

---

12) '실증주의 달력'은 『체계』의 제4권에 자세히 설명되어 있다. 각각 28일로 이루어진 13개의 달이 1년을 이루며, 죽은 자를 기념하는 날과 윤년에는 모든 성녀의 날이 덧붙여진다. 13개의 달은 각각 모세의 달(신권정치), 호메로스의 달(고대시), 아리스토텔레스의 달(고대철학), 아르키메데스의 달(고대과학), 카이사르의 달(군사문명), 바울로의 달(가톨릭), 샤를마뉴의 달(봉건문명), 단테의 달(근대서사문학), 구텐베르크의 달(현대산업), 셰익스피어의 달(현대시), 데카르트의 달(현대철학), 프리드리히 2세의 달(현대정치), 비샤의 달(현대과학)로 불린다.

13) '인간 미래에 대한 종합적 조망'이라는 제목이 붙어 있는 『체계』의 마지막 권을 가리킨다.

의 무덤에 가서 동시에 애도하도록 함으로써, 공동의 감정 토로를 통해 각자의 고통을 경감시키도록 해줄 것이다. 우리의 고귀한 파리 노동자들은 매년 다음과 같은 사실을 보여준다. 즉 아무리 완벽한 해방이라고 해도 죽음에 대한 당연한 숭배를 전혀 변질시키지 않았으며, 심지어 그러한 숭배에 대한 새로운 체계화를 기대하지도 않았다. 다음으로, 최종적인 재조직화는 지금까지 거의 평가받지 못했던 세례명(洗禮名) 제도를 유지하고 완성할 수 있다. 가톨릭 체제는 이러한 제도를 통해 개인으로 하여금 성스러운 유형들 가운데 하나를 특별히 모방하도록 함으로써 행복하게도 개인생활을 공적인 존재에 연결시켰던 것이다. 이러한 개별적 보완은, 어떤 시대 어떤 장소도 배제하지 않는 모든 종류의 기념행사에서 새로운 숭배가 다른 어떤 것보다 나은 능력을 지니고 있다는 사실을 보여줄 것이다. 이에 반해, 가톨릭의 절대정신은 무엇보다도 이 점에 대해 보편성에 관한 한 자신의 의도와 양립할 수 없었다.

당연한 한계에도 불구하고, 지금까지의 지적은 실증적 축제들의 2중 체계가 어떤 성격을 지니는지를 충분히 규정지어준다. 이러한 2중 체계에 따라, 쇄신된 서구인들은 매주 인간의 질서와 진보에 대한 새로운 공적인 기념행사를 벌일 것이다. 이러한 공적인 기념행사는 여성에 대한 합당한 찬미를 통해 사적인 숭배와 밀접하게 연결된다. 보편적 숭배가 보여주는 이러한 예술적인 부분은 모두 기본적 사랑을 직접적으로 발전시키게 된다. 이러한 현상은 예술적인 부분을 기본적인 사랑으로 하여금 먼저 시가 합당하게 구축되고, 나중에는 소리나 형태와 관련된 다양한 전문 예술들의 도움으로 확장되게 함으로써 이루어진다. 지배적 표현은 항상 어떠한 신비도 가식도 없는 깊은 감사를 불러일으키는 진실한 평가의 표현일 것이다. 쇄신된 주민들은 모든 조상을 뛰어넘으려 하면서도, 그들의 다양한 봉사를 칭송하고 다양한 체제를 존중할 줄 알게 될 것이다. 예전에는 위안을 주는 것이었지만 오늘날에는 타락시키는 것이 되어버린 환상들은, 개인 스스로가 그 일부가 되고자 하는 대존재에 가능한 한 연결되려는 생각을 더 이상 거부하지 않도록 할 것이다.

기념행사 체계는 모든 사람에게, 현실적으로 우리가 택할 수 있는 유일한 길을 통해 인간생활을 영속화하려는 당연한 욕망을 지니게 할 것이다. 하나의 동일한 기본 법칙이 인간관계 전체를 친근하게 포용할 경우, 각 개인은 과거와 심지어 미래를 진정으로 살아가게 된다. 그런데 이것은 인간 현상을 간파할 수 없는 의지에 귀속시키는 사람들[14]에게는 허용되어 있지 않다. 다양한 조상에 대한 지속적 찬미에서 비롯되는 소중한 경쟁심은, 산 자들보다는 훨씬 더 많은 부분이 죽은 자들로 이루어져 있는 거대하고도 영원한 존재의 결정적 조합에 어울릴 수 있는 자격을 각자에게 부여할 것이다.

기념행사 체계가 완전히 자리잡으면, 어떠한 합당한 협력자도 가정이나 도시나 국가의 차원에서건 아니면 더 나아가 서구 전체의 차원에서건, 그 참여가 아무리 초라하다고 하더라도 그 체계에서 배제되지 않을 것이다. 새로운 일반교육은 곧바로 모든 실증주의자에게 존경할 만한 행동에 대한 보상을 받으면서 자신들의 선구자에게 활기를 불어넣어주었던 헛된 갈망들의 완전한 등가물을 느끼게 한다.

이리하여 타인들 속에 살아남는 것이 현실적인 존재 양식을 이루게 된다. 왜냐하면 인간존재의 가장 나은 부분은 사실 타인들의 기억 속에 살아남음으로써 완성되는 것이기 때문이다. 지금까지는 체계적으로 사회적 관점을 취하지 못하게 만들었던 상황이 우리로 하여금 그러한 진실을 깨닫지 못하게 했다. 하지만 예술 차원에서 인류에 대한 숭배를 통해 모든 사람에게 친숙해진 완전한 종합은, 즉시 우리에게 유대감과 무엇보다도 지속의 감정의 완전하고도 직접적인 발전과 맞아떨어지는 엄청난 도덕적 만족을 열어줄 것이다. 현재의 인간생활을 한층 더 발전시키기 위해 과거와 미래로 자유롭게 연장시킬 수 있는 능력은 우리가 결정적으로 포기하게 된 유치한 환상들에 대한 당연한 보상이다. 우리에게서 이러한 주관적 위안을 앗아가는 동일한 과학은, 마침내 성숙해져 이

---

14) 종교적 신앙의 소유자들.

전에는 가능하지 않았던 보상의 객관적 토대를 건설한다. 왜냐하면 이러한 과학은 우리 각자가 스스로 정태적이고 역동적인 법칙을 드러내주는 대존재에 완전히 합류되기를 바랄 수 있도록 해주기 때문이다.

이러한 굳건한 토대에 입각해서, 오로지 시만이 해방되지 않은 정신의 소유자로서는 알 수 없는 보편 존재에 우리를 긴밀하게 연결시켜줄 공적이고 사적인 숭배를 조직할 것이다. 이처럼 이성이 명확하게 해주는 상상력은 다신교 시대에 처음 시작할 때보다 더욱더 완전하고도 효율적인 발전을 이룩할 수 있을 것이다. 인류의 사제들은 과학을 기술적이고 미학적인 성격을 띠는 예술의 기본 영역을 구축하는 것으로 환원시킬 수 있을 것이다. 이렇게 구축된 시는 인간 본성에 따라 사변적 능력들의 능동적이거나 수동적인 주된 관심사가 될 것이다.

이처럼 직접적으로 자신의 진정한 운명을 담당하게 된 시는, 대존재에 대한 우리의 관계를 더욱 잘 느끼게 해줌으로써 인간생활 전체를 매혹적이고 고귀하게 만들어줄 것이다. 또한 새로운 사제계급은 주로 시를 통해 개인생활에서 탄생, 결혼, 죽음과 관련된 모든 커다란 시기를 과거보다 더 성대하게 기념할 것이다. 그렇게 함으로써 새로운 사제계급은 항상 공공생활뿐만 아니라, 개인생활에도 적합한 이러한 필연적 관계에 대한 건전한 평가가 우위를 차지하게 할 것이다. 이제부터 우리는 모든 기원과 노력을 현실생활에 집중시킬 수밖에 없을 것이다. 그리하여 우리는 이성, 감정, 행동의 잠재능력과 마찬가지로 상상력의 모든 잠재능력을 가능한 한 현실생활에 적용하는 것이 얼마나 중요한지를 점점 더 잘 깨달을 수 있을 것이다.

모든 예술은 종교에 봉사하는 데에서 서로 협력할 수 있을 것이다

기본 예술[15]에 대한 이러한 엄숙한 축성은 곧바로 다른 모든 예술로

---

15) 시.

확장되는데, 사실 이들은 소리나 형태를 통해 더욱더 결정적인 표현을 제공하는 작품을 시에서 빌려온다. 시 다음으로 진정한 절대자를 기념하게 되어 있는 다른 예술들은, 이렇게 해서 하나의 고갈되지 않는 영역을 획득할 것이다. 이 영역은 예술이 경험주의로 인해 여전히 필수적인 것으로 간주되는 낡아빠진 환상에 대한 아쉬움을 떨쳐버릴 수 있도록 해준다. 본래 사적인 감정에만 한정된 현대음악은, 항상 우리의 위대한 혁명적 충동을 요약하게 될 찬양할 만한 특별한 노래 속에서만 공공생활에 완전히 도달할 수 있었다. 전문 예술 가운데서도 가장 사회적인 예술로 하여금 인간의 모든 역사적 유형들을 찬양하도록 해줄 수 있다. 뿐만 아니라 인간의 속성과 운명을 합당하게 노래부를 수 있게 해주는 것은, 실증주의 교육이 토대를 닦고 시가 구축한 인류숭배의 몫이다.

예술의 이러한 공동 목표 속에서, 회화와 조각은 자신들의 독특한 능력을 사용하여 우리로 하여금 심지어 음악의 도움을 받은 시보다도 더욱 분명하고 정확하게 대존재를 깨닫도록 해줄 것이다. 중세 때부터 거의 해방된 상태의 예술가들이 여성에 대한 기독교적 유형을 재현하기 위해 행했던 모든 찬양할 만한 시도들은, 그림을 통한 인류의 상징화(象徵化)에 대한 자발적 준비과정으로만 간주될 것이다. 이러한 사회적 충동은 조각으로 하여금 자신의 중심 영역이 된 집단적 표현이 제공하는 기술적 어려움을 곧바로 극복하도록 해줄 것이다. 이러한 사회적 충동은 형태의 재능이 여전히 두 가지 양상[16]을 혼합하는 모호한 산물인 저부조(底浮彫) 속에서만 집단을 드러낸다. 찬양할 만한 예외적인 경우들은, 조각이 어느 정도까지 확장되고 고상해질 수 있는지를 엿보게 해준다. 이렇게 해서, 조각은 결합되어 있거나 분리되어 있는 혼합된 조각군(群)을 만들어냄으로써 최종적 임무로 올라선다. 그런데 이 조각군은 조각으로 하여금 지금까지는 자신의 영역과 무관했던 많은 커다란 주제에 접근할 수 있도록 해줄 것이다.

---

16) 여기서 콩트는 저부조를 회화와 조각을 혼합한 중간 양식으로 보고 있다.

건축은 비록 최종적 숭배에 마지막으로 합류하게 되지만, 이 예술의 정상적인 참여는 다른 예술의 참여 못지않은 값어치를 지니고 있다. 다신교가 몰락하여 그 건축물을 더 이상 사용하지 않게 되자, 처음에는 일신교 체제가 그것을 사용했다. 하지만 일신교 체제는 당연히 이들 건축물에 만족할 수 없었다. 그와 마찬가지로, 새로운 절대자는 계속해서 이전에 세워진 사원에 만족할 수 없을 것이다. 오늘날 과연 어떤 건축물이 교육과 축성의 다양한 기능들이 쇄신되고 있는 숭배에 적합한지를 찾으려 해서는 안 된다. 위대한 통합체가 기념물로 표현되는 것은 다른 어떤 것보다도 규제를 덜 받는다.

이러한 표현이 독특한 성격을 지니려면, 이미 새로운 교육에 친숙해진 서구가 음악의 도움을 받고, 심지어 두 개의 그래픽 예술[17]을 통해 완성되는 시가 구축하는 숭배를 충분하게 받아들여야 한다. 엘리트 주민의 이러한 열의를 통해 그들의 최종적 믿음에 꼭 맞는 구조물이 생겨날 것이다. 그러므로 진정한 의미의 인류의 사원이 출현하기 위해서는 정신적이고 도덕적인 혁신을 완전한 정치의 재조직화에 적용하라는 직접적 부름을 받게 되는 세대를 기다려야 한다. 그때까지 새로운 숭배는 가능한 한 자유롭게 내버려진 과거의 건물을 사용할 것이다.

실증주의는 기독교의 계승자이면서도 그것을 뛰어넘는다

그러므로 사랑이 최종적인 체제에 자발적으로 드러내게 되는 기본적 통합은 과학적 재능만큼이나 예술적 재능을 쇄신시키는 데 적합하다. 이러한 통합은 이 두 가지 재능으로 하여금 진정한 의미에서 유일한 대존재를 사랑하고, 그것을 점점 더 완성하기 위하여 그 존재를 연구하거나 기념하는 정상적 목표를 수행하도록 한다. 이처럼 마음에 봉사하도록 되어 있는 정신은 필연적 종속이 억압하는 것이 아니라, 오히려 그로부

---

17) 회화와 조각.

터 고갈되지 않는 자양분과 강력한 인정을 동시에 얻는다.

우리의 모든 사유 기능의 직접적 발전 속에서, 이러한 기능들은 각기 자신의 본질에 폭넓게 부합하는 사명을 발견하게 된다. 체계적인 인류숭배는 시가 구축하지만, 그것은 현실의 질서 전체에서 과학만이 끌어낼 수 있는 튼튼한 토대 위에서 이루어져야 한다. 상상력은 과학의 임무를 빼앗지 않으면서도 자신의 자발적 우위를 정당하게 발전시켜나가는데, 새로운 철학 또한 그것을 자연스럽고도 이로운 것으로 인정한다. 이렇게 해서, 인간생활을 마침내 감정의 진정한 통치가 모든 인간 능력을 진정한 공동 목표를 향하여 활기차게 이끌어나감으로써 자신이 항상 추구해 왔던 완전한 조화에 이르게 된다. 상상력과 이성이 이전에 기울였던 온갖 노력은, 심지어 아주 어울리지 않는 것까지도 우리의 힘들을 발전시킨다. 그리고 그 힘들이 균형을 이룰 수 있는 조건들을 지시하고, 현명한 체계화에 따라 우리의 행복에 기여할 수 있는 그 힘들의 능력을 드러내는 것으로 인식된다. 우리는 무엇보다도 중세의 특징이라고 할 수 있는 고귀한 시도들이 가져다주는 엄청난 이점을 깨닫게 된다.

이렇게 해서 우리는, 다신교 체제의 지적이고 사회적인 결과에도 불구하고, 필요한 준비가 아직도 충분히 이루어졌다고 볼 수 없는 완전한 종합을 직접 구축할 수 있게 된다. 지금 와서 더 이상 무산시킬 수 없는 이러한 찬양할 만한 구조물을 더 나은 토대들 위에서 다시 취함으로써, 다양한 시대와 수단은 인류숭배의 창시자들이 스스로를 진보적인 가톨릭 위인들의 진정한 계승자로 간주하는 것을 방해하지 않을 것이다. 사실 정신적이거나 사회적인 연속은 이전의 시도들을 계속하거나 실현하는 사람들의 것이지, 애초의 목표에 반하여 오늘날 자신의 최초의 기관들마저도 신임하지 않는 운이 다한 학설을 경험적으로 신봉하는 사람들의 것이 아니다.

그렇다고 해서, 이렇게 없어서는 안 될 혈연관계에 대한 지속적 감정이 최종적 종합의 성격을 더 잘 규정하게 될 비교를 금할 수는 없을 것이다. 실증주의적 숭배 전체는 가톨릭의 장점과 혜택을 합당하게 기념함으로써, 인류에 대한 사랑에 기초한 통합이 모든 점에서 신에 대한 사랑에 기초한 통합을 얼마나 많이 넘어서고 있는지를 분명히 깨닫게 해준다.

사실, 기독교적 종합은 감정생활만을 포용해왔다. 다시 말해, 그것은 상상력을 거부하고 이성을 두려워했다. 그 결과 확실하지도 않으며 일시적인 영향밖에 끼칠 수 없었다. 기독교가 세운 종합 원칙은 자신의 고유 영역에서조차 가톨릭 사제제도의 찬양할 만한 끈기가 각인시키려 했던 사회적 방향에 결코 적응하지 못했다. 기독교의 환상적이고 이기적인 목적은 현실적이고 공감적인 삶과 어울릴 수 없었다. 이러한 우세한 감정의 보편성이 진정으로 간접적인 관계를 구성할 수 있으려면, 진정한 사회적 감정과 갈등을 일으키지 말아야 한다.

그러나 체제의 본질에 따라 이러한 대립이 정상상태의 성격을 규정짓는 상황에서는, 오히려 일치가 예외적일 수밖에 없다. 왜냐하면 신에 대한 사랑은 거의 항상 심지어 가장 뛰어난 유형[18]에서조차 다른 모든 정열의 완전한 희생을 요구했기 때문이다. 그리하여 기독교적 종합은 우리의 가장 거친 본능들이 우위를 차지하게 하는 무정부상태보다도 선호되어, 어떤 원칙을 확립함으로써만 도덕 발전에 봉사하게 된다. 게다가 중요한 신비주의 분파의 노력에도 불구하고, 최고의 감정은 결코 진정한 의미에서 상호성을 지니지 못했다. 결국 이러한 인위적 체제로 인해, 각각의 교리와 관련된 억압적 공포와 터무니없는 보상이 우리의 성격을 타락시키고 우리의 훌륭한 충동을 더럽혔다. 그러한 시도의 기본적 장점은 처음으로 우리의 감정 전체를 정리하려 했다는 데 있다. 사실, 다신교 시대의 숭배는 때때로 습관으로 거슬러 올라가지만, 결코 그 원천이 되는 감정들에는 이르지 못한 채 행위로만 한정되었다.

이러한 기독교적 종합은 당시에 느낄 수 있었던 유일한 종합을 채택했지만, 우리의 훌륭한 성향의 발전을 간접적으로 돕는 것말고는 다른

---

18) 체계화된 가톨릭.

398

어떠한 실질적 성공도 가져다주지 못했다. 심지어 모호하고 절대적인 본질은 이러한 독단적 체제에 내재해 있는 위험을 끊임없이 억제해주었던 사제계급의 지혜를 통해서만 그러한 효용성을 허용했다. 중세 말엽에 와서 반동적으로 변해버린 사제직이 도덕성과 독립성을 동시에 상실했을 때, 자신의 불충분함을 노출하게 된 학설은 얼마 가지 않아 계속 늘어만 가는 타락과 불일치의 원천으로 변질되어버렸다.

인류에 대한 사랑에 기초한 종합은 독특한 현실성으로 그러한 몰락에서 스스로를 지킬 수 있었으며, 그 영향력은 인간 발전과 더불어 계속적으로 증가했다. 새로운 대존재는 시험을 두려워하지 않으며 상상력을 억제하지 않는다. 토론이 심화될수록 존재가 더 잘 느껴지며, 결국 자연법칙이 알려지고 나면 혜택 전체가 더 잘 느껴질 수 있을 것이다. 이 새로운 대존재는 상상력의 엄청난 발전을 불러옴으로써, 우리의 건전한 사유에 적합한 시간과 공간 속에서 우리 각자가 그 보편적 삶에 참여하게 해줄 것이다. 그러한 숭배만이 우리의 사고와 감정의 유일한 지속적 관계를 구축할 수 있다. 그렇게 함으로써, 이러한 숭배는 과학적인 동시에 예술적인 성격을 띠는 우리의 모든 사변적 구조물을 동시에 체계화할 수 있다. 다른 어떤 체제도 아무런 억압이나 희생 없이 사유와 행동에 대한 감정의 전적인 우위를 확립할 수 없을 것이다.

그것은 직접적으로 사회성을 진정한 의미에서 도덕의 독특한 원칙으로 삼게 되는데, 이 도덕은 또한 개인성의 자발적 영향력을 존중한다. 이렇게 해서, 타인을 위해 산다는 것이 최고의 행복이 된다. 인류에 긴밀하게 합류한다는 것, 과거에 '인류가 겪었던 모든 변천(變遷)에 공감한다는 것, 적극적으로 미래의 운명을 준비하는 데 협력함으로써 그것을 미리 느낀다는 것, 이것이 바로 모든 존재에게 친근한 목적이다. 이에 부합하는 체제 전체는 이기심을 우리의 주된 결함으로 직접 제시한다. 개인적이든 집단적이든 우리의 지속적 원칙은 이러한 결함을 상당 부분 완화시킬 수는 있겠지만, 결코 그것을 근본적으로 치유하지는 못할 것이다. 우리 자신의 고유한 본성에 대해 점점 증대하는 이러한 영향력은, 대존재의 삶과 그 구성요소들의 행복과 맺고 있는 즉각적 관계에 따라 사적이거나 공적인 완성을 위한 최선의 조치가 된다.

온갖 검토를 통하여 더욱 발전해나가는 실질적 감사로 생겨나는 새로운 숭배만이, 그 감정적 반응이 항상 타락시키는 경향을 띠게 되는 이해관계와 관련된 온갖 요구를 배제할 수 있다. 우리는 고유한 미래의 진보를 예고해주는 현재와 과거의 혜택에 따라 진정으로 감사를 표하기 위해서만 진정한 절대자에게 기도한다. 인간 본성이 따르는 법칙들이 이러한 일상적 기도가 필연적으로 내적이고 정신적인 개선을 확보해준다는 사실을 확인해준다. 그럼에도 불구하고 이러한 고귀한 보상은 어떠한 이기적 계산도 불러일으키지 않는데, 그것은 그 효용성이 자발적이기 때문이다. 우리의 행복은 무엇보다도 사랑하는 것으로 이루어져 있다. 우리는 사랑이란 다른 어떤 감정보다도 훈련을 통하여 발전한다는 것을 느낀다. 훈련은 사랑에 대해서만 협력을 통해 성장함으로써 모든 개인을 동시에 만족시킬 수 있다.

새로운 대존재는 우리의 숭배를 변질시키지 않고도 과거의 신들이 위엄마저 잃어버리면서 다신교의 숭배자들에게 했던 것보다 더욱더 우리에게 친숙한 존재가 될 것이다. 어떠한 변덕도 부리지 않는 대존재는 자신의 위대함에 협력하는 모든 것을 찬미하기 때문에 우리가 자신에게 바치는 숭배 속에서 우리만큼이나 적극적이다. 과거의 신은 어린이와도 같은 유치한 허영심이 자신을 타락시키지 않고서는 우리의 존경을 받을 수 없었다. 이에 반해, 새로운 신은 우리뿐만 아니라 자신마저 개선시킬 합당한 찬사만을 받아들일 것이다. 감정과 영향의 광범위한 상호성은 오직 최종적 숭배의 것이다. 이 숭배는 유일하게 상대적이고 가변적이며 완전해질 수 있고, 자신의 찬미자들로 구성된 존재에 호소한다. 또한 이 숭배는 자신을 찬미하는 사람들 각자보다도 자신의 기원과 성향을 예견할 수 있도록 해주는 한층 더 분명하게 규명된 법칙들을 따른다.

실증주의 도덕의 우위

실증주의 종교의 도덕은 자발성의 모든 속성을 증명의 모든 장점에 결합시킨다. 인간존재 전체와 밀접하게 관련된 이 도덕은 각각의 실질적 위반에 따른 후회를 억누르거나 제거할 수 있는 어떠한 구실도 지니고 있지 않다. 모든 개인적 현상에서, 그 도덕은 우리가 거드름 피우지 않고도 자신을 판단할 수 있도록 해주는 직접적이거나 간접적인 진정한 사회적 영향을 드러내준다. 비록 그것이 처음에는 강력한 것이 아니라 부드러운 것처럼 보이지만, 그것에 영감을 제공하는 사랑은 결코 무기력하지 않으며, 자신이 항상 추구하는 선의 실현이 보여주는 가장 완전한 행동으로 힘차게 나아간다. 진정한 의미에서 과학이 규명하는 사랑은, 지속적 행동을 통해 우리의 엄격한 운명을 개선할 수 있는 독특한 섭리를 구성한다는 사실을 계속 느끼게 한다.

비록 알려진 모든 존재보다 더 나은 위치에 있지만, 위대한 유기체는 불변의 법칙을 따르는 자신의 삶이 결코 절대적인 만족이나 심지어 절대적 안전도 지니고 있지 않다는 사실을 잘 알고 있다. 내적인 것이건 외적인 것이건 우리가 처해 있는 모든 현실적 조건은 손상된 채로 존재하는데, 우리의 주된 잠재능력들이 생겨나는 도덕성과 이성마저도 예외가 아니다. 억압적인 불안과 헛된 비난을 제거함으로써 합당하게 살아갈 힘, 다시 말해 진정한 대존재를 위하여 사랑하고 생각하며 행동할 수 있는 힘을 발견해야 하는 것은, 언제든지 일어날 수 있는 돌발사태의 한가운데서이다. 하지만 우리에게 이러한 용기와 체념을 요구하는 동일한 체제는 또한 지속적인 발전을 가져다준다. 왜냐하면 이 체제는 우리의 탁월함에 대한 친근한 감정을 불러일으키며 타락시키는 모든 실수를 제거해버린다. 그럼으로써, 항상 고정되어 있지는 않지만 엄격한 운명에 대항하는 투쟁에 대해 불충분하나마 생생한 만족을 주기 때문이다. 그러한 필요성이 보여주는 감정적 반응은 내밀한 완성의 새로운 원천이 된다. 왜냐하면 그러한 반응은, 특히 신학적이거나 형이상학적인 도덕

속에서는 어떤 강요된 희생에 이르기까지 항상 퇴색시키는 간청으로 나아가게 되는 개인성의 경우, 어리석은 무관심뿐만 아니라 과장된 선견지명마저 제거하기 때문이다. 고상하게도 모든 극복할 수 없는 해악을 체념하고 모든 가변적 경우에 현명하게 개입하는 것이 바로 개인이나 집단 차원에서 실증적 삶이 지니는 실천적 성격이다.

자신의 학설이 지닌 근본적 해악에도 불구하고, 가톨릭은 자신도 모르는 사이에 현대사회의 영향을 받아 중세 말엽부터는 그 체계적 비준이 자신의 원칙과 양립할 수 없었던 유사한 변화를 향해 나아갔다. 사제 계급이 헛되이 자신의 이론에 대항해서 투쟁을 벌이는 경향들은, 신교의 영향을 받지 않은 주민들 사이에서만 느껴질 수 있다. 만약 사제들의 사회적 타락이 인류로 하여금 공동의 자발성에 충분히 참여하게 해준다면, 가톨릭의 신은 점점 더 인류의 모호하고 불충분한 상징이 될 것이다. 비록 이러한 점진적 변화가 무력한 것으로 남아 있다고 하더라도, 그것은 현대에 와서 이루어진 해방과 전혀 무관하다고 간주되는 서구인들의 마음과 정신이 어쩔 수 없이 따라가게 되는 새로운 방향의 거역할 수 없는 표시이다.

이러한 자발적 증상은 인류에 대한 진정한 숭배의 독특한 준비단계라고 할 수 있는 여성숭배에 대해서 특히 결정적이다. 12세기 이후 스페인과 이탈리아에서는 성모 마리아의 영향력이 계속해서 증가했는데, 사제들은 종종 이러한 영향력에 대항하려 했지만 아무런 소용이 없었다. 오히려 이들은 대중적 인기를 유지하기 위해 때때로 그것을 인정할 수밖에 없었다. 그런데 이러한 감미로운 예술적 창조물은, 자신이 생겨나게 되는 예배를 근본적으로 변질시키지 않고서는 직접적이고 특권 받은 찬미를 이끌어낼 수 없다. 또한 그것은 차츰차츰 인류의 구현으로 변화됨으로써 조상의 도덕체제와 후손의 그것 사이의 중재자 역할을 맡게된다. 하지만 이러한 행복한 변화는 심지어 스페인과 이탈리아에서도 공식적인 사제제도에서는 나올 수 없을 것이다. 그러한 변화는 우리의 남쪽 지역 형제들 사이에 실증주의를 유포시키는 여성의 개입 속에서 한층 더 순수한 대변기관들을 발견할 것이다.

그러므로 계시된 도덕에 비해 증명된 도덕이 당연히 우위에 있는 것은 궁극적으로 신에 대한 사랑을 인류에 대한 사랑으로 바꾸어놓는 것으로 요약된다. 이러한 새로운 원칙은 신학뿐만 아니라 형이상학도 배제하지 않는다. 왜냐하면 이 원칙은 모든 개인적 타산을 거부하며, 사적인 것이건 공적인 것이건 인간 행복을 관대한 감정의 직접적이고 지속적인 발전 속에 위치시키기 때문이다. 사람들이 사랑의 진정한 성격을 이해하고 사랑의 일상적 영향력에 필요한 조건을 이해할 경우, 실제로 인류를 사랑한다는 것이 모든 건전한 도덕의 핵심을 이루게 된다. 우리의 기본적인 개인성에 대한 사회성의 적극적 우위는 정신의 도움을 받는 마음의 더디고도 어려운 교육을 통해서만 생겨날 수 있다. 가장 중요한 준비과정은 남녀 사이의 사랑 속에 존재하는데, 이는 가정의 다른 모든 감정들과 함께한다. 하지만 개인적인 것까지 포함하는 도덕의 모든 양상은 대존재에 대한 사랑에 연결될 수 있다. 이 사랑이야말로 실질적 중요성의 가장 나은 기준과, 이의를 제기할 수 없는 교훈을 확립하기 위한 가장 확실한 수단을 제공한다. 그러므로 여기서 체계화의 원칙과 자발성의 원칙이 일치하게 되는데, 이렇게 해서 보편학설은 모든 사람이 도달할 수 있는 것이 된다.

새로운 영적 권력의 부상

이처럼 동일한 종교가 쇄신시킨 과학과 시와 도덕은 우리의 새로운 운명들이 자리하게 될 튼튼한 조합을 형성한다. 감정에 봉사하는 이성과 상상력에 대한 자유롭고도 항구적인 축성은, 항상 조절 권력의 최초의 기관인 여성들 사이에서 자발적으로 존재했다. 하지만 이러한 축성은 일반학설이 체계화된 이후에야 비로소 높은 사회적 효용성을 지니게 되었다. 이것은 중세 때 신학으로 이루어진 통합에 따라 시도했던 것이기도 하다. 당시에는 조절 권력이 두 개의 필연적 힘에 따라 구성되기 시작했는데, 하나는 공감적이고 사적인 것이며, 다른 하나는 체계적이며 공적인 것이었다. 이러한 최초의 밑그림이 오랫동안 이로운 영향력을 행사했다. 그럼에도 불구하고 불충분하고 일시적인 종합에만 기초하고 있었기 때문에, 그것은 순전히 예비적인 과정으로 인식될 수밖에 없었다.

가톨릭의 학설과 숭배는 실제로 감정생활만을 포용했는데, 그것마저도 인위적이고 불안정한 원칙에 따른 것이었다. 예술적인 것이건 과학적인 것이건, 사변의 영역 전체는 사제계급의 개인적 성향들을 제외하고는 실생활만큼이나 그러한 원칙에서 벗어나 있었다. 그런데 사제들의 개인적 성향들은 때이른 시도가 이루어지는 군사적 환경 속에서는 항상 위협받게 되는 사회적 독립보다 오래 살아남을 수 없다. 중세의 미학적이고 형이상학적인 발전은 산업체제가 채 시작되기도 전에 이미 이러한 허약한 체계화를 손상시켰다. 왜냐하면 이러한 체계화는 얼마 지나지 않아 처음에 자신의 삶이 주도했던 진보와 양립할 수 없었기 때문이다. 지성의 우위가 확립되지 않고서는 도덕적 영향력은 물질적 힘의 강력한 우위를 실제로 완화시킬 수 있는 진정한 영적 권력을 확립할 수 없을 것이다.

이렇게 해서, 진정한 재조직화의 기본 조건은 마음에 대한 정신의 근본적 반항을 마감했다. 사실 그러한 반항은 중세 말부터 지속되어온 것이며, 그 원천은 그리스 형이상학의 발전까지 거슬러 올라간다. 실증주의는 과거의 모든 예비과학에 따라 사회과학을 구축함으로써 이러한 엄청난 난관을 극복하고 사변적 통합을 확립했다. 이미 행동을 포괄하게 된 그 조합 원칙은 즉시 감정으로 확장된다. 또 그렇게 함으로써 진정한 의미의 대존재에 대한 숭배를 통해 모든 것을 쇄신시키는 체계적이면서도 자발적인 완전한 종합을 이루게 된다. 이렇게 해서, 동질적이고 완전하며 진보적인 것 못지않게 견고하며 사회적 효용성에는 과거의 힘보다도 더욱더 없어서는 안 될 여성의 협력을 확신하는 새로운 조절 권력이 생겨나는 것이다.

세속권력은 항상 필요하지만, 영적 권력이 그 영향을 개선할 것이다

인간생활을 지배하는 물질적 필요성들이 없다면, 이러한 2중의 힘은 인간생활을 완전하게 규제할 수 있을 것이다. 그럴 경우, 힘든 활동을 면제받은 우리는 직접적으로 보편적인 사랑이라는 최고선을 따라가게 된다. 보편적 사랑은 이성과 상상력의 현명한 행사를 통해 그 영향력을 한층 더 발전시키게 될 지적인 발전만을 불러일으킬 것이다. 이러한 가정은 본래 상상적인 것에 불과하지만, 아주 효율적인 것이 될 수 있다. 그리하여 그것은 우리가 점점 더 현실생활을 접근시키려 하는 이상적 한계를 제공한다. 예술적 재능이 그러한 유토피아를 충분히 발전시킬 경우, 그것은 과거의 숭배가 미래의 행복에 대한 모호하고 환상적인 표현에서 끌어내었던 능력보다 더 나은 것을 새로운 숭배에 보장해줄 것이다. 온갖 물질적 힘과 무관하게 지적이고 도덕적인 장점에 기초하는 사회적 분류가 적합해지는 것은 그러한 유토피아밖에 없다. 사실, 개인들은 인류를 사랑하고 찬양하려는 각자의 능력에 따라서만 평가될 수 있을 것이다.

그러한 분류는 결코 우세해질 수도 없으며, 게다가 실현될 수도 없다. 하지만 사람들은 가능한 한 항상 그러한 분류를 염두에 두면서, 그것을 지혜롭게 현실적 단계에 대립시켜야 한다. 현실적 단계에서는 심지어 우발적이기까지 한 힘이 고유한 장점보다 훨씬 더 많은 영향력을 행사한다. 여성에게서 적절한 도움을 받게 되는 인류의 사제들은, 그 도덕적 권위가 보편교육이 직접 비준하고 종종 그에 대응하는 숭배 속에서 주장되는 거역할 수 없는 대비를 통해, 이러한 대립을 현실의 질서를 변경시키는 데 적용할 것이다. 그러한 대립의 기본적 현실성은 실제적 요구만을 제거하지만, 이러한 추상적 유형에 어떤 효용성을 부여한다. 그런데 신학의 장래와 부합하는 혼란스럽고도 불확실한 분류에 기초한 비판은 결코 이러한 효용성을 지니고 있지 못하다.

사회가 자신의 것과는 다른 섭리를 용인하지 않을 때, 보통 그것이 실현될 수 없는 것이라는 사실을 가장 잘 느끼는 사람들에게 영향을 끼칠 만큼 충분히 그러한 차원을 실현할 수 있다. 하지만 이러한 정상적인 반응은 항상 지위와 재산의 분배와 관련된 자연법칙의 실제 목표를 전혀 훼손시키지 않고도, 그 법칙들의 자발적 행사를 개선시킴으로써 이러한 자연법칙을 존중할 것이다. 이러한 필수적인 화해는 추상적 분류가 다양한 임무들의 구체적 종속은 건드리지 않은 채 개인 차원으로만 한정될 것을 요구한다. 진정한 의미에서 개인적 우위는 아주 드물다. 그러므로 만약 사람들이 항상 모든 기능을 최선의 기관에 부여해야 한다고 주장하면서 실행 조건들을 고려하지 않은 채 처음의 공직을 박탈한다면, 사회생활은 쓸데없는데다 끝이 없는 논쟁에 자신의 힘을 탕진해버리게 될 것이다. 그러한 경향은 심지어 능력을 더 잘 평가할 수 있는 정신적인 차원에서도 아주 많은 혼란을 불러일으킬 것이다. 하지만 아무런 정치적 위험 없이 결정적인 경우에 매번 힘의 차원과 미덕의 차원이 얼마나 다른지를 보여주는 데에는 항상 도덕적 이점이 존재한다.

이렇게 해서, 가장 합당한 것에 부여된 평가가 가장 강한 것의 권위를 손상시키지 않게 한다. 베르나르두스[19]는 자기 시대의 어떤 교황들보다도 높은 평가를 받았지만, 단순한 사제로서 항상 교권의 위계질서를 존중했다. 사도 바울로 또한 스스로 자신의 정신과 마음의 열등함을 감추지 않았던 한 사도[20]의 공식적 우위를 인정함으로써 그러한 의무가 어떤 성격을 지니는지 더욱 잘 규정해주었다. 시민적인 것이건 군사적인 것이건, 모든 합법적 조합은 미약하게나마 개인들의 추상적 차원과 지위에 따른 임무의 구체적 차원이 비슷하게 서로 화합하게 되는 예들을 빈번하게 보여준다. 두 분류의 대조는 어떠한 파괴적 결과도 초래하지 않으며, 만인의 도덕적 완성에 기여함과 동시에 그만큼 복잡한 유기체의 필연적 미완성을 증명해준다.

---

19) Bernardus ; (프) Saint Bernard de Clairvaux(1090~1153) : 프랑스의 수도사.
20) 사도 베드로.

이와 같이 인간생활이 온갖 심각한 물질적 필요에서 벗어날 경우, 인류교는 우리를 충분히 지배하게 될 지적이고 도덕적인 힘을 불러일으킨다. 인간 본성의 실질적 미완성에도 불구하고, 비록 거역할 수 없는 욕구들이 개인성을 끊임없이 자극하겠지만, 사회성은 자신의 매력으로 인해 점점 더 우위를 차지하게 될 것이다. 개인성을 자극하는 거역할 수 없는 욕구들이 우위를 차지하려는 경향 아래서, 인간생활은 필연적으로 이성과 상상력, 심지어 감정마저도 자신들의 직접적 발전을 종속시키는 이기적 행동의 지배를 받게 된다. 그러므로 지도하도록 되어 있는 것으로 보이는 2중의 힘은 변화시키기만 할 것이다. 그리고 감정적인 요소는 쉽사리 이러한 필요성을 경험한다. 왜냐하면 선의 진정한 조건들을 알게 될 경우, 마음은 항상 선을 실현하려고 노력할 것이기 때문이다. 하지만 정신은 더욱더 현명해질 수 있을 것이며, 어렵사리 지배하기를 단념하고 봉사하기를 택할 것이다. 그 헛된 야망은 정신이 지위와 재산 때문에 그토록 비난하는 야망보다도 더 세상을 혼란스럽게 만든다.

오늘날 우리가 느끼는 주된 당혹스러움은 이론적 권리가 지배적이기를 지향하는 것이 아니라, 진정으로 조절하는 것으로 남을 수 있도록 하기 위해 그러한 야망에 적당한 만족을 보장해줌으로써 야망을 조절하는 데에서 생겨난다. 이러한 기본적 변화는 정신이 항상 억압하는 쪽 아니면 억압당하는 쪽에 있었던 고대에는 가능하지 않았다. 여전히 신학적이고 군사적인 체제 아래 있었던 중세 때에도 그러한 변화가 무산될 수밖에 없었다. 산업활동이 우세해진 상황에서 자신의 독특한 현실성에 따라 실증주의만이 그러한 변화를 완성할 수 있다. 우리의 진정한 운명 전체에 대한 실증주의의 정확한 평가에 따라, 마치 도덕이 인류의 감정적인 숭배를 이루고 과학이 시와 더불어 사유와 관련된 숭배를 구성하는 것처럼, 실증주의는 마침내 정치를 인류에 대한 적극적 숭배로 환원시킴으로써 그것을 쇄신시킨다. 이것이 바로 여성과 노동자들의 적절한 도움을 받게 되는 서구의 새로운 사제계급에게 주어진 주된 임무일 것이다.

권리에서 의무로의 이동

이러한 결정적 쇄신은 무엇보다도 개인성을 사회성에 더욱더 종속시키기 위하여 권리를 의무로 바꾸어놓는 것으로 이루어져 있다. '권리'라는 말은, '원인'이라는 말이 진정한 의미의 철학적 언어에서 떨어져 있는 만큼 진정한 의미의 정치적 언어에서 멀리 떨어져 있다. 이러한 두 개의 신학적이고 형이상학적인 개념들 가운데, 앞으로 하나는 부도덕하고 무정부적인 것이 되며, 다른 하나는 비합리적이고 궤변적인 것이 되어버릴 것이다. 이들 개념은 둘 다 최종 상태와는 양립할 수 없는 것으로, 현대인들 사이에서는 과거체계에 대한 용해작용을 통해 혁명적 변화에나 적합하다. 진정한 의미의 권리가 존재할 수 있으려면 합법적인 권력이 초자연적 의지에서 나온 것으로 간주되어야 한다.

지난 5세기 동안 형이상학은 신권정치의 권위에 대항하기 위해 부정적 임무를 지닐 수밖에 없었던 이른바 인권이라는 개념을 도입했다. 사람들이 그러한 권위에다 진정한 의미의 유기적인 목표를 부여하고자 했을 때, 그러한 권리들은 항상 개체성을 인정하려 듦으로써 반사회적 본성을 드러냈다. 천국의 직함을 더 이상 인정하지 않는 실증상태에서 '권리'라는 말은 완전히 사라져버린다. 각자는 의무를, 그것도 만인에 대한 의무를 진다. 이에 반해, 아무도 엄밀한 의미의 권리를 소유하지 않는다. 정당한 개인적 보장들은 단지 이러한 의무의 보편적 상호성에서만 나온다. 그런데 이러한 상호성은 심각한 정치적 위험을 제공하지 않으면서도 도덕적인 차원에서 과거의 권리들과 동일한 것을 다시 만들어낸다. 달리 말해, 아무도 자신의 의무를 다할 수 있다는 것말고는 다른 권리를 지니지 않는다. 중세의 찬양할 만한 프로그램에 따라 마침내 정치가 실제로 도덕을 따르게 되는 것은 바로 이런 과정을 통해서이다. 가톨릭은 이러한 엄청난 사회문제를 모호하게 제기하는 데에서 그쳤으며, 신학의 원칙 전체와 양립할 수 없는 해결책은 필연적으로 실증주의의 몫이다.

그러한 해결책에 도달하기 위해 정치로 하여금 인류에 봉사하도록, 다시 말해 대존재가 당연히 완수하게 되는 질서나 진보 같은 다양한 기능들을 인위적으로 돕도록 해야 한다. 새로운 숭배의 이러한 최종 목표가 대존재의 가장 중요한 부분을 이룬다. 그런데 이러한 목표 없이는 다른 모든 양상들은 불충분해져버릴 것이며, 게다가 얼마 지나지 않아 환상적이 되어버릴 것이다. 진정한 사랑은 가능한 한 선을 실현하려고 노력하기 때문에, 단지 선을 바라는 데에서만 만족하지 않는다. 사랑은 우리로 하여금 인류를 연구하고 기념하게 하지만, 단지 우리에게 사유와 토론에 내재한 부드러운 만족을 제공하기 위해서 존재하는 것만은 아니다.

진정한 사랑은 우리로 하여금 바로 이러한 절대자에게 더욱더 잘 봉사하도록 하는 것을 목적으로 한다. 이 절대자를 보존하고 완성시켜나가려면 우리는 지속적으로 행동해야 한다. 그러한 목표가 최종적 숭배의 중요한 성격을 이루고 있다. 왜냐하면 이전의 대존재는 사실 어떤 것이건 우리의 봉사에 대한 현실적 필요성을 전혀 지니고 있지 않았기 때문이다. 또한 정적주의(靜寂主義)[21]는 항상 특히 일신교가 확립된 다음부터 모든 신학적 숭배의 임박한 퇴조를 예고했다. 정적주의의 억제는 보편적 본능의 다행스런 대변기관인 사제계급의 지혜가 이러한 이론을 이용하여 행동을 규정하게 되었을 때에야 비로소 가능해졌다. 그런데 이러한 이로운 변화는 사제제도가 광범위한 사회적 독립성을 지니고 있을 때에만 효율적으로 이루어질 수 있었다.

세속적 일탈로 가톨릭이 그러한 사회적 독립을 상실한 다음부터, 가톨릭으로서는 인위적인 수단을 동원함으로써만 억제할 수 있었던 정적주의적인 경향들이 대다수의 진정한 신봉자들 사이에서 자연스런 흐름을 이루었다. 반대로, 실증주의에 와서는 학설 자체가 직접 모든 사제계

---

21) 17세기 몰리노스(Molinos)에서 비롯한 신비적 기독교의 교리로서 외적인 활동을 배제하고 마음의 평온을 통해 신과의 합일을 추구했다.

급의 배려를 떠나 가장 광범위한 행동으로 나아간다. 이러한 자발적이고 지속적인 자극이 얼마 지나지 않아 자기 자신을 찬미하는 사람들로 이루어진 새로운 대존재의 상대적이고 종속적인 본질에서 생겨나게 된다.

사회유기체의 합의

우리의 전(全)존재를 비준하게 될 기본 예배의 주된 성격은, 그보다 덜 복잡한 다른 유기체로서는 개념조차 암시할 수 없는 위대한 조합 속에 존재한다. 시간과 공간에 똑같이 관련된 이러한 합의는 사회적 감정의 필연적 두 단계를 불러일으킨다. 처음에는 현재의 유대관계를 깨닫고, 나중에 가서는 역사적 지속을 인식하게 된다. 정태적이건 역동적이건 각각의 사회현상에 대한 깊이 있는 연구는 항상, 대존재가 발달함에 따라 물러나는 지리적이고 연대기적인 어떤 한계 내에서, 현대인의 삶 전체와 과거의 모든 세대들의 직접적이거나 간접적인 협력을 드러내줄 것이다. 우리의 사고와 감정에 대해서는 이의가 없는 이러한 필연적 협력의 결과는 더 완전한 협력을 요구하는 우리의 행동에 더욱더 적합한 것이 된다. 이렇게 함으로써, 우리는 항상 절대적 개성만을 가정하는 엄밀한 의미의 '권리'라는 개념이 얼마나 부도덕하며 헛된 것인지를 더욱 잘 깨닫게 된다.

도덕에 대한 정치의 실질적 종속은, 모든 인간이 유일한 대존재에서 분리된 '존재들'이 아니라, 그 존재의 다양한 '기관들'로 인식되어야 한다는 사실에서 직접 생겨난다. 게다가 모든 균형 잡힌 사회에서 시민들 각자는 좋건 나쁘건 항상 자발적으로 또는 체계적으로 자신의 임무를 수행함으로써 사회의 공무원으로 간주된다. 이러한 기본 원칙이 경험적으로 무시당했던 시기는 기나긴 혁명적 변화가 진행되던 시기뿐이었다. 그런데 지금은 이러한 혁명적 변화가 마감되고 있다. 또한 이러한 혁명의 시기에는 반동적인 것이 되어버린 조직의 남용이 당시에는 진보적이었다. 하지만 오늘날에 와서는 그 최초의 목적에 반하게 된 무정부상태를 초래했다. 실증주의는 현실적인 지식 전체를 통해 그러한 기본 원칙을 광범위하게 체계화함으로써 그것을 온갖 형태의 침해에서 벗어나게 할 것이다.

현대와 과거의 연속성

이러한 결정적인 증명은 새로운 사제계급의 도덕적 권위에 합리적인 토대가 될 것이다. 각각의 경우에, 새로운 사제계급은 유일하게 진정한 의미의 협력을 정확하게 깨닫도록 함으로써 그에 부응하는 의무들을 명확하게 규정할 것이다. 예술적 임무가 보완하는 사제직의 과학적 개입이 없다면, 사회적 감정은 결코 일상적인 행위를 심각하게 변화시킬 수 있을 정도로 충분히 발전하지 못할 것이다. 왜냐하면 그럴 경우, 사회적인 감정은 불완전하게 발전할 수밖에 없는 현재와 같은 단순한 유대관계에 만족할 것이기 때문이다. 오늘날 아주 순수한 사회학자들까지도, 현재를 과거의 뿌리에서 단절시킨 채 우리에게 불확실한 미래를 향해 돌진하게 만드는 이러한 유감스런 제한의 예들을 무수히 많이 제시할 수 있을 것이다. 현대의 모든 사회현상 속에는, 앞선 시대의 사람들이 동시대인들보다 한층 더 많이 참여한다. 한결 광범위한 협력에 의존하는 물질적 작업들은 그러한 평가의 내밀한 현실성을 확인하기에 훨씬 더 적절한 위치에 있다. 이러한 필연적 연속성은 개인생활이 단지 추상적인 상태로만 존재하는 데 반해, 집단생활은 현실적이라는 사실을 단순한 유대관계보다도 더 잘 보여줄 것이다. 우리의 사회성은 그 주된 성격을 집단생활에서 끌어낸다. 왜냐하면 많은 다른 동물들은 동시에 행해지는 협력만을 느끼는 데 반해, 인간만은 점진적 발전의 원천이 되는 연속적 협력을 느끼고, 또 그것을 발전시켜나갈 수 있기 때문이다. 그러므로 사회적 감정은 현재의 관계로만 한정될 경우, 아주 불완전하고 메마르거나 심지어 혼란스럽기까지 할 것이다.

오늘날, 모든 형태의 상속에 적대적인 일탈들은 역사적 연속성에 대한 해로운 경멸에 기초해 있다. 왜냐하면 현실과학만이 우리의 성실한 유토피아주의자들[22]로 하여금 이러한 근본적 실수를 고백하고 깨달을 수 있도록 해줄 것이기 때문이다. 심각하게 이의를 제기할 수 없는 집단 상속은 사람들로 하여금 즉시 개인적이거나 차라리 가정적인 상속을 더욱 잘 판단하도록 해줄 것이다. 하지만 실천을 통해 현실성에 점점 더 가까이 다가섬에 따라, 이들은 유대감이란 연속성이 없이는 충분히 느껴질 수 없다는 사실을 인식하게 될 것이다.

사실 한편에서 보면, 개인적 입문은 각자가 자신의 역사를 이해하기 위해 전반적 발자취를 반드시 이해해야 하는 사회 발전의 주된 단계들을 자발적으로 재생산한다. 다른 한편에서 보면, 대존재의 모든 연속적 상태들이 아직은 거기에 합류되지 않은 다양한 주민들 사이에 존재한다. 그리하여 사람들은 우선 서구의 역사적 시간을 존중하지 않고서는 그들과 합당하게 공감할 수 없을 것이다. 우리의 관대한 사회주의자들과 공산주의자들, 특히 노동자계급은 곧바로 이러한 2중의 자가당착에 내재한 해악과 위험을 깨달을 것이며, 자신들의 도덕적 노력을 마비시키는 정신적 틈을 메우려고 노력할 것이다. 인류의 사제들은 조절 권력 가운데에서 가장 순수하면서도 자발적인 요소들[23] 사이에서 역사적인 연구 전체를 더욱더 잘 받아들일 수 있도록 해줄 것이다. 왜냐하면 여성은 자신들이 그 최초의 원천을 이루고 있는 연속성을 자연스럽게 깨달을 수 있기 때문이다.

세 가지 진리를 연구하고 가르치기 위하여, 또한 억압이 아니라
설득을 통해 인간을 지배하기 위하여 필요한 영적 권력

그러므로 처음에는 연대감, 나중에는 연속성이라는 진정한 의미의 사

---

22) 공상적 사회주의자와 공산주의자.
23) 여성.

회적 감정은, 실증주의적 사변 전체가 필연적으로 의존할 수밖에 없는 이러한 위대한 과학적 토대 없이는 강화될 수도 발전될 수도 없을 것이다. 이것이 바로 최종적 체제 속에서 이루어지는 기초적인 두 가지 힘의 불가피한 분리현상이 기초해 있는, 합리적인 동시에 감정적인 최초의 토대이다. 사회적 완성이 인간 행동의 주된 목적이 되어감에 따라, 사람들은 자연법칙을 모르고서는 그러한 현상들을 변화시키지 못한다는 사실을 더욱더 잘 깨닫게 될 것이다. 그런데 그러한 자연법칙에 대한 연구는 아주 탁월하게 사색적인 계급으로부터만 생겨날 수 있을 것이다. 이들은 이러한 어려운 평가를 담당하며, 그러한 평가에서 생겨나는 자문(諮問)의 권위뿐만 아니라, 자신의 목표에 없어서는 안 될 교육학적 임무마저도 지니고 있다. 만약 아주 사소한 예술에 대해서 서구의 이성이, 이론이란 실천과 아무런 관련이 없는 사상가들만이 배양하고 가르칠 수 있다는 사실을 인정한다면, 이성은 지체없이 가장 어렵고도 영향력 있는 예술에 대해서도 그와 유사한 분리를 더욱 강력하게 권장할 수 있을 것이다. 사람들이 도처에서 그에 부응하는 현상들을 불변의 법칙에 종속된 것으로 간주할 때, 그러한 지혜는 필연적으로 모든 대립적인 경향보다 우위에 설 것이다. 또한 그러한 법칙이 보여주는 복잡성과 종속성은 진정한 철학자들 사이에서 그에 대한 연구를 집중시킬 새로운 동기로 작용할 것이다.

또한 이러한 체계적 분리[24]는 두번째 기본 양상 아래서 건전한 현대 정치의 필연적 토대가 되는데, 그것은 현명한 사회적 협력만큼이나 합당한 개인적 행동에 대해서도 꼭 필요하다. 사실 대존재는 개인적이거나 차라리 가정적인 다양한 요소들의 보편적 협력뿐만 아니라, 이들 요소의 독립에 의해서도 그 성격이 규정된다. 질서가 무엇보다도 이 요소들의 보편적 협력을 요구한다면, 진보는 이들의 독립과 한층 더 깊은 관계가 있다. 그런데 똑같이 절대적인 이러한 두 가지 측면의 필요성은 고

---

24) 영적 권력으로부터 세속권력의 분리.

대에는 서로 화합할 수 없었다. 왜냐하면 당시에는 사제와 관련되건 전사와 관련되건 동일한 기관에서 생겨나는 영적 권력과 세속권력이 근본적으로 뒤섞여 있었기 때문이다. 고대에는 국가의 존속을 위해 통상적으로 독립이 협력에 종속되었다. 이것이 바로 진보의 감정이 심지어 유토피아주의자[25]들에게도 알려지지 않았던 이유이다.

중세에 들어와 정치를 도덕에 종속시키기 위해 지배권력과 조절 권력을 분리시키려는 찬양할 만한 시도가 있기까지는 이 두 조건은 결코 화합할 수 없었다. 그러므로 협력은 무엇보다도, 독단에 빠지지 않으면서도 복종만큼이나 명령과 관련된 일반적 행동규칙을 강요하는 보편학설에 대한 마음과 정신의 자유로운 결합에 의존한다. 비록 정신적으로나 사회적으로 극단적 미완성상태에 있음에도 불구하고, 이러한 최초의 밑그림이 도덕적이고 정치적인 차원에서 어떤 성과를 가져오게 되었던 것은 바로 이렇게 해서이다. 당시에는 진정한 의미의 기사도적 유형의 사람들 사이에서 가장 강력한 독립은 가장 완전한 헌신과 결부되어 있었다.

서구에서는 어떠한 계급도 개인적 위엄과 보편적 우애 사이의 이러한 새로운 혼합과 무관할 수 없다. 이러한 조합이 인간 본성에 너무 잘 맞아떨어졌기 때문에, 얼마 지나지 않아 그것은 자신을 구축할 수 있었던 최초의 체계화 아래서 실현되었다. 그것의 경험적 보존이 심각하게 변질되었음에도 불구하고, 나중에 가서 특히 신교의 영향을 받지 않았던 국민들 사이에서는 그에 대응하는 믿음이 필연적으로 몰락한 다음에도 살아남았다. 이렇게 해서, 중세 때에는 이러한 두 개의 독특한 속성들의 근본적 대립을 제거함으로써 위대한 유기체에 대한 일반이론이 가능해졌다. 이처럼 신학을 그 몰락의 원인이 된 잠정적 통합으로 귀착시켰던 동일한 발전과정은, 최종적 체제를 주도하게 될 한층 더 완전하면서도 현실적인 통합의 필연적 도래를 일찍부터 준비했다.

---

25) 공산주의자와 사회주의자.

하지만 이러한 때이른 밑그림의 장점과 효용성에도 불구하고, 그것은 매개하는 시대의 정신이나 성격과는 양립할 수 없는 결정적 해결책을 구축하지 못했다. 신학의 원칙과 군사활동은 모두 이론적이고 실천적인 두 가지 힘의 정상적 분리를 똑같이 거부했다. 그리하여 그것은 몇 세기 동안 항상 신권정치와 제국 사이를 떠다니는 일종의 자발적 균형에 의해서만 잠정적이고 불충분한 존재를 획득할 수 있었을 뿐이다. 반대로, 실증정신과 산업적인 성격은 마침내 자연스럽게도 체계화되어 현대인들에게 협력과 독립의 기본적 화해를 보장해주는 분리를 향해 나아갔다.

우선 이러한 최종 상태는 가톨릭 체제처럼, 그리고 그보다 더 높은 수준에서, 아무런 억압적인 원천 없이 만인의 행동이 설득이나 확신에 입각한 규칙을 따르게 하는 데에서 오는 장점을 보여준다. 하지만 항상 증명할 수 있는 새로운 신앙의 본질은, 안정성뿐만 아니라 위엄성에서도, 이러한 정신이 과거의 신앙보다 훨씬 더 나은 위치에 서도록 해준다. 왜냐하면 가톨릭의 원칙은 독단을 피하기 위해서 단순한 인간의 명령을 초자연적 의지로 바꾸어놓을 수밖에 없었기 때문이다. 그러한 적대관계가 어떤 잠재능력을 지니고 있을지는 모르겠지만, 거기서는 진정한 의미의 자유가 보장될 수 없을 것이다. 왜냐하면 그렇게 함으로써 사람들은 항상 그 기원만 변화하는 설명할 수 없는 질서들을 따라야 하기 때문이다.

우리의 위엄을 법칙에 대한 복종 위에 기초하기 위해 형이상학자들이 나중에 기울였던 노력은 이보다도 훨씬 더 성공적이지 못했다. 왜냐하면 형이상학자들은 결국 이전과 같은 자의적 의지의 지배를 확립하고자 했기 때문이다. 당시로서는 이러한 의지가 자신들을 더욱더 존경할 만하고 덜 변덕스럽게 만들어주었던 신권정치의 비준을 받지 못했다. 독립과 협력 사이의 화해는 진정한 의미에서 자유를 구축하는 것으로서 어떠한 주관적 영감과도 무관하다. 그리하여 이러한 화해는 항상 모든 종류의 증명이 가능하게 되는 객관적 법칙을 따를 때에만 실현될 수 있다. 이것이 바로 적절하게도 가장 복잡하고 가장 중요한 현상들로 확장된 과학정신이 가져다주는 엄청난 사회적 혜택이다.

그러므로 인간은 더 이상 인간의 노예가 아니다. 인간은 요구하는 사람들이 똑같이 그것을 받아들이게 되는 외적인 필요에만 양보한다. 외부에서 생겨나는 이러한 질서들은 아무리 완고하다고 해도 우리를 타락시키지 않는다. 새로운 지혜는 무엇보다도 인간의 탁월한 속성에 관한 이러한 질서들이 거의 항상 가변적이라는 사실을 가르쳐준다. 그리하여 우리의 위엄은 더 이상 수동적 차원에 머물러 있지 않게 되며, 개인생활이나 집단생활 전체를 우리 자신이 현실적인 지도자가 되는 체계의 지속적 완성에 따르도록 한다. 그 체계를 구성하는 자연법칙은 우리의 노력을 이끌어나가거나 계획을 고정시킴으로써 우리가 적극적으로 개입할 수 있는 필연적 토대를 마련해준다. 그러한 법칙들이 잘 알려질수록, 우리의 행위는 온갖 자의적인 명령과 노예 같은 굴종을 한층 더 잘 극복할 수 있을 것이다. 사실, 드물기는 하지만 이러한 외적인 규칙들은 충분히 한정됨으로써 각각의 경우 강제 규정들을 면하게 해줄 것이다. 그러므로 감정을 통해 거의 아무런 동기가 없는 명령들을 완수하려는 경향을 보여줌으로써 양쪽에서 정신의 불충분함을 보완하는 것은 마음의 몫이다. 항상 독단적인 의지를 피할 수 있는 것은 아니기 때문에, 우리의 위엄을 지키려면 독단적인 의지들이 일관된 외적인 법칙을 따르도록 하고, 이성과 감정이 계속 그 일상적인 영역을 축소시켜나가면 충분할 것이다.

그런데 이러한 두 가지 조건을 실증주의 체제가 확실하게 충족시켜준다. 왜냐하면 실증주의 체제 아래서는 산업활동과 과학정신이 우리 각자로 하여금 보편적 유기체에 더욱더 집착하게 하면서, 동시에 온갖 개인적 변덕과도 무관하게 살아가도록 하는 데 협력하기 때문이다. 그러므로 실증주의는 자유와 위엄을 보장해주는데, 이는 다른 모든 현상들과 마찬가지로 자연법칙에 대한 사회현상의 종속을 자유와 위엄의 굳건한 토대로 삼음으로써 이루어진다. 그런데 이러한 자연법칙은 어떤 한계 내에서 무엇보다도 집단적 성격을 띠는 인간의 현명한 행동으로 변동될 수 있다. 반대로, 모든 형이상학적 유토피아는 억압과 타락만을 기대할 수 있다. 여기서는 사람들이 어떠한 자발적 충동도 없이 입법가들의 의지에 무한정 자신을 맡겨버리는 사회를 가정하기 때문이며, 또한 고대와 마찬가지로 독립을 억압함으로써만 협력을 얻을 수 있기 때문이다.

이와 같이, 최종적 숭배는 그 자연법칙 전체에 따라 대존재의 활동적인 삶을 체계화한다. 이는 대존재에 지속성의 감정을 통한 유대감의 본능을 보완하거나, 그 다양한 기관들의 불가피한 독립을 없어서는 안 될 협력과 화해시킴으로써 이루어진다. 그리하여 마침내 의무가 권리를 대신함으로써 정치가 도덕을 따르게 되는 것이다. 이론적 힘은 항상 이성과 감정이 협력하여 행동을 변화시키는 거역할 수 없는 규칙을 주장한다. 실질적 권력을 행사하는 기관이 어떤 것이건, 도덕이 그러한 권력 행사를 계속 변질시킨다. 반대로, 모든 형이상학적 체계는 어떠한 행동 원칙이나 평가 원칙도 제공하지 않은 채, 각각의 권위의 접근양식과 그 범위를 조절하는 것으로 만족한다.

세속권력으로서의 자본가들이 수행하는 인류의 영양 기능

이제 나는 실증정치학의 기본 원칙을 이루는 정상적 분리의 성격 규정을 마감하기 위해 적극적 인류숭배 전체에서 그 본질적인 분할로 넘어가고자 한다.

대존재의 계속적인 활동은 외부 조건이나 고유한 본성과 관련되어 있다. 비록 이러한 두 개의 커다란 기능들이 각각 질서와 진보에 동시에 관련된 것이기는 하지만, 전자는 무엇보다도 보존과 관련되어 있고 후자는 완성과 관련되어 있다. 다른 모든 것과 마찬가지로, 위대한 유기체는 우선 물질적 존재를 유지하고 확장하기 위해 끊임없이 그에 대응하는 환경에 영향을 끼치게 마련이다. 그러므로 그 실생활은 무엇보다도, 충분한 양의 물질들을 계속해서 재생산할 것을 요구하는 거역할 수 없는 욕구들을 만족시키는 데 바쳐진다. 이러한 지속적 발전은 개인들의 동시적 협력보다는 여러 세대에 걸친 연속적 협력에 의존하게 된다. 심지어 거칠지만 없어서는 안 될 이러한 기능들조차, 우리는 무엇보다도 후세들을 위해 일하게 되며 조상들에게서 주된 만족을 구한다. 각 세대는 자신의 욕망을 뛰어넘어 다음 세대의 노동을 쉽게 만들어주고 그 생존을 준비하는 물질적 풍요를 생산해낸다. 이렇게 해서, 이러한 과도체제의 기관들은 산업 발전의 자연스런 지도자들이 되는데, 여기서는 이러한 도구, 비축물의 소유와 관련된 장점들이 어떤 예외적 무능력으로만 상쇄될 수 있다. 당연한 이야기겠지만, 신중하고 능란한 경영자의 손에 자본이 축적될수록 이러한 실질적 영향력이 더욱 잘 확립된다.

현대사회의 세속적 지도자들은 이 경영자들이다. 최종적 숭배는 이들을 대존재에 영양을 공급하는 기관으로 인정한다. 그것은 이들이 동화시킬 수 있는 물질들을 모으고 준비하기 때문이기도 하며, 또한 중앙장치의 지속적 충동 아래 도처에서 그 물질들을 분배하기 때문이기도 하다. 경영자들은 직접적이고 일상적인 중요성을 자랑스럽게 여기며, 게다가 대개는 유일하게 자신들의 꾸준한 행동을 자극할 수 있는 개인적 본능들에 많은 영향을 받는다. 그리하여 자신들의 실질적 우위를 남용함으로써 당연하게도 감정과 이성으로서는 도달할 수 없는 천박한 필요성이라는 멍에를 강요한다. 그러므로 이들의 자발적 지배는 도덕적 힘의 협력을 통해 끊임없이 완화될 필요가 있다. 이것이 바로 대존재의 두번째 일반 기능의 중요한 정치적 목표이다.

영양 기능은 영적 권력이 수행하는 두뇌의 기능으로 개선될 것이다

육체적이기도 하지만, 무엇보다도 지적이고 도덕적인 성격을 지니는 독특한 완성과 직접적으로 관련된 이러한 두뇌 활동은, 하등유기체에서와 마찬가지로 영양섭취 기능의 발달을 돕는 것으로만 한정된 것처럼 보인다. 하지만 머지않아 그것은 자기 자신에게만 적합하며, 우리의 진정한 행복이 생겨나게 되는 매력을 발전시켜나갈 것이다. 그런데 만약 실질적 요구들이 끊임없이 우리를 유쾌하지 못한 행동으로 이끌어간다면, 우리는 인간생활을 이성과 상상력, 특히 감정을 자유롭게 발전시키는 것으로 인식하게 될 것이다. 이러한 뛰어난 기능이 결코 우위를 차지할 수 없기 때문에, 그것은 직접적 만족을 넘어 처음에는 자발적인 것이지만 나중에는 체계적인 것으로 변하는 우리의 중요한 수단이 된다. 그리하여 마음과 정신의 통상적 협력으로 영양기관의 다소 맹목적인 활동을 통제한다. 이러한 도덕적 반응의 가장 순수하고 자연스런 원천은 두뇌의 감정생활을 재현하는 여성의 영향 속에 존재한다. 하지만 그러한 원천은 철학의 힘과 결합할 때에만 비로소 완전한 효능을 발휘한다. 그런데 철학의 힘은 직접적 에너지에서는 미약하지만, 개인의 경우 두뇌의 사변적 임무만큼이나 집단유기체에 없어서는 안 되는 요소이다. 완전히 성장한 대존재는 조절 권력이 지닌 이러한 두 개의 필연적인 요소에 세번째 요소를 덧붙인다. 세번째 요소는 이러한 조직화를 완성하고 그 정치적 개입의 중요한 토대를 이루어, 마침내 노동자의 영향이라는 사회유기체의 행동적 기능을 두드러지게 한다.

사실, 개인성에 대한 사회성의 지배라는 위대한 인간 문제의 유일하게 가능한 해결책은 이러한 보완 요소[26]에 달려 있다. 실질적 권력에서 배제되어 있으며 여가와 재산이 부족한 노동자계급은, 세속적 우위가 생겨나는 작업들을 수행하는 데 없어서는 안 되는 요소가 된다. 유사한 취향과 상황에 따라 철학자계급의 힘과 관련되어 있는 이 보완 요소는 그 힘으로부터 무엇보다도 체계적인 교육을 기대한다. 왜냐하면 이들은 직접적 행복뿐만 아니라 위엄과 개선의 원천이기도 한 이러한 교육의 필요성을 깊이 깨닫고 있기 때문이다. 민중의 작업들은 그것이 빼앗아가는 시간에도 불구하고 어떤 전문적인 일에만 한정될 수 없기 때문에,

---

26) 노동자계급.

대개 일반적 조망을 갈망함으로써 항상 현실성과 유용성의 협력을 요구하는 정신에 커다란 유연성을 남겨준다. 이와 동시에 지위나 재산 같은 강력한 관심사와 무관한 노동자들의 마음은, 자신들의 삶이 그 매력과 효용성을 더욱더 많이 드러내게 되는 관대한 감정의 일상적 발전을 지향한다. 수적인 우위를 점하고 있는 민중계급은 세속적 지도자들보다도 더욱 통합을 지향한다. 왜냐하면 이 지도자들은 항거할 수 없는 것으로 간주하며, 또한 고립을 향해 나아가는 물질적 우위를 지니고 있기 때문이다.

이렇게 해서, 조절 권력은 당연하게도 자신이 그 자발적 영향력을 변경시키게 되는 실질적 세력들 사이에서 강력한 보조자를 발견한다. 이 보조자는 조절 권력이 굳건한 지지자가 되는 도덕적 영향력에 폭넓게 도달할 수 있다. 전문적인 동시에 일반적이며, 활동적인 동시에 사변적이고, 그러면서도 아주 감정적인 민중계급은 이론적 권위와 실천적 권위 사이의 필연적 매개자가 된다. 그런데 민중계급은 교육과 충고에 대해서는 전자와 연결되고, 노동과 도움에 대해서는 후자와 연결된다. 민중은 대존재의 에너지를 나타내며, 여성은 그 사랑을, 철학자들은 그 이성을 나타낸다.

이러한 3중의 정신적 영향력이 보여주는 체계적 반응은, 우선 영양섭취 장치라는 없어서는 안 될 기능들을 고려한 다음에야 비로소 도덕적 교화에 착수할 것이다. 이러한 반응은 그 기능들에 대한 지속적이고도 건전한 평가에 따라 이것들을 규제하지만, 사실은 이들을 더욱 고상하게 한다. 당연한 얘기겠지만, 현대사회의 세속적 지도자들은 동시대인과 조상 전체가 기초를 닦은 물질적 힘의 창조자이자 심판자로 자처하는 부도덕하면서도 비합리적인 헛된 오만을 극복해야 한다. 하지만 이제부터는 이 지도자들을 자본의 관리와 물질적 노동의 방향 설정을 담당하는 진정한 의미의 공무원으로 간주함으로써, 이들의 고귀한 임무를 타락시키거나 억압할 것이 아니라, 오히려 찬양하고 견고하게 해주어야 한다. 두 세력들 사이의 정상적인 분리는, 파괴적 형이상학이 항상 정치적인 것으로 간주하는 지도자들의 통상적 책임을 무엇보다도 도덕적인 것으로 변화시킴으로써 즉시 이러한 상황에 이르게 된다.

새로운 사제계급이 민중과 여성 옆에서 보편교육에서 생겨나는 모든 확신과 설득의 수단들을 철저하게 이용할 경우, 사제계급은 모든 도시와 가정에서 민중의 동의와 여성의 비준을 통해 엄청난 효용성을 얻게 될 체계적인 비난을 이용할 것이다. 극단적인 일탈들을 억누르고자 하는 이러한 정상적인 방법은 사회적 파문으로 확장될 수 있을 것이다. 그런데 이 파문은 적절한 때에 이러한 2중의 지원으로 조절 권력이 막 생겨나기 시작했던 중세 때보다 더욱더 결정적이 될 것이다. 하지만 그렇다고 하더라도, 억압은 순전히 도덕적인 것으로만 남을 것이다. 만약 점점 더 드물어지는 예외로 인해 오류가 어떤 정치적 조치들을 요구할 경우, 세속권력이 그에 대한 유일한 심판자가 될 것이다.

상속을 통한 물질적 재산의 세습에 대한 형이상학자들의 비판에도 불구하고, 이러한 도덕적 원칙이 거의 항상 상속이라는 자연적 방식이 남용되지 못하도록 해줄 것이다. 권리를 의무로 바꾸어놓음으로써, 그러한 힘의 행사가 잘만 조절된다면 어떤 종류의 것이건 현재 힘을 지니고 있는 사람들에 대해 불안해할 필요가 없을 것이다. 게다가 어떠한 특별한 노력을 요청하지 않고 단순히 가정실습을 한층 더 많이 허용하는 기능의 경우에, 실증주의는 상속이라는 방식이 지닌 사회적 장점들을 드러낼 것이다. 도덕적 양상 아래서 항상 재산에 익숙해져 있는 사람들은 심지어 올바른 방식이라 하더라도 천천히 재산을 축적한 사람들보다 더 관대해질 수 있기 때문이다. 이처럼 원래 모든 기능들에 적용되던 방식은, 이 기능들이 자본을 사용하는 데에는 관심이 없고 그것의 보존에만 만족할 경우, 최소한의 전문적 능숙함을 가정하는 기능에도 완전히 적합한 것이 될 수 있다. 만약 사람들이 다른 보존자를 지명한다고 하더라도, 그로 인해 공적인 봉사가 더욱 잘 보장되지는 않을 것이다. 현대 산업 분야에서는 이미 사기업 지도자들의 경영상의 우위가 확인되었다.

영원히 집단적 성격을 띠게 되는 이론적 기능에 대해서만 금지되어 있는 변화를 포함하여 모든 사회적 임무가 그들에게로 넘어가고 있다. 세습 재산에 반대하는 시기 어린 요구들도 그 재산의 소유자가 종종 인류의 가장 유용한 기관이 되는 일을 막지는 못할 것이다. 보편적 여론의 적절한 도움을 받는 현명한 교육을 통하여 타고난 부자들은 선에 도달할 수 있다. 조절 권력의 필연적 세 요소들은 당연히 빈곤할 수밖에 없다. 그럼에도 불구하고, 이 요소들의 몇몇 구성원들이 자신들이 공통적으로 지니고 있는 감정적, 사변적 혹은 행동적인 임무의 위엄과 조건들을 무시하지 않는다면, 결코 이들 가운데서 그에 대한 헛된 비난이 생겨나지는 않을 것이다.

여성과 사제들은 물질적 궁핍에서 해방되어야 한다

도덕적인 힘이 정치권력과 흥정을 벌여야 하는 물질적 이익만이, 자연질서에 대한 정확한 평가에서 나오는 두 개의 일반원칙으로 규제된다. 하나는 "남자는 여자를 부양해야 한다"는 원칙이고, 다른 하나는 "행동하는 계급은 사유하는 계급을 부양해야 한다"는 원칙이다. 이것이 바로 감정적이거나 사변적인 기능들의 정당한 수행을 위해 대존재의 본질이 요구하는 두 가지 기본 조건이다. 개인의 행복과 공동선은 이성과 행동에 대한 감정의 우위에 많이 의존한다. 그렇기 때문에 인간의 절반 정도가 산업활동에 참여하지 않는다고 하더라도, 그 대가가 결코 너무 비싸다고 할 수는 없을 것이다. 아무리 하찮은 부족(部族)들 사이에서도, 행동하는 성은 이 점에 대해 비록 거친 형태라 하더라도 항상 인간적 사랑을 단순한 동물적 취향과 분리시키는 지속적인 임무를 받아들인다. 대존재가 발전함에 따라, 이러한 존재 조건은 더욱 두드러지고 더욱 잘 충족된다. 최종적 숭배는 이러한 존재 조건을 기본 임무로 삼는데, 어떤 것도 개인과 인류 전체를 이러한 의무에서 벗어나게 해주지는 못할 것이다.

다른 조건에 대해 말하자면, 과거의 사제제도는 오래 전부터 그것을 인정해왔다. 그리고 현재와 같은 무정부상태 또한 적어도 신교의 영향 때문에 개인성이 너무 위세를 떨치지 않았던 곳에서는 본질적으로 그것을 존중하고 있다. 사람들은 그 조건을 이론적 기능들에 없어서는 안 되는 것으로 체계화했다. 그렇게 함으로써 사람들은, 재산이 가톨릭의 자발적인 쇠퇴를 도왔던 과거체제에 비추어볼 때, 그것을 확장시킨다기보다는 차라리 제한하는 결과를 초래할 것이다.

두 세력 사이의 정상적 분리가 완전히 이루어지기 위해서는, 새로운 철학자들이 항상 지배하고자 하는 욕망뿐만 아니라, 재산을 축적하고자 하는 욕망마저도 가지려 해서는 안 된다는 사실이 무엇보다도 중요하다. 인류의 사제들은 여성만큼이나 실질적 권위에서 배제되어야 하겠지만, 또한 자신들의 사회적 임무에 따르는 관습에 비례해서 노동자들보다 더 부유해서도 안 된다. 인류의 사제들이 그 순수성을 절대로 의심할 수 없는 의견과 충고를 정당하게 할 수 있는 것은 두 가지 이유 때문이다.

그러므로 공동의 재산을 정상적으로 관리하는 데에서, 세속적 지도자들은 산업활동으로 인한 사적인 조정과 이론적 노동에 대한 공적인 보수를 위해 이러한 두 가지 필요조건을 충족시켜야 한다. 오늘날 이러한 조건의 통상적인 완수가 아무리 어려운 것이라고 하더라도, 실질적인 균형이 안정을 되찾는 것은 이러한 마땅한 대가를 치르고 난 다음의 일이다. 더 이상 헛된 개인적 권리에 기초해서는 안 되는 우위를 현재 차지하고 있는 사람들은 그러한 프로그램을 받아들일 수 없다고 할 것이다. 이 경우, 대존재가 자신들이 추구하는 우위의 필요조건인 기본 임무를 거부하지 않는 봉사자들을 발견하기까지는 이 기능이 어떤 방식으로든 새로운 기관들로 넘어갈 것이다. 하지만 이러한 당연한 한계 내에서, 이들의 우위는 여러 가지 이로움을 가져다주며 궁극적인 존재[27]에 없어

---

27) 인류.

서는 안 되는 것으로 소중하게 받아들여지고 존중받을 것이다.

정신과 마음은 힘을 합쳐, 가톨릭의 원칙이 몰락한 이후 환상적 명분을 가지고 모든 진정한 도덕적 의무를 거부하려는 세력이 오늘날 불러일으키는 천박한 정열과 파괴적인 학설을 도처에서 허물어버리려 한다. 그리하여 얼마 지나지 않아 부유한 사람들은 각자에게 자발적인 실행이라는 장점을 남겨주는 조치들만이 오늘날 위협적인 정치적 폭정을 피할 수 있도록 해준다는 사실을 깨달을 것이다. 그러므로 일반적으로 재산의 자유로운 집중은 무엇보다도 재산의 완전한 사회적 효용성에 도달하는 데 반드시 필요한 것으로 받아들여질 것이다. 위대한 의무들은 항상 위대한 힘을 전제로 하고 있기 때문이다.

사제·민중·자본가 사이의 정상적인 관계

이렇게 함으로써, 인류의 사제들은 물질적 힘의 도덕적 쇄신을 완수한다. 그리하여 이들은 영양섭취 장치로 하여금 대존재의 모든 기관들을 위해 합당하게 작동할 수 있도록 할 것이다. 아주 합법적이기는 하지만 덧없는 투쟁들을 거부하게 될 민중계급은 보통 정신적 지도자들을 신뢰하는 만큼이나 세속적 지도자들에게도 복종함으로써 숭배를 향한 자연스런 경향들을 발전시켜나갈 것이다. 노동자들은 진정한 행복이란 재산과 관련된 것이 아니라, 지도자들보다 자신들에게 더욱 많이 허용되어 있는 지적이고 도덕적이며 사회적인 만족감에 달려 있다는 사실을 깨달을 것이다. 민중계급은 실제적 자극이 생겨나는 본능들의 자연적인 보상을 이루는 탐욕과 지배에서 오는 즐거움을 아무런 아쉬움 없이 거부할 것이다. 자신에게 맡겨진 전문적 임무를 성실하게 완수한 다음, 모든 노동자는 현명한 일상적 토론을 통해 진정한 여론을 형성하는 데 기여할 것이다. 그렇게 함으로써, 이들은 이론적 힘의 적극적 보조자라는 일반 기능을 완수하는 일 외에는 다른 야망을 지니지 않을 것이다. 영적 지배의 진정한 조건들에 입각하여 충분한 교양을 갖추게 된 민중계급은 시간의 흐름에 따라 지속적인 자기희생을 통해 현실과학의 도덕성을 보장한다. 이렇게 함으로써, 이들은 항상 정신을 마음에 종속시키려는 경향을 띠는 사제계급만을 신뢰할 것이다. 어떤 해로운 야망이 몇몇 철학자들을 헛된 정치적 요구로 이끌고 갈 수는 있겠지만, 노동자들은 단호하게 보편학설을 철학자들과 결부시킴으로써 실질적 권위의 정당한 영향력을 유지하게 될 것이다.

예술은 항상 자신의 일반적 영감들을 과학에 종속시키지만, 예술만이 실증주의 이론의 적용을 주도할 수 있을 것이다. 아주 사소한 예술에 대해서 이미 인정되고 있는 대로, 실천 분야에서 이론가들의 무능력이 무엇보다도 정치적인 기능에 대해 체계적으로 요청될 것이다. 철학자들에게는 교육과 충고의 기능을 맡기고, 산업 분야의 지도자들에게는 행동 기능과 특히 명령 기능을 맡기는 것, 이것이 바로 민중계급이 대존재의 조화에 필수 불가결한 것으로 간주하고, 도처에서 똑같이 존중받도록 할 수 있는 정상적인 배분이다.

우리는 아직 정상상태에 이를 정도로 성숙하지 못했다.
하지만 1848년의 혁명은 정상상태를 향한 준비단계이다

그러므로 적극적인 인류숭배는 사색적이고 감정적인 숭배를 완성함으로써, 서구의 대혁명을 마감할 수 있는 유일한 정치의 재조직화가 보여주는 진정한 일반 성격을 고정시킨다. 하지만 모든 사회제도의 최종적인 혁신은 오늘날 직접 시작될 수 없다. 왜냐하면 이러한 혁신은, 실증주의가 이미 제기했던 철학적 토대들에 따라, 적어도 한 세대 정도의 시간이 필요한 여론과 관습의 재구축을 선결 조건으로 하기 때문이다. 그러므로 그동안 정치는 비록 최종 상태에 대한 배려로 지배되기는 하겠지만, 기본적으로는 임시 방편으로 남을 것이다. 지금으로서는 도덕에 대한 정치의 지속적 종속이라는 새로운 체제의 감정적인 원칙만이 인정된다. 사실 이러한 종속은, 모든 존재들을 인류에 봉사하도록 함으로써 이제는 돌이킬 수 없는 것이 된 프랑스 공화국의 선언의 진정한 유기적 의미를 이룬다. 유일하게 이러한 기본 원칙을 실현할 수 있는 체계화에 대해 말하면, 실증주의는 그 토대들을 이미 제기했지만 공적인 이성은 아직도 그것을 받아들이지 않고 있다. 하지만 사람들은 새로운 정치철학을 규정하는 신조[28]가 얼마 지나지 않아 곧 인정받게 되리라는 것을 기대할 수 있다.

제1기 혁명의 신조 : 자유와 평등

과거체제에 대한 돌이킬 수 없는 거부감을 드러내기는 하지만, 결코 최종 상태의 본질을 지적할 수 없는 혁명의 부정적인 부분은, 모든 실질적 조직화를 거부하는 '자유'와 '평등'이라는 모순적인 신조 속에 전적으로 요약될 것이다. 왜냐하면 자유로운 발전은 필연적으로 정신적이고 도덕적인 차이점을 두드러지게 할 것이기 때문이다. 그래서 일정 수준의 평등을 유지하기 위해서는 항상 발전을 억압해야 한다.[29] 하지만 이러한 근본적 모순도 과거에 대한 증오가 미래의 개념에 덧붙여진 최초의 신조가 지닌 부정적 힘을 전혀 변질시키지 못했다. 그리하여 이러한 신조의 진보적 경향이 무정부주의적 경향을 완화시켰다. 이러한 진보적 경향은, 비록 무산되기는 했지만 나의 훌륭한 선구자인 콩도르세가 시도했던 영원한 밑그림 속에서 과거 역사 전체 위에다 진정한 정치를 확립하고자 하는 최초의 직접적인 시도를 불러일으켰다. 이처럼, 역사정신의 궁극적 우위는 반역사적 정신의 주된 영향력 아래서 이미 드러나고 있다.

이러한 결정적 동요에 당연히 뒤따르게 되어 있는 오랜 기간의 반동

---

28) 질서와 진보.
29) 평등을 유지하기 위해서는 자유로운 발전을 억압해야 한다는 모순된 상황을 가리킨다.

화 움직임은, 생각하는 머리의 소유자들과 힘찬 마음의 소유자들에게 항상 불러일으켰던 비밀스런 반감으로 말미암아 결코 진정한 신조를 지니지 못했다. 이러한 반동화 경향은 두 가지 지속적인 결과만을 남겨놓는다. 하나는 혁명적 형이상학의 유기적 무능력에 대한, 처음에는 경험적이지만 나중에는 체계적인 것으로 변한 보편적 확신이었으며, 다른 하나는 중세에 대한 최초의 평가를 통해 실증주의를 준비하는 데 기여했던 역사 발전이었다.

제2기 혁명의 신조 : 자유와 질서

기억할 만한 소요가 발생하여, 로베스피에르가 시작하고 보나파르트가 발전시켰으며 부르봉 왕가가 연장시킨 반동적 반응을 마감하게 되었을 때,[30] 이제 막 끝난 애매한 휴지 상태는 새롭고 일시적인 하나의 신조를 만들어냈다. '자유와 공공질서'라는 유명한 공식은 반(半)세대 동안 우위를 차지함으로써 그것이 생겨났던 사회환경의 성격을 규정지어주었다. 그 원천이 어떠한 엄숙한 비준도 필요하지 않은 순전히 자발적인 것이었던 만큼 그 의미작용은 더욱더 현실적이었다. 그 의미작용은 어떠한 깃발 위에서도 사회의 미래에 대한 진정한 공식을 보지 못했다. 하지만 그 의미작용은 그것을 준비하는 데 없어서는 안 되는 두 가지 조건의 화해를 권장하는 데에서 만족하는 공적인 이성을 지시해주었다.

이러한 두번째 신조는 첫번째 신조보다 혁명의 유기적 목적에 더 가깝다. 사람들은 거기에서 평등이라는 반사회적 개념을 제거해버렸다. 그런데 이 개념의 온갖 도덕적 장점은 어떠한 정치적 위험도 없이, 서구에서는 이미 중세 때부터 공식화될 필요가 없어진 보편적 우애라는 파괴할 수 없는 감정 속에서 다시 나타났다. 질서라는 위대한 개념이 경험적으로 도입되었는데, 그것은 정신과 마음의 무정부상태가 내외적인

---

30) 1830년의 7월혁명.

물질의 질서에서 그치도록 규정되었던 시대에 적합한 유보와 더불어 나타났다.

제3기 혁명의 신조 : 질서와 진보

이러한 잠정적 신조가 충분한 것이 될 수 있었던 것은, 공화제 원칙의 정치적 영향력으로 인하여, 내가 진정한 사회과학의 토대를 닦았을 무렵 진정한 의미의 철학자들 사이에서는 이미 시작된 혁명의 긍정적 부분이 우리에게 직접적으로 열린 다음부터였다.[31] 비록 그러한 공식을 포기하기는 했지만, 공적인 이성은 최초의 소요[32]에만 합당했던 공식[33]에 대한 반동적인 인정으로 그것을 대신할 수 없었다. 물론 지금은 사회적 확신의 전적인 결함이 이런 종류의 공식적 반항을 설명해준다. 하지만 그것은 선한 정신의 소유자들과 정직한 마음의 소유자들이 '질서와 진보'라는 미래의 체계적 신조를 자발적으로 채택하는 일을 결코 가로막지 못할 것이다. 철학적인 동시에 정치적인 그 성격에 대해서는 제2부에서 이미 충분히 설명했다고 보기 때문에, 여기서는 다만 그 계보와 그것이 도래했다는 사실만을 지적하고자 한다.

이러한 새로운 신조는 이전의 신조[34]가 처음의 신조[35]와 관련되어 있는 것처럼 이전의 신조와 관련되어 있다. 그것은 비유기적인 것을 포함하여 다른 모든 것처럼 필연적으로 이항대립적인 사회의 조합 요소 가운데 하나가 관련을 맺는다. 게다가 모든 진보는 자유를 가정하고 있기

---

31) 1848년의 2월혁명. 이 혁명 이후, 과도정부를 거쳐 루이 나폴레옹(나중에 나폴레옹 3세가 됨)을 대통령으로 한 프랑스 제2공화국이 들어서지만, 얼마 지나지 않아 대통령의 친위 쿠데타로 무너지고 제2제정으로 대체된다.
32) 1789년 혁명의 최초의 발발.
33) 자유와 평등.
34) 자유와 질서.
35) 자유와 평등.

때문에, 이 새로운 신조는 나름대로 다른 두 개의 신조와 동일한 개념을 부여한다. 하지만 그러한 신조는 직접 질서에 합당한 우위를 부여하며, 그러한 우위가 없다면 질서는 공적인 동시에 사적이며, 이론적인 동시에 실천적이며, 도덕적인 동시에 정치적인 자신의 당연한 영역을 모두 포용할 수 없을 것이다.

질서에 그 목적이자 재현으로서의 진보를 결부시킴으로써 이 신조는, 최초의 소요로 준비되었으며 서구 혁명의 유기적인 마감을 주도할 수 있는 하나의 개념을 요구한다. 당시로서는 불가능했던 이러한 두 가지 위대한 속성들 사이의 화해는 이미 모든 진보적 정신의 소유자들 사이에서 체계화되었다. 비록 공식적인 이성이 아직 그러한 화해를 인정하는 것은 아니지만, 반동화의 마지막 단계[36]를 거친 이후부터는 자발적 청원이 그와 관련을 맺고 있다. 점점 더 동일한 영감에 연결되고 있는 반동적 경향과 무정부주의적 경향 사이에서 현재 드러나는 일치가 점점 늘어감에 따라, 결정적인 대조는 이러한 화해가 임박했음을 미리 알려준다.

과도기의 잠정적인 정책

하지만 이 점에 대해 아직은 추정단계에 불과한 것을 완성된 것으로 가정함으로써, 미래의 체계적 신조와 그 기본 원칙 사이의 결합은 오늘날 정신적 공유가 먼저 끝났다고 가정하는 최종적인 정치를 시작하기에는 충분하지 못하다. 그러므로 무엇보다도 민중과 여성의 정신과 마음이 철학자들로 이루어진 사제계급을 돕게 될 위대한 발전이 요구하는 동안, 내부에서건 외부에서건 서구의 변화에 필수적인 질서를 유지하고자 하는 정치를 구축해야 한다. 그런데 이 정치는 공개적으로 잠정적이기를 표방해야 한다. 또한 자신이 그들 사이에서 일시적 매개자 역할을

36) 1830년의 7월혁명.

하는 두 가지 상태에 대한 정확한 역사적 평가에 따라, 실증주의는 이러한 예외적 임무를 충분히 완수할 수 있을 것이다.

언론의 자유를 동반한 민중독재

오늘날 그 해결책은, 국민의회라는 찬양할 만한 정치적 창조가 혁명의 부정적인 부분에 대해 그랬던 것처럼 그 긍정적인 부분에도 수용될 수 있는 새로운 혁명정부를 확립하는 것이다. 이렇게 해서 구성되는 새로운 정부는 표현과 토론의 자유의 완전한 발전과 마땅히 쇄신되어야할 중앙권력의 실질적 우위 사이의 내밀한 화해로 성격이 규정된다. 이를 위해, 구두의 혹은 서면의 온갖 시험이 완전히 자유롭게 이루어질 것이다. 우선 이제는 모든 것에 서명이나 해주는 정도로 그 기능을 축소시킴으로써, 재정문제와 관련된 것이건 형사법과 관련된 것이건 억압적인 입법활동을 폐지해야 한다. 다음으로, 일반 공민들의 사적인 평가에 반하여 심리론자들이 세운 천박한 벽을 깨부수어야 한다. 그리고 무엇보다도 오늘날에 와서 유일하게 진정한 교육의 자유를 가로막고 있는 신학적이고 형이상학적인 2중의 공식적 예산을 제거해야 한다. 이러한 기본적 보장은 이루어질 것이며, 중앙권력 또한 더 이상 반동화의 심각한 불안들을 불러일으키지 않을 것이다. 그렇기 때문에, 지방권력에 대한 중앙권력의 필연적 우위는 아무런 위험 없이 오늘날 정신적이고 도덕적인 무정부주의의 한가운데서 물질적인 질서를 유지하는 데 필요한 힘을 얻게 될 것이다.

이렇게 해서, 약 200명 정도의 의원으로 축소된 프랑스 의회는 정부위원회의 예산안에 대한 연례적인 표결과 전년도 회계에 대한 심사 기능만 지녀야 할 것이다. 행정, 입법과 관련된 모든 정치적 조치들은 중앙권력의 관할이 될 것이다. 중앙권력은 이러한 조치들을 결정하기 위해 언론, 민중의 모임, 고립된 사상가들 사이의 자유로운 토론 기회를 마련하겠지만, 이러한 보편적 자문은 중앙권력에 대해 어떠한 구속도 행사하지 말아야 할 것이다. 이렇게 해서, '집행위원회'(Comité directeur)[37]의 진보적 경향을 보장한 다음, 그 잠정적인 목표에 반드시 필요한 실천적 성격을 보장할 수 있는 방향으로 위원회를 구성해야 한다. 이것이 바로 실증주의 이론이 지적하는 부분이다. 오늘날 국민의회의 뒤를 합당하게 이을 수 있는 정치가들은 노동자들 사이에서 선택해야 한다. 그러므로 중앙권력은 내각의 모든 기능을 왕정에 연결시키게 되며, 이를 세 명의 통치자들에게 맡길 것이다. 이들 가운데 한 사람은 국내문제를, 다른 한 사람은 외교문제를, 나머지 한 사람은 재정문제를 담당할 것이다. 이들 은 자신들의 도덕적인 책임 아래서 지방권력을 소집하고 해산할 것이 다. 의회에서는 어떠한 형식적 규정이 없다고 하더라도 항상 자신들의 일상적 관심사에 부합하는 무상의 임무 때문에 산업 분야의 지도자들이 우세해질 것이다. 이러한 변화에 부합하는 개인적 변화 속에서, 소수의 지도자들은 이전 단계와 다음에 올 경향과 현재 상황을 구분하여 재현 함으로써 충분한 연속성을 유지하게 될 것이다.

비록 필연적으로 혁명적 성격을 띠기는 하겠지만, 이러한 임시정부는 가능한 한 정상상태에 가까이 다가갈 것이다. 이 정부의 성격을 규정짓 는 순전히 세속적인 우위는, 궁극적으로 산업 분야의 지도자들에게로 돌아갈 현실권력과 무관한 계급에서 생겨나는 대변기관의 선택만을 진 정으로 예외로 만들어준다. 하지만 이러한 독특한 비정상상태의 필연성 은 현재의 문제에서 비롯된 것이기 때문에, 뚜렷하게 제한된 범위에서 적용된다면 노동자들의 관습은 어떠한 실질적 타락도 겪지 않을 것이 다. 문제는 무엇보다도 실생활을 교화하는 것이기 때문에, 도덕적 영향 력에 가장 가까이 다가갈 수 있는 정신과 마음의 실천적 요소에 정치적 우위를 부여해야 한다. 그 정치적 영향력은 민간 지도자들의 자유로운 발전을 도움으로써 그들의 정상적 출현을 준비할 것이다. 그러기 위해 서는 이들로 하여금 사적이고 공적인 내밀한 쇄신의 필요성을 깨닫도록

---

37) 행정부.

해야 하는데, 그것이 없다면 이들은 최종적으로 도달하게 될 우위에 적합하지 못할 것이다. 이와 동시에, 영적 권력이 지니는 자문 기능의 영향력이 현대의 정부에 정식으로 도입된다. 처음에는 순전히 자발적이기만 한 이러한 영향력은, 궁극적인 체제가 기초하게 될 자유로운 철학적 혁신이 이루어짐에 따라 점점 더 체계적인 것으로 변해갈 것이다.

이러한 새로운 임시방편은 사실 프랑스가 처한 다급한 상황에서 생겨난 것이다. 하지만 그 정책은 충분히 발전하여 커다란 위기의 성격을 규정할 수 있는 모든 주민에게 적합하게 될 것이기 때문에 자신의 목표를 한층 더 잘 완수할 수 있다. 그러므로 혁명의 첫번째 단계가 단지 프랑스에만 적용되었던 데 반해, 두번째 단계는 처음부터 공개적으로 서구 전체로 확대될 것이다. 새로운 중앙권력이 보여주는 민중적 본질이 도처에서 그러한 성격을 드러내줄 것이다. 왜냐하면 이러한 혁명적 지배권은, 지방권력의 온갖 반감을 가장 잘 극복하고 정신에 의해서건 마음에 의해서건 가장 보편적인 통합으로 나아가는 계급에 속할 것이기 때문이다. 이러한 체제가 향후 몇 년 동안은 프랑스에만 국한되겠지만, 얼마 지나지 않아 서구 전체에 걸쳐서 예전의 수완을 쇄신시키게 될 것이다.

이것이 바로 체계적 기초공사를 통해 두번째 혁명정부가 갖게 되는 본질적인 장점이다. 이에 반해, 최초의 혁명정부는 경험적 평가에서만 생겨났는데, 이는 국민의회의 진보적 본능으로 수정되었다.

사람들은 1848년 8월 '실증주의 협회'(Société Positiviste)가 출판한 「특별 보고서」에서 이러한 주제에 대한 한층 더 완전한 평가를 찾아볼 수 있다.

서구 공화국의 구축을 위한 실증주의 위원회

이렇게 해서 내적인 평화만큼이나 외적인 평화가 확보되었기 때문에 정신적이고 도덕적인 무정부상태가 연장된다고 하더라도, 이제부터는 변질되지 않을 철학적 자유가 확보됨에 따라 쇄신을 향한 커다란 발전이 적극적으로 이루어질 수 있을 것이다. 이러한 발전에 더 가까이 다가가기 위해서는, 철학적이고 정치적인 성격을 띠는 협회의 도움을 받는 것이 특히 중요하다. 나는 이미 이 협회의 성격에 대해서 1842년에 출판된 기본 저술[38]의 마지막 권에서 '서구 실증주의 위원회'(Comité Positif Occidental)라는 독특한 이름으로 예고한 적이 있다. 특별히 파리에 본부를 두게 될 이 기구는 우선 프랑스 사람 8명, 영국 사람 7명, 독일 사람 6명, 이탈리아 사람 5명과 스페인 사람 4명으로 구성될 것이다. 처음에는 이 인원만으로도 서구 주민들의 중요한 구성원들을 대표하기에 충분할 것이다. 그런데 게르만 민족의 대표는 네덜란드, 프러시아, 스웨덴, 덴마크, 바바리아[39], 오스트리아 각각 한 사람씩으로 구성될 것이다. 이와 마찬가지로 피에몬테, 롬바르디아, 토스카나, 로마, 나폴리 등에서 한 명씩 나와 이탈리아 대표를 구성할 것이며, 마지막으로 카탈루냐, 카스티야, 안달루시아, 포르투갈에서 각기 한 명씩의 대표자가 나와 이베리아 반도의 주민을 대표할 것이다.

새로운 교회의 이와 같은 상설 공의회는 조절 권력의 모든 필연적 요소들을 인정한다. 심지어 이 공의회는, 그 개별적 쇄신이 보편적 혁신을 합당하게 도울 정도로 충분하게 발전하는 지배권력 기관들의 여러 요소들도 합류시킨다. 그러므로 처음부터 이 공의회는 이론가들뿐만 아니라 실천가들도 포함하게 될 것이다. 무엇보다도 철학자와 노동자 사이의 기본적 연합이 드러나겠지만, 그렇다고 해서 이러한 융합이 몰락 계급에서 생겨나는 다른 진정한 연합을 배제하는 것은 아니다. 더군다나 자신의 주된 목표에 합당하게 부응하기 위해, 이 공의회는 정신에 대한 마음의 기본적 우위를 가장 잘 드러내는 조절 권력의 제3의 일반 요소를 받아들여야 한다. 따라서 앞에서 말했던 30명의 위원에 6명의 엘리트

---

38) 『강의』.
39) 독일의 남부지역.

여성을 포함시켜야 하는데, 프랑스 여성 두 명과 서구의 각각 다른 두 지역[40]에서 두 명씩을 선발해야 한다. 여성의 정상적인 영향력 외에도 이들의 특별한 참여는, 내가 성스러운 여자 동료——그녀는 당연하게도 자신이 한 자리를 차지했을 개혁위원회에 미리 매료되어 있었다——에게 맡겼던 고귀한 임무에 따라 우리의 남유럽 형제들에게 실증주의가 파고들게 하는 데 반드시 필요하다.

　다양한 국가의 정부들이 도처에서 물질적 질서를 유지하는 동안, 최종적 체제의 자유로운 선구자들은 사회적 쇄신에 유일한 본질적 장애물이 되고 있는 정신적 공위를 점차 제거할 서구의 발전을 주도할 것이다. 그러므로 이들은 자신들이 사용할 수 있는 온갖 명예로운 수단들을 다 동원하여, 계속적으로 증가하는 실증주의의 적용뿐만 아니라 실증주의의 발전과 전파를 도울 것이다. 말로 이루어진 것이건 글로 이루어진 것이건, 또한 민중적인 것이건 철학적인 것이건 온갖 종류의 교육을 넘어서서, 이들은 적어도 기념식 체계에 관해서는 이미 그 즉각적인 밑그림을 그려낼 수 있는 최종적 인류숭배를 시작하려 할 것이다. 심지어 이들의 정치적 영향력은, 새로운 체제가 지닌 독특한 서구적 성격을 직접적으로 지적할 수 있을 것이다. 이러한 현상은 권력이 이미 오래 전부터 인정되고 있었지만, 국가들 사이의 경쟁관계보다 상위에 있는 중앙기관이 없기 때문에 결코 우세한 위치를 차지하지 못했던 몇몇 공동 조치들이 도처에서 받아들여짐으로써 가능해질 것이다.

서구의 해양경찰

　바다를 지키는 보편 경찰을 지향하건 이론적이거나 실천적인 탐험들을 지향하건, '서구 해양경찰'(marine occidentale)의 확립이 바로 그런 조치가 될 수 있을 것이다. 자유롭게 모집되고 위대한 유럽 가족의

---

40) 남유럽과 북유럽.

다섯 지파가 모두 참여하는 이러한 해양관리 체제는 당연하게도 가톨릭과 함께 몰락해버린 찬양할 만한 '해양 기사단'(chevalerie maritime)을 대신할 것이다. 그 깃발은 당연히 공동의 실증주의 신조를 최초로 엄숙하게 재현할 것이다.

국제적 화폐

이러한 최초의 독특한 조치는 당연하게도 두번째 조치를 필요로 한다. 두번째 조치는, 아무도 그 중요성에 대해서는 이의를 제기하지 않았겠지만, 가톨릭의 정치적 몰락에서 비롯된 서구의 무정부상태로 말미암아 실현될 수 없었다. 이 조치는 다양한 세속권력이 공동의 화폐를 만들어 서구 전체에 걸친 산업물자의 이동을 용이하게 하자는 것이다. 각각 무게가 50그램인 금, 은, 백금으로 만든 세 종류의 화폐가 그러한 목표를 충족시킬 만큼 다양한 가치를 제공할 것이다. 작고 평평한 원형 바탕에 평행하도록 실증주의의 기본 신조를 원형으로 적어야 할 것이다. 다른 면에는 서구 공화국의 역사적 설립자인 샤를마뉴 대왕의 얼굴을 새기고 얼굴 주위에는 역시 원형으로 그의 이름을 적어야 할 것이다. 서구 전체를 통틀어 똑같이 사랑받는 샤를마뉴 대왕에 대한 기억이 과거의 서구 공동언어[41]로 단일화폐의 명칭이 될 것이다.

서구 학교

여기서 개혁위원회가 즉시 보급하게 될 조치들에 대한 두 가지 지적 외에, 주된 목표와 직접 관련된 다양한 조작들에 대한 어떤 특별한 언급을 덧붙이는 것은 불필요하리라고 본다. 하지만 진정한 의미에서 사유계급의 체계적 핵심을 이루게 될 서구 학교의 즉각적 설립에 대해서는

---

41) 라틴어를 의미하며, 라틴어로 샤를마뉴는 '카롤루스'(Carolus)이다.

언급하고자 한다. 최종적인 사제직을 담당하도록 되어 있는 새로운 철학자들은 무엇보다도 노동자들 사이에서 모집되어야겠지만, 그렇다고 해서 결코 실질적 소명을 지니는 사람들을 배제해서는 안 될 것이다. 이들은 실증주의를 받아들일 준비가 되어 있는 모든 지역에서 7년에 걸친 실증주의 교육을 도입할 것이다. 게다가 이들은, 아래에서 지적할 과정에 따라 도처에서 심지어 서구의 울타리 밖에서도 보편학설을 장려할 자유로운 선교사가 될 것이다. 그러한 임무는 실증주의적 민중의 통상적 여행으로 많은 도움을 받을 것이다.

이러한 과도적 교육 개념을 좀더 잘 이해하고자 하는 사람들은 '실증주의 협회'가 1849년에 발표한 「실증주의 학교에 대한 보고서」 제2판을 참조하기 바란다.

서구 공화국의 국기

이러한 다양한 전문적 조치 외에, 나는 여기서 무엇보다도 정상적 체제와 궁극적 과도기에 똑같이 관련된 일반적 제도를 지적하고자 한다. 그것은 서구 전체뿐만 아니라 각각의 국가들에게도 똑같이 적합하게 될 체계적 깃발과 관련된 것으로, 그 필요성은 이미 도처에서 본능적으로 느껴지고 있다. 이 깃발은 어떤 무질서한 깃발을 채택하지 않고도 도처에서 반동적인 기장(旗章)들을 대신할 것이다. 만약 사람들이 처음부터 최종 상태에 적합한 색채와 신조가 우위를 차지하는 것을 보지 못한다면, 유기적인 과도기가 정당하게 시작되지 못할 것이다.

정치적 깃발을 규정하기 위해서는 먼저 종교적 기장의 개념을 확립해야 한다. 화폭에 담길 이 깃발의 한쪽 면에는 흰색 바탕에 아들을 팔에 안고 있는 30세 여성으로 구현되는 인류의 상징이 나타날 것이며, 미래를 상징하는 기장에 잘 맞아떨어지는 희망의 색깔인 녹색 바탕의 다른 쪽 면에는 다음과 같은 실증주의자들의 성스러운 신조를 적어야 할 것이다. '사랑은 우리의 원칙, 질서는 우리의 토대, 진보는 우리의

목표!'

서구 전체에 걸쳐 공동의 정치적 깃발에는 녹색만이 적합하다. 자유롭게 펄럭여야 할 그 깃발 위에 다른 어떤 그림도 그려서는 안 되며, 대신 깃대 꼭대기에 인류를 상징하는 조그만 조각상을 달아야 할 것이다. 녹색으로 된 양면 위에 기본 공식이 실증주의의 성격을 규정해주는 두 가지 신조 속에서 분해되어야 할 것이다. 하나는 정치적이고 과학적인 성격을 띠며, 다른 하나는 도덕적이고 예술적인 성격을 띠는데, 그것은 각각 '질서와 진보', '타인을 위한 삶'으로 표현된다. 첫번째는 남성이 선호하는 것이라면, 두번째는 마침내 우리의 사회적 재현에 합당한 몫을 담당할 수 있을 여성에게 알맞은 것이다.

사람들은 이러한 서구의 깃발에, 현재 각각의 국민들을 나타내는 색채들과 간단한 가장자리 장식문양을 추가함으로써 국적을 구분해주는 깃발을 쉽사리 만들어낼 수 있을 것이다. 혁신의 결정적 주도권을 쥘 프랑스의 경우, 장식문양은 지금의 순서를 지키면서도 과거 프랑스 국기를 존중한다는 의미에서 가운데 있는 흰색을 강조한 채 우리 나라 국기의 세 가지 색깔을 드러내게 될 것이다. 이렇게 단일성과 다양성이 행복한 조합을 이룸으로써, 새로운 서구성은 아무리 작은 나라라고 하더라도 세심하게 존중할 수 있는 자연스런 능력을 예고할 것이다. 그리하여 모든 국가는 공동의 상징을 전혀 변질시키지 않고도 자신만의 특유한 기장을 지닐 수 있게 될 것이다. 주된 깃발에서 파생되는 모든 보조적 기호들도 자연스럽게 동일한 변형을 겪을 것이다.

나는 2년 전부터 매주 진행했던 강의에서 그러한 상징화를 제안해왔다. 여기서는 '실증주의 위원회'의 가장 즉각적인 기능, 다시 말해 이 위원회의 자유로운 개입 전체를 가장 잘 보여주게 될 기능을 지적하고자 한다.

이러한 쇄신시키는 협회가 점진적으로 엄청나게 확장되겠지만, 그 중심핵은 앞으로 지적하게 될 두 가지 보완사항을 제외하고는 항상 앞서 지적한 최초의 36명의 위원으로 한정되는 것이 중요하다. 이들 각각은 나중에 자기 나라 사람들 사이에서 계속 유사한 양식의 증식을 가능하게 하는 더 많은 수의 조합을 설립할 것이다. 거의 무한히 확장될 수 있는 이러한 연속적 계열관계로 인해, 사람들은 그 견고함이나 활동성을 해치지 않고서 실증주의 교회의 통일성과 동질성을 더욱더 잘 보장하게 될 것이다. 이러한 자발적 연합이 서구의 모든 구성요소의 우세한 부분을 포함할 경우, 최후의 쇄신은 확실히 보장될 것이다.

이러한 점진적 행보 속에서, 현재 다양한 국가에 할당된 숫자는 다만 해당 국가의 엘리트 계급의 임박한 협력만을 나타낸다. 이 연구[42]는, 다소 차이야 있겠지만 과거를 통틀어 볼 때 서구의 다섯 개의 주된 집단이 실증주의 운동에 참여하는 순서를 설명한다. 이 순서는 이탈리아가 두번째, 스페인이 세번째로 올라오고 영국이 마지막으로 떨어진다는 점에서 이전의 순서와 구분된다. 나의 『실증주의 달력』의 세번째 판에는 이미 이러한 중요한 변화의 근거가 언급되어 있으며, 이 연구의 제4권에서 이 점을 충분히 설명하고자 한다.

식민지와 외국의 실증주의 합류, 이를 통해 궁극적으로 실증주의는 인류 전체로 확산되어갈 것이다

마침내 인류 전체를 포괄하게 될 결정적 움직임은, 서구를 현대사의 기원으로 하고 있으며, 정치적으로 독립되어 있으면서도 사회적 연합이 왜곡되지 않은 국민들을 향해 나아감으로써 첫번째 정상적 확장을 경험할 것이다. 이렇게 해서, 엄밀한 의미에서 서구 위원회는 곧바로 12명의 위원을 더 받아들이는데, 남북아메리카에 각각 4명, 인도와 오세아니아에 각각 2명이 배정되며, 오세아니아의 경우 네덜란드령(領)과 스페인령에 각각 한 명씩 배정될 것이다.

이렇게 48명의 위원으로 구성될 실증주의 위원회는 아직 발전이 지체

---

42) 이 책은 그것의 서론적 고찰인 『체계』를 가리킨다.

된 다양한 국민들을 대표하는 서구의 테두리 밖에서 온 12명의 대표자들을 차츰차츰 합류시킴으로써 정상적 구성을 완성할 것이다. 이들은 모두 프랑스의 주도 아래 서구만이 그 주도권을 장악하게 될 최종적 쇄신을 경험할 것이다. 그러한 확장이 너무 빨리 이루어지지 않는 것이 특히 중요하다. 왜냐하면 그러한 확장을 잘못 추진하다가는 개혁적 추진력의 선명성과 힘이 변질되어버릴 것이기 때문이다. 하지만 대존재가 완전히 형성되려면 모든 기관의 보편적 동화가 있어야 한다는 점을 잊어서는 안 된다. 고대의 사회적 재능으로는 결코 뛰어넘을 수 없었던 국가적 차원에서의 성격과 최종적 인류 사이에서, 중세는 하나의 자유로운 서구성의 토대를 형성함으로써 하나의 매개항이 되었지만, 오늘날에 와서는 그것이 너무 무시되는 경향이 있다. 지금 우리의 최초의 정치적 의무는, 가톨릭적이고 봉건적인 체제의 소멸로 생겨난 무정부상태를 바로잡음으로써 굳건한 토대 위에 서구성을 다시 구축하는 것이다. 앞으로 이러한 체계화가 달성됨에 따라, 오로지 서구성만이 진정한 인류에 대한 마지막 준비를 구축하게 된다는 사실을 도처에서 지적할 것이다.

진정한 인류는, 우리가 어렸을 때부터 항상 느껴왔던 것이지만 신학과 전쟁이 우세한 상황에서 지금까지는 생각조차 할 수 없었다. 최종적 체제의 철학적 토대를 제기하는, 인간의 발전을 주도하는 기본 법칙들은 속도상의 차이는 있겠지만, 모든 풍토와 모든 인종에 다 적용될 수 있다. 이유를 충분히 알 수 있는 이러한 지체들은 앞으로 한층 더 체계화된 발전으로 보상받는다. 왜냐하면 이들은, 그에 대한 평가가 공동의 법칙을 지적해준 덕택에 경험적일 수밖에 없었던 최초의 행보에 따르는 위험과 동요를 겪지 않아도 될 것이기 때문이다. 앞으로는 발전이 지체된 우리 형제들에 대해 이처럼 현명하고도 관대하게 개입함으로써, 서구는 당연히 현실과학에 기초한 사회적 기술에 고귀한 영역을 열어줄 것이다. 항상 자의적이지 않고 상대적이며, 열렬하기는 하지만 결코 경거망동하지 않는, 사적인 동시에 공적이며, 국가 차원과 동시에 서구 전체 차원으로 확장된 이러한 자연스런 반응들은 신학적이거나 군사적인 포교열보다 훨씬 더 높은 도덕적이고 정치적인 체계를 구성할 것이다. '실증주의 위원회'는 처음에는 이러한 반응들에 부차적 관심밖에 보여주지 않겠지만, 언젠가는 이들이 위원회의 주된 관심사가 될 것이다.

이러한 점진적 확장을 당연하게도 다른 두 인종보다 뛰어난 다른 백인종이 도처에서 시작할 것이다. 대존재에 대한 다른 백인들의 합류는 세 가지 본질적 합류들을 초래하는데, 처음 두 개는 일신교적이고 나머지 하나는 다신교적이다. 그런데 이들은 각각 다음 단계를 용이하게 해줄 것이며, 나아가서 개혁운동이 동양으로 전파되게 할 것이다.

거대한 러시아 제국은 우리가 중세 때 겪었던 가톨릭적이고 봉건적인 입문에 무관한 채로 남아 있다. 비록 영적 권력과 세속권력이 서로 혼합된 형태로 남아 있기는 하지만, 러시아가 받아들인 기독교가 러시아로 하여금 일신교 체제로 변한 동양 가운데 선두에 서게 할 것이다. 여기서는 서구의 움직임이, 그리스와 폴란드라는 두 개의 자연스런 매개자에 의해 최초의 결정적 확장을 이룩할 것이다. 여기서 전자는 종교적 성격을 띠고 후자는 정치적 성격을 띤다. 이러한 전파가 심각하게 지체되는 것은 러시아와는 이질적인 이 두 부속국가들이 진정한 의미에서 서로 분리되어 있기 때문이다.

최종적 혁신은 러시아로 확장되고 난 후, 일신교적인 이슬람교 문화권으로 확장될 터인데, 그것은 처음에는 터키에서 나중에는 페르시아에서 이루어질 것이다. 거기서 실증주의는 자연스럽게 가톨릭이 지니지 않았으며, 이미 아주 민감해진 공감들을 발견할 것이다. 그리스 과학의 명예로운 전달로, 아랍 문명은 항상 중세 때 이루어졌던 우리의 위대한 준비과정의 본질적 요소들 사이에 자리하게 될 것이다.

자발적 뿌리가 이미 존재하는 마지막 확장을 통해, 어마어마한 다신교 주민이 대존재에 합쳐지게 되어 백인종의 합류가 완성된다. 신권정치 체제의 예외적인 완고함에도 불구하고, 실증주의는 페르시아의 도움을 통해 인도에서 진정한 접점을 만날 것이다. 이것은 항상 인류 발전 전체에 주의를 기울이며, 사회성의 가장 오래 된 체계를 정당하게 평가할 줄 아는 실증주의 학설의 필연적 특권이다.

세 단계로 이루어지는 이러한 전파의 윤곽을 대강 그려봄으로써 실증주의 위원회는 각각 한 명씩의 그리스 사람, 러시아 사람, 이집트 사람, 터키 사람, 페르시아 사람, 그리고 마지막으로 인도 사람의 합류가 이어지면서 외부 연합자의 절반과 합쳐질 것이다.

완고한 다신교 전통에도 불구하고, 황인종도 지금 도처에서 일신교인 기독교나 특히 이슬람교의 영향 아래 변화하고 있다. 이상에서 보는 바와 같은 자발적 준비과정에 따라 실증주의 위원회는 얼마 지나지 않아 각각 한 명씩의 타타르[43] 사람, 중국 사람, 일본 사람, 말레이시아 사람을 거의 동시에 자신에게 합류시킬 정도로 황인종들 사이에서 충분한 지지를 발견할 것이다.

마지막으로, 실증주의 위원회는 두 명의 흑인 대표자를 합류시킴으로써 기본적 조직화를 완성할 것이다. 한 사람은 힘차게도 괴물과도 같은 노예상태를 타파했던 지역을 대표할 것이며, 다른 한 사람은 아직도 서구의 영향을 전혀 받지 않은 지역을 대표할 것이다. 우리의 오만은 이들을 어찌할 수 없는 정체상태에 있다고 가정한다. 하지만 자발성은 이들로 하여금 모든 예비적 발전의 필연적 원천인 물신숭배를 깨달을 수 있는 유일한 철학을 더욱 잘 받아들일 수 있게 할 것이다.

실증주의 위원회는 아마도 대존재의 한가운데서, 정신적 공위 기간이 끝나기 전에 60명의 위원으로 이루어진 최종적인 구성에 도달할 것이다. 비록 나중에는 세속적 재조직화가 이러한 거대한 철학적 조작을 가능한 한 돕게 된다고 하더라도, 그러한 팽창이 연속적으로 제공할 필연적 다섯 단계들은, 앞으로 두 세기 내에는 그것을 결정적인 것으로 간주하지 못하게 할 것이다. 하지만 얼마 지나지 않아 이러한 체계적 임무는, 발전이 지체된 국민들의 직접적 준비를 위해서건, 아니면 무엇보다

---

43) 중앙아시아와 동러시아에 거주하는 민족.

도 자신의 독특한 보편성을 드러내게 되어 있는 새로운 신앙 속에서의 엘리트 가족의 확인을 통해서건, 그 효용성이 점점 더 증대되는 모습을 볼 것이다.

결론 : 실증주의 이상의 완성

예비적 체제의 모든 다양한 단계들과의 적극적 비교를 기다리지 않고도, 최종적 체제는 지금 우리의 정신과 마음으로 하여금 혁명적 선구자들이 힘차게 준비해왔던 완전한 혁신을 시작하도록 허용해줄 정도로 충분히 성격이 규정되었다. 과거에 대한 증오는 그들로 하여금 미래에 대한 전망을 품지 못하게 했다. 반대로, 역사정신과 사회적 감정이 이제부터는 서로를 보강해줄 것이다. 그것 없이는 유대관계가 불충분해질 연속성을 향한 본능이 지배하는 인간은 항상, 최종적 숭배가 모든 단계들을 찬양하는 과거에 의지할 때에만 미래를 향해 나아갈 수 있다. 오직 우리만이 어떤 모순에 빠지지 않고도 제공할 수 있는 엄정하고 완전한 정의(正義)는 결코 우리의 힘을 제한하지 않는다. 오히려 그것은 우리로 하여금 이미 생명이 다해버린 체계들에 대한 현재의 온갖 양보에서 벗어나도록 함으로써 우리의 해방을 완성한다. 우리는 경험적인 입장에서 그러한 체계들을 신봉했던 사람들보다 본질과 목표를 더욱더 잘 평가할 수 있는 입장에 있다. 그러므로 우리는 각각의 체계들 속에서 이 모든 부분적 임무를 동시에 완수하게 될 결정적 체계에 없어서는 안 될 일시적인 준비과정을 본다.

무엇보다도 엘리트 가족에게 영향을 끼쳤던 마지막 종합에 비추어볼 때, 새로운 체계화는 더 큰 연구의 단순한 준비단계에 불과한 이 책에서 이미 더욱 현실적이고 완전하며 지속적인 것으로 드러나고 있다. 중세의 찬양할 만한 체제에 부합하는 모든 자질들은 실증주의로 보다 강화되고 완전해지는데, 마침내 실증주의만이 유일하게 정신으로 하여금 마음의 정당한 지배를 결정적으로 받아들이게 해준다. 우리가 보기에, 기사도 시대의 신앙심 깊은 조상들은 자신들이 살았던 시대의 최선의 학설을 정당하게 실행에 옮겼던 것이다. 오늘날 이 탁월한 선구자들이 살아 있다면 우리와 마찬가지 입장에 놓일 것이며, 점진적으로 반동화의 상징과 불일치의 원천으로 타락해버린 자신들의 잠정적인 철학의 최종적 용도 폐기를 선언할 것이다.

체계적이면서도 자발적인 완전한 통합에 도달한 우리의 학설은 현재 직접적인 비교 대상을 지닌다. 이러한 비교는 곧은 정신의 소유자들이나 순수한 마음의 소유자들로 하여금, 이성이나 행동만큼이나 감정이나 상상력에 대해서도 우리의 학설이 필연적 우위를 지닌다는 사실을 깨닫게 해줄 것이다. 이와 같이 모든 개인생활과 공공생활은 다신교 체제 아래서 항상 보편적인 사랑이 제기한 진정한 의미의 지속적인 숭배 행위가 된다. 모든 사고, 감정과 행동이 아무런 어려움 없이 동일한 대존재와 관계하게 된다. 이 존재는 분명히 자신을 찬미하는 사람들보다 더 나은 위치에 있지만, 그들과 동일한 본성을 지니고 있기 때문에 아주 현실적이며 도달 가능할 뿐 아니라 체계적인 개념이다. 대존재라는 개념만이 정신적이고 사회적인 차원에서 과거 역사 전체를 요약한다. 그런데 이것은, 진정한 의미에서 이론적 보편성 전체와 양립할 수 없을 뿐만 아니라 진정한 의미에서 공동 활동 전체와도 양립할 수 없는, 신학과 전쟁의 돌이킬 수 없는 몰락을 전제로 하고 있다.

최후의 종교는 자발적인 도덕이 도처에서 우위를 차지하게 함으로써 철학, 시, 정치를 직접적으로 쇄신시킨다. 이들은 진정한 연합관계에 따라, 항상 가장 상대적이고 가장 완전할 수 있는 존재인 인류를 연구하고 찬양하며, 거기에 봉사하도록 되어 있다. 이와 같이, 종합적인 것으로 변한 현실과학은 내외적인 법칙 전체에 따라 객관적 토대를 건설함으로써 스스로를 비준한다. 이러한 객관적 토대만이 우리에게서 의견들의 자연스런 변동, 감정들의 변덕, 그리고 계획의 우유부단함을 억제할 수 있다. 사회적 임무를 부여받은 시는 영원히 모든 지성들이 가장 선호하는 예술 분야가 될 것이다. 시는 대존재의 모든 양상들을 이상화함으로써, 당연하게도 거기에다 우리가 내밀한 이익을 이끌어내는 공적이고 사적인 감사를 표현하도록 하기 때문이다.

이러한 연구와 기념에 부합하는 온갖 매력을 발전시켜나감으로써, 항상 현실성과 유용성으로 성격이 규정되는 새로운 종교는 금욕주의나 정적주의로 타락하지 않을 것이다. 이 새로운 종교를 주도하는 사랑은 수동적일 수 없기 때문이다. 사랑이 이성과 특히 상상력을 자극하는 것은 단지 행동을 더 잘 이끌어가기 위해서이다. 그런데 이러한 행동으로부터 실증성이 처음으로 생겨나서, 사유의 영역으로, 마침내 감정의 영역으로까지 확장된다. 이와 같이 인간생활은 처음에는 우리의 물질적 조건에 대해, 그리고 나중에는 육체적·지적·도덕적 본질에 대해 자연질서의 지속적 완성을 향해 나아간다. 그러므로 인간생활의 독특한 목적은 개인의 행복과 공공선의 주된 원천으로서 개인·가정·사회의 도덕적 진보 속에 존재하게 된다. 따라서 결국 도덕에 종속되는 정치는 인간의 기본 기술이 될 것이다. 그리하여 정치는 자신의 자연스런 법칙 전체에 따라 우리의 모든 노력을 진정한 절대자에 대한 예배에 바칠 것이다.

고대체제, 특히 로마 체제는 아직 가정생활이 합당하게 규제될 수 없었던 최초의 상태에 부응하는 협력의 양식과 정도에 따라 공공생활의 적극적 우위를 주된 장점으로 하고 있었다. 중세에는 가톨릭이 무엇보다도 개인생활에 집착함으로써 보편도덕의 직접적 체계화를 시작했다. 그런데 개인생활의 모든 본질적 감정은, 마침내 우리의 악덕과 미덕의 내밀한 원천으로 거슬러 올라감으로써 하나의 찬양할 만한 원칙을 따르게 되었다. 하지만 당시에는 지배적인 학설의 사회적 무능력으로 인해 하나의 모순적 해결책만 가능했다. 왜냐하면 당시 사람들은 인간으로 하여금 공공생활에 등을 돌리게 하고, 환상적 목적에 대한 이기적 추구를 향해 나아가도록 함으로써 개인성을 억압하려고 노력했기 때문이다. 이러한 위대한 시도의 일시적 효용성은 모두, 고대인들에게는 항상 서로 뒤섞여 있었던 도덕적 힘과 정치적 힘 사이의 최초의 분리현상에서 생겨났다. 그런데 당시에는 전체 상황의 경험적 결과인 그러한 분리는 사회성의 양식뿐만 아니라 그 학설의 정신에도 반하는 것이었기 때문에 당연히 무산될 수밖에 없었다. 여성의 공감은 지니고 있었지만 노동자들의 강력한 협력이 부족했던 가톨릭 체제는 얼마 지나지 않아 사제계급의 타락으로 가속화된 세속권력의 침해 아래 굴복하고 말았다. 이러한 때이른 시도는 실증주의 체제에서만 합당하게 다시 다루어지고 폭넓게 실현될 수 있다. 실증주의 체제는 고대와 중세의 사회적 재능을 결합함으로써 국민의회의 위대한 정치적 프로그램을 완성하려 한다.

최후의 종교는 개인성에 대한 사회성의 통상적 우위라는 성스러운 인간 문제를 직접적으로 제기한다. 우리의 도덕적 본성의 극단적인 미완성이 그 문제를 다루고 있다. 그런 만큼, 최후의 종교는 이기적 본능에서 보편적 공감으로 나아가는 유일한 현실적 과도기 단계인 가족적 감정의 전반적이고 지속적인 발전에 따라 그 문제를 해결하고자 한다. 이러한 근본적 해결책을 강화하고 발전시키기 위해 이 종교는 마침내 이론의 힘과 실천의 힘 사이에서 지적인 동시에 사회적인 분리를 확립한다. 여기서 이론의 힘은 일반적으로 자문 기능을 하는 것으로 교육만을 주도하고, 실천의 힘은 전문적으로 명령 기능을 하는 것으로 항상 행동을 이끌어간다. 자연스럽게도 엄밀한 의미에서 정부로부터 배제되는 모든 사회요소는 이러한 기본적인 구축물의 필수적 보증이 된다.

억제 권력의 체계적 기관으로서의 인류의 사제들은 항상 지배권력에 대항하는 정당한 투쟁에서 여성의 동의와 민중의 도움을 기대할 수 있을 것이다. 하지만 쇄신 기술의 본질로 규정된 지적인 조건에다 훨씬 더 필수적인 도덕적 자질을 덧붙일 줄 아는 사람만이 이러한 2중의 지지를 획득할 수 있다. 이들은 여성의 마음만큼이나 공감적이고, 노동자의 마음만큼이나 활기찬 마음을 지니고 있음을 증명할 수 있어야 할 것이다. 그러한 능력에 대한 최초의 보증은 명령과 심지어 재산마저도 거부하는 진지한 태도 속에서 찾을 수 있다. 새로운 종교는 그런 다음에야 비로소 정신적일 뿐만 아니라, 사회적이기도 한 자신의 모든 실질적 목표를 수행함으로써 결정적으로 과거의 종교를 대신할 것이다. 다신교와 물신숭배에 이어 영원히 역사 영역으로 내려온 일신교는 이들과 더불어, 진정한 의미에서 대존재가 항상 그 선구자들에게 정당한 경의를 표하게 되는 보편적 기념체계에 합쳐질 것이다.

일신교의 몰락

그러므로 오늘날 실증주의자들이 애매한 입장을 취하는 광적인 신봉자들에게, 절대적인 것과 상대적인 것, 원인에 대한 헛된 탐구와 법칙에 대한 실질적 탐구, 그리고 독단적 의지의 체제와 증명할 수 있는 필연성의 체제 사이의 선택을 강요하는 것은 단지 발전된 이성 때문만은 아니다. 이제부터 진정한 사회성에 우위를 부여하고자 하는 경쟁심에 입각하여 발언하는 것은 바로 감정일 것이다.[44]

오늘날 서구에서 일신교는 15세기 전의 다신교만큼이나 운이 다해버렸으며 세상을 타락시키는 존재가 되어버렸다. 일신교의 주된 도덕적 효용성이 되었던 원칙이 결정적으로 몰락해버린 다음부터, 너무나 허영에 차 있던 그 학설은 엄청난 탐욕으로 마음을 더럽히고, 맹목적 공포로 성격을 타락시키는 것말고는 어떠한 역할도 하지 못하게 되었다. 상상력에 항상 적대적 태도를 보이는 일신교는 그것으로 하여금 신학적인 시의 유일하게 가능한 토대인 다신교와 물신숭배로 후퇴하게 만들었다. 일신교는 결코 실생활을 진지하게 인정하지 않았다. 왜냐하면 일신교는 실생활이 항상 자신을 속이거나 약화시킴으로써만 나타날 수 있는 것으로 보았기 때문이다. 그것은 오늘날 우리로 하여금 사회상태를 쇄신시키도록 강요하는 가장 고귀한 활동에 직접 대립된다. 왜냐하면 이러한 사회상태에서는 일신교의 헛된 섭리 때문에, 현명한 개입을 주도하기

---

44) 여기서 우리는 이성보다는 감정을 더 강조하고자 하는 콩트의 입장을 볼 수 있다.

위한 합리적 예견을 허락할 수 있는 어떠한 진정한 법칙도 생각하지 못하게 될 것이기 때문이다.

얼마 가지 않아, 일신교의 성실한 신봉자들은 스스로를 이방인이라고 선언하는 이 세상에 대해 더 이상 영향을 끼치지 못할 것이다. 새로운 절대자는 과거의 절대자 못지않게 시기심이 강하다. 따라서 그는 다른 주인들에 종속되어 그들에게 봉사하는 사람들을 결코 용납하지 않을 것이다. 하지만 군주정치를 지지하건 귀족정치를 지지하건 선동정치[45]를 지지하건, 아무리 열렬한 신학자라고 하더라도 오래 전부터 정직성이 결여되어 있다. 이들의 신은 가증스럽다기보다는 차라리 우스꽝스럽다고 해야 할 위선적 음모의 명목상의 지도자가 되었다. 이 음모는 서구 노동자, 특히 파리 노동자들 사이에서는 이미 신용을 잃어버린 환상적 보상을 약속함으로써 이들을 모든 위대한 사회적 개선에 등을 돌리게 하려고 노력한다. 가톨릭의 것이건 신교의 것이건 이신론의 것이건 이들 각각의 신학적 경향은 실제로 도덕적 무정부상태를 연장하고 심화시켜왔다. 왜냐하면 이러한 경향이 안정된 확신과 뚜렷한 관습을 쇄신할 수 있는 유일한 것인 사회적 감정과 전체 정신의 결정적 지배를 가로막고 있기 때문이다. 오늘날, 모든 파괴적 유토피아는 일신교 속에서 자신의 토대와 존재 이유를 발견한다. 가톨릭은 자신의 주된 기관들 사이에서 다양한 혁명적 일탈의 자발적 발전을 억제할 수 있는 힘을 상실해버렸다.

그러므로 우리가 정신적이고 도덕적인 끔찍한 변덕에서 벗어나기를 원하는 모든 사람에게 신학과 실증주의 사이에서 자신의 입장을 명확하게 밝힐 것을 촉구하는 이유는 진보 이상으로 질서 때문이다. 오늘날에는 두 개의 진영밖에 존재하지 않는다. 하나는 반동적이고 무정부주의

---

45) 여기서 선동정치(démagogie)란 민주정치를 의미한다. 대의민주정치에 대한 콩트의 부정적인 입장을 볼 수 있다. 이런 입장은 의회 기능을 극단적으로 축소하고자 했던 앞서의 주장에 잘 드러나 있다.

적이며 신이 혼란스럽게 주도하는 진영이며, 다른 하나는 유기적이고 진보적이며 체계적으로 인류에 헌신하는 진영이다.

모든 관심을 현실생활에 집중시킴으로써, 우리는 현재뿐만 아니라 과거, 그리고 심지어 미래의 완전한 확장을 거기에 부여한다. 그런데 이러한 확장은 항상 우리로 하여금 전체를 친근하게 포착하도록 해주는 유일한 기본 법칙에 따른다. 우리는 주된 행복을 보편적 사랑 속에 위치시킴으로써 가능한 한 타인을 위해 살아가게 될 것이다. 왜냐하면 우리는 당연히 과학적 교의를 따라야 하는 예술적 숭배에 의해 개인생활을 전적으로 공공생활에 연결시킬 것이기 때문이다. 이처럼 우리의 일시적 삶을 발전시키고 거기에 매력을 부여하고 그것을 비준한 다음, 우리는 필연적으로 모든 존경할 만한 요소들로 구성된 대존재에 영원히 합류할 수 있는 마땅한 자격을 얻게 될 것이다. 대존재에 대한 숭배 전체는, 우리로 하여금 그러한 합류의 내밀한 현실성과 더불어 어디에도 견줄 수 없는 부드러움을 깨닫게 해줄 것이다. 그런데 온갖 종류의 신학으로 말미암아 확실한 미래에 대한 분명한 개념을 지니고 있지도 못하며, 게다가 진심에서 우러나오는 자기희생을 경험하지도 못한 사람들은 결코 이러한 흐름에 합류하지 못할 것이다.

오귀스트 콩트 연보

1798   1월 19일. 몽펠리에에서 출생하다.

1806~13 몽펠리에 고등학교의 기숙학생으로 지내다. 학업성적이 아주 우
        수했던 콩트는 고등학교 과정을 마치고도 파리 이공과대학의 입학
        시험에 응시하기에는 너무 어려 특별수학반에 1년을 더 다닌다.
        그는 여기서 대리교사로 지낸다.

1814~16 파리 이공과대학에 입학 허가를 받다. 성적이 아주 뛰어났으며
        사려 깊었을 뿐만 아니라 항상 주도적인 입장에 있었기 때문에,
        동료들은 그에게 '철학자', 혹은 '스가나렐'이라는 별명을 붙여준
        다. 학교당국에 대해서 아주 비판적이었다. 1816년 파리 이공과대
        학의 휴교사태를 초래한 일련의 시위의 주동자였다. 정부당국은
        이 학교를 공화주의자들과 나폴레옹 추동자들의 온상으로 보았다.

1816   몽펠리에로 돌아오다. 해산된 파리 이공과대학 학생모임의 총무일
        을 보던 콩트는 경찰의 요주의 인물로 지명되어 감시당한다. 6월
        에 최초의 논문인 「나의 사유 : 인류, 정의, 진리, 자유, 조국 : 프
        랑스 민중을 위한 1793년 체제와 1816년 체제의 비교」(Mes
        Réflexions ; Humanité, Justice, Vérité, Liberté, Patrie ;
        Rapprochements entre le régime de 1793 et celui de 1816
        adressés au peuple français)를 집필하지만, 죽은 후에 간행된다.
        7월에 파리로 돌아온다. 미국에 이공과대학을 설립하는 문제가 대
        두되어, 콩트는 교수직을 바라고 영어와 미국사를 공부한다. 그동
        안 수학강의로 생계를 꾸려나간다.

1817   미국에 이공과대학을 설립하려던 문제가 3월에 백지화된다. 그는

이전의 수학교수 가운데 한 사람인 아셰트(Louis Hachette)를 돕는다. 아셰트가 콩트에게 레슬리(Leslie)의 『기하학 분석』(*L' Analyse géométrique*)의 번역을 맡긴다. 퇴학 처분된 파리 이공과대학생들의 복교가 허용되었지만 학교로 돌아가지 않는다. 생시몽(Claude Henri de Saint-Simon)을 만나 그의 비서가 되어 저널리스트로서의 경력을 쌓아나간다. 생시몽과 협력하여 『산업』(*L' Industrie*) 제3권을 집필한다. 10월부터 생시몽이 재정적인 어려움에 봉착하자 그는 다시 수학 개인교수를 시작한다. 하지만 여전히 스승 생시몽의 협력자이자 가까운 친구로 남게 된다.

1818~19 『정치』(*La Politique*), 『조직자』(*L' Organisateur*)라는 새로운 책을 발표한 생시몽을 돕는다. 『유럽 감찰관』(*Censeur européen*)의 집필에 협력한다. 언론자유, 행정책임, 선거법, 소유문제 등 시사문제에 관한 몇 편의 논문을 집필한다. 나중에 그는 생시몽의 영향을 강하게 받은 초기의 작업들을 무시한다. 수학철학에 관한 책을 준비한다.

1820 생시몽의 『조직자』 속에 「근대 전체에 관한 간략한 고찰」(Sommaire Appréciation de l'ensemble du passé moderne)이라는 논문을 발표한다.

1821 생시몽의 『산업체계』(*Système industriel*)의 집필에 협력한다.

1822 『산업체계』 속에 「사회의 재조직화에 필요한 과학적인 작업계획」을 발표한다. 이후 콩트는 이 소책자를 자신의 '기본적인 소책자'로 간주한다.

1824 생시몽은 콩트의 동의 없이 「사회의 재조직화에 필요한 과학적인 작업계획」을 자신의 저서인 『실업가들의 교리문답』(*Catéchisme des industriels*)에 삽입하는데, 이 일로 두 사람은 결정적으로 헤어진다.

1825 마생(Caroline Massin)과 정식으로 결혼한다. 「학문과 학자에 관한 철학적 고찰」(Considérations philosophiques sur les sciences et les savants)이라는 논문을 발표한다.

1826 「영적 권력에 관한 고찰」(Considérations sur le pouvoir spirituel)이라는 논문을 발표하다. 4월에 콩트는 자신의 아파트에

서 '실증철학강의'를 개설하는데, 여기에는 블랭빌(Blainville), 푸리에(Fourier), 푸앵소(Poinsot), 훔볼트(Humboldt) 등 당대의 유명한 학자들이 수강하나, 곧 강의가 곧 중단되고 만다. 결혼생활이 원만하지 못하여 지치고 불안정해진 콩트는 '신경쇠약' 증세를 보이기 시작한다. 의사 에스키롤(Esquirol)의 병원에 입원했다가 12월에야 집으로 돌아온다.

1827 4월에 자살을 시도. 하지만 그는 아내의 헌신적인 간호로 병세를 회복하여 다시 일을 할 수 있게 된다.

1828 경제문제에 관한 일련의 논문을 발표하고, 브루새(Broussais)의 『자극과 광기에 대하여』(Sur l' irritation et la folie)에 대한 서평을 하며, 과거에 자신이 겪었던 정신적 위기를 분석한다.

1829 1월에 '실증철학강의'를 재개한다. 여전히 당대의 유명한 학자들이 수강하는데, 그 가운데 신경쇠약에 걸린 콩트를 돌보아준 에스키롤도 끼어 있었다. 언론에 광고가 나가고, 콩트는 12월 강의를 다시 열어 대단한 인기를 누린다.

1830 7월에 서론 강의와 수학철학을 담은 『실증철학강의』 제1권을 간행한다. 12월에 '민중교육을 위한 이공과대학 협회'의 창립회원으로서 '민중을 위한 천문학 강의'(Cours d' astronomie populaire)를 시작한다.

1832 파리 이공과대학의 분석 및 역학 복습교사 자리를 얻는다. 그는 기조(Guizot)에게 콜레주 드 프랑스(Collège de France)에 '과학사 일반'이라는 강의를 개설할 것을 제안하지만 거절당한다. 생시몽주의자들과 콩트 사이에 논쟁이 벌어진다.

1836 파리 이공과대학에서 수학자 나비에(Navier)의 빈 자리를 대행하고 있던 콩트가 그의 자리를 얻지 못한다. 그러나 그는 입학시험관으로 지명된다.

1838 화학과 생물학을 다룬 『실증철학강의』 제3권을 간행한다.

1839 나중에 '사회학'이라고 명명된 '사회물리학'을 다룬 『실증철학강의』 제4권을 간행한다.

1840 콩트는 수학자 푸아송(Poisson)의 사망으로 공석이 된 분석교수직

에 응모하지만 다시 한 번 실패한다. 언론을 통해 이 일을 항의한다.

1841   3월에 '사회학' 강의의 연속인 『실증철학강의』 제5권을 간행한다. 무슈 르 프랭스(Monsieur-le-Prince)가 10번지로 이사한다. 11월에 밀(John Stuart Mill)과 서신교환을 시작한다.

1842   7월에 '사회학' 강의의 연속인 『실증철학강의』 제6권을 간행한다. 그는 이 책에 학자들의 현학주의에 대한 신랄한 비판을 담은 「개인적 서문」(Préface personnel)을 덧붙인다. 편집인이 여기에 개인적인 견해를 덧붙이자, 콩트는 편집인을 고소한다. 결혼생활에 다시 불화가 생기면서, 콩트와 마생은 마침내 이혼한다.

1843   3월에 『분석기하학의 기초』(Traité élémentaire de géométrie analytique)를 출간한다. 콩트는 파리 이공과대학의 시험관으로 임용되는 데 실패한다. 콩트가 이에 항의하여 당국의 조사가 진행된다. 이리하여 콩트는 결국 1년 동안 그 직위를 유지하게 된다.

1844   2월에 『실증정신론』(Discours sur l'esprit positif)을 간행하는데, 이는 9월에 간행되는 『민중 천문학에 대한 철학적 고찰』(Traité philosophique d'astronomie populaire)의 서론이 된다. 콩트는 결국 파리 이공과대학의 시험관 명단에서 지워진다. 연이은 콩트의 재정적인 위기를 해결하기 위해, 밀은 친구들과 함께 서명운동을 전개한다. 리트레(Emile Littré)는 『나시오날』(Le National)지에 일련의 논문을 발표하여 콩트의 실증철학의 중요성을 강조한다. 10월에 콩트는 자신의 옛날 제자인 마리(Maximilien Marie)의 집에서 그의 누이인 드 보(Clotilde de Vaux)를 만난다.

1845   '비길 데 없이 좋은 해'로 콩트는 드 보를 정열적으로 사랑하게 된다.

1846   4월에 드 보가 사망하자, 콩트는 그녀를 기억하면서 예배를 구상한다. 밀과 서신왕래를 끝낸다.

1847   '인류의 진화에 대한 공개강의'(Cours public sur l'évolution de l'Humanité)를 개설한다. 자신의 실증철학을 새로운 인류교로 연장하려 한다.

1848   2월혁명에 격렬하게 반발한다. 2월부터 '전서구 민중의 실증주의

교육을 위한 자유협회'(L' Association libre pour l' instruction positive du peuple de tout l' Occident européen)를 창설하는데, 이것이 3월에 '실증주의 협회'(Société positiviste)가 된다. 7월에 『실증주의론』(Discours sur l' Ensemble du Positivisme)을 집필하여 출간하는데, 이것이 나중에 콩트의 두번째 대작인 『실증정치체계』(Système de Politique Positive)의 「예비적 서론」(Discours Préliminaire)이 된다. 라빌(Laville) 학교라는 사설기관의 복습교사직에서 생기는 수입을 잃는다. 리트레가 콩트의 재정적인 궁핍을 해결하기 위한 서명을 주도하여, 콩트는 '실증주의 보조금'을 죽을 때까지 받게 된다.

1849 4월에 『실증주의 달력』(Calendrier Positiviste)을 출간한다.

1851 6월에 『실증정치체계』 제1권을 출간한다. 파리 이공과대학의 복습교사직을 잃게 된다.

1852 리트레는 쿠데타와 제2제정의 수립에 대한 콩트의 정치적인 입장에 동의하지 않게 되며, 종교적인 성향으로 나아가고 있는 콩트의 입장도 지지하지 않는다. 결국 그는 '실증주의 협회'를 떠난다. 5월에 『실증정치체계』 제2권을 출간한다. 9월에 『실증주의 교리문답』(Catéchisme positiviste)을 출간한다.

1853 8월에 『실증정치체계』 제3권을 출간한다. 영국에서 『실증철학강의』의 축쇄본이 번역 출간된다.

1854 8월에 청년시절의 소책자들을 모은 『일반보유』(Appendice général)와 함께 『실증정치체계』 제4권을 출간한다.

1855 8월에 『보수주의자를 향한 호소』(Appel aux conservateurs)를 출간한다. 유언장을 작성하고 그 집행인을 지명한다.

1857 9월 5일, 사망하여 페르 라셰즈(Père-Lachaise) 묘지에 안장된다.

옮긴이의 말

우연한 기회에 실증철학에 관한 콩트의 책을 번역하기로 하고, 시간에 쫓기면서 기어이 일을 끝내고 난 지금, 내 앞에는 아주 난감한 일이 남아 있다. 과연 이 시점에서 콩트의 책을 우리말로 옮긴다는 것이 어떤 의미가 있을까? 실증주의라고 부르는 콩트의 사유는 이미 오래 전에 현대라는 이름의 엄청난 공격을 받아 만신창이가 되어버린 것 같다. 그리하여 실증주의를 언급하는 일은 언제나 그것을 비판하거나 더 나아가 부정하기 위해서인 듯하다.

콩트의 실증철학은 동시대인들에 의해서도 이미 외면당하기 시작했다. 가령, 리트레 같은 사람은 콩트가 인간의 지성적인 측면을 나타내는 '정신'을 감정의 측면을 대표하는 '마음'에 종속시킨 것에 동의하지 않았으며, 콩트가 이른바 '인류교'를 창시하자 결국 그를 떠나버린다. 왜냐하면 그는 이성에 대한 감성의 우위를 진정한 의미에서 실증정신과 양립할 수 없다고 보았기 때문이다. 오늘날에 와서는 당시와는 다른 차원에서 실증철학의 한계를 지적한다. 즉 콩트 자신의 의도에도 불구하고, 실증주의 과학에 대한 지나친 찬미는 사실 인간의 정신 영역을 극도로 축소시켜놓았다. 그리하여 뒤랑 같은 사람은 콩트가 인간 정신이 연속적으로 거쳐오면서 '발전'해왔다고 주장하는 3단계는 오히려 인간 정신을 점점 더 가시적이고 감각적인 영역으로만 '축소'시켜온 것일 뿐이라고 직접적으로 비판한다.

프랑스의 경우, 데카르트 이후의 합리주의 사상은 18세기 계몽주의 사상을 거쳐 콩트의 실증주의에서 극에 달한 듯하다. 하지만 현대에 들어와서, 과연 한 사회를 구성하는 다양한 사실들과 현상들을 설명할 수 있는 '하나'의 지배 이론이 실제로 존재할 수 있는가 하는 의문과 그러한 이론이 가능하다고 하더라도, 콩트의 실증주의가 말하는 것처럼, 그것이 당연히 합리니 이성이니 논리니 하는 것들로만 이루어져 있는가 하는 의문이 동시에 제기되었다. 사실, 이러한 의문은 콩트의 사유가 나올 때부터, 아니 그 훨씬 이전부터 제기되었던 것이다. 특히, 20세기에 들어서면서 사회의 재조직화를 위한 콩트의 실증주의 이론은 합리주의 사상 자체에 대한 근본적 회의와 더불어 심각한 타격을 입었다.

콩트의 실증주의 사회학의 기초가 다져진 지 200년 가까이 지난 지금, 앞서 지적했던 것처럼 이제는 비판하거나 부정하기 위해서가 아니면 아무도 그에 대해서 논의하지 않는 듯하다. 그리하여 그것은 단지 인류 정신사의 유물로만 남아 있는 것 같다. 실제로, 실증주의는 지난 세기 초 구조주의 언어학이 대두될 무렵부터 생명력이 다했다고 할 수 있다. 하지만 콩트의 실증철학의 가치는 오늘날의 맥락에서 찾아야 할 것이 아니라, 프랑스 대혁명 이후의 사회혼란이라는 콩트 자신이 속했던 시대 맥락에서 찾아야 한다. 하다못해 구조주의, 실존주의 같은 20세기의 다양한 사유들마저도 오늘날 그 오류와 한계가 노골적으로 지적되고 있다. 하지만 앞에서 말했던 대로, 우리는 콩트의 사유를 이해하는 데 있어서 당연히 그가 사유의 기초를 닦기 시작했을 무렵의 프랑스 사회를 염두에 두어야 한다. 무릇 하나의 사유는 그 시대의 가치 속에서 의미를 가지며, 그러한 과정을 통해서 그리고 그러한 과정 위에서 새로운 사유가 형성되는 것이기 때문이다.

물론, 콩트의 사상은 과거의 것이다. 구조주의 이래로 많은 현대 사상가들이 실증주의적 사유의 한계를 지적하고 그 순진함을 조롱하기까지 해왔다. 현대적인 시각에서 보면 분명히 낡고 순진하기까지 한 과거의 사유는 사실 오늘날의 사유를 이끌어낸 원동력이다. 다시 말해, 현대의 사유는 과거의 사유의 집적물 위에 존재하는 것이다. 가령, 무수한 계몽 사상가들의 낡아빠진 듯한 사유는 사실 그 자체로 현대의 인간 사고가 거쳐야 했던 필수 과정이라고 할 수 있다. 오늘날 우리의 모든 사유는 지금으로서는 순진해 보이는 그들의 사유 위에서 이루어질 수 있었던 것이다. 우리는 모두 실증주의의 한계를 지적한다. 사회의 재조직화에 대한 콩트의 낙관적 견해와 그것을 위해 그가 강조한 실증주의적 사유 방식은 이미 오래 전에 한계가 노골적으로 지적되었다. 그렇다고 해서, 현대의 모든 사상이 직접적으로든 간접적으로든 그것과의 관련 속에서 생겨난 것이라는 사실 또한 부인할 수는 없다.

지금까지 나는 오귀스트 콩트라는 이름을 수도 없이 들어왔으며, 그가 실증주의의 대가로서 대단한 명성과 영광을 누렸던 사람이라는 막연한 생각을 비판 없이 받아들여왔다. 그리고 콩트의 실증주의에 대한 비판적 견해를 숱하게 들어왔고, 나 역시 그러한 견해를 거들어왔다. 그런데 번역을 하던 중 그와 그의 사상을 좀더 알아보기 위해 다른 책을 뒤지다가 놀랐다. 그동안 그의 책이 단 한 권도, 심지어 논문 하나 우리말로 제대로 번역되어 있지 않았던 것이다. 콩트에 관한 자료는 고작 『사회사상사』, 『사회사상의 흐름』, 『사회학사』 같은 교과서—그것도 거의 같은 내용을 다루고 있는—에서 찾을 수 있는 것이 전부였다. 콩트의 이름은 우리에게 너무 낯익은 것이지만 막상 실증주의로 불리는 그의 사상의 전반적인 모습은 전혀 그렇지 못하다. 이 책의 번역이 나에게 커다란 기쁨을 줌과 동시에 책임감마저 갖게 했던 것은 바로 이런 이유에서였다.

짧은 시간이었지만, 이제 콩트 그리고 실증철학과의 씨름은 일단 끝났다. 합리적이고 실증적인 사유보다는 상징적이고 신화적인 사유 속에 더 많은 풍요로움이 존재한다고 믿는 나로서는 솔직히 무척이나 힘겨운 일이었다. 비록 여러 가지로 노력했지만, 나의 한계로 인해 어쩔 수 없이 생겨났을 서투름과 심지어 잘못에 대해, 이 책을 읽게 될 모든 사람에게 용서를 구하며 아울러 애정 어린 질책을 바란다.

마지막으로, 이 책의 탄생과 관련해서 몇 분께 진심으로 감사의 마음을 표하고자 한다. 우선, 이 책을 '동서양 학술명저 번역지원'의 대상서적으로 선정하고, 나에게 그 책임을 맡겨주고 출판과 관련된 몇 가지 사항들을 처리해준 한국학술진흥재단의 '동서양 학술명저 선정위원회' 관계자 여러분들께 감사드린다. 그리고 어려운 출판환경에도 불구하고 출간을 결정하신 한길사 김언호 사장님에게도 감사드린다. 또한 기계적인 작업에 대한 거부감, 아니 솔직히 말하면 나의 게으름으로 인해 나를 대신하여 수고해준 아내에게 말로는 못한 고마움을 이 자리를 빌려 표한다.

2001년 10월
김점석

찾아보기

옮긴이 소개

김점석(金点碩)은 서울대학교 불어불문학과를 졸업하고
같은 대학교 대학원에서 「쥘리앙 그린의 초기소설 연구」로
문학박사학위를 받았으며,
프랑스 부르고뉴 대학교 철학과에서 DEA 학위를 취득하고,
같은 대학교 철학과 박사학위 과정에 있다.
현재 강원대, 서울대, 한국교원대에서 불문학을 강의하고 있으며,
주요 논문으로는 「쥘리앙 그린의 소설에 나타난 출애굽의 신화구조」,
「담론언어학과 해석학」 등이 있다.

한국학술진흥재단 학술명저번역총서
서양편 ● 3 ●

'한국학술진흥재단 학술명저번역총서'는
우리 시대 기초학문의 부흥을 위해
한국학술진흥재단과 한길사가 공동으로 펼치는
서양고전 번역간행사업입니다.

실증주의 서설

지은이 · 오귀스트 콩트
옮긴이 · 김점석
펴낸이 · 김언호
펴낸곳 · (주)도서출판 한길사
등록 · 1976년 12월 24일 제74호
주소 · 413-832 경기도 파주시 교하읍 문발리 520-11
www.hangilsa.co.kr
E-mail: hangilsa@hangilsa.co.kr
전화 · 031-955-2000~3
팩스 · 031-955-2005

상무이사 · 박관순 | 영업이사 · 곽명호 | 편집주간 · 강옥순
편집 · 서상미 길문숙 | 전산 · 한향림
마케팅 및 제작 · 이경호 | 관리 · 이중환 문주상 장비연 조윤희

출력 · 예하프로세스 | 인쇄 · 현문인쇄 | 제본 · 경일제책

제1판 제1쇄 2001년 11월 20일
제1판 제3쇄 2005년 8월 30일

ⓒ 한국학술진흥재단 2001

값 25,000원
ISBN 89-356-5294-6 94160
ISBN 89-356-5291-1 (세트)